PETER
MERSEBURGER
AUFBRUCH INS
UNGEWISSE

PETER MERSEBURGER

AUFBRUCH INS UNGEWISSE

Erinnerungen eines
politischen Zeitgenossen

Deutsche Verlags-Anstalt

INHALT

I

EINE KAPITULATION ALS GEBURTSTAGSGESCHENK

Der Duft reifer Himbeeren und Aprikosen in Großvaters Garten, die sich an hohen Gestellen am Hang zum Mühlgraben ranken, der Rauch der Kartoffelfeuer bei der Ernte auf den Feldern, die süßlichen Schwaden, die im Herbst durch die Stadt wabern, wenn die Zuckerfabrik die ersten Rüben verarbeitet – es sind Düfte, Gerüche, Aromen, die Erinnerungen lebendig werden lassen. Da ist der schweflig riechende Dunst der umliegenden Brikettfabriken, der die Stadt einhüllt, wenn der Wind entsprechend steht, da ist der stinkende Holzvergaser, der mangels Benzin selbst einen kleinen Lastkraftwagen nur mit Mühe die sanft ansteigende Straße neben der Drahtseilbahn nach oben hieven kann.

Alltäglich und aller Politik bar etwa der durchdringende Geruch der schwarzen Farbe, mit der mein Vater abends seinen Holzschnitt walzt, um – unter den Augen seines neugierigen Knaben – das Ergebnis auf Japanpapier zu überprüfen; alltäglich auch die Abgase aus Tausenden Heizöfen, die mit Braunkohlebriketts betrieben werden und die er viele Jahrzehnte später als DDR-Korrespondent als die typische Duftnote des realen Sozialismus wiederentdecken wird. In der Erinnerung geradezu lieblich die Wolke aus gutem, nicht aus Braunkohlenteer gewonnenem Benzin und aus dem Rauch der süßlichen Virginia, den die einziehenden Amerikaner über die Stadt legen. Und welch ein Absturz, als mit der Ankunft der russischen Panjewagen, auf denen sich die Betten türmten und an denen meist Kanonen hingen, auf die amerikanischen Virginia-Nebel der kokelige Dunst von Machorka-Tabak, gewickelt in Zeitungspapier, folgt. Die Beispiele zeigen, je deutlicher die Erinnerungen, desto politischer ihr Charakter.

Geboren im Mai 1928, gehöre ich ja zu jenen Jahrgängen, die durch die Ereignisse nahezu zwangspolitisiert wurden – unmerklich zunächst und Schritt für Schritt, bald aber unentrinnbar, wie der Rückblick zeigen wird. Auch wenn diese Kindheit zunächst eine frohe und unbeschwerte war, vielleicht auch eine zu behütete, hat selbst meine früheste Erinnerung schon mit Politik zu tun: Ich gehe an der Hand meiner Mutter die Straße hinunter auf das kleine Stadtzentrum zu, als sie plötzlich auf dem Absatz kehrtmacht und eine Nebengasse wählt, weil auf der Kreuzung, die wir nach links hätten überqueren müssen, Demonstranten mit verschiedenen Fahnen in eine Prügelei verwickelt sind. Da nach den Wahlen 1933 und dem folgenden Verbot anderer Parteien nur Hakenkreuz-Aufmärsche geduldet wurden, muss dies wohl im letzten Jahr der Weimarer Republik gewesen sein, als ich gerade einmal vier Jahre alt war.

In der Tat standen sich damals in der Industriestadt Zeitz zwei nahezu gleich starke rechte und linke Lager gegenüber – die Linke gespalten in Sozialdemokraten und Kommunisten, im rechten Lager waren die Nationalsozialisten vor den Deutschnationalen spätestens seit 1930 die bei Weitem stärkste Partei. Aber die Linke hatte in Zeitz und Umgebung traditionelle Wurzeln – schon zu Kaisers Zeiten war der Wahlkreis Naumburg/Weißenfels/Zeitz mit seinen Brikettfabriken, Braunkohletagebauen und seinem hohen Anteil von Industriearbeitern durch einen Sozialdemokraten im Reichstag vertreten. Da es damals ein Mehrheitswahlrecht ähnlich dem jetzigen der Franzosen gab, verdankte er seinen Sieg in der Stichwahl einer – heute würden wir sagen: sozialliberalen – Allianz der SPD mit der Fortschrittlichen Volkspartei. Und wenn ich »unmerklich zwangspolitisiert« schrieb, denke ich auch an Bilder aus den damaligen Kino-*Wochenschauen* – etwa an die Reportage vom Staatsbegräbnis eines im Text zum mythischen Helden stilisierten Feldmarschalls Paul von Hindenburg, der im Tannenberg-Denkmal, einem an die Deutschordensritter gemahnenden turmbewehrten Festungsbau, im August 1934 mit militärisch-nationalem Pomp in Ostpreußen beigesetzt wurde. Ich habe die Bilder, wenn auch vage, noch heute vor Augen.

Zeitz, im südlichsten Zipfel Sachsen-Anhalts, einem der ärmsten Bundesländer, kämpft heute mit den Folgen der Deindustrialisierung nach der Wende, mit Abwanderung, Arbeitslosigkeit und traurigem Verfall seiner Altstadt. Das Zeitz meiner Jugend dagegen war eine intakte mittlere Industriestadt mit 35 000 Einwohnern, weithin bekannt als Geburtsstätte des Kinderwagens, der dort von einem Stellmacher namens Ernst Albert Naether erstmals gebaut, weiterentwickelt und, von seinen Söhnen zum Exportschlager gemacht, in alle Welt verkauft worden war. Es gab eine Eisengießerei, eine Zuckerfabrik, mehrere Pianofabriken und Buchdruckereien, dazu eine Reihe mittlerer und kleiner Betriebe, die Werkzeugmaschinen, Schokoladenartikel, Textilien oder Schuhe produzierten.

Kennern der DDR-Geschichte mag die Stadt vor allem als der Ort bekannt sein, an dem Pfarrer Oskar Brüsewitz im August 1976 mit seiner Selbstverbrennung vor der Michaeliskirche ein Fanal gegen die Repression in der DDR setzen wollte – eines, das Erich Honecker, der »Mann mit dem Strohhut« (Klaus Bölling), einmal als einen »der größten konterrevolutionären Akte gegen die DDR« bezeichnet haben soll. Märtyrer Brüsewitz, der eine Milchkanne voll Benzin über sich ausgegossen hatte, verbrannte sich vor jener altehrwürdigen Kirche, deren Fundamente aus der Mitte des 12. Jahrhunderts stammen und in der ich getauft und später konfirmiert worden war.

Als Bistum 968 gegründet, um – wie die gleichzeitig ins Leben gerufenen Bistümer Meißen und Merseburg – die Christianisierung der unterworfenen Slawen voranzutreiben, verfügt Zeitz noch heute über stolze Zeugen seiner gut 1200-jährigen Geschichte – barocke Bürgerhäuser mit prächtigen Portalen und ein gotisches Rathaus mit seltenem Giebel, wie er ähnlich nur in Breslau zu finden war. Mein Vater, Grafiker und Heimatkünstler, hat ihn wie andere historische Zeugen der Zeitzer Vergangenheit, seien dies nun romantische Winkel oder mittelalterliche Wehrtürme an verbliebenen Resten der Stadtmauer, gleich mehrfach in Holz gestochen oder auf Lithografien gebannt. Ihm verdanke ich einen Sinn für historische Abläufe, das Wissen um die Stile und die Gedankenwelten früherer Epochen, wahrscheinlich auch jene Portion Einfühlungsvermögen, über die ein Journalist trotz eines kritischen Blicks immer verfügen sollte. Er war ein durch und durch musischer Mensch, dem eine Ausbildung an der Kunstakademie versagt geblieben war, denn sein Vater, der Anteileigner einer Druckerei gewesen war, starb früh und hinterließ wenig. Weil mein Vater weder mit seiner Kunst noch mit seiner Gebrauchsgrafik eine Familie unterhalten konnte, verdingte er sich zunächst als Postbeamter und machte sich erst spät selbstständig.

Er war ein eher weicher Charakter, ganz im Gegensatz zu meiner Mutter, einer energischen Person par excellence, die liebevoll-autoritär den Ton im Hause angab. Als nach dem Einmarsch der Russen unsere Sechszimmerwohnung requiriert wurde und wir sie binnen eines halben Tages räumen mussten, verstaute sie alle Wertsachen – Tafelsilber, kostbare Vasen, Bilder, Tischlampen und natürlich das in jedem gutbürgerlichen Haushalt damals obligate »gute Meissner Porzellan« mitsamt den seinerzeit nicht minder geschätzten hochstieligen bunten kristallenen Weingläsern, Römer genannt – in einem kleineren Zimmer, schloss es ab, stellte sich ebenso trotzig wie mutig vor die Tür und erklärte: »Niemand betritt diesen Raum.« Ich stand dabei und hielt den Atem an – würde das gut gehen, sich dem Vertreter der siegreichen

Besatzungsmacht so entschieden entgegenzustellen? Doch der Deutsch
radebrechende russische Offizier, an dessen Ehre und Anstand hier
appelliert wurde, versprach, das Zimmer nicht zu öffnen. Mutter zog
den Schlüssel ab, und als die Wohnung einige Wochen später freigegeben wurde, fand sie die Tür unaufgebrochen und ihre im Zimmer
gestapelten Wertsachen unberührt vor. In der Wohnung hatten die
Russen keinen größeren Schaden angerichtet, nur die hölzerne Platte
auf dem Balkontisch war von Axthieben übersät und roch intensiv
nach Hammel. Die siegreichen Rotarmisten hatten hier offenbar Zick-
lein und Schafe für ihre Mahlzeiten zerlegt.

Rückblickend will mir scheinen, meine drei Jahre ältere Schwester
Hella und ich seien Produkte einer klassischen Mesalliance gewesen.
Denn Mutter kam aus einer höchst betuchten Familie, war wie so manche »höhere Tochter« vor dem Ersten Weltkrieg nach Lausanne ins
Pensionat geschickt worden, um Französisch parlieren zu lernen, danach
kam sie in ein Pensionat in Wiesbaden, in dem vorwiegend Englisch
gesprochen wurde. Die Rittergutsbesitzer, mit denen ihr Vater sie ver-
heiraten wollte, lehnte sie verächtlich ab und tat sich lieber mit einem
armen Künstler zusammen. Nicht zufällig lag eine alte Ausgabe des
Zupfgeigenhansel – das Liederbuch der Jugendbewegung – obenauf in
dem Schrank, in dem die Zeichnungen und Holzschnitte verwahrt
wurden, die Vater abends bis spät in die Nacht anfertigte. Immer wieder von Lokalzeitungen veröffentlicht und von Buchhandlungen vertrieben, hatte er sich damit in der kleinen Stadt einen Namen gemacht.

Vater und Mutter lernten sich beim Wandervogel kennen, und ihre
jugendbewegte Liebe zur Natur wurde uns Kindern förmlich einge-
trichtert – im gemieteten Garten oder bei sonntäglichen Fahrradaus-
flügen in den Forst oder an die Saale mit ihren Burgen am – leider nur
im Lied – so »hellen Strande«. Nach außen waren wir die intakte Klein-
familie, die jedes Jahr vier Wochen Urlaub machte – als wir Kinder
klein waren, meist an der Ostsee in Bansin oder auf Hiddensee. Doch

Vom Vater entworfene Einladung zur Taufe, die einst als wichtiges Fest für Familie und Freunde gefeiert wurde – mit Geschenken, der Bestallung von Paten und üppigen Menüs

Als dreizehn Monate alter Knirps am Arm der drei Jahre älteren Schwester Hella

die Eltern, Mitglieder des Alpenvereins, liebten die Höhe und die Berge, und so ging es, kaum dass wir mitwandern konnten, im Sommerurlaub ins Allgäu, ins Lech-, Ötz- oder Stubaital, an den Arlberg oder zuletzt nach Gries am Brenner.

Ich erinnere mich, dass wir auf der Reise nach Gries auf dem Abstellgleis eines Bahnhofs hinter Innsbruck endlos warten mussten, weil der »Führer« sich mit dem Duce am Brenner treffen wollte – auch an die ehrfurchtsvoll-neugierigen Blicke der Mitreisenden, die an die Fenster drängten und vergeblich hofften, einen Blick auf Hitler zu erhaschen, als sein Zug an uns vorüberrauschte. Das war unser letzter gemeinsamer Familienurlaub mitten im Krieg 1942. Weil wir Deutschen diesen Krieg in andere Länder getragen hatten, konnten wir im eigenen Land, wenn auch mit Lebensmittelkarten, anfangs noch Urlaub machen wie zu Friedenszeiten. Sollten wir das vielleicht sogar?

Von der Horrorvision geplagt, der Rübenwinter 1917 und die lähmende Kriegsmüdigkeit am Ende des Ersten Weltkriegs könnten sich wiederholen und der Armee werde diesmal nicht der Dolch von Marxisten, wie fälschlich behauptet, sondern von einer hungernden Heimat in den Rücken gestoßen, duldete oder ermöglichte die Führung dies. Allerdings nur, bis das Kriegsglück sich im Osten und in Afrika wendete, die Mobilisierung für den »totalen Krieg« erfolgte und alliierte Bomberflotten nun die Deutschen in ihren Städten über die Grauen eines Krieges belehrten, den Hitler entfesselt hatte.

Ich wuchs nahezu elf Jahre im Frieden auf, und doch war Krieg für mich Heranwachsenden früh präsent, wenn auch zunächst in Form der unübersehbaren Spätfolgen des letzten großen Völkermordens. Amputierte waren im Stadtbild häufig präsent. Und als Vater und ich auf dem Weg zu unserem Buchhändler einmal auf einen offenbar geistig Gestörten mit merkwürdigen Gesten trafen, einen Mann aus einer befreundeten Familie, wurde mir sein Verhalten damit erklärt, er sei als Soldat vor Verdun verschüttet worden und leide seither unter einer

Behinderung. Ich lernte in der Grundschule damals Sütterlin – eine an die alte gotische Kanzlei- und Kurrentschrift angelehnte Schreibweise, in der einst unsere Klassiker geschrieben hatten. 1941, als ich längst auf der Oberschule war, wurde plötzlich die lateinische Schrift obligatorisch – qua »Führererlass«. Und mit der Sütterlinschrift wurde gleich die Fraktur mit abgeschafft, weil die meist gebräuchlichen Schwabacher Frakturlettern angeblich die Erfindung jüdischer Druckereibesitzer seien. Nichtkenntnis des Sütterlin erschwert heute manchen Forschern das Entziffern älterer Schriftsätze. Mir dagegen erleichterte meine Kenntnis später die Archivarbeiten zu mehreren Büchern – nicht zuletzt die für eine Biografie über Rudolf Augstein, in dessen Nachlass im *Spiegel*-Archiv ich sein Kriegstagebuch in Sütterlin aufstöberte.

Anders als heutigen Schülern war uns damals auch der Dreißigjährige Krieg noch präsent – und zwar mit all seinen Schrecken, etwa dem sogenannten Schwedentrunk, einem extrem grausamen Vorläufer des Waterboardings, bei dem Urin plus Jauche durch einen Trichter direkt in den Mund eingeführt wurden. An die seinerzeit so kriegerischen Schweden erinnerten nicht nur Wehrmauern und unterirdische Gänge, in denen die Stadtbürger sich und einen Teil ihrer Habe zu retten suchten. Es gab damals pro Klasse je einen obligatorischen Schulausflug auf das Schlachtfeld von Lützen und zum Grabmal des Schwedenkönigs Gustav Adolf. Er, der vielen als Retter des Protestantismus galt, war dort 1632 im Kampf gegen den kaiserlich-katholischen Generalissimus Wallenstein gefallen.

Als Krieg nicht mehr nur Unglück von gestern, also das der Vätergeneration war, sondern erstmals auch als neue, drohende Gefahr für heute und morgen am Familientisch diskutiert wurde, muss ich sieben oder acht Jahre alt gewesen sein. Was Hitler als frühe außenpolitische Erfolge feierte – die Einführung der Wehrpflicht, die Rheinlandbesetzung 1936, der »Anschluss« Österreichs, die »Heimholung« der Sudetendeutschen ins »Reich« –, waren ja riskante Manöver und mit

Kriegsgefahr verbunden, auch wenn der Krieg selbst, wie im Fall des Sudetenlands, in letzter Minute in München doch noch gebannt werden konnte. Vieles, was damals in unserer Stadt geschah, hatte – im Rückblick – mit dem NS-Programm der Aufrüstung und Militarisierung zu tun. Mit der Errichtung neuer Kasernen und dem Einzug des Militärs wurde Zeitz 1937 Garnisonstadt, und im selben Jahr begann der Bau eines Hydrierwerks in Tröglitz, wenige Kilometer vor seinen Toren, das Braunkohle in Benzin umwandeln sollte. Das rohstoffarme Reich müsse unabhängig von Erdölimporten werden, hieß die offizielle Begründung. In Wahrheit ging es um die Produktion von Treibstoff für die Luftwaffe und die neu aufzustellenden Panzerdivisionen.

Und wurden wir nicht als zehnjährige Pimpfe systematisch auf Krieg vorbereitet, auch wenn wir das in seiner vollen Bedeutung damals überhaupt nicht wahrgenommen haben? Prangte nicht in unserer Schule eine Ehrentafel mit den Namen der im Krieg 1914–1918 gefallenen Gymnasiasten und der Inschrift: »Dulce et decorum est pro patria mori« (»Süß und ehrenvoll ist es, fürs Vaterland zu sterben«)? Sangen wir nicht zum hellen Schmettern der Fanfaren: »Jugend! Jugend! Wir sind der Zukunft Soldaten«? Oder über das Stück Tuch, das uns beim Marschieren voranflatterte: »Und die Fahne führt uns in die Ewigkeit! Ja die Fahne ist mehr als der Tod!«? Baldur von Schirach, der Reichsjugendführer persönlich hatte das für uns gedichtet – Sohn eines kaiserlichen Offiziers, nach 1919 Weimarer Theaterintendanten, und einer amerikanischen Mutter, die mit ihm in den ersten Jahren seiner Kindheit fast nur Englisch sprach.

Ja, ich wurde als Zehnjähriger Pimpf wie nahezu alle Jungen meiner Generation, nur ein Jahr später verkündete ein Gesetz die allgemeine Dienstpflicht der Jugend. Ja, ich trug im »Dienst« an jedem Samstagnachmittag die schwarze Diensthose mit Lederriemen und Koppelschloss, Braunhemd und ein Halstuch mit ledernem Knoten – aber ein guter oder gar überzeugter Pimpf war ich nie und konnte es gar nicht sein. Denn fast alles, was das Jungvolk oder später die HJ mit uns unternahmen – Geländespiele, Märsche, Exerzieren mit vormilitärischem Drill –, lief auf körperliche Ertüchtigung hinaus. Bewundert wurde, wer überlegene physische Stärke und besondere sportliche Fähigkeiten zeigte. Aber Sport war nie mein Fall – im Gegenteil: In der Turnhalle hing ich an Reck und Barren wie ein nasser Sack, beim Hundertmeterlauf schnitt ich bestenfalls als Vorletzter, wenn nicht als Letzter ab und war damit so etwas wie das bemitleidete Gegenstück des idealen Pimpfs. Der sollte ja rank und schlank wie die Windhunde sein, zäh wie Leder und hart wie Kruppstahl, wie der »Führer« es verlangte. Aber ich war dazu nicht geeignet, schon weil ich völlig andere Interessen hatte, die mich gefangen nahmen: Ich verschlang damals nicht nur, wie bei Jungens meines Alters üblich, Karl Mays *Winnetou*, James Fenimore Coopers *Lederstrumpf*, Felix Dahns *Kampf um Rom* oder Gustav Freytags *Die Ahnen*, bei denen mir die Erzählungen von Ingo und Ingraban – wohl weil ihr Stamm im nahen Thüringen siedelte – die liebsten waren. Ich verschlang auch alles, was über das sagenhaft umwobene Atlantis greifbar war. Geschichte und Vorgeschichte nahmen mich früh gefangen, und so suchte ich auf den umliegenden Feldern und Äckern nach Feuersteinsplittern – hätten die nicht von Werkzeugen oder Pfeilspitzen stammen können? Auch nach Tonscherben der Bandkeramiker aus der Jungsteinzeit fahndete ich, wohl in der völlig verwegenen Hoffnung, ich könnte eines Tages auf eine unentdeckte Grabstätte aus der Jungsteinzeit stoßen.

Die große Bücherwand der Eltern enthielt etliche Titel und Autoren, die damals offiziell verpönt waren. Neben Hermann Hesses *Knulp* (einer Weltkriegsausgabe mit schrecklichem, teils schon vergilbtem und bröselndem Papier) standen natürlich die *Buddenbrooks* von Thomas und *Die kleine Stadt* von Heinrich Mann, Lion Feuchtwangers *Die häßliche Herzogin* fand sich neben den Biografien Emil Ludwigs über

Napoleon oder Goethe; in Erinnerung sind mir auch Jakob Wasser-
manns Romane *Etzel Andergast* und *Das Gänsemännchen*, die dicken Buch-
rücken Romain Rollands und der eines Modephilosophen der Zwanzigerjahre namens Hermann Graf Keyserling. Natürlich fehlte Franz
Kuglers *Geschichte Friedrichs des Großen* mit den Zeichnungen Adolph
Menzels nicht, aber daneben standen auch *Douaumont* des extrem nationalkonservativen Frontsoldaten-Sängers Werner Beumelburg und die
Armee hinter Stacheldraht. Das Sibirische Tagebuch des kitschigen Ostland-
reiters Edwin Erich Dwinger. Da war zusammengekommen, worüber
das einigermaßen gebildete Bürgertum sprach und was es las, aber versteckt wurden NS-anstößige Titel keineswegs, schon weil meine Mutter Konzessionen an das NS-System hasste. Am meisten beeindruckt
hat mich damals – ich muss da fünfzehn oder sechzehn gewesen sein –
ein Roman Rabindranath Tagores, in dem er ein Ereignis aus den verschiedenen Perspektiven der Beteiligten schildert, eine Lektüre, durch
die ich das Relative aller persönlichen Wahrnehmungen und Motive
begreifen lernte.

Als ich mit vierzehn wie vorgesehen vom Jungvolk in die Hitlerjugend
wechseln musste, meldete ich mich zur Nachrichten-HJ, denn dort
hatte die technische Ausbildung Vorrang vor Geländemärschen, Sport-
wettkämpfen oder langweiligen ideologischen Heimabenden. Wir
lernten das Bedienen stationärer Funk- und Morsegeräte und das Morse-
alphabet, kletterten mit Steigeisen an Telefonmästen hoch, um Leitungen zu verlegen oder sie zu reparieren; und wir stellten Verbindungen
zwischen den klassischen, leider sehr schweren Feldtelefonen in ihren
länglichen, empfindlichen Bakelitgehäusen her, deren Kurbeln man
kräftig drehen musste, um der Gegenseite einen Gesprächswunsch zu
signalisieren. »Geborgenheit in der Gruppe«, die der von mir sehr
geschätzte Schriftsteller Peter Schneider später einmal als typisch für
die Sozialisierung der HJ- und Flakhelfer-Generation konstatieren wird,

Wir Geschwister wuchsen mit Büchern auf, und in den großen, überfüllten Regalen der Eltern fanden sich auch viele Werke NS-verfemter Autoren

Knapp fünfzehnjährig mit Mutter Gertrud und Vater Karl-Erich

mag für viele gelten, aber bei mir konnte davon nicht die Rede sein – geborgen habe ich mich dort nie gefühlt.

Als der Krieg dann schließlich kam, gab es weder Jubel noch nationales Hurrageschrei wie 1914, die Stimmung war durchweg bedrückt. Ich sehe die Szene vor mir: Fassungslos, niedergeschlagen, ja entsetzt schauen sich meine Eltern an; Mutter drückt mich an sich und sagt: »Du bist Gott sei Dank zu jung für diesen Krieg« – ein Irrtum, wie sich nur wenige Jahre später herausstellen sollte. Da war nichts von Begeisterung, aber alles Sorge und großes Erschrecken: zu lebendig die Erinnerung an das vier Jahre während große gegenseitige Abschlachten, das erst einundzwanzig Jahren zuvor geendet hatte, die Erinnerung auch an die Nöte des Hungerwinters mit Steckrüben statt Kartoffeln. Es war eine Gefühlslage, die auch in den Elternhäusern der Schulfreunde vorherrschte. Hatte Hitler bis dahin nicht gerade deshalb so viel Zuspruch erfahren, weil es ihm gelungen war, unblutig viele der verhassten Fesseln des Vertrags von Versailles zu sprengen? Nun plötzlich doch Krieg?

Im Rückblick scheint mir allerdings, dass sich schon nach den ersten Erfolgen in Polen, nach jedem neuen, mit Liszts Fanfarenklängen als Sondermeldung im Radio hinausposaunten Sieg die Stimmung änderte. Bald überwog der Stolz auf die schnellen Erfolge der Wehrmacht, und in diesem Stolz steckte natürlich auch der auf »unsere Jungens« – schließlich gab es in fast jeder Familie einen Sohn, Neffen oder Enkel, der Kriegsdienst leisten musste. Der Stolz wuchs geradezu ins Unermessliche, als die Wehrmacht im Frankreichfeldzug die Briten zur Flucht über den Kanal und die Franzosen zur Kapitulation zwang. Es war die Zeit des Fähnchensteckens, mit dem der schier unaufhaltsame Vormarsch auf Landkarten in der Schulklasse, aber ebenso in vielen Bürgerstuben nachvollzogen wurde – mit Begeisterung und Respekt auch von der älteren Generation. Gelang den Söhnen nicht mit geringen Verlusten in sechs Wochen, woran die Väter in vier Jahren der Grabenkämpfe und Materialschlachten vor Verdun und in Flandern trotz riesiger Opfer gescheitert waren?

Durch unsere Familie ging damals ein Riss, wie ich erinnere – Vater, der aus dem letzten Krieg als Leutnant heimgekommen, Mitglied des »Stahlhelm« geworden und von Hitlers außenpolitischen Erfolgen bis 1939 beeindruckt war, zeigte sich von der Siegesstimmung angesteckt und hatte Hochachtung vor der militärischen Leistung der Wehrmacht. Ich versuche, ihn heute als einen Mann mit milder deutschnationaler Grundtönung zu verstehen, aber einer, dem alles »Fanatische« fremd war. Auf einigen seiner Holzschnitte ließ er schon mal eine Hakenkreuzflagge vom Rathausturm wehen. Mutter dagegen, welche die Nationalsozialisten und vor allem ihre SA als schreckliche Plebejer und Rabauken verachtete, blieb prinzipiell bei der absoluten Ablehnung des Krieges, selbst als er anderen schon so gut wie gewonnen schien. Sie hatte die Stimmung von 1914/1918 noch in Erinnerung und warnte: Auch der letzte Krieg habe mit lauter Siegen begonnen, nur um schließlich mit dem deutschen Zusammenbruch zu enden. Wenn sie einkaufen ging und mit einem »Heil Hitler« begrüßt wurde, weigerte sie sich konstant, mit dem sogenannten deutschen Gruß zu antworten. Trotzig sagte sie »Guten Tag« oder »Guten Abend«, sodass meine Schwester, die oft mit ihr unterwegs war, manchmal Angst um sie bekam. Der Boykott jüdischer Warenhäuser war ihre Sache nicht, Schuhe kaufte sie, solange es ihn gab, bewusst nur in einem jüdischen Laden. Ein wichtiges Motiv war sicher die Qualität des Angebots, aber stiller, verhaltener und innerlich überzeugter Protest hat dabei zweifellos mitgeschwungen.

Die jüdische Gemeinde in Zeitz war gering an Zahl, es gab keinen jüdischen Friedhof, jüdische Verstorbene wurden meist in den rund vierzig Kilometer entfernten Städten Leipzig oder Halle bestattet. Eine Synagoge war nicht vorhanden, stattdessen nur ein Betsaal in einem Hinterhof. Das *Lexikon der jüdischen Gemeinden im deutschen Sprachraum* beziffert die Zahl der jüdischen Gemeindemitglieder in Zeitz für das Jahr 1925 auf fünfundneunzig, bis 1933 schrumpfte sie auf siebenundvierzig. Schon Ende des 15. Jahrhunderts hatte die Stadt den Bischof des Bistums Naumburg-Zeitz gebeten, alle Juden auszuweisen, und dafür die Verpflichtung übernommen, die von ihm bisher von den Juden kassierte Schutzsteuer alljährlich bar zu ersetzen. Erst Mitte des 19. Jahrhunderts siedelten sich dann wieder die ersten jüdischen Kaufleute an. Ich kann mich nicht erinnern, dass unsere Eltern je mit uns Kindern über Juden gesprochen hätten – jedenfalls nicht vor den letzten Kriegsjahren, in denen halb verhungerte jüdische Häftlingsgestalten sich nach jedem Bombenangriff in Kolonnen, von der SS bewacht, elendiglich durch die Stadt schleppten, um die Straßen wieder freizuschaufeln und Mutter sich entsetzt abwandte: Sie könne das schreckliche Elend nicht mehr mit ansehen.

Wie immer man das Schweigen der Eltern heute bewerten mag – meine Schwester meint, sie hätten versehentlichem Ausplaudern durch uns vorbeugen wollen. Tatsache ist allerdings, dass uns am Morgen nach der Pogromnacht vom 9. November strengstens verboten wurde, in die Stadt zu gehen. Offenbar sollten wir die Verwüstungen der wenigen noch vorhandenen jüdischen Geschäfte – es gab 1938 noch etwa zwölf oder fünfzehn davon – nicht sehen. Möglich, dass sie aus Scham und Erschrecken über diesen von Staat und Partei geförderten Bruch mit allen geheiligten Normen bürgerlicher Rechtsordnung handelten, gewiss aber sollten wir Kinder daran gehindert werden, plötzlich unangenehme, höchst unbequeme Fragen zu stellen. Heldenhaft war das nicht, aber es entsprach wohl einer im Bürgertum damals weitverbreiteten Haltung, schweigend hinzunehmen, was man nicht billigte oder verwarf, um Konflikte mit einer sich immer brutaler gebenden Partei- und Staatsgewalt zu meiden.

Vaters anfangs so optimistische Fähnchensteckstimmung schlug allerdings drastisch um, als Hitler den Feldzug »Barbarossa« begann.

Da erzählte er uns wieder und wieder vom Schicksal des großen Korsen. Hatte Napoleon nicht auch versucht, Russland niederzuwerfen, hatte er nicht sogar Moskau erobert und war seine Grande Armée trotz anfänglicher Siege nicht dennoch in den Weiten des russischen Raums und im Kampf gegen General Winter kläglich untergegangen? Kamen die wenigen Überlebenden nicht als halb erfrorene, zerlumpte Gestalten zurück? Als die bis dahin so siegesgewisse Wehrmacht im Dezember 1941 vor Moskau ihre erste große Niederlage erlitt und sich zeigte, wie fahrlässig schlecht sie für die eisigen russischen Temperaturen gerüstet war, rief der Propagandaminister Joseph Goebbels die Bevölkerung zum Spenden von Winterkleidung und Skiern auf. Schweren Herzens trennte auch ich mich von meinen Brettern. Winterfreuden waren fortan auf Schlittschuhlaufen und Schlittenfahren begrenzt.

Wermutstropfen gegen den Optimismus der offiziellen Propaganda gab es immer wieder bei meinem Großvater mütterlicherseits, der an Fest- und Feiertagen regelmäßig Familie und Freunde um sich versammelte. Er warnte stets, die Engländer, ihre Zähigkeit und die Kräfte des Empire zu unterschätzen, denn er kannte seine Briten. Als junger Kaufmann hatte er zwei Jahre in England verbracht. Als Erbe einer kleinen Textilfabrik, später als einer der wichtigsten Direktoren des größten Kinderwagenbetriebs der Stadt, hatte er ein stattliches Vermögen gemacht – und es war ihm erstaunlicherweise gelungen, es sicher durch Krieg und Inflation zu bringen. Festliche Einladungen bei ihm erscheinen mir heute wie ein letztes, fernes Echo aus Stefan Zweigs *Welt von Gestern* – sicher auf provinziellerem Niveau, aber doch in einer Welt von Wohlstand und Sicherheit. In der war er, Jahrgang 1863, ja auch groß geworden. Seine Villa ließ er nach Plänen eines Architekten, der viele Wohnhäuser im Berliner Viertel Grunewald gebaut hatte, auf ererbtem Terrain 1904 errichten – und zwar im englischen Landhausstil. Bei großen, feinen Essen saßen meine Schwester und ich an einem

kleinen Extratisch – dem »Katzentisch«. Den Cognac nahmen die
Herren später im Rauchsalon, und ich durfte Kiebitz sein, Beobachter,
wenn sie sich dort versammelten und ihre Zigarren qualmten. Die
Damen nahmen Mokka und Pralinen im Salon nebenan. Diese Freunde
im Rauchsalon, meist liberalkonservative, stockbürgerliche Herren,
die in der Weimarer Zeit höchstwahrscheinlich alle Gustav Stresemann
und seine Deutsche Volkspartei gewählt hatten, sprachen erstaunlich
offen über die politische Lage. Dunkel erinnere ich mich, dass sie
Franz von Papen lobten, der – ich muss damals sechs Jahre alt gewesen
sein – in einer Rede in Marburg die Exzesse der neuen NS-Herrschaft
kritisiert hatte. Auch Hjalmar Schacht, der 1923 als Reichsbankpräsi-
dent unter Stresemann geholfen hatte, die Hyperinflation zu beenden,
genoss ihren Respekt. Hitler hatte ihn 1933 wiederum zum Reichs-
bankpräsidenten berufen, und willig finanzierte er jahrelang die Aufrüstung, bis er sich wegen ihrer ausufernden Kosten 1939 mit dem
»Führer« überwarf.

Es war Weihnachten 1941, wenige Wochen nach Hitlers Kriegs-
erklärung an die USA, als mein Onkel Walter – Jahrgang 1880, also
ebenfalls ein Mann der Gründerzeit, Chef und Besitzer der Naether'schen Kinderwagenfabrik – mich, den damals dreizehnjährigen
Knirps über die riesigen Ressourcen der Amerikaner aufklärte. Ich
hatte wohl unziemlich vorlaut gefragt, ob unsere doch so erfolgreichen U-Boote die USA nicht daran hindern würden, mit ihren
Soldaten je über den Atlantik nach Europa zu kommen. Onkel Walter,
der in erster Ehe mit einer Amerikanerin verheiratet gewesen war,
sagte nur: »So etwas haben wir schon im Ersten Weltkrieg vergeblich
versucht, mein Junge – die werden schneller Schiffe bauen, als unsere
Boote sie versenken können.« Der Onkel, übrigens der Sohn der
Schwester meines Großvaters, musste es wissen, hatte er doch vor dem
Ersten Weltkrieg in Amerika moderne Produktionsmethoden studiert,
um sie in dem Unternehmen seines Vaters einzuführen.

Seit Amerika Kriegsgegner war, sah jedenfalls keiner der im Rauchsalon versammelten Herren noch eine Chance für ein siegreiches Ende
dieses Krieges. An Wunder oder gar Wunderwaffen glaubte hier niemand, und den Gröfaz (»Größter Feldherr aller Zeiten«) hielt keiner
von ihnen für ein militärisches Genie. Doch setzten manche – jedenfalls bis zum 20. Juli 1944 – noch auf die Einsicht der Generäle und,
damit verknüpft, blieb eine, wenn auch vage Hoffnung auf einen irgendwie ausgehandelten Frieden. Hatte man nicht einige Trümpfe in der
Hand, stand man nicht tief in Feindesland?

Übrigens war dieses so ferne Amerika für mich immer gegenwärtig
in unserer Familie. Der älteste Bruder meiner Mutter, Großvaters Sohn
Werner, war 1913 nach Amerika ausgewandert, um dort sein Glück zu
versuchen. Ihr jüngerer Bruder Kurt baute sich nach dem Ersten Weltkrieg in Chile eine Existenz als Kaufmann auf. Es war ein stets spektaku-
läres Ereignis, wenn einer ihrer raren Briefe an meine Mutter bei uns im
Briefkasten lag. Seit Ende 1941 kamen sie ja aus dem feindlichen Ausland
auf dem Umweg über das Rote Kreuz in der Schweiz zu uns und trugen
meist die Stempel der Zensur. Aber es gab noch eine andere Verbindung
mit dem fernen Amerika. Der Bruder meines Großvaters, ein aktiver
Offizier, hatte sich Ende des 19. Jahrhunderts seinen Jugendtraum wahr-
gemacht: einmal in seinem Leben durch den Yellowstone-Nationalpark
zu reiten, und von diesem Urlaub war er mit einer Amerikanerin als
Braut zurückgekommen. Für seinen Ruhestand hatte er sich ein stolzes
Haus am Waldrand in Wernigerode gebaut, in dem seine inzwischen ver-
witwete Frau lebte – für meine Schwester und mich war dies unsere amerikanische Tante Elli, die wir in den Ferien gelegentlich besuchten.

Im Spätsommer 1943, ich war fünfzehn Jahre und drei Monate alt,
begann für mich eine seltsame Doppelexistenz als Schüler und Soldat:
Zusammen mit den Schulkameraden meiner Klasse an einem Real-
gymnasium, der Humboldt-Oberschule, wurde ich zu den Luftwaffen-

helfern einberufen. Längst waren die Zeiten vorbei, als die Deutschen
fröhlich Fähnlein steckten: Die 6. Armee hatte Ende Februar 1943 in
Stalingrad und der Rest des einst so stolzen Afrikakorps im Mai in
Tunis kapituliert, Goebbels hatte den »totalen Krieg« ausgerufen, und
die Amerikaner waren im Juli auf Sizilien gelandet. Schmale Kriegs-
kost hatte die gesetzten Herren in Großvaters Rauchsalon zu hageren
Gestalten werden lassen, die jetzt nur noch über Möglichkeiten spekulierten, wie sich der Krieg im Westen beenden ließe, um sich ganz darauf zu konzentrieren, die Russen am Vordringen auf die deutschen
Grenzen zu hindern. Ein Abschied von dem strengen Lateinpauker
oder dem hageren, kleinwüchsigen und ach so peniblen Mathelehrer
bedeutete die Einberufung als Luftwaffenhelfer keineswegs (auch
wenn ich, des Bruchrechnens und Wurzelziehens völlig unbegabt und
überdrüssig, ihn nur zu gern für immer losgeworden wäre). Wir wurden in Blusen und Hosen gesteckt, die im Blaugrau der Luftwaffen-
uniform gehalten waren, in sauberen Baracken nahe den Flakstellungen kaserniert und erhielten meist viel zu große Stahlhelme, die etwas
wacklig auf unseren Köpfen saßen. Nach kurzer Grundausbildung
wussten wir ziemlich gut, wie man die 3,7-cm-Flakgeschütze zu
bedienen hatte, die rund um die Brabag – ein Kürzel für das Hydrierwerk der Braunkohle-Benzin Aktiengesellschaft – in Stellung gingen.
Doch nach Abschluss der Ausbildung gab es Schulunterricht wie gehabt:
Wir schwangen uns auf unsere Fahrräder, fuhren von unseren Baracken zur wenige Kilometer entfernten Schule, lasen Cäsars *De bello Gal-
lico* mit dem berühmten Eingangssatz »Gallia est omnis divisa in partes
tres« (»Gallien zerfällt in seiner Gesamtheit in drei Teile«), lernten Drei-
satz oder schrieben Aufsätze bei ebenjenen Lehrern, denen ich so gern
entronnen wäre. Kaum aber kam aus Berlin die Meldung »Feindliche
Bomberverbände im Anflug über der Nordsee«, wurde der Unterricht
abrupt abgebrochen. Wir kletterten umgehend auf unsere Fahrräder,
sausten quer durch die Stadt zur Batterie zurück, setzten die Stahlhelme

auf. Wir standen in Alarm-, und wenn die Bomber auf die mitteldeut-schen Hydrierwerke Leuna, Böhlen und Zeitz-Tröglitz Richtung nah-men, schließlich in Feuerbereitschaft an den Geschützen. Sie waren von relativ hohen Erdwällen umgeben, und der Boden, auf dem wir an unse-ren 3,7-cm-Abwehrkanonen standen, war mit Lattenrosten versehen.

Ursprünglich waren wir Luftwaffenhelfer wohl nur als Hilfspersonal gedacht, das erwachsene Soldaten an Fernsprechern, im Schreibstuben-dienst und an den Funkmess- und Kommandogeräten ersetzen sollte. Mit ihnen wurden ja Entfernung, Kurs, Höhe und Geschwindigkeit der anfliegenden feindlichen Bomber für ein möglichst wirkungsvolles Abwehrfeuer der Flakbatterien geschätzt. So jedenfalls liest sich heute in den Akten eine erste Dienstanweisung Hermann Görings über die Verwendung des »jugendlichen Hilfspersonals«. Aber das änderte sich schnell, vor allem bei den Einheiten der leichten Flak, zu der wir ja gehörten. Gab es anfangs neben dem Batteriechef, einem Hauptmann, der im Zivilberuf Studienrat war und viel Verständnis für uns »Helfer« zeigte, noch etliche Unteroffiziere und mehrere Gefreite in unserem Zug, standen bald nur noch Luftwaffenhelfer an den Geschützen. Der Hauptmann blieb, aber bis auf einen oder zwei Unteroffiziere waren fast alle »erwachsenen« Soldaten ausgekämmt und zum Fronteinsatz abkom-mandiert. Nach einem Übungsschießen auf einem Manövergelände in Pommern, wo wir nach Kräften auf einen von einem Fieseler Storch gezogenen Luftsack gefeuert hatten, saß also ein Klassenkamerad als Richtkanonier auf dem Drehsitz der 3,7, zu dessen Bedienungsmann-schaft ich gehörte. Als Ladekanonier hatte ich Kassetten oder Metall-rahmen mit jeweils acht Granaten ins Geschütz zu schieben, und die Kassetten wiederum reichte mir ein weiterer Klassenkamerad zu. Spä-ter übernahm diese Funktion allerdings ein ukrainischer Hilfswilliger, der sich bei den Deutschen dienstverpflichtet hatte.

Natürlich bedeutete die Kasernierung Abschied vom »Hotel Mama«: Wir lebten jetzt in Baracken mit Doppelstockbetten, der Alltag begann

mit Wecken um 6:30 Uhr, Stubenreinigen, »Bettenbauen« und Früh-
sport. Und natürlich kontrollierte der Unteroffizier beim Stubenappell,
ob das Bett richtig »gebaut« und ob im Spind, in dem wir die Ausgeh-
uniform, Unterwäsche, Stiefel, Stahlhelm, Persönliches und unsere
Schulbücher aufbewahrten, auch peinliche Ordnung herrschte. Es gab
in jeder Baracke ein oder zwei Tische, an denen wir Schularbeiten
machen konnten, und wir hatten ebenso die Möglichkeit, einmal
wöchentlich Ausgang zu nehmen – Tagausgang währte bis 21:00 Uhr,
Nachtausgang bis frühmorgens zum Wecken.

Die meisten von uns steckten damals wohl noch mitten in der
Pubertät, und so kam es zu manch merkwürdiger Demonstration
gewollter Frühmännlichkeit. Einer unserer Kameraden prahlte nach
seinem Nachtausgang damit, einen Besen vor der Barackentür aufzustellen, dessen Stilende er mit einem Kondom geschmückt hatte –
offensichtlich zum Trocknen gedacht. Statt Wehrsold zahlte man uns
eine tägliche Abfindung von 50 Pfennigen. Im Stellungsdienst trugen wir das Drillichzeug der Flakkanoniere, zur Schule fuhren wir in
der Ausgehgarnitur – einer hüftlangen, blusigen Jacke, einer Hose
mit Rundbund und einer Schirmmütze. Dazu gehörte offiziell eine
HJ-Armbinde mit Hakenkreuz, die wir auf dem Weg zur Schule oder
nach der Abmeldung zum Ausgang in der Schreibstube meist verschwinden ließen. Mit der HJ wollten wir nichts mehr zu tun haben –
und hatten es in der Tat ja nicht mehr. Wir fühlten uns schon eher als
Soldaten und wollten als solche wahrgenommen werden. Weil wir uns
in dieser Rolle gefielen, begann auch so etwas wie der Abbau aller bisherigen Autorität: die der Lehrer, die wir nicht mehr als so wichtig
erachteten, aber auch die der Eltern (und da vornehmlich des Vaters),
deren belehrende Sprüche, Ermahnungen und gutbürgerliche Weis-
heiten wir in vielem nicht mehr ernst nehmen konnten. Allerdings
hinderte mich das nicht, auf dem Rückweg von der Schule zur Stellung kurz zu Hause vorbeizuschauen, falls kein Alarm im Verzuge war.

Mutter steckte mir dann ein Stück Kuchen zu oder gab die Unterhosen und -hemden zurück, die ich – wie sehr viele Helferkameraden – doch lieber im alten »Hotel Mama« waschen ließ. Sie besorgte mir auch richtige Socken, mit denen ich die grässlichen Fußlappen ersetzen konnte, die wir in den Stiefeln oder Schnürschuhen tragen sollten. Solche gelegentlichen, meist auf fünfzehn oder zwanzig Minuten begrenzten Stippvisiten daheim waren möglich, bis diese merkwürdige Doppelexistenz als Schüler und Soldat im Dezember 1944 jäh endete, weil unsere Batterie in die Gegend links des Rheins, nahe Prüm in der Eifel, verlegt wurde.

Der Bombenkrieg, gegen den wir die Brabag in Tröglitz sichern und verteidigen sollten, hatte uns zunächst etliche Monate verschont. Zwar gab es immer häufiger Alarm- und auch Feuerbereitschaft, weil die alliierten Bomberflotten seit Mitte 1943 den Krieg bereits bis tief nach Mitteldeutschland tragen konnten. Aber die Angreifer waren meist britische Lancaster-Geschwader, die nicht unser Hydrierwerk zum Ziel hatten, sondern nachts die Innenstädte Kassels oder des nur vierzig Kilometer entfernten Leipzig in flammende Infernos verwandelten. Die ganze Grausamkeit dieses Luftkriegs erlebten wir erst im Mai 1944, als die Amerikaner ihre Luftoffensiven gegen die deutsche Treibstoffindustrie begannen. Die ersten dieser großen Tagesangriffe erinnere ich genau: die anfliegenden Pulks der B-24-Bomber, die langen, unzähligen Kondensstreifen am Himmel, das unaufhaltsam näher kommende, immer lauter werdende tiefe, unheimliche, unheilverkündende Brummen und Dröhnen der Motoren, das Fallen der Zielmarkierungsbomben und das Pfeifen und Rauschen der ersten Bombenteppiche – vor allem aber unsere ohnmächtige Hilflosigkeit. So hatten wir Schüler uns das nicht vorgestellt: Zwar standen wir feuerbereit in unseren Stellungen, richteten unsere Geschütze auf die Pulks der anfliegenden Bomber, aber zum Schuss kamen wir nie, denn die Angreifer flogen in der

Typische Stellung eines unserer 3,7-cm-Flakgeschütze, mit denen unsere Batterie, rund um das Hydrierwerk Zeitz/Töglitz platziert, aus Braunkohle gewonnenes Benzin für die Wehrmacht sichern sollte. Erwachsene Soldaten wurden für den Fronteinsatz ausgekämmt, und so standen bald nur noch Luftwaffenhelfer an den Geschützen.

Als Luftwaffen-
helfer im Spätherbst 1944

für sie sicheren Höhe von über 6000 Metern, das Abwehrfeuer aus unseren 3,7-cm-Flakkanonen reichte aber maximal 4800 Meter hoch.

Riesige Rauchschwaden standen tagelang über dem Werk, das schwer getroffen wurde. Benzintanks explodierten, immer wieder gingen Bomben mit Zeitzündern hoch, aus unserer Stellung sahen wir ein Gewirr aus Gestängen, umgestürzten Schornsteinen und zu Skeletten verbrannten Kühltürmen. Als ehemaliges Mitglied der Nachrichten-HJ wurde ich einem Trupp zugeteilt, der die zerstörten Telefonverbindungen reparieren sollte. Ich sehe mich auf Äckern und Wiesen voller Bombentrichtern umgestürzte Masten aufrichten, zersplitterte durch neue ersetzen, mit Steigeisen nach oben klettern und neue Leitungen verlegen.

Unvergesslich aber bleibt mir vor allem der zweite Großangriff etwa zweieinhalb Wochen später. Es war ein strahlender Pfingstsonntag, als eine fliegende Armada in der Sonne glitzernder amerikanischer Bomber direkt Kurs auf das Werk und auf uns nahm. Wieder standen wir gefechtsbereit an unseren Geschützen, wieder flogen die Angreifer unerreichbar hoch – doch aus lauter Frustration riss meinem Schulkamerad Richtkanonier – ich meine, er hieß Appel – die Geduld. Ohne jeden Befehl gab er mit seinem Fuß den Abzug frei und feuerte voller Wut einfach drauflos, bis der völlig überraschte zuständige Offizier »Feuer einstellen« brüllte.

Welle auf Welle kamen die Bomber, der Angriff währte drei Stunden; einige Bomben gingen direkt vor unserer Stellung nieder, Splitter verletzten den ukrainischen Hilfswilligen, der mir die Granaten zureichte und nun laut stöhnend um Hilfe schrie. Was sich mir jedoch für immer einprägte, waren Beobachtungen, die ich die ersten zwei Tage nach dem Angriff machen konnte. Da kamen russische Kriegsgefangene, halb verhungerte Gestalten, die in einer Baracke mit vergitterten Fenstern nahe unserer Stellung hausten, uns die schwersten Arbeiten abnahmen und nun die Erdwälle um unsere Geschütze auszubessern hatten.

Am ersten Tag nach dem Angriff kreiste ein Fieseler Storch auffällig lange über den rauchenden Trümmern des Werks, dessen Insassen wohl den entstandenen Schaden abschätzen sollten. Am späten Nachmittag des zweiten standen dann plötzlich lauter Zelte in nächster Nähe zu den zerstörten Fabrikationsanlagen, etwa 200 oder 250 Meter entfernt von unserer Stellung, hinter einem schnell hochgezogenen doppelten Stacheldrahtzaun.

Als ich nachts, das viel zu lange und schwere französische Beutegewehr umgehängt, Wache an unseren Geschützen schob, sah ich Gestalten in gestreifter Häftlingskleidung, die sich dem von Scheinwerfern grell erleuchteten Zaun zu nähern suchten, aber von SS-Aufsehern immer wieder zurückgescheucht wurden. Direkt angrenzend an das Werk, dessen Produktion die Bomber nach diesem zweiten Angriff zu etwa 75 Prozent ausgeschaltet hatten, war wie über Nacht ein Außenlager des KZ Buchenwald entstanden. Die Häftlinge, meist ungarische Juden, wurden bald in Baracken im nahe gelegenen Rehmsdorf untergebracht und hatten Trümmer zu beseitigen, Aufräumarbeiten zu leisten, Kabel zu legen und die zerstörten hölzernen Kühltürme unter Aufsicht wieder zusammenzunageln. Ihre Bewacher waren Männer der Waffen-SS, an ihrem Dialekt unschwer als Österreicher zu erkennen, die auf einer Anhöhe nicht weit von uns neu errichtete Baracken bezogen hatten. Fünf Jahrzehnte später las ich von einem der Häftlinge, der nach dem Morgenappell in diesem Zelte-KZ mit einem Arbeitskommando in das Werk marschieren musste: »… da grüßt die Fabrik – mit dem Labyrinth ihrer Haupt- und Querstraßen, mit ihren vorwärts holpernden Kränen, den Erde fressenden Maschinen, ihren vielen Schienen, Kesseln, Rohren, Kühltürmen, Werkstätten viel eher eine richtige Stadt. Zahlreiche Krater und Mengen von hervorquellenden Kabeln deuten auf den Besuch von Flugzeugen hin.« So schrieb es mit ironischmelancholischem Understatement der spätere Nobelpreisträger Imre Kertész in *Roman eines Schicksallosen*, das 1996 auf Deutsch erschien.[1] Er und ich waren also nach Pfingsten 1944 bei Tröglitz nur wenige Hundert Meter voneinander entfernt, er fünfzehnjährig, ich gerade sechzehn geworden – und doch trennten uns Jugendliche nicht nur der schwer von der SS bewachte Zaun, es trennten uns Welten: er Opfer eines Verbrechersystems mit seinem rassistischen Wahn, ich der 1938 verkündeten Jugenddienstpflicht gehorchend und noch nicht recht begreifend, woran mitzuwirken ich gezwungen war.

Bei einem Essen, bei dem wir uns beide ein Jahrzehnt nach der Wende bei gemeinsamen Freunden in Berlin trafen, tauschten wir uns über die kurze Zeit dieses uns damals nicht bewussten »Gegenüberseins« aus, ohne dass Kertész den geringsten Anflug von Bitterkeit dabei spüren ließ. Die Bilder von damals, die der gestreiften Elendsgestalten vor dem zerstörten Werk, die Bilder mühevoll sich dahinschleppender Häftlingskolonnen, die unter strenger Bewachung durch die Stadt zogen, wann immer Bomben auf sie gefallen waren, um Straßen und Gehwege freizuschaufeln – sie zeugten von der dunklen, bösen, von der menschenverachtenden Seite des Regimes. Und wenn ich zurückdenke, sind es diese unauslöschlichen Bilder, die bei mir am Anfang eines kritischen politischen Bewusstseins stehen, das sich langsam zu entwickeln begann. Dazu kam, dass ebenjener Onkel Walter, der mich Weihnachten 1941 über die unerschöpflichen Möglichkeiten Amerikas aufgeklärt hatte – die Tagesbombardements der U.S. Air Force führten vor Augen, wie recht er damit gehabt hatte –, wegen Abhörens der BBC ein halbes Jahr zuvor denunziert, von der Gestapo verhaftet und ohne jedes ordentliche Verfahren in das Straf- und Arbeitserziehungslager Torgau deportiert worden war. Die Familie, die Herren im Rauchsalon und die Damen beim Mokka nebenan waren natürlich entsetzt, und in der Stadt kursierten die wildesten, auch unsinnigsten Gerüchte über ihren wohl reichsten und bis dahin angesehenen Bürger – etwa, dass er vor dem Bombardement Leipzigs den Amerikanern per Funk mitgeteilt hätte, die gesamte Flak sei nach

Berlin abgezogen worden. Aber des Onkels Verhaftung hinderte meinen Vater und mich nicht, wenn ich Nachtausgang hatte, die Berichte
der BBC zu hören, die mit ihren klassischen vier Paukenschlägen – drei
kurzen und einem darauffolgenden langen – und dem Satz: »Hier ist
England« begannen. Über unsere Köpfe und den Volksempfänger hatten wir natürlich eine Decke gezogen, damit die typischen drei Pauken-
schläge für Nachbarn über oder unter uns auch ja unhörbar blieben.

An ein Ende dieses Krieges mit einem erträglichen Friedensschluss
glaubte inzwischen kaum einer mehr – keiner jedenfalls im Kreise des
Großvaters. Doch auch bei mir hatten sich längst erhebliche Zweifel
gemeldet. Im Herbst 1943 wurde ich als Luftwaffenhelfer zur Teilnahme an einem Ausbildungslehrgang an der Luftwaffennachrichten-
schule in Halle abkommandiert. Einem »Feldpostbrief«, datiert vom
7. November 1943, den ich damals an die Eltern nach Hause schickte
und den meine Schwester aufbewahrt hat, entnahm ich diese Zeilen:
»Hoffentlich gibt es kein zweites Stalingrad, denn die Russen sind ja
dabei, unsere ganze Südfront in Richtung Odessa zurückzuwerfen und
ins Meer zu schmeißen.« Siegesgewiss las sich das nicht. Aber wieso
auch? Waren früher die Siege kündenden, hellen und aufrüttelnden
Liszt-Fanfaren erklungen, wurden Kriegsszenen der *Wochenschau* zunehmend mit tragischer Musik unterlegt – mit Klängen aus Wagners *Götter-
dämmerung*, Schuberts *Unvollendeter* oder Beethovens *Neunter Sinfonie*. Im
Rückblick weiß ich: Die nicht enden wollenden Niederlagen bei Kriegsende wurden in Film und *Wochenschau* von Goebbels wie große Opern
eines tragischen, schicksalhaften Untergangs inszeniert – aber nicht
nur von ihm. Ich erinnere mich deutlich der Rede Görings, die wenige
Tage vor der Kapitulation der 6. Armee an der Wolga aus dem Volksempfänger kam und mir als Fünfzehnjährigem eine Art Schauer über
den Rücken jagte. Sprach der »Reichsmarschall« – jener, der hatte Meier
heißen wollen, wenn ein feindliches Flugzeug je eine Bombe über
Deutschland abwerfen sollte –, sprach dieser Meier nicht von Stalingrad

als einem »gewaltigen Heldenlied«? Vergleichbar nur dem Kampf der
Nibelungen, die in einer »Halle voll Feuer und Brand« kämpften und –
so Göring – »den Durst löschten mit dem eigenen Blut«? Und beschwor
er nicht die Schlacht bei den Thermopylen, wo 300 Spartaner unter
ihrem König Leonidas etwa 500 vor Christus, sich für den unbehellig-
ten Rückzug ihrer Armee opfernd, ein übermächtiges persisches Heer
tagelang aufgehalten hatten? Zitierte er nicht, NS-konform abgewan-
delt, was ihnen zu Ehren auf eine griechische Stele eingemeißelt worden war: »Wanderer, kommst du nach Stalingrad (Sparta), so berichte,
du habest uns liegen gesehen, wie das Gesetz es befahl?«

Luftkrieg wurde für uns zum Alltag, auf die ersten beiden Großan-
griffe folgten größere Tagesangriffe im August und November 1944.
Am 21. Dezember, einen Tag nach Beginn der Verzweiflungsoffensive
gegen die Westalliierten in den Ardennen, wurden wir, mitsamt
Geschützen und Munition auf Güterwagen verladen, in Richtung
Eifel in Marsch gesetzt. »Räder müssen rollen für den Sieg«, stand in
großen weißen Lettern auf der Lok, die uns als sozusagen letztes Auf-
gebot gen Westen zog. Unsere Einheit war, schreibt der Militärhisto-
riker Jürgen Möller, für die Abwehr eines alliierten Angriffs Richtung
Rhein vorgesehen. Schon am dritten Tag unserer Reise, unser Zug
steht auf einem Abstellplatz des Bahnhofs von Kelsterbach, fliegen
Bomberverbände den angrenzenden Frankfurter Flughafen an – und
ein Bombenteppich geht auch auf uns im Bahnhof nieder. Vier Luftwaffenhelfer unter den Toten, drei unter den Verwundeten. Eine solche Bescherung – es war ja der 24. Dezember – hatten wir uns zu
Heiligabend nicht vorgestellt. Bomben fallen auch auf einen weiteren Bahnhof, auf dem wir Station machen – bis wir schließlich Anfang
Januar, auf Lkws umgeladen, an unserem neuen Einsatzort links des
Rheins ankommen: Niedermendig in der Eifel mit dem nahe gelegenen Flugplatz Thür, den wir gegen Tiefflieger sichern sollen.

Was folgt, schon um ewige Wiederholungen zu vermeiden, nur noch in Kurzfassung: Stellungsbau bei minus fünfzehn Grad Celsius, der Boden tiefgefroren, unsere Spaten dafür schlecht geeignet. Bombenabwürfe die Regel – Jagdbomber kommen fast täglich; einmal gelingt unserer Batterie der Abschuss einer britischen Spitfire; einmal ein Volltreffer in einer unserer Geschützstellungen bei einem Bombenangriff Ende Januar, dann Verlegung der Batterie ins rechtsrheinische Nassau an der Lahn. Aufgabe: eine Brücke schützen. Unsere 3,7 haben wir noch nicht in Stellung gebracht, da greifen hundert der gefürchteten, schnellen und zweimotorigen amerikanischen Marauder-Bomber Brücke, Bahnlinie und Stadt an. Bei uns zwei tote Luftwaffenhelfer, ein dritter stirbt am Tag darauf schwer verletzt im Lazarett, drei von sechs unserer Geschütze zerstört. Unsere Unterkunft, erinnert mein Mithelferkamerad Horst Wohlfahrt, ein großer Kinosaal, wurde in der Stadt ebenfalls getroffen – an einer Stirnwand konnte man in den Himmel sehen, auf allen Klamotten lag »eine Staubschicht aus Kalk und Mörtel«.

Nachts stehe ich noch einmal Wache auf der Wiese, auf der unsere Munitionskisten lagern – ausgerüstet jetzt nicht mehr mit dem schweren französischen Beutegewehr, sondern mit einem leichteren italienischen Karabiner mit Magazin – und bei Mondschein gebe ich damit auf einen Schatten, hinter dem ich einen feindlichen Agenten vermute, mehrere Schüsse ab. Hatte es sich vielleicht nur um eine Katze gehandelt, hatte ich mir damit selbst Mut machen wollen in den Stunden, die auf die Schrecken des langen Bombardements folgten?

Die Schüsse stehen jedenfalls am Ende meiner ungewollten Karriere als Luftwaffenhelfer. Denn wie einige andere Schulkameraden in unserer Einheit erkrankte ich wenige Tage später an der Ruhr und musste etliche Wochen im Lazarett in Montabaur verbringen. Halbwegs wieder auf den Beinen, untersuchte mich ein junger Stabsarzt und kam zu dem Befund:»Sie sind viel zu schwach, um zu Ihrer Einheit zurückzugehen. Und außerdem« – und lachte dabei leise – »viel zu jung, um Krieg zu spielen.«

Mit einem Marschbefehl zurück nach Zeitz, wohl zur Wiederherstellung der Kräfte, genauer der Wehrkraft – wurde ich Ende Februar aus dem Lazarett entlassen. Ich hatte Glück, denn unsere Einheit wurde von Nassau noch zur Abwehr von Panzern an die Autobahn Limbach-Köln verlegt. Eine zuständige Luftwaffenhelfereinheit, bei der ich mich, nach einigen Wochen Gesundungsurlaub hätte zurückmelden können, gab es in Zeitz nicht mehr. Als ich einmal, vom schlechten Gewissen als möglicher Drückeberger geplagt, mit dem Fahrrad zum zuständigen Wehrkreisersatzamt im dreißig Kilometer entfernten Naumburg fahren wollte, um mich dort zu melden, geriet ich unterwegs in einen Jagdbomberangriff und musste Schutz unter einer Brücke suchen. Den braven Vorsatz, bis nach Naumburg zu kommen, gab ich schließlich auf, weil immer wieder amerikanische Mustangs über der Straße kreisten und alles beschossen, was sich bewegte. Erst Jahrzehnte später las ich bei Durchsicht meiner Stasiakten, wovon ich damals nicht das Geringste erfahren oder geahnt hatte: dass gegen mich ein Ermittlungsverfahren wegen Wehrdienstverweigerung angestrengt worden sei.

Wenn dies schließlich keine Folgen für mich mehr hatte, verdanke ich das der U.S. Army, die Mitte April, etwa fünf oder sechs Wochen nach meiner Rückkehr aus dem Lazarett, die Stadt einnahm. Es hatte nur schwachen Widerstand an den Elsterbrücken gegeben, hart wurde dagegen um den Zeitzer Kasernenkomplex gekämpft, den ein Durchhalteoberst mit einer Handvoll Soldaten verteidigte. Vater war als Kommandeur einer kleineren Volkssturmeinheit verpflichtet worden – aber er und die Männer, die am Stadtrand Position beziehen sollten, kämpften nicht, sie vergruben ihre Panzerfäuste und gingen klammheimlich nach Hause. Der Krieg war, zumindest für uns, vorüber.

Einen Tag nach der bedingungslosen Kapitulation der Wehrmacht

gegenüber den westlichen Alliierten in Reims am 7. Mai wurde sie in
der Nacht vom 8. auf den 9. Mai in Berlin-Karlshorst in Anwesenheit
der Sowjets »ratifiziert«, wie man diese protokollarische Wiederholung
nannte. Und an ebendiesem 9. Mai wurde ich siebzehn Jahre alt. Ich
fühlte mich befreit, wenn auch noch nicht in dem Sinn, den ihm – spät
und zu Recht – Richard von Weizsäcker mit seiner berühmten Rede
zum 8. Mai 1945 gegeben hat. Was ich fühlte, kam eher dem nahe, was
Theodor Heuss über diesen 8. Mai vor dem Parlamentarischen Rat
1949 sagen sollte. Dort sprach er ja von der tragischen und fragwür-
digsten Paradoxie der deutschen Geschichte, fragte, warum, und gab
selbst die Antwort: »Weil wir erlöst und vernichtet in einem gewesen
sind.« Wie für die meisten Erwachsenen rundum stand das Datum für
die Besiegelung einer Niederlage, die einer Katastrophe gleichkam –
aber es bedeutete eben auch Erlösung: frei zu sein von den Schrecken
des Krieges und frei zu sein für eine Zukunft, die schlimmer als das in
den letzten Jahren Erlebte kaum sein konnte. Der Historiker Rolf
Schörken, ein Luftwaffenhelfer meines Jahrgangs, wird später urteilen:
»In einer Lebensphase, in der sich (normalerweise) dadurch Weltver-
trauen herausbildet, dass man sich auf die Außenwelt verlassen kann«,
erlebten wir Luftwaffenhelfer, dass die Welt nicht verlässlich war, weil
sich alles »immer nur zum Schlimmeren und Katastrophalen hin« entwickelte.[2]

In der Tat war die Welt, in die wir hineinwuchsen, alles andere als
verlässlich. Doch anders als die meisten Erwachsenen rundum bedrück-
ten mich nicht Zukunftsängste. Ich fühlte mich endlich frei vom Marschieren und vom automatisch Gehorchen-Müssen, frei von einer Welt,
in der nur physische Stärke zählte, einer Welt der Bomben, der Befehle
und der Gewalt. Eine solche Welt wollte ich nie wieder haben. Ich war
frei und offen für etwas völlig anderes und Neues, das da kommen und
an dem ich teilhaben würde.

II

»SO JUNG UND SCHON SO VERDORBEN« – WAHLKAMPF FÜR JAKOB KAISER

Sie bewegten sich leise und lässig, die amerikanischen Eroberer. Das rhythmische Knall-Knall der genagelten Knobelbecher deutscher Marschkolonnen hatte durch Straßen und Gassen gehallt, die GIs, wie wir sie bald zünftig nannten, kamen auf Gummisohlen daher. Marschierte ein Platoon der Sieger durch die Stadt, war ein zwar rhythmisches, aber doch eher verwischtes Klatsch-Klatsch zu hören. Ihre Jeeps hatten – vergleichsweise – gedämpfte, benzingetriebene Motoren, selbst ihre Sherman-Panzer verursachten weniger Geräusche als die deutschen, denn ihre Stahlketten waren mit einer Kautschukauflage versehen.

Dass sie und nicht die Russen die Stadt Zeitz im Kampfe nahmen, hatte die große Mehrheit der Bevölkerung aufatmen lassen, blieb ihr doch damit erspart, was Gerüchte behaupteten, die sich hinter der russischen Front oft genug bewahrheiten sollten: dass auf die Einnahme einer Ortschaft durch die Sowjets Massenvergewaltigungen folgten. So ganz traute meine Mutter jedoch auch den Amerikanern nicht – weshalb meine zwanzigjährige Schwester Hella, in hässlich-abschreckende Kleider gesteckt, auf alt geschminkt und unter einem riesigen Kopftuch versteckt im Keller sitzen musste, bis die Gefechte vorüber waren.

Die Amerikaner blieben nur zweieinhalb Monate. Spuren hinterließen sie nicht, ausgenommen einige gute Erinnerungen, die sich ins Gedächtnis der Bürger einnisteten, vor allem, als ihre Nachfolger

Einzug gehalten hatten. Zwar kam es zu einigen Plünderungen durch befreite Zwangsarbeiter (damals noch, dem Nazi-Slang entsprechend, meist »Fremdarbeiter« genannt), die sich in der barocken Moritzburg einquartiert hatten und gegen die der US-Stadtkommandant zunächst nichts unternahm. Die NSDAP-Funktionäre hatten sie, soweit sie nicht geflohen waren, inhaftiert und in Internierungslager geschickt, und so schien, wenn auch mit allen Anzeichen des Behelfsmäßigen und unter dem Vorbehalt der Launen der Besatzungsmacht, die alte bürgerliche Ordnung ohne NS-Überbau wieder in Kraft gesetzt. Zum kommissarischen Oberbürgermeister hatte der Stadtkommandant – nach Prüfung durch den US-Militärgeheimdienst CIC – den konservativen Verleger Arthur Jubelt ernannt. Offenbar stand er auf der »weißen Liste« unbelasteter Persönlichkeiten, die in den USA mithilfe von deutschen Emigranten erstellt worden war. Pflichteifrig kümmerte er sich bald um das Allernötigste – die Beseitigung von Kriegstrümmern, die notdürftige Instandsetzung von Brücken oder die Wiederaufnahme des Zahlungsverkehrs.

Doch dann, nach einer Nacht unheimlicher Stille, begrüßte uns am 1. Juli vormittags das Hufeklappern zahlloser Panjepferde und das laute Rumpeln größerer Leiterwagen, an denen Kanonen hingen. Ohne jede Vorwarnung hatten die Amerikaner die Stadt verlassen, und friedlich hielt die Rote Armee nun Einzug in jene Teile Mitteldeutschlands, die in Jalta ihrer Besatzungszone zugeschlagen, aber von den schneller vorstoßenden Amerikanern erobert worden waren. Im Austausch dafür übernahmen die Westalliierten ihre Sektoren in der Viermächtestadt Berlin. Die russischen Kommandeure hatten Anfang Juli ihre Truppen im Griff, der Einmarsch geschah diszipliniert, die befürchteten Exzesse im Siegesrausch gehörten der Vergangenheit an – und doch trennten Welten die Besatzer von gestern von denen, die nun gekommen waren. Da ging es um mehr als nur um die ärmlich wirkende technische Rückständigkeit, wie sie jedem unübersehbar die

Ankunft der mit Beutemöbeln beladenen Panjewagen bezeugt hatte. Fast über Nacht entstanden an den Eingängen zum Kasernengelände riesige, hölzerne, schreiend bunt bemalte, beinahe exotisch-fernöstlich wirkende Triumphbögen mit Stalinbildern, und nachts erklangen hinter den Kasernenmauern schwermütige russische Lieder. Auch nahm die Sowjetische Militäradministration in Deutschland (SMAD), der die Stadt nun unterstand, in engem Kontakt mit den Genossen der heimischen KPD entschlossen die Umgestaltung der wirtschaftlichen und gesellschaftlichen Verhältnisse in Angriff.

Erstes Opfer dieser engen Zusammenarbeit von SMAD und KPD in Zeitz, dieser von der DDR später gern und propagandistisch positiv zitierten »antifaschistisch-demokratischen Umwälzung«, wurde der von den Amerikanern als kommissarischer Bürgermeister eingesetzte konservative Verleger. Nach der Demonstration einer kommunistisch geführten Antifa-Gruppe zur Säuberung der Verwaltung von »faschistischen und reaktionären Elementen« enthob ihn am 18. Juli der sowjetische Stadtkommandant seines Amtes und ersetzte ihn durch einen Kommunisten. Gute sechs Wochen danach vom sowjetischen Geheimdienst verhaftet, landete Jubelt schließlich im NKWD-Speziallager Buchenwald und sollte dort Anfang Dezember 1947 eines elenden Todes sterben. Seine Buchdruckerei und sein Verlag waren bereits im Winter 1945/1946 enteignet worden. Jubelt zählt zu den mehr als 7000 Gefangenen, die aufgrund mangelnder Ernährung (Dystrophie), Entkräftung, Ruhr oder Typhus allein in diesem Lager des Innenministeriums der Sowjetunion zwischen 1945 und 1950 umkamen. Verhaftet und gefangen gehalten wurde er ohne jedes Verfahren, und weil sich in den russischen Archiven weder eine Anklage noch ein Gerichtsurteil gegen ihn finden ließen, konnte er – obschon er es wahrlich verdient hätte – nach der Implosion der Sowjetunion und dem von der Russischen Föderation unter Boris Jelzin erlassenen Gesetz als politisch Verfolgter in den Neunzigerjahren auch nicht »rehabilitiert« werden.

Nun war der Verleger Jubelt von Hause aus gewiss kein geborener oder gar überzeugter Demokrat, im Gegenteil – der ehemalige kaiserliche Oberleutnant, der Monokel trug, weil er im Krieg ein Auge verloren hatte, war ein Nationalkonservativer par excellence, ein geradezu glühender Monarchist und alles andere als ein Freund der Weimarer Republik. Aber ein Nazi oder gar ein Mitglied ihrer Partei war er nie, dafür hatte er viel zu viel Achtung vor dem Rechtsstaat, den die Nazis mit Füßen traten. Und als Naziverächter und -gegner half er in den zwölf NS-Jahren nachweislich Verfolgten, stellte Verwandte von linken inhaftierten NS-Gegnern und »Halbjuden« in seinem Betrieb ein, was damals nicht wenig Courage erforderte. Übrigens machte einer, der während der NS-Zeit bei ihm als angehender Industriekaufmann lernte, unter Erich Honecker später Karriere: Werner Jarowinsky, erst als Kandidat, dann Mitglied des SED-Politbüros zuständig für Handel und Versorgung. Gegner der Weimarer Demokratie waren allerdings auch Jubelts erbitterte Feinde und Denunzianten bei der SMAD, die Kommunisten, gewesen. Zusammen mit der NSDAP stürmten sie 1931/1932 gegen die demokratische preußische Regierung von Braun und Severing an, sie kollaborierten mit den Nazis auch beim wilden Verkehrsarbeiterstreik in Berlin im November 1932, weil sie ihre Hauptfeinde damals in den Sozialdemokraten, den »Sozialfaschisten«, nicht in den Nationalsozialisten sahen. War es nicht Clara Zetkin, die als Alterspräsidentin bei der konstituierenden Sitzung des Reichstags im August 1932 sich als Gegner der Demokratie bekannte, als sie hoffte, das Glück zu erleben, als Alterspräsidentin auch den Ersten Sowjetkongress Deutschlands eröffnen zu können?

Zu meinen Kindheitserinnerungen gehören die penetrant nach Druckerschwärze riechende Rotation in Jubelts Verlag und die große Handpresse, auf der mein Vater den von ihm bearbeiteten weißen Stein montierte, um Lithografien zu drucken. Viele seiner Zeichnungen oder Holzschnitte erschienen in Jubelts *Zeitzer Neuesten Nachrichten*, einem

konservativ-bürgerlichen Blatt, das noch 1935 mit der Zeitzer Ausgabe der mitteldeutschen NS-Zeitung in Fehde lag. Vater war ein enger
Freund von Jubelts älterem Bruder Reinhold gewesen – Grund genug,
an der Tragödie des Verlegers und engagierten Heimatforschers Anteil
zu nehmen.

Noch näher betraf uns allerdings das Schicksal eines zweiten Opfers
der Zusammenarbeit von SMAD und KPD – das Walter Naethers,
jenes Onkels, der mich 1941 über die riesigen Ressourcen Amerikas
aufgeklärt hatte. Auf Anordnung des russischen Stadtkommandanten
wurde er schon im August 1945 als Generaldirektor der Naether-
Werke abgesetzt und durfte seither seinen Betrieb nicht mehr betreten.
Wenn die Aktion gegen ihn fast ein ganzes Jahr vor jenem Volksent-
scheid über die Verstaatlichung von Betrieben in der SBZ, der Sowjetischen Besatzungszone, begann, die »Naziverbrechern, aktiven Nazis
oder Kriegsinteressenten« gehörten, hatte das wohl damit zu tun, dass
er als Chef der neben der Zemag-Eisengießerei wichtigsten großen
Fabrik der Stadt mit mehr als 1500 Arbeitern und Angestellten (1936)
den Kommunisten seit Langem ein Dorn im Auge war. Sein Betrieb
wurde zunächst sequestriert, also unter Zwangsverwaltung gestellt, und
ging Mitte 1946 zunächst in das Eigentum der Provinz Sachsen, später
des Landes Sachsen-Anhalt über. Formelle Begründung war der von
Marschall Georgi Schukow unterzeichnete Befehl 124, der das Eigentum der NSDAP, ihrer Amtsleiter sowie der Wehrmacht beschlagnahmte.

Nun war Walter Naether nie ein Freund der Nazis, geschweige denn
Mitglied ihrer Partei gewesen. Im Gegenteil: Länger und zäher als
andere Zeitzer Unternehmer hatte er nachweislich versucht, seine Firma
von allen Rüstungsaufträgen freizuhalten. Dennoch befahl ihm das
Rüstungskommando der Wehrmacht schon ab 1940, Kisten für Patro-
nen, Granaten und Panzerfäuste herzustellen, und auf die Verkündi-
gung des »totalen Krieges« 1943 folgte das absolute Verbot, jenes Pro-
dukt herzustellen, das die Firma groß und weltbekannt gemacht hatte:

Kinderwagen. Gezwungen, seine Gesamtkapazität an Arbeitskräften und Maschinen vollständig der Rüstung zur Verfügung zu stellen, musste der Betrieb jetzt hölzerne Bauteile für Transportflugzeuge der Firma Junkers in Dessau produzieren. Sich diesen Anordnungen zu widersetzen, hätte im »Dritten Reich« und mitten im Krieg den Verlust der Firma, ebenso sicher aber auch den der persönlichen Freiheit bedeutet.

Ich erinnere mich eines kurzen Besuchs in diesem Sommer oder Frühherbst 1945: Plötzlich stand, und das war nun wirklich eine große Ausnahme in jenen Tagen, ein ziviler Wagen mit einem Chauffeur vor unserem Haus. Ihm entstieg Dr. jur. Heinrich Troeger, den die Amerikaner zum Oberbürgermeister von Jena bestellt hatten und die Sowjets bis Herbst 1946 im Amt belassen sollten – ein Cousin (zweiten Grades) meiner Mutter, einer geborenen Troeger. In Zeitz 1901 zur Welt gekommen und aufgewachsen, war er andere Wege als die Mehrheit der in seiner Geburtsstadt verbliebenen Troeger-Sippe gegangen und hatte sich früh den preußischen Sozialdemokraten um Otto Braun angeschlossen. Von 1926 bis 1933 Erster Bürgermeister des schlesischen Neusalz und beim NS-Machtantritt sofort des Amts enthoben, hatte er sich während der Nazizeit als Anwalt für Devisen- und Steuerrecht in Berlin durchgeschlagen. Er war die sechzig Kilometer von Jena herübergekommen, um sich ein Bild davon zu machen, wie die anderen Troegers durch den Krieg gekommen waren. Kein Freund der Zwangsvereinigung, siedelte er Ende 1946 nach Hessen über, war von 1951 bis 1956 hessischer Finanzminister und von 1958 bis 1969 Vizepräsident der Bundesbank. Auf einem alten Fünfmarkschein entdeckte ich kürzlich seine Unterschrift neben der des Bankpräsidenten Karl Blessing.

Diesen bis zu seinem Besuch in jenen Tagen des Jahres 1945 mir völlig fremden Onkel bat ich nur einmal in meinem Leben um Hilfe. Nach einem zweimonatigen Aufenthalt in Schweden, zu dem mich eine Gruppe schwedischer Studenten aus Lund eingeladen hatte, stand ich praktisch im Frühjahr 1953 ohne Pfennig mehr da. So schrieb ich dem hessischen Finanzminister und bat ihn, mir an der deutsch-dänischen Grenze in Flensburg zweihundert D-Mark zu hinterlegen. Das tat er prompt, und so kam ich auf der Rückfahrt von Schweden wenigstens bis Hannover, um dort ein Zeitungsvolontariat anzutreten. Etwas naiv meinte ich damals, ein Finanzminister schwimme in Geld, ließ mir Zeit mit der Rückzahlung, aber hatte die Rechnung ohne den preußischen Beamten gemacht, der er einmal gewesen war. Seine Sekretärin schickte mir drei oder vier Monate später einen Mahnbrief, und um eine Vorstellung ärmer, zahlte ich den Betrag umgehend zurück. Soweit ein kleiner Vorgriff auf spätere Jahre.

Als im Frühherbst 1945 der Schulbetrieb aufgenommen wurde, fanden wir Luftwaffenhelfer a. D. uns plötzlich als ganz normale Schüler auf den Bänken unserer alten Klassen wieder, unterrichtet von einigen uns vertrauten Studienräten, die nicht Mitglied der NSDAP gewesen waren und deshalb den Lehrkörper nicht verlassen mussten. Die meisten Unterrichtsfächer gab es wie zuvor – nur war plötzlich das Fach Geschichte verschwunden, in dem wir von konservativ-deutschnationalen Paukern belehrt worden waren: Pädagogische Kräfte, die einen nicht nationalkonservativen Geschichtsunterricht erteilen konnten, fanden sich nicht, und die Kurse für Neulehrer, die den in der Sowjetzone erwünschten marxistisch orientierten Geschichtsunterricht hätten erteilen können, begannen erst Monate später.

Zu meinem Kummer jedoch fand ich unter den gebliebenen Lehrkräften gerade jenen allzu peniblen, gestrengen Mathepauker wieder, mit dessen autoritärem Habitus ich schon früher nicht zurechtgekommen war. Aus purem Trotz gab ich mehrere Klassenarbeiten mit weißen Blättern ab, woraufhin er mir kühl bedeutete, ich steuere auf eine Sechs in Mathe zu und könne trotz guter oder sogar bester Noten in anderen Fächern damit unmöglich das Abitur bestehen. Glücklicherweise gelang es mir, die Schule zu wechseln. Von Mai bis November

1946, also ein halbes Jahr, pendelte ich zwischen Zeitz und Leipzig, wo ich in der Leibniz-Oberschule für Jungen eine Klasse für Kriegsteilnehmer besuchte. Dort gab es einen verständlicheren Mathematikunterricht mit einem versöhnlicher gestimmten Studienrat. Das Zeugnis der Reife erhielt ich mit der Note »gut bestanden« – und die schlechteste Einzelzensur, natürlich die in Mathematik, war immerhin eine Drei. Nicht ohne Triumphgefühle zeigte ich das Zeugnis meinen alten Klassenkameraden in Zeitz, die erst im Frühjahr Abitur machen würden.

Quartier für die Leipziger Tage gab mir eine Cousine meiner Mutter in Schkeuditz, deren Mann eine kleinere Margarinefabrik betrieb – eine typische »Klitsche«, wie die Sachsen sagen. Mit der Bahn fuhr ich sonntagabends nach Leipzig, dann mit der Straßenbahn weiter nach Schkeuditz, und nach Schulschluss am Freitagnachmittag ging's nach Zeitz zurück. Die Abiturarbeit in Deutsch schrieb ich über Albert Schweitzers Ethik der Ehrfurcht vor dem Leben – mit einer ordentlichen Dosis Pervitin im Leib. Die Droge war damals ein gängiges Medikament, das mir ein Augenarzt alljährlich im Frühjahr gegen Heuschnupfen verschrieb.

Als Schüler waren wir ja im Krieg jeweils im Frühsommer zum Rübenverziehen und im Herbst als Helfer bei der Kartoffelernte zu größeren Bauern und Gutsbesitzern abkommandiert worden, und vor allem beim Rübenverziehen hatte sich das Mittel bei mir als hilfreich erwiesen, denn es bekämpfte die klassischen Heuschnupfensymptome. Jahrzehnte später entnahm ich dann einer Rezension in den *Vierteljahresheften für Zeitgeschichte*, dass ein Autor namens Norman Ohler die Erfolge der Wehrmacht im Frankreichfeldzug 1940 angeblich auf den Konsum von Pervitin zurückführte: Die Deutschen, so Ohler, hätten nur deshalb so schnell vorstoßen können, weil die Wehrmachtssoldaten wegen der Wachbleib-Droge weniger Schlaf als ihre französischen Gegner gebraucht hätten. Erst bei dieser Lektüre wurde mir klar, dass ich damals Methamphetamin zu mir genommen hatte, was man heute Crystal Meth nennt – glücklicherweise, ohne danach süchtig zu werden.

Konrad Adenauers Sohn Paul übrigens meinte, sein Vater habe sich des Mittels vor schwierigen Verhandlungen oder Parlamentsdiskussionen gelegentlich auch bedient. Leistungssteigernd war es gewiss, und so besorgte ich das Medikament für meine Schwester, als sie sich mit ihrem frisch angetrauten Mann, einem Theologiestudenten, im Frühjahr 1947 per Fahrrad auf längeren Schleichwegen über die grüne Grenze im Thüringischen in den Westen absetzen wollte. Ich begleitete sie im Zug nach Nordhausen und dann bis zu jenem Waldrand, an dem ihr Pfad ins Hessische begann.

Wenn ich als Thema für meine Abiturarbeit Albert Schweitzer wählte, hatte dies damit zu tun, dass Theologen der in der sowjetischen Zone schon Ende Juni 1945 gegründeten Christlich-Demokratischen Union damals begannen, die Schriften des elsässischen Urwaldarztes zu verbreiten. In Schweitzers Einsichten und seinen Lehren, vor allem seinem Pazifismus und der von ihm gepredigten »Ehrfurcht vor dem Leben« sahen sie offenbar eine Art christliches Gegengift gegen den von der KPD und der Einheitspartei proklamierten und durch die SMAD nach Kräften geförderten marxistischen Materialismus. (Mein Deutschlehrer in Leipzig, der noch nie von Schweitzer gehört hatte, war sichtlich beeindruckt von der Person wie ihrer Philosophie, als er meine Arbeit gelesen hatte.) Und zur CDU führte mich auch mein Weg zunächst.

In Zeitz war mir der katholische Pfarrer Clemens Wittelsbach bei öffentlichen Versammlungen als guter Redner und überzeugter Anhänger einer neuen, demokratischen Ordnung aufgefallen. Er schien mir für den nötigen Neubeginn zu stehen, zumal ich inzwischen wusste, dass es ihm, einem erklärten und mutigen Nazigegner, gelungen war, trotz Gestapo-Überwachung eine Gruppe jüdischer Frauen monatelang vor der Deportation nach Theresienstadt zu bewahren. Dieser Clemens Wittelsbach wurde für mich bald so etwas wie ein väterlicher Freund, und wenn der große Feuilletonkritiker der *Süddeutschen Zeitung*, Joachim Kaiser, wie ich Jahrgang 1928, im Rückblick einmal sagte: »1945 brach nicht etwa alles zusammen für die meisten jüngeren Menschen, die es durchmachten, sondern es brach viel mehr etwas auf!«, so galt dies damals auch für mich.[3] Zwar erlebte ich den Zusammenbruch aller bisherigen Autorität sehr bewusst, aber zugleich öffnete mir ebendieser katholische Pfarrer einen neuen Horizont – und zwar nicht so sehr den eines geistlichen, sondern eines säkularen Charakters: Er war ja ein ehemaliger Mann des Zentrums, das aus der demokratischen Koalition der Weimarer Republik nicht wegzudenken ist, wurde ein Mitbegründer der CDU in Zeitz und gewann mich für die Mitarbeit in dieser Partei.

Früher als die anderen Besatzungsmächte, schon am 10. Juni 1945, als die Amerikaner Zeitz noch besetzt hielten, hatte Marschall Schukow als Chef der Sowjetischen Militärischen Administration die Bildung antifaschistischer Parteien in der sowjetischen Besatzungszone erlaubt, und zwar unter zwei Prämissen: einmal, dass sie sich »die endgültige Ausrottung des Faschismus und die Festigung der demokratischen Grundlagen und bürgerlichen Freiheiten in Deutschland zum Ziel« setzten; und zweitens, dass ihre Tätigkeit für die Zeit des Besatzungsregimes unter Kontrolle der sowjetischen Militärverwaltung und »entsprechend den von ihr gegebenen Instruktionen« vor sich gehen werde.[4] In schneller Folge gründeten sich daraufhin neben der KPD und der SPD auch zwei eher bürgerliche Parteien: die liberale LDP und eben die CDU, die sich als interkonfessionelle, dem christlichen Menschenbild verpflichtete, allen Volksschichten offene Partei als Sammlungsbewegung für alle jene verstand, die nicht für die sozialistischen Programme von KPD und SPD eintraten. Wenn die Sowjets damals

gleich zwei betont nichtmarxistische Parteien lizenzierten, zeigt dies –
wie wenig später auch die Gründung von Ländern wie Sachsen,
Thüringen, Brandenburg, Sachsen-Anhalt und Mecklenburg –, dass
sie zunächst davon ausgingen, Deutschland werde unter Aufsicht des
Alliierten Kontrollrats als Einheit behandelt werden. Und so hoffte
die SMAD, die CDU ihrer Besatzungszone könne von der ehemaligen
Reichshauptstadt aus Einfluss auf die westlichen CDU-Gründungen
nehmen – und zwar ganz in ihrem Sinne. Schließlich begrenzte schon
der Zulassungs- oder Gründungsbefehl Schukows die Manövrierfrei-
heit der neu entstehenden Parteien erheblich. Und als zweiter Pferdefuß folgte unter dem Druck der SMAD der Zusammenschluss der vier
Neugründungen zum »Block der antifaschistisch-demokratischen Parteien«, in dem Entscheidungen nur einstimmig getroffen werden konnten. Nicht nur, dass damit jede Koalitionsbildung gegen die KPD (und
die künftige SED) ausgeschlossen war, gestützt auf die Kommandan-
turen der Besatzungsmacht konnten die Kommunisten ihre Ziele oft
genug den anderen Parteien des Blocks aufzwingen.

Ein Mann wie Kurt Schumacher, der in Hannover die SPD der
Westzonen aufbaute, wertete dies als einen Sieg kommunistischer Bünd-
nispolitik – durch eine überparteiliche Organisation würden Sozialdemokraten »und andere mitmachende Parteien« gebunden, indes die
Kommunistische Partei freie Hand zur Führung bekäme. Für ihn Grund
genug, gesamtdeutschen Initiativen der Berliner sowjetisch lizenzierten
Parteien per se zu misstrauen – vor allem dem eigenen Genossen und
sozialdemokratischen Rivalen Otto Grotewohl, den er schon wegen der
sowjetischen Gründungsauflagen für nicht wirklich frei in seinen Entschlüssen hielt. Eine deutsche Partei, welche laut Befehl von Schukow
verpflichtet war, nach den »Instruktionen« der Besatzungsmacht zu
handeln, und sie damit zu deren Handlangern machte, war für ihn
schlicht keine deutsche Partei. »Wir deutschen Sozialdemokraten«, so
Schumachers programmatische Gegenposition, »sind nicht britisch,

nicht russisch, nicht amerikanisch und nicht französisch. Wir sind Vertreter des deutschen arbeitenden Volkes und damit der deutschen Nation.«[5] Davon konnten wir nur träumen, und doch bedeutete Wittelsbach und mir, der ich ja unter seinem Einfluss stand, all den sowjetischen Einschränkungen und Begrenzungen zum Trotz, die bloße Existenz einer Partei wie der CDU viel, denn mit ihr gab es wenigstens eine legitime Möglichkeit des Widersprechens gegen die wachsende Vormachtstellung der SED in der sowjetischen Besatzungszone. Zudem war damals die Hoffnung weit verbreitet, dass es bald zu einer einheitlichen deutschen Verwaltung unter Viermächtekontrolle komme, die Ost-CDU damit Teil einer größeren, 1946 noch als Reichsverband gedachten CDU werden und damit ihren Freiheitsspielraum vergrößern könne. Die SPD als die demokratische sozialistische Kraft war wenige Wochen nach meinem Eintritt in die CDU schon durch die erzwungene Vereinigung mit der KPD im April ausgeschaltet. Und zäher Widerspruch, den die CDU bereits im Herbst 1945 geübt hatte, sollte sie wenige Monate später auch in schwieriges Wasser bringen.

Weil Andreas Hermes, der erste Vorsitzende und ein Widerständler des 20. Juli, samt seinem Stellvertreter Walter Schreiber, sich gegen die *entschädigungslose* Enteignung von Großgrundbesitzern wandten, wurden sie von der SMAD kurzerhand ihrer Ämter enthoben. Zwar hatten beide nicht die Notwendigkeit einer Bodenreform bestritten – angesichts der Rolle, welche die ostelbischen Großagrarier in der Weimarer Republik und beim Reichspräsidenten Hindenburg gespielt hatten, bezweifelte so kurz nach Kriegsende kaum ein demokratischer Politiker die Notwendigkeit einer Bodenreform –, wohl aber die Art ihrer Durchführung. So hatte die CDU zwar den Aufruf zur Bodenreform mit unterzeichnet, sich aber in Rundschreiben an ihre Kreisverbände und in Westberliner Zeitungs- und Radiointerviews überaus deutlich von den Methoden distanziert, die nicht selten einem aufs Brutalste geführten ländlichen Klassenkampf gleichkamen. Landwirte, die mehr

als hundert Hektar Land besaßen, verloren ja nicht nur völlig ent-
schädigungslos ihre Wiesen, ihre Äcker, ihr Vieh und sämtliches Gerät.
Ihre Häuser mitsamt den Möbeln wurden beschlagnahmt, oftmals
durften sie, wie Verbrecher behandelt, nicht einmal ihre Kleidung mit-
nehmen. Und um jeden Solidarisierungsversuch vor Ort im Keim zu
ersticken, wies man sie oft auch aus ihren Heimatkreisen aus. Hermes
hatte zudem von Anfang an Zweifel an der Art der Landverteilung
vorgebracht. Neubauern erhielten im Schnitt zehn Hektar Land – eine
Größenordnung, dazu gedacht, möglichst vielen vertriebenen Land-
wirten aus dem Osten einen Neuanfang zu ermöglichen. Aber diese
Betriebsgröße machte ein rentables Wirtschaften so gut wie unmöglich
und weckte in dem Reichslandwirtschaftsminister und Zentrumsmann
a. D. Hermes den Verdacht, hier werde die später folgende Zwangskollektivierung in Form der LPGs vorprogrammiert.

Von den beiden Nachfolgern des abgesetzten Führungsgespanns,
Jakob Kaiser und Ernst Lemmer, beeindruckte mich vor allem der Erstere, als ich Gelegenheit hatte, ihn in zwei oder drei Wahlversammlungen zu hören. Denn für Oktober 1946 standen in der Sowjetischen
Zone Landtagswahlen an, und Kaiser nahm kein Blatt vor den Mund,
sich offensiv mit dem Führungsanspruch der SED auseinanderzusetzen, der für ihn bereits eine neue Art des Totalitarismus vorwegnahm.
Von Statur eher klein, aber aufrecht bis kerzengerade, hager und den
Kopf rasiert, war er ein Mann, der Aufmerksamkeit erzwang, sobald er
ans Podium trat. Im Ton Süddeutsch-Fränkisch, füllte seine Stimme
den Raum – nicht frei von jenem Pathos, wie es vielen aus der Weimarer Zeit stammenden Politikern gemein war, die ihre Zuhörer in großen Sälen noch ohne Lautverstärkung durch Mikrofone erreichen
mussten. Jakob Kaiser war kein Taktierer, sondern ein Mann der Überzeugung, zu der er, gelernter Buchbinder und christlich-katholischer
Gewerkschafter, auch in der NS-Zeit gestanden hatte – zusammen war
er mit Wilhelm Leuschner und später Carl Friedrich Goerdeler im

Widerstand. Als einzigem Gewerkschafter aus dem Goerdeler-Kreis gelang ihm nach dem 20. Juli die Flucht. Frau und Tochter kamen in Sippenhaft, er überlebte wie durch ein Wunder in einem Kellerversteck in Babelsberg und gehörte neben Andreas Hermes, Heinrich Krone, Ferdinand Friedensburg und Otto Nuschke zu den führenden Figuren im Gründungskreis der Berliner CDU.

Angesichts der trostlosen Elendssituation der Deutschen nach dem Zusammenbruch schien die Rückkehr zu alten, kapitalistisch-bürgerlichen Verhältnissen vielen führenden Politikern utopisch und die Zeit reif für eine wirtschaftliche und soziale Neuordnung samt Planwirtschaft. So spottete auch Jakob Kaiser, die LPD, die Liberal-Demokratische Partei, die sich neben der CDU als nichtmarxistische Partei etabliert hatte, sei eine Art Fossil einer überlebten bürgerlichen Welt, und weigerte sich konsequent, die eigene CDU als bürgerliche Partei zu sehen. Beinahe provokativ setzte er, der ja von der katholischen Soziallehre herkam, in seinen Wahlversammlungen dem kollektivistischen, dogmatischen und marxistischen Sozialismus der SED einen freien Sozialismus aus christlicher Verantwortung entgegen. Der »wahre« christliche Sozialismus, wie er ihn verstand, hatte nichts gemein mit »falschen kollektivistischen Zielsetzungen, die dem Wesen des Menschen von Grund aus widersprechen«. Die Geister, so Kaiser, scheiden sich, »wo es um die Wertung und Geltung der Persönlichkeit geht«. Der CDU sei die Persönlichkeit Zeugnis und vor allem »Träger der Menschenwürde«, und wo »innere Freiheit, wo letzte Entscheidungsmöglichkeit aus der Entscheidung des Gewissens nicht gewährleistet sind, da ist nach unserer Auffassung keine Menschenwürde möglich«.[6]

Das war ein unüberhörbar klares Bekenntnis zur Freiheit des Denkens und der Meinung. Vom Marxismus, so Kaiser, trenne ihn und die CDU jede Ablehnung des Klassenkampfs und der Klassendiktatur. Ausdrücklich betonte er das Recht auf Privateigentum, das allerdings dort seine Grenzen fände, wo es zur öffentlichen Gefahr werde und

Macht über Menschen verleihe. Seine zentrale und damals wichtigste These in diesem Wahlkampf aber war die Verweigerung einer Option für entweder Ost oder West, wie sie bei der SED zugunsten des Ostens proklamiert wurde und sie sich in Kreisen der West-CDU um Adenauer zugunsten des Westens bereits andeutete. Die Deutschen müssten, so Kaiser, schon um der Einheit Deutschlands willen, die »Synthese zwischen östlichen und westlichen Ideen« finden. Und: »Wir haben Brücke zu sein zwischen West und Ost, zugleich aber suchen wir, unseren eigenen Weg zu gehen zu neuer sozialer Gestaltung.«[7]

Sieht man davon ab, dass den Sozialdemokraten eine Kandidatur durch die erzwungene Vereinigung – »Die kleine KPD hatte die große SPD gefressen«, so Wolf Biermann – mit der KPD zur SED im Frühjahr 1946 untersagt blieb, waren die Wahlen im Oktober 1946 die ersten und letzten halbwegs freien, die es in der SBZ gegeben hat. Aber fair war dieser Wahlkampf beileibe nicht. Wie die anderen Orts- und Kreisverbände spürten auch wir in Zeitz, wie massiv die SED durch die SMAD bevorzugt und wie sehr wir benachteiligt wurden – etwa durch die Nichtgenehmigung oder Begrenzung von geplanten Wahlveranstaltungen oder durch weitaus geringere Papierzuteilungen für Plakatdrucke und Flugblätter. Die inzwischen kommunistisch geführte Zeitzer Stadtverwaltung begünstigte ohne alle Skrupel offen die SED. So sollten für eine Großkundgebung mit dem Genossen Walter Ulbricht alle Geschäfte und Handwerksbetriebe bereits nachmittags um siebzehn Uhr schließen, und »sämtliche Wirtschaftskreise, besonders aber alle Einzelhandelsgeschäftsinhaber und Inhaber von Handwerksbetrieben« wurden aufgefordert, mit ihren Angehörigen, Mitarbeitern und Lehrlingen pünktlich um 17:30 Uhr auf dem Neumarkt zum Abmarsch für die Kundgebung auf dem Altmarkt anzutreten. Jeder einzelne Betriebsführer sei »für das vollständige Erscheinen« seiner Betriebsangehörigen verantwortlich.

Inzwischen Kreisjugendreferent der CDU und für das Plakatekleben in der Stadt verantwortlich, suchte ich mit einer Gruppe von Freunden nach einem Weg, trotz unserer reduzierten Möglichkeiten ein Höchstmaß an Aufmerksamkeit für uns zu erzielen. So besorgten wir uns für eine nächtliche Aktion Leitern, um auf dem langen Weg zum Bahnhof jenseits der Elster, den allmorgendlich Hunderte von Pendlern in die Braunkohlegruben und Brikettfabriken der Umgebung passieren mussten, Plakate mit der Aufforderung »Wählt CDU« anzubringen. Als Bauchbinden hoch oben unter die Baumkronen geheftet, waren sie so gut wie unerreichbar für Parteigegner, die unsere niedriger angebrachten Plakate oft abrissen oder überklebten. Und so prangten unsere Bauchbinden, sehr zum Ärger der SED-Parteileitung, etliche Tage völlig unbeschädigt an einer der wichtigsten Straßen der Stadt und setzten damit ein deutliches Zeichen gegen die im Bunde mit der SMAD übermächtige SED-Blockpartei.

Auf dem Parteitag der CDU Sachsen-Anhalt im Frühjahr in Halle hatte ich Freundschaft mit einem gleichaltrigen Kaiser-Anhänger aus Dessau geschlossen, der über gute Beziehungen zur CDU-Zentrale in der Jägerstraße in Berlin-Mitte verfügte. Von ihm erhielt ich für den Wahlkampf mehrmals Westberliner Zeitungen, die ich bei ihm in Dessau abholte und per Rucksack in der Bahn nach Zeitz brachte, um sie am Wochenende mit Freunden an Straßenpassanten zu verteilen. Es handelte sich um den US-amerikanisch lizenzierten *Tagesspiegel*, den französisch lizenzierten *Kurier*, vor allem aber um den *Telegraf*, das auflagenstärkste, im britischen Sektor erscheinende und sozialdemokratisch orientierte Westberliner Blatt, welches die Vorgänge in der sowjetischen Zone besonders kritisch verfolgte. Unsere Aktion verlief zweimal gut, bis die seit dem Einzug der Russen kommunistisch geführten »Organe« zugriffen.

Als ich zwei Wochen vor den Wahlen wie üblich am Freitag aus Leipzig kam, wo ich ja noch zur Schule ging, erwartete mich ein Freund in der Bahnhofshalle und riet mir zur sofortigen Umkehr, weil einige aus unserer Gruppe bereits verhaftet seien. Da ich meinte, schon am

Bahnhof beobachtet zu werden und so gut wie sicher mit einer Festnahme auf der Fahrt nach Leipzig oder gar nach Berlin zu rechnen
hatte, folgte ich seinem Rat nicht, sondern ging – keineswegs flucht-
artig, sondern in betont normalem Tempo, also ohne jede Hast – zu
Pfarrer Wittelsbach, dessen Gemeindebüro samt Wohnung in der
Nähe des Bahnhofs lag. Ich erklärte ihm die Lage und bat ihn, die
CDU-Führung in der Jägerstraße zu informieren, damit sie sich für uns
einsetze. Danach ging ich dann, wiederum ganz normalen Schrittes,
nach Hause. Ich wusste, dass ich in gehörigem Abstand verfolgt wurde,
schon um mögliche Mithelfer oder »Mittäter« auszukundschaften,
und schaute deshalb bewusst nicht zurück. Nach der Warnung am
Bahnhof hatte ich mit einer Verhaftung gerechnet, nicht aber mit einer
öffentlichen Aktion. Kaum zu Hause eingetroffen, klingelten zwei
Polizeibeamte an der Tür und forderten mich auf mitzukommen.

Über ein Auto verfügten sie nicht, und so wurde ich zwar ohne
Handschellen, aber zwei Polizeibeamte mit Schäferhund vor mir, zwei
Polizeibeamte mit Schäferhund im Rücken, quer durch die Stadt – also
zwecks Abschreckung jedermann sichtbar – zum Sitz der Kriminalpolizei gebracht. Sie hatte Quartier in den alten Räumen der Gestapo
im Gewandhaus am Markt bezogen, und dort verhörte mich ein zivil
gekleideter Kommissar, der Diktion nach unverkennbar Genosse, rund-
lich und zwischen vierzig und fünfzig Jahre alt. Als er mich beschuldigte, verbotene Literatur verteilt zu haben, verwies ich darauf, dass es
sich um von den Alliierten in Berlin lizenzierte Zeitungen handele und
dass nach Richtlinien des Kontrollrats in der einen Zone unmöglich
verboten sein könne, was in der anderen zum Druck erlaubt worden
sei. Mir wurde während des Verhörs klar, dass ihn vor allem die Vertei-
lung des sozialdemokratischen *Telegraf* erzürnt hatte – denn die West-
SPD hatte nach der Zwangsvereinigung ein Ostbüro gegründet, das
die Arbeit von illegalen sozialdemokratischen Gruppierungen in der
sowjetischen Zone unterstützen sollte. Seinen Kommentar vergesse

ich nie. Ohne meine Argumente zu widerlegen, sagte er nur: »So jung und schon so verdorben!«

Anschließend wurde ich – wiederum Polizei mit Hund vorn und Polizei mit Hund hinten und quer durch die Stadt – in das alte, ziemlich verrottete Gefängnis auf dem Gelände der Moritzburg geführt. Dort traf ich einige meiner Freunde, mit denen ich Plakate geklebt und die Westberliner Zeitungen verteilt hatte, in einer großen, dunklen Zelle wieder – einzige Lichtquelle bei Tag war ein nahe der Decke angebrachtes, vergittertes Fenster.

Während unserer Haft gab es keinerlei Verhöre oder gar weitere Vernehmungen durch die Polizei oder etwa den russischen NKWD. Ich deutete dies als ein Zeichen, dass die ganze Aktion ein Teil des Wahlkampfs war, ein Versuch der SED, unangenehm gewordene Gegner auszuschalten, und fand dies beruhigend. Es bestärkte mich in meiner Überzeugung, dass eine Intervention der CDU-Führung das Schlimmste verhindern würde – was mich einerseits hoffen ließ, andererseits in meinem Trotz bestärkte. Es gab aber auch Freunde in unserer Zelle, die wohl allein die Tatsache, dass sie im Gefängnis saßen, als eine Art Schande empfanden. Einer von ihnen weinte nachts unüberhörbar vor sich hin. Offenbar hatte er auch Angst, sich vor seinem Vater, einem sehr konservativen und gestrengen Pastor, als im bürgerlichen Sinn nicht »rechtschaffen« rechtfertigen zu müssen. Viel Verständnis hatte ich dafür nicht.

Zwei Wochen, bis nach der Wahl, blieben wir in Haft, ohne je einem Richter vorgeführt worden zu sein. Unsere Notdurft, in Eimer verrichtet, brachten wir allmorgendlich in einer Art Prozession zu einer Fäkaliensammelgrube, die nahe dem Gemüsegroßmarkt lag. Unser täglicher morgendlicher Gänsemarsch war von dort einzusehen, sodass die Eltern von uns Verhafteten durch die Gemüsefrauen regelmäßig die beruhigende Nachricht erhielten, dass wir uns noch in der Stadt befänden und nicht, wie von einigen befürchtet, nach Sibirien deportiert worden seien – wie dies anderen wider den SED-Stachel Löckenden widerfahren war.

Am Tag nach den Wahlen wurden wir plötzlich einer sogenannten Neurichterin vorgeführt, die uns ohne jedes weitere Verfahren entließ. Jahrzehnte später fand ich in meinen Stasiakten den trockenen Vermerk: »Wegen Verbreiten westlicher Literatur vierzehn Tage inhaftiert.« Man hatte uns als zu unbequem-aktive Opponenten der SED bis zum Wahltag »ruhigstellen« wollen und deshalb schlicht aus dem Verkehr gezogen. Meinem armen Vater wurde als Strafe für die »Untaten« seines gerade achtzehnjährigen und damals juristisch noch minderjährigen Buben ein Tag Kohleschippen auferlegt – so »ganz informell« holte man ihn einfach dazu ab. Vorwürfe machte mir Vater für mein frühes Engagement für die CDU aber nicht – sie hätten auch wenig bewirkt. Mit dem totalen Zusammenbruch der alten Ordnung war für mich auch seine Autorität dahin. So akzeptierte er, dass ich einen eigenen Weg einzuschlagen versuchte. Doch zu meiner großen Empörung bekamen wir später auch noch eine Rechnung für »Verpflegung« – für die wahrhaft jämmerlichen Brot- und Kunsthonigrationen, mit denen man uns – angeblich »in Untersuchungshaft« – gefüttert hatte.

Nach der Freilassung war dann plötzlich alles wieder wie zuvor, so als sei nichts geschehen – als Kreisjugendreferent wurde ich zusammen mit Vertretern der anderen Parteien zu einer Veranstaltung der FDJ geladen, die formell überparteilich sein wollte, aber schon deutliche Anzeichen einer neuen Parteijugend im Werden erkennen ließ. Alle Parteienvertreter waren aufgefordert, kurze Reden zu halten. Und als ich warnend bemerkte, mir käme vieles bekannt vor – die Fanfaren beispielsweise, in die schon meine ehemaligen Mitpimpfe geblasen hätten, nur dass sie jetzt andere Wimpel zierten und ihre Bläser blaue statt brauner Hemden trügen –, erntete ich wütende Blicke, wie sie dem Klassenfeind geziemen.

Doch unser Einsatz bei den Wahlen hatte sich gelohnt – die Erwartungen der SED, in allen Ländern weit vorn zu liegen, wurden enttäuscht. Zwar obsiegte die Einheitspartei, wenn auch nur knapp in Sachsen, Mecklenburg und Thüringen, aber das Ergebnis vor allem in Sachsen-Anhalt war für die SED eine eindeutige Niederlage: Zusammen erhielten CDU und LDP siebenundfünfzig Mandate im Landtag gegen nur einundfünfzig für die SED, und auch in Brandenburg gewannen CDU und LDP mit einundfünfzig Sitzen gegenüber nur vierundvierzig für die Einheitspartei. Fasst man die Ergebnisse aller Länder zusammen, hatten die beiden nichtmarxistischen Parteien – LDP (24 Prozent) und CDU (23 Prozent) – mit 47 Prozentpunkten die SED mit nur 46 Prozent geschlagen.

Wie die Bevölkerung wirklich dachte, zeigte die zeitgleich abgehaltene Wahl zur Stadtverordnetenversammlung in der Viermächtestadt Berlin. Dort konnte die SPD auch im Ostsektor kandidieren und fuhr in Gesamtberlin mit 48,7 Prozent aller abgegebenen Stimmen einen triumphalen Wahlsieg ein. Die SED landete weit abgeschlagen nach der CDU (22,2 Prozent) mit 19,8 Prozent auf dem dritten Platz. Kein Wunder, wenn es Wahlen nach dem Format von 1946 in der Sowjetischen Zone nie wieder geben sollte. Fortan gab es nur Einheitslisten des Antifaschistischen Blocks, was getrennte Stimmabgaben für die Kandidaten der »bürgerlichen« Parteien unmöglich machte.

2017 entnahm ich dann einem von den *Vierteljahresheften für Zeitgeschichte* veröffentlichten detaillierten Vortrag des Thüringer SMAD-Chefs, des Generalmajors Kolesnitschenko, wie gezielt die örtlichen Kommandanten im Vorfeld der Wahlen von 1946 sich offenbar in der ganzen Zone und natürlich auch in Zeitz damals eingemischt hatten und wie »frei« diese Wahlen wirklich gewesen waren: »Wir haben uns doch auf Schritt und Tritt«, so der Generalmajor, »in alle Kleinigkeiten dieser Vorbereitungen eingemischt, um den Sieg der SED zu gewährleisten. Wir haben zu allerlei wirtschaftlichen Maßnahmen gegriffen, haben verschiedene Gerüchte in Umlauf gebracht, unterschiedliche, nicht zu verwirklichende Versprechungen gemacht, nur um der SED die Mehrheit der Stimmen zu sichern … Und wenn man bedenkt, dass wir den anderen Parteien (LDP und CDU) bestimmte Beschränkungen auferlegt haben und mit Maßnahmen gegen sie vorgegangen sind, wobei wir ohne Skrupel und, wo es nötig war, auch ihre führenden Köpfe und gefährliche Figuren verhaftet haben, so wird klar, dass der Prozentsatz, den Wählervoten für die SED abgaben, noch nicht die tatsächlichen Stimmungen der Deutschen widerspiegelten.«[8]

Das trotz der durch die sowjetischen Kommandanten vor Ort begrenzten Möglichkeiten dennoch gute Wahlergebnis der CDU in der Sowjetzone stärkte Kaisers Position gegenüber der SMAD, offen erklärte er nun, dass die CDU sich als »Wellenbrecher des dogmatischen Marxismus und seiner totalitären Tendenzen« verstehe. Auch im Westen mehrten sich die Stimmen, die seiner Oppositionsrolle gegen die SED als politischem Arm der SMAD Respekt zollten. Vielen galt er als Führer der Linken innerhalb jener betont noch lockeren »Arbeitsgemeinschaft der CDU und CSU Deutschlands«, zu der sich die einzelnen Landes- beziehungsweise Zonengruppierungen zusammengefunden hatten. Und eher linke CDU-Vorstellungen gab es im Westen ja nicht nur bei den CDU-Sozialausschüssen oder im Kreis um Karl Arnold, der bei der Gründung der Partei in Düsseldorf gar »die Fackel des christlichen Sozialismus« hatte entzünden wollen. Auch das Ahlener Programm der nordrhein-westfälischen CDU aus dem Jahr 1947 lehnte das kapitalistische »Gewinn- und Machtstreben« ab und forderte eine teilweise Vergesellschaftung der Großindustrie sowie starke Mitbestimmungsrechte.

Solange eine Einigung der Siegermächte noch möglich schien, war Kaiser ein durchaus ernst zu nehmender Anwärter auf das Amt eines gesamtdeutschen CDU-Chefs. Seine größten Gegner auf dem Weg dahin hießen allerdings Konrad Adenauer und Kurt Schumacher. An des SPD-Chefs Weigerung scheiterte Kaisers Plan einer »nationalen Repräsentation«. Vertreter der vier Parteien – SPD, CDU, LDP und SED – sollten das Bestehen der Deutschen auf der Einheit den Außenministern der vier Mächte, die ab 10. März 1947 in Moskau tagten, ebenso einig wie eindringlich vortragen. Schumacher lehnte Kaisers Plan vehement ab, da er nicht auf der Basis des »ostzonalen Unrechtes der Zwangsverschmelzung zur SED« verhandeln wolle. Nur wenn alle an der nationalen Repräsentation teilnehmenden Parteien gleichmäßig frei in allen Zonen zugelassen seien, könne die SPD teilnehmen. Da es eine wirklich »nationale« Repräsentation von Spitzenvertretern der Parteien ohne die SPD nicht geben konnte, war Kaisers Initiative tot.

Adenauer wiederum, der geschworene Berlin-Feind, der sich eine künftige deutsche Hauptstadt unter rheinischen Rebenhängen und nicht zwischen märkischen Kartoffelfeldern wünschte, zimmerte an einer westdeutschen CDU/CSU-Koalition gegen den Rivalen Kaiser, den er als ehemaligen christlichen Gewerkschaftsfunktionär ohnehin als drittrangige Figur verachtete. Er sorgte nicht nur dafür, dass die führenden CDU-Mitglieder der britischen und amerikanischen Zone den Begriff »christlichen Sozialismus« als »verwirrend« und »Unruhe stiftend« ablehnten, sie votierten auch gegen Kaisers Brückentheorie, der zufolge in Deutschland (um der Einheit willen) eine Synthese zwischen Ost und West erfolgen müsse. Konrad Adenauer hatte sehr früh damit gerechnet, dass es zu einer Harmonie zwischen den vier Siegermächten niemals kommen werde, und er bestritt vor allem und sollte damit recht behalten, Kaisers These, dass die bürgerliche Epoche zu Ende sei: Menschen würden immer nach persönlicher Freiheit, persönlichem Besitz und privatem Glück streben.

Wenn es denn je eine echte Rivalität zwischen Kaiser und Adenauer gegeben hat – mit der Moskauer Konferenz der Außenminister im Frühjahr 1947, auf der sich die Kriegsalliierten weder über Reparationen noch über eine einheitliche Verwaltung für Deutschland einigen konnten, hat sie ihr jähes Ende gefunden. Noch während der Konferenz proklamierte Präsident Harry S. Truman die Politik des Containments, der Eindämmung des Kommunismus, und zugleich wuchs die Entschlossenheit der Sowjets, das politische System ihrer Besatzungszone und in Richtung Volksdemokratie auszubauen.

Mit der Aussicht auf die Einheit war auch die Chance dahin, der Ostzonen-CDU mehr Freiheit zu verschaffen, auch Wittelsbachs und meine Hoffnung, sie könne als Teil der »Reichs-CDU« unabhängiger werden, entbehrte fortan jeder Grundlage. Heute stocke ich, wenn ich »Reichs-CDU« schreibe. Aber damals sprach man noch viel vom »Reich«. Wer für die Einheit eintrat, wollte die »Reichseinheit«, selbst ein Mann wie Schumacher hielt am alten Heidelberger Programm seiner Partei fest, weil er es einem »Reichsparteitag« der SPD vorbehalten wollte, zusammen mit den dann freien Sozialdemokraten der SBZ ein gesamtdeutsches, modernes Programm zu entwerfen.

Das Klima zwischen dem Chef der Ost-CDU und der SMAD wurde zunehmend rauer, zumal Kaiser in einer Rede in Berlin die SED des Versuchs bezichtigt hatte, in dem »durch Hitler, Krieg und Zusammenbruch ausgepowerten Land eine Filiale der russischen Revolution zu errichten«. Zum Bruch kam es schließlich, als die SED einen »Deutschen Volkskongress für Einheit und gerechten Frieden« im Dezember 1947 einberief, zu dem Parteien und Massenorganisationen – etwa Gewerkschaften, Kulturbund, Vereinigung der gegenseitigen Bauernhilfe oder Demokratischer Frauenbund – Delegierte entsenden sollten. Der Kongress war formal als deutsche Vertretung gedacht, die vor den Außenministern in London als »deutsche Stimme« die Forderung nach deutscher Einheit erheben sollte. In Wahrheit indes und in dieser Zusammensetzung handelte es sich um ein von der SED mit Zweidrittelmehrheit beherrschtes Instrument sowjetischer Deutschlandpolitik, weshalb Jakob Kaiser, Ernst Lemmer und der Hauptvorstand der Ost-CDU die Teilnahme konsequent ablehnten. Die Begründung ihres Nein gegenüber der SMAD: Dieser Volkskongress habe weder gesamtdeutschen noch überparteilichen Charakter und könne als einseitige Bekundung der SED-Position dem Gedanken der deutschen Einheit eher schaden.

Im Herbst 1947 zum Studium in Halle, der wichtigsten Stadt des neu gegründeten Landes Sachsen-Anhalt, zugelassen, wurde ich Zeuge der heftigen Auseinandersetzungen, die innerhalb der CDU nun entbrannten und mit einem Zerbröseln der Widerstandsfront endete, die Kaiser in Berlin aufzubauen versuchte. Halle war damals noch die wichtigste Stadt von Sachsen-Anhalt und Sitz des CDU-Landesverbands, dessen Funktionäre unter massiven Druck der SMAD gerieten, den »uneinsichtigen« und widerborstigen Vorsitzenden Kaiser und Lemmer die Gefolgschaft aufzusagen und sich am Volkskongress zu beteiligen. Einer, der diesen Druck bereitwillig und sogar eifernd weitergab, war der fünf Jahre ältere Kommilitone und Germanistikstudent Gerald Götting. Er saß als Jugendvertreter bereits im Landesvorstand und opponierte nach Kräften gegen seinen Vorsitzenden, den Theologieprofessor Erich Fascher, der sich so ohne Weiteres nicht von Kaiser lossagen wollte. Götting stand unter dem Einfluss des sowjetischen Oberstleutnants Sawitschew, dem CDU-Beauftragten der SMAD-Kommandantur in Halle, den er in seinen Memoiren später als seinen großen Mentor bezeichnet und dem er – auf Bitten der Witwe – schließlich auch die Grabrede hielt. Er machte bald spektakulär Karriere in der DDR, brachte es erst zum Generalsekretär, dann zum Vorsitzenden der Blockpartei CDU, zum Volkskammerpräsidenten und schließlich zum stellvertretenden Staatsratsvorsitzenden. Bei alledem blieb er immer, was er von Anfang an gewesen ist: ein Mann der Sowjets.

Die Auseinandersetzungen in Halle verfolgte ich aufmerksam, aber eher als Beobachter denn Beteiligter, weil ich am Wochenende meist nach Hause fuhr und mich dem heimischen Ortsverband verbunden fühlte. In Zeitz gab es, soweit ich mich erinnere, vor allem Kaiser-Getreue.

Aber dem massiven Druck der SMAD-Kommandanturen hielten in anderen Orten bald die wenigsten stand. Funktionäre à la Götting setzten sich durch, das Vorstandsmitglied Otto Nuschke – zu Weimarer Zeiten ein Mann der DDP, der Deutschen Demokratischen Partei, und Kollege von Theodor Heuss – schwenkte um und optierte plötzlich für einen Volkskongress, der ja keiner war. Die SMAD, vor allem Oberst Sergei Iwanowitsch Tjulpanow, der Chef ihrer Propaganda- und Informationsabteilung – ein Mann, der allen Zuschauern der damaligen SBZ-Wochenschauen *(Der Augenzeuge)* unvergesslich sein dürfte, denn bei wichtigen Anlässen war die geradezu phänomenale Glatze der groß gewachsenen Gestalt unübersehbar –, dieser äußerst gebildete Oberst also, der als Germanist einst in Heidelberg studiert hatte, wähnte sich endlich am Ziel: Er empfahl Kaiser, freiwillig abzutreten, denn er genieße nicht mehr die Unterstützung seiner eigenen Partei. Als dieser sich standhaft weigerte und auf der Einberufung eines Parteitags bestand, denn nur der könne ihn absetzen, wurde dem CDU-Vorstand durch Marschall Wassili Sokolowski mitgeteilt, Jakob Kaiser und Ernst Lemmer seien ihrer Ämter enthoben und müssten ihre Büros im Parteihaus in der Jägerstraße sofort räumen. Damit war die Ost-CDU endgültig gleichgeschaltet, und ihr Chef ein Kaiser ohne Land. Für mich aber war diese Entwicklung das Signal, sobald wie möglich gen Westen aufzubrechen.

Ohnehin hatte das Studium in Halle nicht sehr viele Glanzpunkte zu bieten. Ich war in einem Zimmer in den unrenovierten Franckeschen Stiftungen untergebracht, ein nach heutigen Begriffen höchst notdürftiges, nach damaligen durchaus annehmbares Quartier. Herausragend unter den Professoren, die ich hörte, war lediglich Wilhelm Worringer, der mit seinem schon 1908 bahnbrechenden Buch *Abstraktion und Einfühlung* Künstlern der Avantgarde den theoretischen Unterbau für ihr Schaffen geliefert hatte. Wassily Kandinsky oder Franz Marc, aber auch Brücke-Expressionisten wie Emil Nolde und Erich Heckel in Dresden, fanden bei Worringer die Bestätigung für ihre Abstraktionen. Er war ein Bewunderer der ursprünglichen, der primitiven Kunst – entscheidend für Kunst war für ihn nicht das Können, sondern das Wollen. So setzte er Kunst deutlich vom »Naturschönen« ab, stellte sie als gewolltes, oft spirituelles Werk gleichwertig neben die Natur und galt damit als eine Art Revolutionär unter den Kunsthistorikern. Als glänzender Lehrer hielt er sich in seinen Vorlesungen nicht an zuvor ausgearbeitete Texte, der mit leichtem, aber doch unverkennbarem Anklang an den rheinländischen Singsang sprach. Noch heute ist mir seine Begeisterung für Rogier van der Weyden in Erinnerung, jenen flämischen Meister des 15. Jahrhunderts, der neben vielen Altarbildern einige der frühesten Porträts der europäischen Malerei geschaffen hat.

Worringer kam als Ordinarius aus dem inzwischen russischen Königsberg. Dort hatte er gelehrt, aber in einer Zeit, in der seine geliebte klassische Moderne als entartet galt und Aktbildnisse der »reinen deutschen Frau« von »Schamhaar-Ziegler« (Adolf Ziegler) Triumphe feierten. Schon aus Selbstachtung war Worringer als Publizist bewusst verstummt. Zu denen, die sich politisch vereinnahmen ließen, zählte er nie – weder von den Nationalsozialisten noch von der SED. Nach vier Jahren Lehrtätigkeit in Halle setzte er sich nach München ab, weil die SED ihn, ohne zu fragen, als prominenten Unterzeichner einer ihrer Friedensappelle aufgeführt hatte. »Ein Missbrauch meines Namens zu politischen Zwecken, die auf eine Zwangsgleichschaltung hinauslaufen«, so Worringer an den Dekan seiner Fakultät, dieser Missbrauch zwinge ihn, sein Lehramt an der Universität Halle niederzulegen.

Ein Blick ins Studienbuch zeigt mir, dass ich als Erstsemester so ziemlich wahllos belegt habe, was mich unter dem Gebotenen zu interessieren schien: Geschichte Roms, dann die der Karolinger und

Ottonen und natürlich Geschichte der Philosophie, Stammesgeschichte der Menschheit und eine Vorlesung über die deutschen Dramatiker des 19. Jahrhunderts. Über politische Theorie und Publizistik las ein eigens dafür aus dem Westen anreisender Professor namens Rudolf Agricola – ein Nationalökonom und Kommunist, der im »Dritten Reich« wegen Widerstandstätigkeit acht Jahre im Zuchthaus verbringen musste und dem die amerikanische Besatzungsmacht neben dem Liberalen Theodor Heuss und dem Sozialdemokraten Hermann Knorr im September 1945 die Lizenz für die Heidelberger *Rhein-Neckar-Zeitung* übertragen hatte. Dass ausgerechnet ein Kommunist als Gastdozent über »Presse und Öffentliche Meinung« lehrte, obwohl es in der Sowjetischen Zone keine wirklich freie Presse und schon gar keine freie öffentliche Meinung gab, zeigt nur, wie emsig schon im Herbst 1947 die Gleichschaltung der Universität betrieben wurde. Im Sommer 1948, als die Amerikaner ihm schließlich die Heidelberger Zeitungslizenz entzogen, siedelte Agricola ganz nach Halle über, wurde als ordentlicher Professor Leiter des Instituts für Zeitungswissenschaft, 1951 sogar Rektor der Universität und übte bald auch ein Mandat in der DDR-Volkskammer aus.

Doch da waren für mich die Weichen längst gestellt. Da ich als späteres Berufsziel von Anfang an den Journalismus – aber einen Journalismus in einem freien Lande mit freier Meinung und freier Presse – im Auge hatte, machte ein weiteres Studium in Halle für mich keinen Sinn. Es zog mich nach Marburg, wo inzwischen meine Schwester wohnte – und der Weg an die Lahn führte natürlich über die Zwischenstation Berlin. Ich packte einen großen Koffer und reiste zu jenem Freund, der mir im Wahlkampf 1946 die Westberliner Zeitungen nach Dessau gebracht hatte. Gut drei Wochen lebten wir von nur einer – seiner – Lebensmittelkarte in einem Zimmer in Tempelhof, bis ich eine Zuzugsgenehmigung für den amerikanischen Sektor erhielt.

Unvergesslich ist mir eine Großkundgebung mit Jakob Kaiser und

Ernst Reuter, zu der Tausende auf den Platz der Republik vor der Ruine des Reichstags geströmt waren. Formell galt sie dem Gedenken an die Berliner Märzgefallenen der Revolution von 1848/1849, die ja ein demokratisches und einiges Deutschland zum Ziel hatte. In Wirklichkeit geriet sie zu einer machtvollen Demonstration Berliner Freiheitswillens gegen den Stalinismus, der inzwischen auch das letzte demokratisch regierte Land jenseits des »Eisernen Vorhangs«, die Tschechoslowakei, fest in seinen Griff genommen hatte. Wochen zuvor, im Februar, hatte sich die kommunistische Partei an die Macht geputscht, und am 10. März wurde Außenminister Jan Masaryk, Sohn des ČSSR-Gründers Tomáš Masaryk, morgens tot im Pyjama liegend auf dem Kopfsteinpflaster vor seiner Dienstwohnung im Palais Czernin aufgefunden. Es war Selbstmord, behauptete die kommunistisch geführte Prager Polizei: Der Außenminister habe seit Langem unter Depressionen gelitten und sich selbst aus dem Fenster seines Badezimmers im dritten Stock gestürzt. Aber die Gerüchte um einen Mord an dem einzigen Nichtkommunisten im Kabinett des neuen Premierministers und KP-Chefs Klement Gottwald verstummten nie. Bei einer Wiederaufnahme der polizeilichen Untersuchungen 2004 stellten Experten aufgrund der Lage der Leiche fest, Masaryk sei aus dem Fenster gestoßen worden. Zwar bleiben die Details der Tat ungeklärt, doch geht die Prager Polizei inzwischen nicht mehr von einem Selbstmord aus. Masaryk wurde Opfer des dritten Prager Fenstersturzes – der erste hatte am Anfang der Hussitenkriege gestanden, der zweite an dem des Dreißigjährigen Kriegs, der dritte markiert den offenen Ausbruch des seit der Münchner Außenministerkonferenz Mitte 1947 bereits schwelenden Kalten Krieges.

Es war Ernst Reuter, der gewählte, aber durch ein sowjetisches Veto noch am Amtieren gehinderte Oberbürgermeister von Berlin, der mit seiner weithin hallenden, klaren Stimme die zusammengeströmten Hörer vor der Kulisse des ausgebrannten und zerschossenen Reichstags in seinen Bann schlug – darunter auch mich. Wer kommt jetzt dran, wer wird nach Prag das nächste Opfer? Diese Frage stelle sich die bange Welt. Aber ein gelähmtes Kaninchen vor der stalinistischen Schlange wollte der aus der Emigration heimgekehrte Reuter beileibe nicht sein. Berlin, so seine aufrüttelnden Worte, komme nicht dran. »An unserem eisernen Willen wird sich die rote Flut brechen, und darum wird auch die Welt wissen, dass sie uns nicht im Stich lassen darf, und sie wird uns nicht im Stich lassen.« Er, der Meister bewegender politischer Rhetorik und darin bis heute nahezu unerreicht, nahm damals im März nur vorweg, wofür er im September während der Blockade Ruhm ernten wird: »Ihr Völker der Welt, ihr Völker in Amerika, in England, in Frankreich, in Italien! Schaut auf diese Stadt und erkennt, dass ihr diese Stadt und dieses Volk nicht preisgeben dürft und nicht preisgeben könnt.«[9] Es sind beinahe beschwörende Worte, die um die ganze Welt gehen werden. Es sind auch Worte, die den insgeheim zögerlichen US-General Lucius D. Clay überzeugen, dass die Westberliner die Blockade durchhalten werden, und die am Anfang der deutsch-amerikanischen Freundschaft stehen. Aber ich werde sie bereits in Marburg hören – in einer Wochenschau, die das Kino zeigt.

III

MUFFIGE TALARE, BUNTE MÜTZEN UND
UNGELIEBTE EMIGRANTEN

Welch ein Klimawechsel! Größer konnte der Unterschied zweier Universitätsstädte kaum sein. Bombenschäden von gut zehn Luftangriffen prägten das Stadtbild von Halle, auch wenn es von den großräumigen Flächenbombardements auf Wohnviertel verschont geblieben war. Die stehen gebliebenen Mietskasernen aus der Gründerzeit wirkten abweisend-unwirtlich, die Gegend um den Hauptbahnhof verwüstet, die historischen Gebäude im Kern der Innenstadt waren zerstört oder schwer beschädigt, auch der Festsaal der Franckeschen Stiftungen, in denen ich ja gewohnt hatte, war noch im März 1945 Opfer eines Bombentreffers geworden.

Daran gemessen waren die Bombenschäden in Marburg gering: Ich kam kurz vor Ostern an und war mit einem Interzonenzug gereist, was vor Beginn der Berliner Blockade ja noch möglich war. Rund um den Bahnhof, der gezielt angegriffen worden war, lagen ein paar Häuser in Ruinen, einige Bomben hatten Häuser und Universitätsinstitute auf der Lahnhöhe jenseits des Flusses beschädigt. Mit seiner unversehrt gebliebenen Altstadt und der gotischen Elisabethkirche, mit seinen engen Gassen zwischen hessischen Fachwerkhäusern und ihren Erkern, vor allem mit dem hoch darüber thronenden Schloss, auf dem 1529 die Reformatoren Martin Luther und Huldrych Zwingli über den Charakter des Abendmahls gestritten hatten, wirkte dies alles auf mich fast schon wie eine romantische Idylle. Eine »Stadt wie aus der Spielzeug-

schachtel«, so beschrieb der Remigrant Werner Milch 1947 Freunden
in London seinen ersten Eindruck von Marburg. Die Einwohnerzahl
lag mit etwa 38 000 nahe der des ganz unidyllisch, von Industrie geprägten heimatlichen Zeitz, und anders als in der Großstadt Halle waren
es Studenten, die das Stadtbild bestimmten. Nicht wenige von ihnen,
gerade aus der Gefangenschaft gekommen, waren noch in abgewetz-
tes Feldgrau ohne Achselklappen gekleidet.

Es war eine altehrwürdige protestantische Universität, an der ich
mich immatrikulierte, 1527 begründet von Philipp dem Großmütigen,
ebenjenem Landgrafen, der wenig später den Disput der Reformatoren über die Frage anberaumte, ob in Wein und Brot beim Abendmahl
Christi Leib und Blut gegenwärtig sei, woran Luther festhielt, oder ob es
sich eher um ein Gedächtnismahl ohne Christi Realpräsenz handele –
wie der weitaus realistischere und pragmatische Zwingli meinte. Namen
wie Emil von Behring oder Hermann Cohen, Nobelpreisträger und
Entdecker des Anti-Diphterieserums der eine, bedeutendster Repräsen-
tant des Marburger Neukantianismus der andere, mögen für die Bedeutung der Philipps-Universität um die Jahrhundertwende von 1900, die
Namen Martin Heidegger und Rudolf Bultmann für ihren wissenschaftlichen Ruf in der ersten Hälfte des 20. Jahrhunderts stehen.

In Marburg hatte Heidegger von 1923 bis 1927 gelehrt, hier sein
wichtigstes Werk, *Sein und Zeit*, geschrieben und jene stürmische Lie-
besaffäre mit der jungen Studentin Hannah Arendt gehabt, die noch
heute Arendt-Experten umtreibt und Romanautoren inspirieren könnte.
Wie konnte der Existenzphilosoph, der gegen »die Verjudung des deutschen Geistes« kämpfte, ausgerechnet eine junge deutsche Jüdin lieben?
Und wie konnte sie, des verheirateten Heideggers blutjunge »neckische
Waldnymphe«, von den Nationalsozialisten ins Exil getrieben und alle
ihm ergebenen deutschen Intellektuellen verachtend, als renommierte
amerikanische Publizistin nach dem Krieg wieder Kontakt zu ihm
suchen?

Rudolf Bultmann schließlich, der Theologe, der mit seinem Namen für die Entmythologisierung des Neuen Testaments stand und noch lehrte, als ich aus Halle kam, unterstrich den exzellenten Ruf, den vor allem Marburgs Theologie damals bei Protestanten in aller Welt genoss. Doch merkte ich bald: Dies hier war, von zwei oder drei leuchtenden Ausnahmen abgesehen, eine wahrhaft konservative Universität, deren Lehrkörper alten Traditionen verhaftet blieb und sich gegen die Moderne stemmte. Doch davon später.

Im Stadtbild Marburgs, und auch das gehörte zum Klimawechsel, fand ich vertraute Szenen aus dem Frühjahr 1945 wieder, als die Amerikaner Zeitz besetzt hatten: GIs, die auf weichen Gummisohlen daherkamen, Jeeps, deren uniformierte Insassen ein Bein lässig aus dem Fahrzeug hängen ließen – Symbol eines nicht autoritären, eben nicht nur auf gnadenlosem Drill beruhenden und dennoch soldatischen Lebensstils, mit dem sich Kriege auch gewinnen ließen. Beeindruckend für mich, der ich in der Sowjetischen Zone vor den Wahlen von 1946 ja ohne jedes Verfahren vierzehn Tage einfach weggesperrt worden war, auch die Art, in der die amerikanischen Besatzer Prozesse führten. Einige fanden öffentlich statt, waren also jedermann zugänglich. Von der Besuchertribüne aus verfolgte ich eines dieser Tribunale – mit seinem zähen, verbissenen, teilweise lautstark geführten Duell zwischen Ankläger und Verteidiger wirkte dies auf mich eher wie ein reales Drama denn als Gerichtsverhandlung. Doch der Richter, der von einem Podest aus der Auseinandersetzung folgte, ist mir mit seiner vorbildlichen Ruhe und den absolut unparteiischen, besonnenen Fragen, mit denen er die Duellanten gelegentlich um Erläuterungen bat, in Erinnerung geblieben. Die Form, in der hier um ein gerechtes Urteil gerungen wurde, schien mir vorbildlich, und dass dies öffentlich geschah, dünkte mich nach meinen Erfahrungen in der Sowjetzone vor allem, demokratisch zu sein. Doch will ich damit die Rolle eines deutschen Staatsanwalts keinesfalls herabsetzen. Dass er nicht so vorbehaltlos unparteiisch sein konnte und durfte wie der Ankläger im amerikanischen Prozess, dass er vor dem Verfahren auch entlastende Dokumente für den Angeklagten prüfen musste, sorgte sicher für weniger Dramatik im Gerichtssaal. Einer sachlichen Auseinandersetzung und Urteilsfindung konnte dies aber nur dienlich sein.

Anders als der von mir hoch geschätzte Erhard Eppler in seinen durchweg lesenswerten Memoiren *Links leben* schreibt, habe ich Reeducation nie als harsche Schule von oben herab kennenlernen müssen und deshalb abgelehnt. Eppler schreibt, Demokratie zu lernen, wie es die Amerikaner den Deutschen befohlen hätten, sei nicht sein Fall gewesen: Was sie als Umerziehung praktizierten, habe ihn an NS-Schulungen unseligen Angedenkens erinnert: »Da gab es wieder Leute, die wir nicht kannten und die uns die endgültige Wahrheit beibringen wollten. Wir brauchten Menschen, die durch ihr Leben überzeugten.« Die habe er als Student und Stipendiat 1947 in Bern gefunden. Kurzum: Er habe da, wo wohl ihre Wiege steht, in der Schweiz, die echte Demokratie gelernt. Das allerdings war damals bestenfalls einer Handvoll vom Glück besonders Begünstigter beschieden.

Sicher hat es unter den »Umerziehern« auch missionarische Eiferer und arrogante Oberlehrer gegeben, und doch habe ich Reeducation nie so empfunden wie er, sondern eher als Aufforderung, sich mit überkommenen obrigkeitlichen Traditionen auseinanderzusetzen, die ja an der deutschen Katastrophe beileibe nicht unschuldig waren. So war Reeducation für mich gleichbedeutend mit dem Bemühen, in der deutschen Gesellschaft tief verwurzelte autoritäre Strukturen aufzudecken und Abschied von ihnen zu nehmen. Und darin fühlte ich mich nur zu bald bestätigt, als an der konservativen Marburger Universität um die Berufung von progressiven Professoren oder um die Einrichtung eines Ordinariats für das Lehrfach Soziologie hart gekämpft werden musste.

Es gab aber auch einen Klimawechsel, der mich eher beunruhigte. War ich in den knapp anderthalb Semestern in Halle Zeuge des sich verschärfenden Zugriffs von SED und Sowjetischer Militäradministration in Richtung Volksdemokratie geworden, begegnete ich jetzt in Marburg, endlich frei vom neu beginnenden totalitären Würgegriff, einer weitverbreiteten Skepsis, ja einer an Ablehnung grenzenden Zurückhaltung gegenüber allem, was aus heutiger Sicht den Beginn eines demokratischen Neuanfangs und seiner Institutionen ausmachen sollte. Geschockt von der Katastrophe, die auf die Zwangspolitisierung der NS-Diktatur gefolgt war, wurde Politik vor allem als ein »Übel betrachtet, von dem man sich zurückhielt« – frei nach dem Motto: »Es hat keinen Sinn, die machen doch mit uns, was sie wollen«, oder, deutlich verbitterter: »Erstens haben's mich einmal angeschissen, zweitens ist doch alles verlogen.«

Die Zitate stammen aus einer der frühesten Umfragen des Allensbacher Instituts für Demoskopie, aber ich hörte Ähnliches damals keinesfalls selten. Sie treffen die Stimmung, die damals vorherrschend war: Der Kampf ums Überleben und ein Dach über dem Kopf kostete alle Energien und beherrschte das Denken. Aber sie zeugen zugleich von einer Haltung, verständlich nur in der vergleichsweise lässig-freien Atmosphäre der britischen und amerikanischen Besatzer, in der jene neuen totalitären Zwänge, die meine Freunde und mich in der sowjetischen Zone und in Berlin zu einem politischen Engagement des Widerspruchs und Widerstehens geführt hatten, völlig fehlten. Sie fehlten glücklicherweise, fand ich einerseits, andererseits bedauerte ich dies. Es fehlte damit ja auch der Stachel des Widerspruchs, der uns »da drüben« und die Berliner dazu geführt hatte, gegen neue totalitäre Zwänge aufzubegehren.

Die in Marburg damals vorherrschende Stimmung war eher von Gleichgültigkeit und Apathie gegenüber dem Neuaufbau demokratischer Institutionen geprägt. Dabei schien nichts dringlicher als dies, entbrannte doch die seit der Moskauer Konferenz 1947 latent schlummernde Ost-

West-Auseinandersetzung wenige Wochen nach meiner Umsiedlung zur ersten großen Schlacht des Kalten Krieges: Am 24. Juni 1948, nur vier Tage nach der Währungsreform in den westlichen Besatzungszonen, begann die sowjetische Blockade Westberlins. Die bange Frage, die sich alle stellten: War der Westen in der Lage, seine rundum von sowjetischen Truppen eingeschlossene Position in Berlin zu halten oder nicht? Die Luftbrücke galt als ein ehrenvoller Versuch, eine kriegerische Auseinandersetzung zwischen den einstigen Kriegsalliierten zu vermeiden – aber konnte es auf Dauer wirklich gelingen, knapp zwei Millionen Westberliner aus der Luft zu versorgen?

Nach der Gleichschaltung der Tschechoslowakei und dem Beginn der Berliner Blockade grassierten Kriegs- und Russenangst. Und es war dieses Klima der Angst, in dem siegreiche alliierte, aber auch geschlagene deutsche Kriegshandwerker im Stillen begannen, über einen deutschen Verteidigungsbeitrag zu diskutieren. Schon im Juli 1948 hatte der namhafte britische Militärexperte Basil H. Liddell Hart öffentlich erklärt, dass eine Verteidigung Westeuropas ohne Beteiligung deutscher Truppen aussichtslos sei. Seine Überlegungen aufgreifend, schrieb der junge *Spiegel*-Chef Rudolf Augstein im Herbst, manche Gedanken lägen »so gefährlich in der Luft, dass niemand sie zu stellen wagt«, und fragte in einer seiner Kolumnen, die er stets unter dem Pseudonym Jens Daniel veröffentlichte, geradezu provokativ, was damals deutsche Politiker nur klammheimlich zu denken wagten: »Soll man die Deutschen bewaffnen?« Wochen später stellte auch der Publizist Eugen Kogon die Frage auf einem Kongress der »Union Europäischer Föderalisten« in Rom zur Debatte.

Mindestens dreißig deutsche Divisionen seien für einen erfolgreichen Abwehrkampf des Westens unerlässlich – so die Schätzung der deutschen Experten, die Augstein, abgemusterter Leutnant der Reserve, bei einer Rundreise aufsuchte, darunter den von ihm geschätzten und hoch dekorierten General Hasso von Manteuffel, der einst die Panzergrenadierdivision »Großdeutschland« befehligt hatte und später vier Jahre für die FDP im Bundestag sitzen sollte. Ein Abendbesuch bei Konrad Adenauer in Rhöndorf, dem »langjährigen Kölner Oberbürgermeister mit dem ehrwürdigen Tatarenkopf« überzeugte ihn, weil dieser ähnlich dachte. Adenauer hatte von den Planspielen US-amerikanischer Generäle Kenntnis, in denen sich ein russischer Panzervorstoß beim derzeitigen Stand der Verteidigung nicht am Rhein, sondern bestenfalls an den Pyrenäen stoppen ließ. Noch allerdings mochte er als Politiker sich öffentlich dazu nicht äußern, und so bat er Augstein, mit seinem Blatt die Sache deutscher Divisionen ins Gespräch zu bringen, um öffentliches Interesse für eine deutsche Mitwirkung an der westlichen Verteidigung zu wecken.

Offiziell war also von einer möglichen Remilitarisierung noch nicht die Rede, wohl aber vom Aufbau eines staatsähnlichen Gebildes, zu dem die drei Zonen als einheitliches Wirtschafts- und Verwaltungsgebiet zusammengefasst werden sollten.

Schon zwei Jahre zuvor, im März 1946, hatte Winston Churchill in Fulton/Missouri das Wort vom »Eisernen Vorhang« geprägt, der von Stettin an der Ostsee bis hin zu Triest an der Adria niedergegangen sei und den europäischen Kontinent teile. Der britische Kriegspremier von einst, jetzt konservativer Oppositionsführer in Westminster, sprach davon, »dass so, wie die Dinge gegenwärtig stehen, zwei Deutschlands im Entstehen sind: das eine mehr oder weniger organisiert nach dem russischen Modell beziehungsweise im russischen Interesse, das andere nach dem der westlichen Demokratie«.[10] Seither hatte sich der Ost-West-Gegensatz dramatisch zugespitzt: Amerikaner wie Briten drängten jetzt zur Gründung eines westdeutschen Staates. Doch die Chefs der deutschen Länder, die US-Militärgouverneur Clay als einzig legitime Verhandlungspartner akzeptierte, zögerten. Man sprach damals noch vom »Reich« und, wenn es um die Erhaltung der deutschen Einheit ging, von der »Wahrung der Reichseinheit«. Das Odium des Spalters wollte keiner der Ministerpräsidenten auf sich nehmen. Würde eine frei gewählte verfassunggebende Nationalversammlung, wie sie die Militärgouverneure wünschten, würde eine definitive Staatsgründung im Westen nicht automatisch zum Entstehen eines östlichen Gegenstaats führen und damit den Status quo der jetzt schon vorhandenen Spaltung nur vertiefen und verfestigen?

Es war um diese Zeit im Sommer, im Sommer 1948, als mich ein befreundeter Kommilitone in die Marburger Gruppe des Sozialistischen Deutschen Studentenbunds (SDS) einführte, in dem – ganz im Gegensatz zur eher apathischen Mehrheit der Bevölkerung – über das Pro und Kontra einer Weststaatsgründung leidenschaftlich diskutiert wurde. Dass ich nicht Anschluss an den in Marburg damals eher bedeutungslosen, noch im Status Nascendi befindlichen Christlich-Demokratischen Hochschulring suchte und stattdessen zum SDS stieß, bedeutete keinen Bruch mit meinen bisherigen Überzeugungen. Kaisers Konzept eines betont »christlichen Sozialismus« hatte mir eher ferngelegen, aber ich war wie er davon überzeugt, dass die bürgerliche Epoche zu Ende sei und dass es nach dem Zusammenbruch aller bisherigen Ordnungen auch einen radikalen Bruch mit der überkommenen Gesellschaft und einen demokratischen Neuanfang geben müsse. Da Versuche Kaisers, von Westberlin aus Einfluss auf die Entwicklung der Ost-CDU zu nehmen, weitgehend erfolglos blieben, war seine Zeit als gesamtdeutscher Politiker, der die Rolle Deutschlands als Brücke zwischen West und Ost sah, abgelaufen. Gleichzeitig geriet die West-CDU mehr und mehr unter den eher konservativen Einfluss Konrad Adenauers. Der frühere Kölner Oberbürgermeister gewann bald über die britische Zone hinaus an politischer Statur, und die politische Karriere seines einstigen Rivalen Kaiser sollte schließlich in den ersten Kabinetten des Kanzlers Adenauer enden – als eines Ministers für Gesamtdeutsche Fragen, der auf den deutschlandpolitischen Kurs des Alten aus Rhöndorf bar jeden Einflusses blieb.

Zum Wintersemester 1947 zum Studium zugelassen, erlebte ich die Gleichschaltung der CDU-Ost und die Absetzung ihres Vorsitzenden Jakob Kaiser durch die Sowjets in Halle an der Saale. Weil das Studium der Zeitungswissenschaften einem kommunistischen Professor oblag, wechselte ich auf dem Umweg über Westberlin vor Ostern 1948 in die amerikanische Zone und studierte an der Philipps-Universität Marburg, deren Lehrkörper bis auf wenige Ausnahmen damals besonders konservativ orientiert war. Da Kurt Schumacher und seine SPD im Gegensatz zur westlichen CDU engagierter für die deutsche Einheit eintraten, schloss ich mich dem Sozialistischen Studentenbund an, der restaurativen Tendenzen entgegentrat und besonders die Neugründung der Burschenschaften in Marburg bekämpfte.

Diesen SDS-Mitgliedausweis unterschrieb mein Freund und Kommilitone Gerhard Jahn, der später unter dem Kanzler Willy Brandt Justizminister wurde.

19		
Januar	Mai	September
Februar	Juni	Oktober
März	Juli	November
April	August	Dezember
19		
Januar	Mai	September
Februar	Juni	Oktober
März	Juli	November
April	August	Dezember

Mitglieds-Ausweis
des Sozialistischen Studentenbundes.

Name Merseburger Vorname Peter

geb. am 9. 5. 28 in Zeitz

Studienfach: Germanistik, Soziol., Psychol.

Semesteranschrift: Schwanallee 11

Heimatanschrift: dito

Gruppe Marburg

Mitglieds Nr. 25 Ausgestellt am 25. 7. 50

durch Gerd. Jahn

Dieser Ausweis ist ohne monatlichen Prüfvermerk (Rückseite) für den entsprechenden Monat ungültig.

Noch aber war die wichtigste politische Stimme jener ersten Nachkriegsjahre, das lernte ich in Marburg bald, die Kurt Schumachers,
jenes sozialdemokratischen Volkstribuns, der aus den Konzentrations-
lagern kam und eine absolut glaubwürdige demokratische Biografie
vorzuzeigen hatte. Als junger Abgeordneter bot er den Nazis schon im
Reichstag Paroli, wo er ihre Agitation voller Verachtung als einen »dau-
ernden Appell an den inneren Schweinehund im Menschen« bezeichnete und ihre Wahlerfolge »als restlose Mobilisierung der menschlichen Dummheit« decouvrierte. Ausgemergelt, abgezehrt, seit dem
Ersten Weltkrieg mit nur einem Arm, den zweiten hatte der Kriegsfrei-
willige 1914 in einer der ersten Schlachten im Osten verloren – so
prägte sich seine Gestalt inmitten der deutschen Trümmerwüste als
»Symbol des geschundenen und schwer geprüften Deutschland« ein.
Als dies charakterisierte ihn damals ein Besucher, der als Korrespondent für die skandinavische Arbeiterpresse 1946 durch Deutschland
reiste – Willy Brandt. Von gut zehn Jahren KZ gezeichnet, verkörperte
Schumacher für ihn eine Art Triumph und den Willen des Geistes über
die Hinfälligkeit des Körpers. Im Sommer 1948 wird ihm sein linkes
Bein amputiert, das Raucherbein eines Nikotinsüchtigen, und danach
prägten sich die Bilder eines Oppositionsführers ein, der sich, stets auf
seine Sekretärin Annemarie Renger stützend, nur unter großen Mühen
das Plenum des Bundestags erreichen kann. Das berühmte Diktum
des Juristen und Historikers Arnulf Baring: »Am Anfang war Adenauer«, mag seine volle Berechtigung für den Beginn der Kanzler-
demokratie 1949 haben, aber der Mann der ersten Monate nach der
deutschen Kapitulation war eben nicht Konrad Adenauer, sondern
jener Kurt Schumacher, der sich als Befreiter fühlte und die Sieger nicht
ohne Stolz immer wieder daran erinnerte, dass er schon anderthalb Jahrzehnte vor ihnen gegen Hitler gekämpft hatte. Er mahnte ihre humanen
Kriegsziele an, welche sie im Kriege beschworen hatten, füllte damit
Plätze wie Versammlungshallen. Und indem er dies immer wieder tat,

wurde er nicht nur zum schärfsten Kritiker einer britischen, amerikanischen und französischen Besatzungspolitik der Hungerrationen und der Demontagen, sondern auch zum unüberhörbaren Vertreter deutschen Selbstbehauptungswillens.

Was ihn für viele Anhänger gerade auch der Kriegsheimkehrergeneration so anziehend machte: Die Nation wollte er selbst nach zwölf Jahren wahnhaft nationalistischer Exzesse und Verbrechen nicht einfach auf den Kehrichthaufen der Geschichte werfen – aber für ihn war die Nation weniger durch ethnische Abstammung denn durch ein Zugehörigkeitsbekenntnis bestimmt, er sah vor allem das Staatsvolk darin. Er versuchte, was in der Weimarer Republik nicht gelungen war – die »Demokratie« und die »Nation« miteinander zu versöhnen, wie dies in westlichen Demokratien seit Langem selbstverständlich war. Aber zu versöhnen versuchte er vor allem linksradikale Teile der Arbeiterschaft mit einem parlamentarisch-demokratisch regierten Staat. Bei alledem war er ein großer Moralist: Die kommende deutsche Demokratie hatte für ihn das Ergebnis von Selbstreinigung und überzeugender Läuterung zu sein, nicht das eines alliierten Befehls.

Eindruck machte auf mich, der ich ja selbst erfahren hatte, was kommunistischer Zwang bedeutet, sein kategorisches Nein zur Einheitspartei, seine Absage an Grotewohl und die Zwangsvereinigung. Auch Schumacher wollte ja nach den Erfahrungen der ersten, der Weimarer Republik den Aufbau einer einheitlichen Arbeiterpartei, nahm Splittergruppen wie Leonard Nelsons ISK (Internationaler Sozialistischer Kampfbund) oder frühere Mitglieder der Sozialistischen Arbeiterpartei (SAP) wie den späteren IG-Metall-Chef Otto Brenner bereitwillig in seine Partei auf und öffnete sie für jene, die nicht vom Marxismus herkamen. Doch zog er die Grenze kategorisch zu den Kommunisten: Die Trennungslinie, das sagt er schon im Mai 1945, sei dadurch gezogen, »dass die Kommunisten fest an eine einzige der großen Siegermächte und damit an Russland als Staat und an seine außenpolitischen

Ziele gebunden sind«.[11] Ein andermal nennt er die KPD gar eine »Spezialorganisation für besondere außenpolitische Zwecke Russlands«. Da schwingt die bittere Weimarer Erfahrung mit: Weder vergaß noch vergab er den Kommunisten, dass sie mit ihrer Sozialfaschismusthese die Sozialdemokratie zu ihrem Hauptfeind erklärten und im Zusammenspiel mit den Rechtsextremen geholfen hatten, die Weimarer Republik zugrunde zu richten.

Dass Schumachers Fixierung auf Weimar, an das auch sein oft schneidend-demagogischer Redestil erinnerte, schließlich sein Scheitern mit verursachen sollte – das erkannte ich später und beobachtete die Folgen. Was mir 1948/1949 imponierte, das war vor allem seine konsequente Ablehnung bolschewistischer Zensur und Dogmen, kurzum: seine geradezu bedingungslos antitotalitäre Haltung. Mit seinem Nein gegenüber kommunistischen Prinzipien und Taktiken, seinem Nein zur SED, erklärte er am Vorabend ihrer formellen Gründung, sei er nur der »Verteidiger der Freiheit des Erkennens« und der »Freiheit der Kritik«. So der Vereinigungsgegner vor 2000 jubelnden Menschen im Mercedes-Palast von Westberlin. Die gesamten Geistesgüter der Englischen und Französischen Revolution und der amerikanischen Unabhängigkeitserklärung, fuhr er fort, »hätten ihren einzig sicheren Hort in der Sozialdemokratie«.[12] Wenn es denn je einen Intellektuellen als Chef der deutschen Sozialdemokratie gegeben hat – vergleichbar mit dem sozialistischen Politiker Léon Blum in Frankreich, dem jedoch die Durchsetzungskraft eines Preußen wie Schumacher fehlte –, war es dann nicht Kurt Schumacher, der mit solchen Sätzen überzeugend für geistige Freiheit und gegen totalitäre Zwänge stand und damit den Grundstein legte zu jenem antitotalitären Konsens, der die ersten Jahrzehnte des erst neu zu begründenden (west-)deutschen Staats prägen würde?

Als der SDS im September 1946 in der Elbschloss-Brauerei in Hamburg gegründet wurde, sprach Schumacher zu den vor ihm sitzenden

Studenten vom »Genossen Intelligenz«, von dem er, so seine Wunsch-
und Idealvorstellung, erwarte, den sozialistischen Gedanken in die Masse
zu tragen, und dies möglichst in der Form eines Bündnisses von Akademikern und Facharbeitern. Formell blieb dieser SDS unabhängig
von der Partei und verteidigte seine Autonomie gegenüber dem Partei-
apparat ebenso zäh wie verbissen bis hin zu jenem Unvereinbarkeitsbeschluss, mit dem 1961 die gleichzeitige Mitgliedschaft in der SPD
und in einem inzwischen radikalisierten SDS ausgeschlossen wurde.
Aber anfangs standen SDS und SPD einander sehr nahe, denn natürlich hatte Kurt Schumacher die Studenten 1946 in Hamburg auf seine
Grundüberzeugungen eingeschworen. Zu ihnen gehörte ja die Vorstellung, dass ein Nebeneinander von Kapitalismus und Demokratie
nur in Ländern mit gefestigten demokratischen Traditionen, etwa den
Staaten Westeuropas, möglich sei – keinesfalls aber in einem Deutschland, das über entsprechende Traditionen nicht verfügte. Deshalb
seine unermüdlich erhobene Forderung nach Entmachtung, genauer:
Verstaatlichung oder Vergesellschaftung der Großindustrie; deshalb
sein auf Wahlkundgebungen apodiktisch zugespitztes *ceterum censeo*:
»In Deutschland wird die Demokratie sozialistisch sein oder sie wird
gar nicht sein.« Deshalb vor allem der Führungsanspruch, den er für
die SPD erhob: Weil die Bürgerlichen Hitler nicht zuletzt mit der
Zustimmung zum Ermächtigungsgesetz in den Sattel des Diktators
gehoben hatten, bezichtigte er sie des Klassenversagens und forderte
als ein auf diesem Versagen beruhendem, quasi natürlichen Recht
die bestimmende Rolle für seine SPD beim Neuaufbau Deutschlands.
Und diesen Anspruch unterstrich er besonders dann, wenn er vehement gegen die These von der Kollektivschuld anrannte, die viele
Alliierte damals vertraten, wenn er sie als »große geschichtliche Lüge«
geißelte. Hatte nicht seine Partei unter größten »Belastungen und
Demütigungen« gekämpft, um das Nazi-Unheil abzuwenden, hatten
Sozialdemokraten im Widerstand nicht zahllose Opfer gebracht? Es

habe, so Schumacher, eben immer auch ein anderes Deutschland gegeben, und so könne die Welt diesen Opfern der Nazis die moralisch-politische Berechtigung nicht bestreiten, über die Gestaltung der politischen Zukunft mitzubestimmen. All dies waren Positionen, die ihn für Militärgouverneure, allen voran den Amerikaner Clay zum »schwierigen Deutschen« werden ließ, der manche ihrer Ideen für den Neuaufbau zu verhindern suchte.

Im Marburger SDS, dem ich schließlich beitrat, fand ich dann viele dieser Schumacher'schen Thesen und Überzeugungen vor. Wer heute SDS liest oder hört, denkt an Uschi Obermaier, Fritz Teufel und Sexkommunen, an Rudi Dutschke, der an der Spitze von Demonstrationen mit »Ho-Ho-Ho-Chi-Minh«-Rufen über den Berliner Kurfürstendamm zieht, an den erschossenen Benno Ohnesorg oder gar an »Advent, Advent, ein Kaufhaus brennt«. Dabei trennen Meilen den SDS der Sechzigerjahre von dem der ersten Nachkriegszeit. Zwar kämpften auch wir für eine Hochschulreform, vor allem für den freien Zugang sozial Benachteiligter, und selbst wenn das später so griffige Schlagwort »Unter den Talaren – Muff von 1000 Jahren« noch nicht geboren war, gab es ja Muff mehr als genug gerade an unserer konservativen Universität. Und nur zu gern hätten auch wir den in den Müll geworfen. Aber ist der Sechzigerjahre-SDS einer der Kriegskinder, die gegen den Vietnamkrieg, im Amt gebliebene NS-Juristen und die Konsumbesessenheit der späten Wirtschaftswunderjahre aufbegehrten, war der SDS der ersten Nachkriegszeit dagegen der einer heimgekehrten Front- und zum Teil auch der sogenannten Flakhelfergeneration. So hatten, einem amerikanischen Fragebogen zufolge, am Bielefelder Kongress des SDS im September 1947 von fünfundvierzig Delegierten vierzig aktiv am Krieg teilgenommen, davon vierzehn als Offiziere – unter ihnen der Oberleutnant der Reserve a. D. Helmut Schmidt, den die Delegierten zum Vorsitzenden wählten, und als Ranghöchster ein aktiver

Fallschirmjäger-Major namens Hans Schmelz, ein Freund Schmidts. Als *Spiegel*-Redakteur wird er dann 1962/1963 wegen seiner Mitautorenschaft an der Titelgeschichte »Bedingt abwehrbereit« im Rahmen der *Spiegel*-Affäre einundachtzig Tage im Gefängnis einsitzen. Erstmals begegnete ich Hans Schmelz auf den Fluren der *Spiegel*-Redaktion in Hamburg, bei dem ich 1960 anheuerte – er war kleiner an Statur noch als Rudolf Augstein, aber hatte, anders als dieser, die unverkennbar schnarrende Stimme des einstmals befehlenden Offiziers. Als sich Helmut Schmidt 1946 um die Aufnahme in den SDS bewarb, trug er den später sprichwörtlich »abgeschabten Offiziersledermantel«, der, wie er sich 1968 erinnernd zu Protokoll gab, den Hamburger SDS-Kommilitonen offenbar zunächst »ziemlich unheimlich erschien«. Schmidt hatte erstmals in einem belgischen Kriegsgefangenenlager von seinem Zeltlager-Nachbarn, einem deutschen Oberstleutnant und religiösen Sozialisten, von den programmatischen Vorstellungen der SPD gehört. Das spezifische Kameradschaftserlebnis in Krieg und Gefangenschaft nennt der SDS-Historiker Tilman Fichter einmal »klassenübergreifend« und betont, es habe nichts mit Nationalismus oder Militarismus zu tun gehabt.[13] Und ebendieser Mythos vom Kameradschaftserlebnis hätte die entlassenen Soldaten eigentlich für den Sozialismus »prädisponiert«, so Helmut Schmidt später. Grund: Da habe »dasselbe Solidaritätsprinzip« dringesteckt.

Auch bei uns im Marburger SDS gab es natürlich ehemalige Offiziere – etwa Günther Bantzer, Oberleutnant a. D., später Oberbürgermeister von Kiel, oder Joachim Frels, Hauptmann a. D., den ich später in Hamburg als Justiziar des NDR wiedertreffen sollte. Meist wählten diese ehemaligen Offiziere Jurisprudenz als Fach, weil dies eine breite Berufswahl mit guten Fortkommenschancen bot – fast alle gingen später als Beamte in den höheren Dienst, wurden Richter oder Anwälte oder übernahmen Positionen auf den Kommandohöhen der Wirtschaft. Und meist gaben sie auch bei uns die Richtung vor, schon

weil die politisch-gesellschaftlichen Fragen, die wir diskutierten, vor
ihrer möglichen Umsetzung in die Praxis juristische Probleme mit sich
gebracht hätten. Etliche SDS-Mitglieder meiner Marburger Zeit wurden Landtagsabgeordnete, aus einem der jüngeren wurde später ein
Berliner Innensenator. Und mein ein Jahr älterer Freund Gerhard Jahn,
ebenfalls ein Jurist und 1950 zu unserem Vorsitzenden gewählt, saß
dann siebenundzwanzig Jahre im Deutschen Bundestag, wurde in der
ersten Großen Koalition 1966 parlamentarischer Staatssekretär und
unter dem Kanzler Willy Brandt sogar Herr der Bonner Rosenburg,
damals Sitz des Justizministeriums. Wie Jahn im Jahr 1948 zum SDS
fand, hat eine besondere Vorgeschichte, und sie ist eng mit den studentischen Korporationen verknüpft, deren fröhliches Wiederauferstehen
an den westdeutschen Universitäten ausgerechnet im Haus der Marburger Alemannia seinen Anfang nahm. Davon wird noch ausführlich
die Rede sein.

Weststaat oder nicht? Und wenn ja: Wie viel Staat darf und wie viel
Provisorium muss sein? Das waren im Herbst und Winter 1948 – die
Berliner Blockade dauerte schon ein halbes Jahr und der Parlamentarische Rat hatte sich inzwischen in Bonn konstituiert – die beherrschen-
den Themen unserer Diskussionen. Laut Umfragen war es 40 Prozent
der Westdeutschen völlig gleichgültig, wie die künftige Verfassung aussehen würde – aber nicht so bei uns. Da wurde heiß und heftig debat-
tiert, und der Riss ging quer durch unsere kleine Gruppe. Die Mehrheit
focht für ein provisorisches Gebilde, wie immer man es nennen wollte,
jedenfalls für so wenig Staat wie möglich, um die Spaltung Deutschlands nicht zu vertiefen. Aber eine kleine Minderheit aus Berlin stam-
mender Kommilitonen hielt tapfer dagegen und steuerte die Linie
ihres Bürgermeisters Ernst Reuter. Dieser hatte auf der historischen
Konferenz der Ministerpräsidenten im hessischen Jagdschloss Nieder-
wald im Juli 1948 mit seiner Gardinenpredigt gegen westdeutsche

Zögerlichkeit erst den Durchbruch zugunsten eines Weststaats gebracht. Es sei Augenwischerei, nicht sehen zu wollen, dass die Spaltung Deutschlands längst vollzogen sei, so Reuter damals. Und er fügte hinzu: Westberlin lasse sich für den Westen nur halten, wenn es sich auf ein politisch wie ökonomisch konsolidiertes Westdeutschland, auf einen westlichen Kernstaat stützen könne. Die Hoffnung auf eine spätere Einheit wollte er damit nicht aufgegeben wissen: Wenn dieser Kernstaat, eine Art deutsches Piemont, wie Historiker später anmerken sollten, wirtschaftlich und sozial magnetische Anziehungskräfte entwickele, werde die sowjetische Besatzungszone eines Tages unzweifelhaft zum Mutterland zurückkehren.

Ich fand mich eher aufseiten der Berliner, schon weil sie wegen der Blockade ein weit positiveres Verhältnis zu Amerika gefunden hatten, als unter westdeutschen demokratischen Linken damals gängig. Den Gegnern des Berliner Kurses, die in unserem Kreis überwogen, gefielen dagegen eher die Ideen Carlo Schmids, der stets das Provisorische des neu zu konzipierenden Gebildes betonte und ursprünglich lediglich eine Art Notdach zimmern oder allenfalls ein »Organisationsstatut für das deutsche Verwaltungsgebiet der Trizone« aus der Taufe heben wollte. Natürlich verfolgten wir die Auseinandersetzungen im Parlamentarischen Rat oft bis ins Detail, gleich, ob es ums Elternrecht, die Rolle eines Präsidenten oder die Einführung des konstruktiven Misstrauensvotums ging, und unsere wichtigste Informationsquelle damals waren ausführliche Radiosendungen. Ich fand Ernst Schnabels, Axel Eggebrechts und Jürgen Schüddekopfs »Nachtprogramm«, das aus dem NWDR-Funkhaus Hamburg kam, geradezu unverzichtbar, öffnete es doch nicht nur politisch, sondern auch literarisch ein Fenster zur westlichen Welt und machte mit jener Weltliteratur bekannt, die in den zwölf Jahren des »Dritten Reichs« nicht erscheinen durfte. Dass am Ende der Arbeit des Parlamentarischen Rats ein Grundgesetz stehen würde, so vorbildlich von Skeptikern wie Befürwortern des neu zu gründenden Staatsgebildes ausbalanciert, dass es nicht nur siebzig Jahre überdauerte, sondern seit dreißig Jahren auch als Verfassung eines vereinigten Deutschland dient – daran hätte bei uns damals im Traum keiner gedacht; und schon gar nicht daran, dass dieses neugeborene Etwas, nach Meinung vieler Deutscher zunächst ein ungeliebter, von den Alliierten aufgezwungener Bastard, sich zum freiesten Staat entwickeln würde, den es je auf deutschem Boden gegeben hat.

Allerdings sind mir auch jene dramatischen Tage im Frühjahr 1949 in Erinnerung, an denen die Zukunft dieses Grundgesetzes am seidenen Faden hing. Der einarmige Kurt Schumacher, dieser »schwierige Deutsche« und eingeschworene Feind deutscher Kleinstaaterei, hatte nach der Amputation eines Beines von seinem Krankenbett in Hannover aus die Arbeit des in Bonn tagenden Gremiums stets mit einem gehörigen Schuss Skepsis, wenn nicht Argwohn verfolgt – letztlich waren diese Verfassungsväter für ihn nicht völlig frei in ihren Entschlüssen, sondern allesamt Deutsche, »die auf alliierten Befehl eine Konstitution mit alliierten Auflagen« erarbeiten sollten. Als die drei Militärgouverneure den fertigen Entwurf zurückwiesen, seine Überarbeitung verlangten, weil er ihnen nicht föderalistisch genug geraten war, vor allem aber, als auch führende Sozialdemokraten, die einen westdeutschen Neuanfang durch ein Veto gefährdet glaubten, sich gegenüber den Forderungen der Alliierten kompromissbereit zeigten, schrillten bei ihm die Alarmglocken.

Im Kern ging es um die Finanzverfassung – genauer um die Frage, wer die Höhe der Steuer beschließen, sie kassieren und das eingenommene Geld ausgeben darf. Der von den Deutschen erarbeitete Entwurf sah – als Kompromiss zwischen süddeutschen CDU/CSU-Föderalisten und norddeutschen SPD-Zentralisten – die Finanzhoheit des Bundes vor, verpflichtete diesen jedoch zugleich zu einem Länderfinanzausgleich, der annähernd gleichartige Lebensverhältnisse in den einzelnen Ländern der künftigen zweiten deutschen Republik garantieren sollte. Die Alliierten, allen voran General Clay und mit ihm einige süddeutsche Föderalisten, bestanden darauf, das Steuerrecht müsse Sache der Länder bleiben. Würde es also, wie Carlo Schmid einmal spöttisch formulierte, nach den Vorstellungen der Alliierten etwa eine bayerische Einkommensteuer geben, eine baden-württembergische oder hamburgische?

Aus der Sicht Schumachers – und wahrlich nicht nur der seinen – ging es in dieser Auseinandersetzung um die Frage, ob das kommende Staatsgebilde ein lockerer Staatenbund oder ein handlungsfähiger Bundesstaat werden sollte. Hätten vor allem die Länder über die Finanzen zu bestimmen, wäre die Bundesexekutive – weil Kostgänger der Länder – notwendig schwach und in ihrer Handlungsfähigkeit äußerst beschränkt geblieben. Kaum genesen, rief der SPD-Chef seine führenden Genossen zu einem kleinen Sonderparteitag nach Hannover, auf dem Ende April dann, seinem Willen entsprechend, beschlossen wurde: Einem Grundgesetz, das diese alliierten Einwände berücksichtigt, wird die Sozialdemokratie unter keinen Umständen zustimmen. Das Signal aus Hannover machte klar: Die Sozialdemokraten wollten keinen »Bund deutscher Länder«, sie wollten einen »Bundesstaat«. Und Schumacher, der so gern und oft überspitzt und ätzend scharf formulierte, fügte hinzu: »Ein völkerrechtlicher Verein der Westdeutschen findet nichts als unsere Gegnerschaft.«[14]

Ich erinnere mich an den riesigen Eklat, den er damit hervorrief – die rechts stehende Presse denunzierte ihn als nationalen Don Quichotte, der ohnmächtig gegen die Windmühlen der Sieger ankämpft, als totalitären Führer, als Mann des nationalen Trotzes und Ressentiments, als Verbitterten und Verbohrten schließlich, der mit den Interessen der Nation va banque spiele. Zwei Tage herrschte Panik – dann gaben die Alliierten nach. Vor allem die von Labour regierten Briten waren überzeugt, dass der Aufbau des neuen Staats nur gelingen könne, wenn die zwei großen Parteien sich über seine verfassungsrechtlichen

Grundlagen einig seien. Sie waren es, die unter den Alliierten und gegen den eingeschworenen Schumacher-Feind Lucius D. Clay am Ende einlenkten und Erfolg hatten.

Im Nachhinein gab es viel Streit, ob Schumacher über die Kompromissbereitschaft der Alliierten vor seinem Veto informiert gewesen sei oder nicht. Tatsache bleibt: Ohne die grundsätzliche Haltung der SPD in dieser Frage hätte das Grundgesetz anders ausgesehen. Wenn Adenauer, so las ich Jahrzehnte später bei seinem Biografen Henning Köhler, schon im Frühjahr 1949 den Posten des Bundeskanzlers anstrebte, »hätte er sich eigentlich in voller Übereinstimmung mit Schumacher befinden müssen. Denn erfolgreich regieren heißt, über genügend Einnahmen zu verfügen, um eine Politik zu finanzieren, die den Wünschen des Wählers materiell Rechnung trägt.«[15] Vielleicht setzte Adenauer als der unübertroffene Meister politischer Salamitaktik gegenüber den Alliierten darauf, deren Regelung der Finanzhoheit werde sich bald als nicht praktikabel erweisen und spekulierte deshalb auf eine spätere Verfassungsänderung. Doch hätte er damit wohl unterschätzt, wie ungemein schwer sich Verfassungsänderungen, gerade in prinzipiell entscheidenden Fragen, vornehmen lassen. Egon Bahr jedenfalls meinte Anfang der Neunzigerjahre in einem Gespräch mit mir, wenn Schumacher die Finanzhoheit des Bundes damals nicht durchgesetzt hätte, wäre die Bundesrepublik außenpolitisch weitgehend handlungsunfähig und der Aufbau einer Bundeswehr unmöglich gewesen.

Ja, wir frühen SDSler waren anders als die radikalen Achtundsechziger – aber brav waren wir nicht. Wir entdeckten die einst verbotene Literatur – neben Feuchtwanger und Heinrich Mann vor allem Brecht, lernten die alten, krächzenden Schellackplatten der *Dreigroschenoper* mit der Stimme Lotte Lenyas lieben, ihre Mackie-Messer-Songs vom Haifisch mit den Zähnen im Gesicht und besonders den von der Gläserspülerin Jenny in der Kneipe. Ihrer monotonen Arbeit überdrüssig, träumt sie von sich als Seeräuberbraut und hofft: »Und ein Schiff mit acht Segeln/Und fünfzig Kanonen/Wird entschwinden mit mir.« Der Kurs der SPD, in dessen Apparat inzwischen viele alte Funktionäre aus der Weimarer Zeit wichtige Positionen besetzten und entgegen Schumachers Intentionen zu dessen altbackener Selbstisolation beitrugen, sahen wir durchaus kritisch – auch die Rolle Herbert Wehners, der in seinem Panzerschrank angeblich Materialien über SDS-Mitglieder sammelte, die sich die Freiheit genommen hatten, zu einem sowjetzonalen Volkskongress zu reisen. Sie hatten persönlich erkunden wollen, wie demokratisch oder eher undemokratisch es hinter der Fassade von der antifaschistischen Einheitsfront im Osten zuging. Da wurden bei uns schon Töne laut, der Konvertit Wehner, »ein Gezeichneter«, wie er sich selbst gern nannte, habe zwar dem Stalinismus abgeschworen, könne indes selbst als Spitzenapparatschik der SPD von altvertrauten stalinistischen Praktiken einfach nicht lassen. Dazu passte, dass die Berliner Freunde unter uns für Paul Serings 1946 im Nürnberger Nest-Verlag erschienene Schrift *Jenseits des Kapitalismus* warben. Für viele suchende Jüngere war das Buch damals so etwas wie eine sozialistische Bibel, weil sie neue Orientierung bot. Sering pries einen möglichen dritten Weg an – einen zwischen der kapitalistischen Planung, welcher der Autor eine Tendenz zu Faschismus und Krieg unterstellte, und dem einer bürokratischen Planung durch eine stalinistische Diktatur. Sein Zauberwort hieß denn auch »demokratischer Sozialismus«, gekennzeichnet vor allem durch eine radikale Chancengleichheit und eine auf die Bedürfnisse der Mehrheit zugeschnittene Globalplanung. Hinter dem Pseudonym Sering verbarg sich einer der gescheitesten theoretischen Köpfe, über welche die deutsche Sozialdemokratie nach dem Zweiten Weltkrieg verfügte: Richard, genannt Rix, Löwenthal, war in der Spätzeit der Weimarer Republik Leiter der Kommunistischen Studentenfraktion gewesen, dann zu »Neu Beginnen« gestoßen, jener Handvoll Intellektueller, die als oppositionelle Kommunisten und linke,

unabhängige Sozialdemokraten durch revolutionäre Zellenarbeit innerhalb der Parteien die Spaltung der Arbeiterbewegung überwinden
wollte. Ab 1933 wirkte die Gruppe illegal, doch wurden ab 1935 viele
ihrer Mitglieder von der Gestapo entdeckt und erhielten hohe Zucht-
hausstrafen – unter ihnen Fritz Erler, der spätere Fraktionschef der
SPD im Bundestag. Löwenthal gelang es – mit Zwischenstationen in
Prag und Paris –, nach England zu emigrieren. In London wurde er
Mitglied der Fabian Society und von dieser letztlich zum demokratischen Sozialisten bekehrt.

Sein *Jenseits des Kapitalismus* war ein Pamphlet gegen den Stalinismus,
gegen jede Art von Volksfront, und seine Vorstellung einer unbüro-
kratischen, demokratischen Globalplanung schien uns damals einzu-
leuchten. Wer das Buch heute lesen sollte, wird leider feststellen, dass
es von einem zwar glänzenden Theoretiker, aber leider einem Nicht-
ökonomen geschrieben wurde, denn Sering/Löwenthal glaubte
damals weder an die Flexibilität noch an die Regenerationskräfte des
Kapitalismus – Überlebensfähigkeiten, die nur zwei Jahre nach Veröffentlichung seines Buchs von Ludwig Erhard eindrucksvoll unter
Beweis gestellt wurden. Doch damit stand er, wie Schumachers ekla-
tante Wahlniederlage 1949 zeigt, nun wahrlich nicht allein. Und zu
Löwenthals Ehre sei angemerkt, dass er diese falsche Einschätzung in
einer sehr späten Neuauflage äußerst selbstkritisch eingeräumt hat.
Sering/Löwenthal gehörte in Berlin übrigens bald zu den engeren Bera-
tern Willy Brandts, mit ihm zusammen veröffentlichte er eine Ernst-
Reuter-Biografie.

Als ich später den Werdegang Brandts für eine Biografie über ihn
erforschte, stellte ich jedoch fest, dass dieser in seinem Denken bei
Kriegsende schon weiter gewesen sein musste als Löwenthal. Stand
Rix offenbar unter dem Einfluss der Labour Party, die nach Churchills
Abwahl 1945 eine konsequente Politik der Verstaatlichung der Groß-
industrie begann, orientierte sich Brandt eher am Beispiel der schwedi-

schen Sozialdemokratie und vor allem an deren brillanten Ökonom und späteren Nobelpreisträger Gunnar Myrdal, der auf eine staatlich regulierte Marktwirtschaft und eine Konjunkturpolitik à la John Maynard Keynes setzte. Und die demokratische und soziale Wirtschaftspolitik, wie Myrdal sie vorschwebte, war auch ohne Verstaatlichung der wichtigsten Betriebe durchzusetzen – und zwar mittels Rahmenplanung und entsprechender Sozial-, Familien- und natürlich Steuerpolitik.

Nein, brav waren wir SDSler nicht, wenn wir gegen die Verkrustungen dieser Apparatschiks der SPD-Zentrale Front machten und begeistert Kurt Tucholskys »älteren, leicht besoffenen Herrn« in der gleichnamigen Kurzgeschichte zitierten, der SPD wählt, weil es so ein beruhigendes Gefühl ist: »Man tut wat for de Revolutzjohn, aber man weeß janz jenau: mit diese Pachtei kommt se nich. Und das is sehr wichtig fier einen selbstständjen Jemieseladen!«

Unnachahmlich treffend auch sein Spott in seinem Gedicht »Start« über die Korporierten, der es uns besonders angetan hatte, denn ausgerechnet Marburg wurde das Zentrum für die Wiederbelebung von Burschenschaften und schlagenden Verbindungen nach dem Kriege: »*Du* wirst mal Landgerichtspräsident! /Kille-kille!/ Einer, der die Gesetzbücher kennt,/ einer, der in den Sitzungen pennt,/ und die Fresse zerhackt wie ein Korpsstudent – /kille … kille … kille …!«[16]

Jetzt wurden sie wieder zum Problem, diese Burschenschaftler. Seit der Reichsgründung 1871 war zunehmend in Vergessenheit geraten, welch progressive Kraft diese Verbindungen Anfang des 19. Jahrhunderts in der deutschen Geschichte einmal gewesen waren. »Ehre, Freiheit, Vaterland« – dieser Wahlspruch der Jenaer Urburschenschaft von 1815 war einmal das Bekenntnis einer jungen, liberalen und demokratischen Bewegung gegen Kleinstaaterei, Fürstenherrschaft und Zensur, und sie sollte nicht geringen Einfluss auf die demokratisch-patriotische Revolution der Achtundvierziger-Demokraten haben. Das Jahr

1871 aber wurde zur Zäsur, seither pflegten die meisten Korporationen den Nationalismus samt dem von Tucholsky apostrophierten
Leutnantsstil, um sich in der Weimarer Republik dann zu konsequen-
ten, überzeugten Gegnern der Demokratie zu mausern. So beschloss
die durch und durch völkisch infizierte Deutsche Burschenschaft schon
1920 auf dem Eisenacher Burschentag den Ausschluss aller Juden und
selbst der mit Jüdinnen Verheirateten. Und ihr Dachverband bejahte
1932, ein Jahr vor der Machtübertragung an Hitler, den Nationalsozialismus »als wesentlichen Teil der völkischen Freiheitsbewegung«.
Man muss dies im Auge behalten, wenn sich die Verbindungen nach
1945 zu Opfern Hitlers stilisierten, weil sie – wie andere konservative Organisationen, etwa der »Stahlhelm« – im Zuge der »nationalen revolutionären Erneuerung« ihre Eigenständigkeit verloren und
mit den entsprechenden NS-Organisationen zwangsvereinigt wurden.
In der konservativ-völkischen Grundtendenz jedenfalls waren die
meisten von ihnen längst vor 1933 mit den Nationalsozialisten einig
gewesen.

So verfolgten wir voller Misstrauen die ersten Ansätze ihrer Wiederauferstehung. Schon 1946/1947 hatten sich die letzten Aktiven aus
den Kriegssemestern in Marburg heimlich mit »Alten Herren« getroffen, um als Erstes die Alemannia wieder ins Leben zu rufen. Und weil
die Alliierten alle deutschen Vereine verboten hatten, schufen diese
»Alten Herren« erst einmal eine »Auslandsgruppe Schweiz«, über die
sie fröhlich miteinander korrespondieren und ihre Gründungsideen
austauschen konnten. Das ihnen noch feindliche Klima änderte sich
schon im Herbst 1949 mit dem Ende der Militärregierung und der
Geburt der Bundesrepublik. Zwar wurde das Verbot formell erst 1950
aufgehoben, aber als die westdeutschen Rektoren im Herbst 1949 in
Tübingen tagten, war davon schon nicht mehr die Rede – stattdessen
gab es lediglich »dringende Appelle«, Warnungen und Bitten an die junge
und alte Generation der Akademiker. So sollten die Studenten den

Blick nicht rückwärts, sondern ihn »vorwärts auf neue Ziele« richten, und den »Altherrenschaften« galt die dringende Bitte, ihrer Verantwortung gerecht zu werden und die junge Generation nicht an die Formen vergangener Zeiten zu binden, sondern bei der Entwicklung neuer, zukunftweisender Gemeinschaftsformen zu unterstützen.

Deutlicher wurde da schon der Präsident der jungen Republik, Theodor Heuss, als er im Herbst 1949 erst in Berlin, dann in Heidelberg vor dem »Wiederaufleben fragwürdiger Kontinuitäten« warnte, von den »sehr alten Herren« sprach und das Korporationswesen als »atavistischen Schnörkel« am Gesamtleben der Studentenschaft bezeichnete. Heuss spürte die Gefahr, ein Teil der künftigen Führungselite der neuen Demokratie werde in einem Milieu erzogen, besser verbogen, das sich weniger am Grundgesetz denn geistig wie formell an der wilhelminischen Monarchie orientiere. So mahnte er vor allem vor dem Waffenstudententum: Es sei unzeitgemäß, und er, dessen Vater und zwei seiner Brüder Waffenstudenten gewesen seien, wisse, wovon er spreche. Die Stunden auf dem Fechtboden, »diese Romantik des Heldenersatzes«, sei verjährt. Es sei ganz einfach eine Sache des historischen Stilgefühls, »ob man mit Bändern und frischen Schmissen zwischen Trümmern, Heimatvertriebenen und Kriegsversehrten« herumspazieren wolle.

Doch alle Appelle und Bitten der Rektoren, auch die eindeutige Kritik von Heuss verpufften wirkungslos.

Verantwortlich dafür waren letzlich jene von Heuss apostrophierten »sehr alte Herren«, denn nur sie verfügten über Geld und die Verbindungshäuser, die sie mühelos in Studentenheime und Diskussionszentren hätten umwandeln können. Solche Häuser, offen für alle Studierenden, hatten schon die Universitätsoffiziere von OMGUS, der amerikanischen Militärregierung, für nötig befunden. Doch die Rektoren der Universitäten, denen sie Selbstverwaltung zugestanden hatten, unternahmen nichts dergleichen.

Noch verboten oder bald nicht mehr – die Korporations-Wieder-beleber nutzten jedenfalls diese Grauzone, beriefen sich auf das gerade in Kraft getretene Grundgesetz, das jedem Deutschen Vereinsfreiheit zusicherte. Und so mussten wir ohnmächtig mit ansehen, dass auf Einladung der Alemannia Ende November 1949 Vertreter von acht-undsechzig verschiedenen Verbindungen aus allen Teilen der Bundes-republik in Marburg zusammenkamen, um die Wiedergründung der Deutschen Burschenschaft vorzubereiten. Ebenso ohnmächtig ver-folgten wir neun Monate später dann, wie diese auf einem neuen Bur-schenschaftstag, wiederum von der Alemannia Mitte Juni 1950 nach Marburg einberufen, nicht nur formell wieder auferstand, sondern zugleich Beschlüsse fasste, die das Farbentragen verpflichtend mach-ten und die Bestimmungsmensur, jenen streng geregelten Fechtkampf unter verschiedenen Verbindungen, anerkannten.

Bald mehrten sich im Marburger Stadtbild die bunten Studenten-mützen, und ab Winter 1950/1951 wurden auf dem Paukboden in einem der umliegenden Dörfer wieder Mensuren geschlagen – was meist heimlich geschah, denn die Rechtslage war noch ungeklärt. Dass mit dieser Wiederauferstehung auch eine Art geistige Restauration, wenn nicht Regression einherging, war für uns eine Glaubenssache – und unser Freund Gerhard Jahn der lebende Beweis dafür. Ihm, nach NS-Begriffen dem »Halbjuden«, war von einer Korporation, der er beitre-ten wollte, bedeutet worden, dass sie, ohne Rücksicht auf ihn, an ihrer Tradition festhalten und ihre oft antisemitischen Lieder weitersingen wollten. So machten wir uns eines späten Abends auf den Weg, bilde-ten mehrere kleine Gruppen und baten Träger bunter Verbindungs-mützen, die von ihren Kneipabenden nach Hause strebten, ebenso freundlich wie bestimmt um die Überlassung ihrer Kopfbedeckung. Ohne dass es dabei mit den Korporierten je zu Rangeleien gekommen wäre, folgten alle unserer Aufforderung. Offenbar waren sie selbst noch völlig unsicher, ob ihr Farbentragen in der Öffentlichkeit legitim sei.

Zwei Tage später fuhr ich dann mit einem SDS-Kommilitonen, der über einen alten DKW verfügte – jenen Vorläufer des DDR-Trabi mit Zweitaktmotor und Krückstock-Schalthebel – nach Wiesbaden, um einen Teil unserer Mützenernte Willy Viehweg zu übergeben, dem sozialdemokratischen Staatssekretär im Kultusministerium des rot regierten Hessenlandes. Der lief zwar mit unserer Beute voller Stolz durch den Landtag – aber viel mehr erreichten wir mit unserer Aktion nicht. Die ihm übergebenen Mützen schickte er Wochen später an das Rektorat der Universität – ob mit rügenden Worten oder nicht, blieb uns verborgen –, und die ihrer Kopfbedeckung beraubten Studenten konnten sie dort wieder abholen. Etliche dieser Mützen hingen wie Jagdtrophäen an den Wänden nicht nur meiner Bude. Und weil die Juristen unter uns, auch wenn einige an unserer Aktion teilgenommen hatten, verständlicherweise ein Urteil scheuten (es hätte ja der späteren juristischen Karriere schaden können), stand ich, Student der Germanistik, Geschichte und Soziologie, dann als Einziger vor Gericht. Das gnädige Urteil lautete auf Herausgabe, verbunden mit einer Geldstrafe von 50 D-Mark, die mir umgehend der notorisch klamme SDS-Kassenwart ersetzte.

Die Bestimmungsmensur, von einigen Korporationen ausgeübt, von anderen – noch – nicht, blieb umstritten, bis der Bundesgerichtshof im Januar 1953 entschied, sie falle, weil nicht mit tödlichen Waffen ausgetragen, nicht unter das Duellverbot. Und die zugefügten Körperverletzungen – die oft voller Stolz vorgezeigten Schmisse also – stünden, weil jeweils mit Einwilligung erfolgt, nicht unter Strafe. Allerdings müsse sichergestellt sein, dass es bei diesen Mensuren nicht um Ehrenhändel gehe und tödliche Verletzungen ausgeschlossen blieben. Seitdem dürfen Verbindungs- und Korpsbrüder mit höchstrichterlicher Billigung in deutschen Universitätsstädten nach Kräften aufeinander einschlagen – ausgerüstet mit Paukbrille samt Metallschiene für den Nasenrücken, mit Halskrause und Bandagen zum Schutz von Schlagader und Nerven sowie einer mit Metallfasern verstärkten Hightech-plastikweste. Soweit meine Erinnerungen an den Kampf eines etwa Einundzwanzig- oder Zweiundzwanzigjährigen und seiner Freunde, wenigstens einen Teil der in Westdeutschland um sich greifenden Restauration aufzuhalten – ein Versuch, der, wie diese Geschichte zeigt, uns allesamt als Don Quichottes erwies.

Es waren vor allem die jüngeren Studenten, welche die bunten Mützen trugen und meinten, ihre Tapferkeit beweisen zu müssen. Die älteren, aus Krieg oder Gefangenschaft Heimgekehrten zeigten sich gegen solche »atavistischen Schnörkel« eher immun. Sie hatten andere Sorgen, sie wollten so früh wie möglich fertig werden und ein ziviles Berufsleben beginnen – waren nach heutigen Begriffen also typische Brotstudenten. Zudem glaubten die meisten von ihnen, sie seien in eine plötzlich »verhexte Welt« zurückgekommen, in der sie sich nicht mehr zurechtfanden. So jedenfalls fasste Julius Ebbinghaus, der erste, von den Amerikanern eingesetzte Rektor der Philipps-Universität, seine Erfahrungen mit der Stimmung und den Gefühlen dieser Generation zusammen. Durchaus zutreffend, wie ich auch heute meine, denn was er, ein brillanter, an Kant geschulter Logiker und Philosoph damals feststellte, deckte sich mit meinen Erfahrungen aus vielen einzelnen Gesprächen: »Dass nun jene, die draußen in gemeinschaftlicher Befehls-treue die Front gehalten haben, solange es noch ging, das letzte mit-einander geteilt, Arme, Beine, oder sogar das Augenlicht verloren und zahllose Male ihr Testament gemacht haben – dass also diesen, als sie nun heimgekehrt sind, nicht das kleinste Lorbeerreis gewunden wird, sondern ihnen im besten Falle gesagt wird, sie seien von Verbrechern gegen die Menschheit schmählich missbraucht worden, im schlechte-ren Fall aber geradezu der Vorwurf gemacht wird, dass sie selber Mit-schuld an diesen Verbrechen tragen – das ist es, was diese Jungen ent-weder mit verbissenem Trotz oder aber mit der ingrimmigen Hoffnung, ›Es wird schon wieder einmal anders kommen‹, erfüllt.«[17]

Zwar spricht er etwas professoral-betulich von der »Ungebärdigkeit unserer Kriegsjugend«, aber wer sie verstehen wolle, so fordert er als logische Konsequenz, müsse eben auch ihre Gedanken verstehen. Wenn diese Frontgeneration höre, was sie in den Kriegsjahren getan habe, sei bestenfalls entschuldbar, man werde es ihr im Hinblick auf ihre jugendliche Verführbarkeit und Unerfahrenheit nicht nachtragen, dann sei dies genau jene Situation, welche die heimgekehrte Jugend nicht akzeptieren wolle und in der sie sich unmöglich zurechtfinden könne, zumal dann nicht, »wenn sie auf ihre unwilligen Emotionen auch nur unwillige Emotionen als Echo hört«.

Diese Stimmung, von der er schreibt, war unter Studenten weit verbreitet und beschränkte sich nicht auf die ersten, schon Ende 1945 an die Universität geströmten ehemaligen Soldaten. Die letzten deutschen Kriegsgefangenen kamen aus den Lagern der Belgier, Briten und Franzosen nicht vor 1948 frei, die Rückführung aus denen der Sowjetunion wurde formell erst im Mai 1950 abgeschlossen, obschon dort Tausende durch sowjetische Tribunale Verurteilte noch weitere Jahre ausharren mussten – bis zum historischen Besuch Konrad Adenauers in Moskau im Jahr 1955. Und weil sie diese »verhexte« fremde Welt nicht mehr versteht, dominiert in dieser Generation eine Haltung der Negation und eines verbissenen Schweigens. Im *Ruf*, jenem legendären Nachkriegsblatt, das damit werben konnte, das Sprachrohr der Heimkehrer und der jungen Generation zu sein, meldete sich der Schriftsteller Hans Werner Richter zu Wort und wies auf eine Kluft zwischen den Generationen hin, wie sie sich selten in der Geschichte eines Landes aufgetan habe, das einen Krieg verlor: »In Deutschland redet eine Generation, und in Deutschland schweigt eine Generation.« Die eine, die ältere, rede, flüchte sich ins öffentliche Gespräch, hülle sich in eine »Wolke von bußfertigem Weihrauch« und fliehe in den beruhigenden Schatten der Vergangenheit. Die andere sehe diesem seltsamen Gebaren zu und schweige.

Diese Kluft zwischen den Generationen betonte sehr früh auch Rudolf Augstein, der die ältere für das Scheitern der Weimarer Demokratie und damit für Hitler verantwortlich macht. Es sei kein Zufall, so sein *Spiegel*, wenn viele der bei Neuanfang führenden Politiker den Vornamen Wilhelm trügen, weil ihre Wiege ja noch im Kaiserreich gestanden habe. Über das die Generationen Trennende schrieb wiederum der Autor Alfred Andersch im *Ruf*: Die jüngere Generation unterscheide sich von der älteren »durch ihre Nicht-Verantwortlichkeit für Hitler«, durch das Front- und Gefangenschaftserlebnis, durch das »eingesetzte Leben« also. Er scheute sich auch nicht, von den »erstaunlichen Waffentaten junger Deutscher in diesem Kriege« zu sprechen, die in keinem Zusammenhang stünden mit den »Taten« etwas älterer Deutscher, jener »Verfluchten, über die gegenwärtig vor dem Nürnberger Tribunal verhandelt würde: »Die Kämpfer von Stalingrad, El-Alamein und Cassino, denen auch von ihren Gegnern jede Achtung entgegengebracht wurde, sind unschuldig an den Verbrechen von Dachau und Buchenwald.«

Wer solche Sätze heute bedenklich findet, erinnere sich des damaligen Zeitmilieus. Der Schild der Wehrmacht ist noch rein, der große Zivilisationsbruch, das Menschheitsverbrechen Holocaust beginnt sich erst mit dem Eichmann-Prozess 1961 im deutschen kollektiven Bewusstsein einzunisten. So fragen die aus dem Krieg Heimgekehrten: Haben wir nicht nur unsere Pflicht getan? Und haben wir nicht tapfer gekämpft – anfangs siegreich, später die Fronten so lange wie möglich haltend gegen wahrlich übermächtige Feinde? Dem Kanonier Augstein, in überzeugt-katholischer Familie gewiss nicht zum Hitler-Freund erzogen, war als Schüler von konservativ-nationalen Studienräten seines Gymnasiums eingepaukt worden, Wehrdienst, ja Kriegsdienst sei selbstverständliche patriotische Pflicht. In seinem Kriegstagebuch fand ich den Satz: »Es war der genialste Streich Hitlers, das Reich in einen Kampf um Sein oder Nichtsein zu stürzen und mit seiner Sache zu verbinden.«Weil ihm dies gelang, wurde aus dem Krieg, den er begann, schließlich ein Krieg der Deutschen, der sie in Siegen und später vor allem Niederlagen zusammenschweißte.

Historiker schreiben immer wieder von der »Volksgemeinschaft«, ich erlebte eher eine Kriegsgemeinschaft und vergesse ein Gespräch mit Wolfgang, dem Verlobten meiner Schwester Hella nicht, das sich mir als damals Vierzehnjährigen einprägte. Dieser Wolfgang, Leutnant auf Fronturlaub, sagte 1942: Wenn wir zurückkommen und der Krieg vorüber ist, werden wir endlich »Schluss machen mit diesen Goldfasanen«. Gemeint waren damit die NSDAP-Funktionäre in ihren Lametta geschmückten braunen Uniformen. Wolfgang war der Sohn eines Zeitzer Schuhfabrikanten, der wegen Neigungen zur Sozialdemokratie einige Wochen in Gestapohaft gesessen hatte. Wie viele so oder ähnlich wie er dachten, sei dahingestellt – ich denke, sie waren gewiss eine Minderheit. Offenbar aber hatte er damit nicht nur seine eigene Haltung, sondern auch die einiger seiner engsten Offizierskameraden wiedergegeben: Trotz ihrer Zweifel am politischen System waren sie überzeugt davon, zunächst müssten sie im Krieg ihre patriotische Pflicht erfüllen – politisch aufgeräumt würde dann nach dem Krieg, der ja hoffentlich nicht mit einer Niederlage ende.

Helmut Schmidt wird später von einer »Tragödie des Pflichtbewusstseins« sprechen, denn für ihn sei es, trotz im Laufe des Krieges erwachender Skepsis, selbstverständlich gewesen, als Soldat »für Deutschland einzustehen«. Und es ist der zehn Jahre in Hitlers und Himmlers KZs geschundene Kurt Schumacher, der in der dunkelsten Nachkriegszeit eine Brücke zu dieser Generation zu schlagen sucht, sie als Verführte bezeichnet und erklärt: »Wenn es die deutsche Jugend an Einsicht hat fehlen lassen, dann ist es nicht ihre Schuld. Es ist die Schuld der mit tragischen Schmerzen belasteten Generation des Ersten Weltkriegs, aus der die wildesten Faschisten und die tapfersten Antifaschisten hervorgegangen sind, und der noch älteren. Die Alten haben die Jungen so werden lassen, dass die Jungen heute voller Verzweiflung auf eine feindselige Welt starren.«

Ob alle deutschen Soldaten innerlich damit fertiggeworden sind, dass die Wehrmacht, für die sie – meist nicht freiwillig, sondern dem Gesetz gehorchend – marschierten, für eine tyrannische und verbrecherische Sache stand (vor allem im Vernichtungskrieg im Osten) – ich wage das zu bezweifeln. Weil die deutsche Sache eine schlechte war, darf es heute keine »erstaunlichen Waffentaten« geben, von denen einmal Alfred Andersch im *Ruf* geschrieben hatte. In der Geschichte der Bundesrepublik war dies nicht immer so. Bundespräsident Heuss hat den abgemusterten Major Erich Mende vor dem Empfang eines Staatsbesuchers in Schloss Brühl ausdrücklich aufgefordert, sein Ritterkreuz zum Frack anzulegen, selbstverständlich das einer durch Entfernen des Hakenkreuzes entnazifizierten Version. Seine Begründung: Soldatische Tapferkeit werde nicht durch das politische System geschmälert, unter dem sie erbracht wurde. Für Eiferer einer heutigen Generation, die den Namen Rommel aus Kasernenbezeichnungen löscht und ein Bild Helmut Schmidts in einer Bundeswehruniversität abhängt, weil er darauf die Uniform eines Oberleutnants der Luftwaffe trägt, mag das unverständlich sein. Aber Heuss war ein Mann, der in historischen Kontinuitäten dachte und dafür Sorge trug, dass qua Ordensgesetz auch das Tragen von Auszeichnungen des Zweiten Weltkriegs – allerdings ohne Hakenkreuz oder Himmler'sche SS-Runen – wieder möglich wurde.

Natürlich geschah dies im Kalten Krieg, als der Aufbau der Bundeswehr ohne ehemalige, wenn auch nicht NS-belastete Wehrmachtsoffiziere unmöglich gewesen wäre. Es war schließlich der im Grunde konservative antitotalitäre Grundkonsens der Bundesrepublik, der ehemalige Wehrmachtsoffiziere dazu brachte, sich der Bundeswehr zur Verfügung zu stellen: Mochten sie sich in vielem geirrt haben, meinten sie sich jetzt, für die gute Sache einzusetzen, und so mancher von ihnen schämte sich seither des Kampfes für den Bolschewismus nicht.

Zu den laut Kurt Schumacher aber schuldbehafteten Alten, die die damalige junge Generation verführt und in die deutsche Katastrophe geführt hatten, gehörten nicht wenige unter den Professoren der Marburger Universität. Tue ich Ebbinghaus unrecht, wenn ich auch ihn dazuzähle? Den Kriegsheimkehrern, denen eingebläut worden war, sie hätten für ihr Vaterland in den Krieg zu ziehen, suchte er jetzt mit kantischer Logik zu erklären, sie hätten gar kein Vaterland gehabt: »Denn der Mensch hat kein Vaterland, wo er nicht nach den Gesetzen des Rechts beherrscht wird, und äußere Freiheit bedeutet für ein Volk, das unter einer Gewaltherrschaft steht, nichts als die Freiheit des Tyrannen, mit ihm zu machen, was er will.«[18] Das ist noch heute ein überzeugendes Plädoyer für den Rechtsstaat und eine Anklage von Unrechtsregime und Diktatur. Aber kam dies damals nicht ein wenig spät? Hatte er dem tyrannischen Regime nicht auch den Weg bahnen helfen – als bekennendes Mitglied der Deutschnationalen-Volkspartei (DNVP), das ausgerechnet in einem seiner frühen Werke *(Kants Lehre vom ewigen Frieden und die Kriegsschuldfrage)* 1929 eine Anklage gegen den Young-Plan verfasste, durch den die im Versailler Vertrag festgelegten Reparationen auf ein erträgliches Maß reduziert werden sollten?

Gutzuschreiben wäre dem rechtlich denkenden Nationalkonservativen allerdings, dass er sich zusammen mit dem Theologen Bultmann und dem Germanisten Max Kommerell für die Begnadigung von Werner Krauss einsetzte, dem Dozenten und Assistenten des Romanistischen Seminars, der 1942 als Mitglied des Widerstandskreises um die »Rote Kapelle« verhaftet und zum Tode verurteilt wurde. Dieser Intervention namhafter Marburger Professoren verdankte Krauss die Umwandlung der Todes- in eine Zuchthausstrafe. Der nach dem Krieg nach Leipzig berufene bedeutende Romanist stellte in seinen Erinnerungen an seine Marburger Zeit fest, die Professorenschaft der Universität hätte eine »deutschnationale Grundstruktur« gehabt. Die zutiefst konservativen Professoren hätten sich nicht am NS-Zeitgeist

orientiert, ihre Fächer in der Isolation ihres »eigenen Begründungszu-
sammenhangs« gelehrt und mit dieser reinen Wissenschaftshaltung die
politischen Ansprüche der Nazis abgewehrt.[19] Standen sie also so weit
rechts, dass eine Faschisierung überflüssig war?

Kein Geringerer als der Schweizer Karl Barth, der Mitbegründer
der Bekennenden Kirche, übte damals Kritik am alten Geist der »neuen
Universitäten«. Er bezeichnete die Mehrheit der Professoren, die der
Denazifizierung irgendwie entkommen sei, als »ungeeignet«, den Studenten Aufgeschlossenheit für neue Fragestellungen zu vermitteln
und folgerte: »In dieser Schule werden sie keine freien Männer werden.«[20] Erneuerung oder Reformen waren in Marburg wenig gefragt,
wie sich an der Berufung des Juristen Erich Schwinge und des Widerstands gegen die des Germanisten Werner Milch deutlich zeigen lässt.

Schwinge, führender Militärstrafrechtsexperte im »Dritten Reich«
und zuletzt ordentlicher Professor in Wien, wurde nach Ausweisung
durch die österreichischen Behörden ohne die geringsten Schwierigkeiten 1948 Ordinarius in Marburg und amtierte zwanzig Jahre lang
als Dekan der juristischen Fakultät. Bei unseren juristischen SDS-
Kommilitonen war er geradezu verhasst als Anhänger einer rigorosen
Abschreckungsjustiz, der in den zwölf Jahren des »Dritten Reichs« als
einflussreicher Gesetzeskommentator und Einpeitscher für Strafver-
schärfungen eingetreten war. Das gilt vor allem für seine Haltung zu
»Psychopathen« und »Kriegsneurotikern«, die er in besonderen Psy-
chopathen-Kompanien zusammengefasst, direkt zum Fronteinsatz
beordert wissen wollte. Als Staatsanwalt und Militärrichter beantragte
oder fällte er selbst Todesurteile, obschon das Militärgesetzbuch in vielen dieser Fälle auch mildere Strafen erlaubt hätte. Schwinge war zwar
kein Mitglied der NSDAP, aber sein Fall zeigt, dass die Grenze zwischen puren Nazis und Nationalkonservativen nicht immer klar zu ziehen ist. Schon wenige Monate nach der Machtübergabe an Hitler forderte der konservative Jurist, damals junger Professor in Halle, ein

autoritäres Strafrecht, welches die zu weichliche und zu milde Weimarer Strafjustiz ablösen müsse.

Nach dem Krieg dann wurde er zum meistgefragten Vertreter von Angehörigen der Waffen-SS in Strafprozessen. In seinem Hauptwerk, *Die deutsche Militärjustiz in der Zeit des Nationalsozialismus*, behauptete er 1977 gar, das Militärstrafrecht habe eine »antinationalsozialistische Enklave der Rechtsstaatlichkeit« dargestellt, die gefällten Urteile der Militärgerichte seien deshalb auch in der Bundesrepublik als rechtmäßig anzuerkennen. Diese wahrlich schönfärberische These beherrschte Jahrzehnte die Urteilsfindung etwa des Bundessozialgerichts – erst seit Beginn der Neunzigerjahre wird die Rechtmäßigkeit dieser Urteile in Zweifel gezogen. Bliebe nur hinzuzufügen, dass Schwinge in einem Rechtsgutachten zur Filbinger-Affäre 1978 natürlich für den ehemaligen Marinerichter Partei ergriff. Der baden-württembergische Ministerpräsident Hans Filbinger hatte behauptet, im Krieg als Marinerichter keine Todesurteile beantragt oder gefällt zu haben, obschon ihm später vier solcher Urteile nachgewiesen werden konnten.

Welch ein Unterschied zum Kampf um die Berufung Werner Milchs, der 1947 aus der englischen Emigration gekommen war! Im verstaubten Hörsaalmilieu der Universität wirkte der Mittvierziger jugendfrisch, und im eher verknöcherten Lehrbetrieb war der Umgang zwischen akademischem Lehrer und Studenten sympathisch unverklemmt. Der Raum, in dem er las, war stets bis auf den letzten Platz belegt, oft saßen wir Studenten auch auf Treppenstufen. War es diese unübersehbare Beliebtheit, die ihm professoralen Neid bis hin zur Gegnerschaft eintrug? Die Mehrheit der Philosophischen Fakultät jedenfalls suchte mit allen Mitteln Milchs Berufung als Ordinarius auf den seit dem Tod Max Kommerells Mitte 1944 in Marburg verwaisten ordentlichen Lehrstuhl für Neuere deutsche Literaturgeschichte zu verhindern.

Milch entstammte einer altangesehenen Familie getaufter Juden in Breslau, sein Vater hatte an der dortigen Universität als Professor der

Mineralogie und Geologie gelehrt, und er selbst galt als Barockexperte, der seinen wissenschaftlichen Ruf mit einer Edition der geistlichen und weltlichen Schriften Daniel von Czepkos und mit einer Monografie über diesen schlesischen Mystiker begründet hatte. Er forschte auch über Bettina von Arnim und Marianne von Willemer (der Suleika in Goethes *West-östlichem Divan*) und schrieb eine Biografie über Sophie von La Roche, die erste deutsche Berufsschriftstellerin und Autorin empfindsamer Romane. Von den Nazis als »Nichtarier« an einer Universitätskarriere gehindert, zog er sich zunächst als Privatgelehrter nach Wolfshau im Riesengebirge zurück. Für die Widerstandsgruppe um Goerdeler zeitweise als Kurier tätig, wurde er 1934 von der Gestapo verhaftet, kam jedoch nach kurzer Zeit wieder frei. In der Reichspogromnacht 1938 schlug die Gestapo dann erneut zu: Milch wurde festgenommen und in das KZ Sachsenhausen deportiert. Nach sechswöchiger Haft gelang ihm die Freilassung – allerdings unter der Bedingung, dass er Deutschland umgehend verlassen müsse. Nach einem Umweg über die Schweiz fasste der Emigrant Milch in England Fuß und lehrte dort schließlich am King's College in London deutsche Literaturgeschichte. Zugleich wurde er 1943 Mitbegründer und Sekretär der »German Educational Reconstruction«, einer Organisation englischer Professoren und Gymnasiallehrer, die deutschen Exilpädagogen helfen wollte, Fortschritte in den Erziehungswissenschaften zu studieren und sich auf die Rückkehr nach Deutschland vorzubereiten.

Dem Remigranten Milch hatte die Universität Marburg im Frühjahr 1947 zwar eine außerplanmäßige Professur gewährt – aber die Berufung als Ordinarius auf den vakanten Lehrstuhl zog sich über Jahre hin. Immer wieder legte die Fakultät dem Kultusministerium Besetzungslisten vor, auf denen der Name Milch wegen des zähen Widerstands der Marburger Germanisten demonstrativ fehlte. In diesem eskalierenden Konflikt mit dem Hessischen Kultusministerium ging es der Universität um mehr als nur die Verteidigung ihrer Rechte und der ihr zugestandenen Autonomie. Es ging auch um einen Richtungsentscheid zwischen Tradition und Moderne: Wollte man mit Milch eine »interdisziplinäre Ausrichtung der Literaturwissenschaft« mit Fokus auf die neue und neueste Literatur, oder wollte man das Einrichten in alten Mythen und Legenden und das »Festhalten am etablierten Kanon«? Der Streit fand erst im Januar 1949 sein Ende, als Werner Milch per Kabinettsbeschluss der Landesregierung zum Beamten auf Lebenszeit, zum »persönlichen Ordinarius« ernannt wurde.

Für Studenten von heute wird es schwer sein, die Faszination zu verstehen, die von dem Lehrer Werner Milch damals ausgegangen ist, schon weil, was für uns damals die große Ausnahme war, heute oft (oder hoffentlich oft) zur Regel geworden ist. Kaum in Marburg angekommen, belegte ich seine Vorlesung über »Schiller, seine Freunde und Gegner« – allein die Themenstellung zeigt, wie sehr er es verstand, germanistische Themen im jeweiligen historischen und sozialen Kontext intellektuell-spannend zu vermitteln. In seinen Vorlesungen sprach er meist frei und zitierte gelegentlich aus ein oder zwei mitgebrachten Büchern. In seine Seminare holte er Schriftsteller, etwa Elisabeth Langgässer oder Wolfgang Weyrauch, die einiges lasen und danach mit ihm und uns Studenten diskutierten. Er ermunterte uns zu freier Rede und leitete ein Wohnheim für überwiegend ausländische Kommilitonen ganz im Stil des klassischen angelsächsischen Tutors – für jedermann zu sprechen und stets offen für die Sorgen des einzelnen Studenten. Er war führend an der Organisation von internationalen Ferienkursen beteiligt, die vorwiegend englische und amerikanische Studenten nach Marburg brachten und uns den Blick in die Welt öffnen halfen. In einer Zeit, in der den meisten die Zukunft eher düster schien, gab er sich zudem betont optimistisch und forderte uns auf, die Chancen zu sehen, die ein Neuanfang bot. Deutschland sei nach dem Dreißigjährigen Krieg noch verelendeter und verwüsteter gewesen als heute, und dennoch habe es zur großen Kultur des Hoch- und

Spätbarocks gefunden. Kurzum: Für uns Studenten war Milch alles andere als der autoritäre Ordinarius klassischen Typs, er war das Paradebeispiel eines Gegenideals.

Zu den wenigen Ausnahmeerscheinungen unter den Professoren zählte damals auch der Historiker Ludwig Dehio, Honorarprofessor und Direktor des Marburger Staatsarchivs, bei dem ich Vorlesungen und Seminare über die Zeit vom Ersten zum Zweiten Weltkrieg belegte. Seine Kritik an den Eliten des Kaiserreichs und der Kontinuität zwischen preußisch-deutschem und nationalsozialistischem Streben nach Hegemonie nahm manche Thesen vorweg, die der Historiker Fritz Fischer dann Anfang der Sechzigerjahre in seinem Buch *Griff nach der Weltmacht* veröffentlichte. In seiner Zunft galt er damit als Außenseiter, sein großer Opponent Gerhard Ritter, damals einer der einflussreichsten Historiker, nannte Dehios These, das Streben nach deutscher Hegemonie sei zu den wichtigsten Ursachen beider Weltkriege zu zählen, eine »glänzende, gefährliche«, wenn auch »halbwahre These«. Auf mich aber wirkte Dehios kritischer, das gängige borussische Narrativ hinterfragender, die Kontroverse nicht scheuender Blick auf die jüngste deutsche Geschichte geradezu erfrischend.

Außer Milch gab es da noch einen anderen Germanisten, der außerplanmäßige Professor Johannes Klein, der ebenfalls aus dem Exil gekommen war, und bei ihm ging es nicht intellektuell-spannend-nüchtern, sondern betont Stefan-Georgisch-weihevoll, ja geradezu pathetisch zu. Er wendete sich energisch gegen jede »rationale Zergliederung« etwa von Lyrik – dem zarten Innenleben von Dichtern durfte analytisch nicht nachgespürt werden.

In seinem Seminar über Gottfried Keller und Conrad Ferdinand Meyer wagte ich in einem Referat, die zwei Frauentypen, zwischen denen der grüne Heinrich, innerlich zerrissen, hin und her schwankt, psychologisch zu deuten: Der Anna, die von ihm als die gleichaltrige, unschuldige, zarte, engelhafte Jungfrau romantisch verklärt wird, stellte ich Judith, die schöne dreißigjährige Witwe, als die sinnenfrohe, das weiblich-sexuelle Bejahende und als Verführerin gegenüber. Als ich geendet hatte, sagte Klein zornempört: »Dies nicht bei mir!«, und verwies mich des Seminars. Er wertete das Referat, bestärkt vielleicht durch das fröhlich-zustimmende und lange Beifallsklopfen der Kommilitonen, eindeutig als Provokation.

Erst Jahrzehnte später entnahm ich der Studie Kai Köhlers über die Marburger Germanistik zwischen 1920 und 1950, warum dieser Johannes Klein so reagierte: Er war damals offenbar noch völlig in seiner Welt von gestern befangen – und diese Welt war, wenn nicht eine nationalsozialistische, dann doch die eines unverkennbar radikal-völkischen Gegners der Weimarer Republik. In den Zwanzigerjahren gehörte er dem »Stahlhelm« an, in seiner Dissertation über Walter Flex hatte er dessen Kriegsbegeisterung ohne jede Distanz geschildert, und als er 1933 in Marburg Privatdozent für Deutsche Literaturgeschichte wurde, machte er schon in seiner Habilitationsrede Front gegen die »sogenannte Lyrik der Neuen Sachlichkeit«: Man verstehe sie nicht, »wenn man ihren bolschewistischen Grundzug nur nebenbei betrachtet«; ihre Liebes- und Naturlyrik fand er primitiv, sie zeuge von einer »Triebhaftigkeit, die immer eine Erniedrigung des Lebens ist«. Alles, was wir als Studenten und auch im SDS für uns neu entdeckten – Tucholsky, Kästner, vor allem Brecht und die Literatur der Zwanzigerjahre – hatte er in den frühen Dreißigerjahren verabscheut. Und im ersten Nachkriegsjahrzehnt in Marburg beharrte er darauf, sie sei noch immer: »elendiglich«. Brecht hatte für ihn die »deutschen Bühnen mit der entsetzlichen *Dreigroschenoper* verseucht«, dagegen pries er Hanns Johst, den Verfasser des Dramas *Schlageter* und Chef der NS-Reichsschrifttumskammer als *den* Dramatiker der letzten Jahrzehnte. Ausgerechnet Johst, der »Führer«-gläubigste unter den NS-nahen Autoren, war für ihn ein Beispiel für die »geistige Gesundheit«, mit der sich »der deutsche Geist aus seiner schwersten Krise wieder erhoben« habe.

Auch Klein hatte das Bekenntnis der deutschen Professoren zu Adolf Hitler unterzeichnet, das im November 1933 veröffentlicht wurde. Das ist insofern ein Paradox, als er sieben Monate zuvor, im März 1933, die Ehe mit einer Frau geschlossen hatte, die nach Nazi-Begriffen ein »halbjüdischer Mischling« war und er seine künftige Karriere durch den Antisemitismus der von ihm bewunderten neuen Machthaber nur gefährdet sehen konnte. Die zeigten sich denn auch unnachsichtig. Anfang 1938 wurde ihm die Lehrbefugnis entzogen und Klein damit zur Emigration gezwungen. Er ging als Lektor an die Universität Göteborg.

Einerseits nötigt die Standhaftigkeit, mit der er an seiner Ehe festhält und auf eine deutsche Karriere verzichtet, großen Respekt ab, andererseits aber bestürzt die Verbohrtheit, mit der er seinen völkischen Idealen auch im Exil treu bleibt. An seiner politischen Grundeinstellung ändert sich im neutralen Schweden nämlich nichts. Kein Wunder also, wenn er sich in Marburg nicht am Abriss des geistigen Ghettos beteiligte, den wir mit der Entdeckung all des in den zwölf NS-Jahren Verbotenen freudig begrüßen konnten – außer eben bei ihm. Aus Fairness und zu Kleins Ehre sei allerdings hinzugefügt: Er hat seine Haltung in der zweiten Hälfte der Fünfzigerjahre schrittweise geändert.

Als ich ihn 1959 nach Jahren zufällig traf, und zwar auf einer Tagung von Pädagogen, über die ich damals als Kulturpolitiker einer großen niedersächsischen Zeitung zu berichten hatte, kam er auf mich zu und entschuldigte sich für sein damaliges Verhalten. Noch 1953 war er überzeugt gewesen, das »Urtümliche, das Vaterländische« sei nach wie vor »unantastbar« und sollte gehütet werden. Doch je mehr er über die Verbrechen des Nationalsozialismus erfuhr, desto irritierter wurde er. Vor allem die Erkenntnis, dass die Generalität von all den Verbrechen gewusst und nichts dagegen unternommen hatte, erschütterte ihn so, dass er sich in seinem Nationalgefühl »für immer tödlich getroffen« fühlte.[21]

Was ich als des Seminars verwiesener Student nur vage ahnte, fand ich später bestätigt: Exil im neutralen Schweden, in dem es bis 1945 eine nicht geringe Fraktion überzeugter Deutschfreunde gab, regte nicht unbedingt zur kritischen Überprüfung bisheriger deutschnationaler Positionen an. Als ich mich – es muss 1965/1966 gewesen sein – für möglichst kontroverse Fernsehdiskussionen im Dritten Programm nicht nur um ausgewiesene Linke, sondern auch um intelligente, überzeugte und streitbare Konservative bemühte, knüpfte ich einen Kontakt zu Hans-Joachim Schoeps, einem betont deutschen Juden und Preußen-Fan, der 1938 nach Schweden emigrierte und jetzt als Professor in Erlangen Geistesgeschichte lehrte. In der Weimarer Republik fasziniert von Oswald Spenglers Idee eines preußischen Sozialismus und Anhänger der »Konservativen Revolution«, hatte er 1933 die »völkische Erneuerung Deutschlands« als »Rettung des Volkskörpers vor dem Zerfall« bejaht. Er trat für eine strikte Trennung »deutschbewusster« von »undeutschen« Juden ein, gründete den Verein »Der deutsche Vortrupp. Gefolgschaft deutscher Juden« und hoffte – natürlich vergebens –, dass sich für seinen kleinen nationalkonservativ-jüdischen Trupp irgendwo im »Dritten Reich« eine legitime Nische finden ließe. Sein Vater, ein praktizierender Arzt aus Berlin, starb im KZ Theresienstadt, seine Mutter wurde nach Auschwitz deportiert und ermordet. Aus dem schwedischen Exil aber kam er als Nationalkonservativer zurück, der nostalgisch Bücher über Preußen schrieb. Hoffte er heimlich sogar auf Preußens Wiederkehr? Auf der letzten Seite eines dieser Bücher schrieb er raunend: Preußen sei heute stumm, aber eine wachsende Macht und: die »Geheimlosung der Wissenden«.[22]

Leiden heute möglicherweise einige Universitäten an einer Überschwemmung mit Soziologie, gab es, kein Zweifel, in Marburg damals zu wenig davon. Zu den konservativen Grundstrukturen der Universität zählte das Fehlen eines soziologischen Ordinariats. Zwar brachte uns der außerplanmäßige Professor Max Graf zu Solms, ein durch und durch liberal denkender Soziologe, in seinen Seminaren die Schriften Max Webers und vor allem Alexis de Tocquevilles Klassiker *Über die Demokratie in Amerika* und dessen Warnung vor einer Tyrannei der Mehrheit nahe. Aber in der Philosophischen Fakultät herrschten Vorbehalte gegenüber dem Fach, vor allem Julius Ebbinghaus hielt Soziologie für eine Art missratenen Zwitter, nicht für eine ernste Disziplin. Mit den unerbittlichen Prinzipien der kantischen Philosophie pflegte er als Mitgutachter die zur Promotion eingereichten soziologischen Arbeiten zu zerpflücken. Viele von Solms Studenten aber, darunter auch ich, wünschten eine Aufwertung des Fachs und planten deshalb eine öffentliche Aktion, um auf seine Bedeutung für das Verständnis moderner gesellschaftlicher Prozesse aufmerksam zu machen und damit zu helfen, die Kümmerexistenz der Marburger Soziologie zu beenden.

So saß ich eines Tages zusammen mit einer attraktiven Kommilitonin vom SDS dem berühmten Theodor W. Adorno in einem der besten Marburger Restaurants gegenüber. Wir hatten ihn schriftlich zu einem Besuch eingeladen und hofften, er werde uns mit einem öffentlichen Vortrag in Marburg über Bedeutung und Notwendigkeit der Soziologie zu Hilfe kommen. Erstaunlicherweise hatte er uns, zwei ihm völlig unbekannten studentischen Bittstellern zugesagt. Nie werde ich vergessen, wie der viel bewunderte Meister der Kritischen Theorie die Wahl einer Forelle als Hauptgang begründete: »Wissen Sie: Fisch geht gleich ins Gehirn.«

Unsere Aktion führte schließlich zu einer gemeinsamen Wochenendtagung in Marburg zur »Soziologie des Politischen«, an der Soziologiestudenten und Dozenten aus Frankfurt und Darmstadt teilnahmen. Star unserer Tagung war Adorno, der in seinem Vortrag unterstrich, der gesunde Menschenverstand reiche heutzutage nicht mehr aus, das »Getriebe der Gesellschaft« zu durchschauen. Deshalb bedürfe es »der disziplinierten Wissenschaft«, um eine »menschenwürdige Gesellschaft noch vor der endgültigen Katastrophe zustande zu bringen«. Natürlich hatten wir gehofft, die Fakultät werde sich beeindruckt zeigen und umdenken. Doch unser Ziel – die Aufwertung der Soziologie innerhalb der Universität – wurde erst sehr viel später erreicht. Zwei Jahre vor seiner Emeritierung 1958 ernannte die Fakultät Solms endlich zum Ordinarius, aber der erste ordentliche Lehrstuhl für Soziologie wurde formell erst 1960 eingerichtet.

Doch dann kam im Spätherbst 1949 Wolfgang Abendroth, dieser »Partisanenprofessor im Land der Mitläufer«, wie ihn der Philosoph und Soziologe Jürgen Habermas nannte, und mischte unser eher schläfrig-konservatives Marburger Milieu nach Kräften auf. Der Reformresistenz der Universitäten überdrüssig, hatte das Hessische Kabinett am 28. April 1948 die Errichtung von drei Lehrstühlen für »wissenschaftliche Politik« beschlossen – je einen für die Universitäten Frankfurt und Marburg sowie einen dritten für die Technische Hochschule Darmstadt. Und so wurde Wolfgang Abendroth, der an der Hochschule für Arbeit, Politik und Wirtschaft in Wilhelmshaven gelehrt hatte, ganz wie im Fall Milch gegen den erklärten Willen der Fakultät, vom Kultusministerium als Ordinarius für das geschaffene Fach an die Lahn geholt.

Die Vorbehalte gegen die Person und das Fach Politikwissenschaft bei der eingefleischt-konservativen Professorenschaft waren groß: Kam da nicht ein Parteigänger des Sozialismus? War Politikwissenschaft überhaupt eine Wissenschaft? Drohte nicht die Politisierung der Universität? Ganz anders dagegen die Reaktion bei vielen Studenten. Vor uns stand plötzlich ein schlanker, nervöser Mittvierziger mit dicken Brillengläsern auf dem Podium, die Haarmähne wilder als die Helmut Schmidts, aber ähnlich gescheitelt, und sprach, nur gelegentlich einen Notizzettel zurate ziehend, über die deutsche Verfassungsentwicklung seit 1919. Sprühend, voller Anregungen, war Abendroth ein akademischer Lehrer, der statt der oft eingefahrenen Routine seiner Kollegen stets persönliches Engagement spüren ließ, der in seinen Seminaren mit den Studenten von Gleich zu Gleich diskutierte und selbst auf die merkwürdigsten Einwürfe einzugehen pflegte. Einmal in der Woche lud er interessierte Studenten, meist – aber nicht ausnahmslos – Mitglieder des SDS, abends zu sich nach Hause ein, um mit ihnen entweder aktuelle politische Fragen, wichtige Stationen der Arbeiterbewegung oder aber über Weichenstellungen zu diskutieren, die das traurige Ende der Weimarer Republik hatten beschleunigen helfen. Ausführlich diskutierten wir über die Thesen Arthur Rosenbergs in dessen *Entstehung und Geschichte der Weimarer Republik*, dem damals einzig vorliegenden Standardwerk zum Ende der ersten deutschen Demokratie. Karl Dietrich Brachers große Monografie über *Die Auflösung der Weimarer Republik* sollte ja erst 1955 erscheinen. Für uns Studenten waren diese Diskussionen von besonderer Bedeutung, ging es doch darum, aus dem Ende der ersten Demokratie Konsequenzen zu ziehen, damit die neu gegründete zweite nicht ähnlich scheitere.

Jahre später, beim Lesen Brachers, stellte sich dann heraus, dass Rosenberg wie Bracher in einer zentralen These übereinstimmten: Beide datierten das Ende der Weimarer Republik schon auf das Jahr 1930 und den Beginn des Präsidialkabinetts Brüning, das sich auf Notverordnungen des Reichspräsidenten stützte. Andere Historiker, etwa Werner Conze, werteten die Politik des Kanzlers Heinrich Brüning, die von den Sozialdemokraten toleriert wurde, eher als letzte Versuche zur Rettung der Demokratie. Rosenberg wie Bracher aber verorteten die Abdankung des Parlaments und die Rückkehr zum autoritären Obrigkeitsstaat nicht am Ende, sondern am Beginn der Ära Brüning.

Schon Abendroths widerständige Biografie nötigte uns Studenten Respekt ab: Wie Rix Löwenthal war Abendroth nach 1933 zur Gruppe »Neu Beginnen« gestoßen, saß dann wegen Hochverrats vier Jahre im Zuchthaus und wurde danach als »Bewährungssoldat« zur berüchtigten

Strafdivision 999, ein Sonderverband der Wehrmacht, eingezogen. In Griechenland zur Partisanenbekämpfung eingesetzt, gelang es ihm zu desertieren und sich der ELAS, der kommunistisch geführten griechischen Volksbefreiungsarmee, anzuschließen. Abendroth war überzeugter Sozialist, aber als Jurist stets auf Rechtsstaatlichkeit bedacht. Und er war offen für Andersdenkende. Sein erster Assistent damals war Rüdiger Altmann, ein konservativer Querdenker, der bei ihm mit einer Arbeit über *Das Problem der Öffentlichkeit und seine Bedeutung für die moderne Demokratie* promovierte. Mit dem *Strukturwandel der Öffentlichkeit* habilitierte sich später auch Jürgen Habermas bei Abendroth, weil der Sozialphilosoph Max Horkheimer, aber auch Adorno sich ihm wegen angeblich zu antiamerikanischer Einstellung verweigerten. Altmann wurde nach seiner Marburger Zeit Leiter der CDU-nahen Politischen Akademie Eichholz und entwarf später als Berater und Redenschreiber Ludwig Erhards das umstrittene Konzept der »Formierten Gesellschaft«.

Mit ihm war herrlich zu diskutieren, und ich habe den Kontakt zu ihm nie ganz abgebrochen. So konnte ich ihn 1966, damals NDR-Redakteur, als Autor einer viel beachteten Fernsehfiktion *Der deutsche Bund* gewinnen, in der Altmann eine deutsche Wiedervereinigung für 1976 anvisierte: An der Spitze eines Allparteienkabinetts bricht der – imaginiert plötzlich tatkräftige – Kanzler Erhard mit der Politik der Nichtanerkennung der DDR und bringt so einen unaufhaltsamen Prozess in Gang, der am Ende mit der Wiedervereinigung bei Glockengeläut und Danket-alle-Gott-Gesang endet. Altmann erregte mit unserer Fiktion damals beträchtliches Aufsehen, denn er nahm einige Elemente der späteren Brandt'schen Ostpolitik vorweg und brachte damit Bewegung in die erstarrte Bonner politische Landschaft.

War Altmann inzwischen nach rechts, so war sein Doktorvater weiter nach links gerückt. Der Godesberger Programmentwurf dünkte ihn widerspruchsvoll und mit der Tradition der sozialistischen Arbeiterbewegung unvereinbar. So verfasste er einen Gegenentwurf, in dem er an marxistischen Grundpositionen festhielt und die Parteiführung bezichtigte, die Aufklärung der Arbeiterschaft über die vorhandenen Klassenstrukturen zu hintertreiben. So sehr ich ihn als Person und als Lehrer schätzte – in Zeiten, in denen Erhard als Wirtschaftswunder-mann verehrt wurde und in denen die Konjunktur brummte, schien mir dieser Gegenentwurf weltfremd-dogmatisch und nur dazu geeig-net, die SPD für weitere Jahrzehnte in ihrem »Roten Turm« gefangen zu halten.

Es war diese Kontroverse, mit der Abendroths Entfremdung von seiner Partei begann, die er doch stets als seine Heimat empfunden hatte. Und als er zu den Förderern des aufsässigen SDS stieß, dessen Mitgliedschaft die Parteiführung inzwischen als unvereinbar mit der in der SPD erachtete, wurde er schließlich selbst aus der Partei ausge-schlossen. Aber stets blieb er ein demokratischer Sozialist, der das Grundgesetz achtete, zumal es nach seiner Überzeugung einen fried-lichen Übergang zu dem von ihm erstrebten demokratischen Sozialis-mus keineswegs ausschloss. Doch geschah all dies lange nach meinen Marburger Jahren, die mit den Seminaren und abendlichen Diskussio-nen bei Wolfgang Abendroth ihr positives Ende fanden.

IV

IN DER HOCHBURG TROTZIGEN BEHARRENS

Sie sind mir als durchaus ambivalentes Jahrzehnt in Erinnerung, die Fünfzigerjahre der Nierentische und Tütenlampen, der Schalensessel, Musiktruhen oder der Goggomobile mit ihren gerade mal 15 PS. Die Damenmode betont die Taille, ist an den weiblichen Formen einer Sophia Loren oder Gina Lollobrigida orientiert; die Herren tragen noch Hüte, der Dreiteiler wird wieder modern. Aber wer schick und jugendlich wirken will, kleidet sich bald wie James Dean oder Elvis Presley. Kein Zweifel: Es sind Jahre des Aufschwungs, schon Mitte 1955 läuft der millionste Käfer in Wolfsburg vom Band, und bereits zwei Millionen Bundesdeutsche machen Urlaub im Land deutscher Sehnsucht, in dem die Zitronen blühen.

Aber mit den Trümmern, das spürte ich bald, verschwanden auch die Träume von einer – zugegeben: utopischen – neuen, besseren, menschlicheren Gesellschaft. Ich fand bestätigt, was der Linkskatholik Walter Dirks 1950, ganz am Anfang dieses Jahrzehnts, richtig gewittert hatte: dass mit dem nötigen, schnellen materiellen Wiederaufbau auch der Weg in eine neue Epoche der Restauration verbunden war, in der die Erfolge des Wirtschaftsliberalismus letztlich zur Wiederauferstehung eines bürgerlichen Patriarchats von Besitzenden und Honoratioren führten.

Gewiss, da gab es sehr widersprüchliche Entwicklungen. Die zweite deutsche Demokratie nahm langsam Gestalt an – im 1949 gewählten Bundestag wurden die parlamentarischen Regeln eingeübt, und die neuen demokratischen Institutionen gewannen, wenn auch sehr, sehr langsam, Aufmerksamkeit und Achtung in der Bevölkerung. Das hatte mit der Autorität zu tun, die der Richtlinienkanzler Adenauer ausstrahlte und die ihm Respekt einbrachte, aber vor allem mit Theodor Heuss, einem betont bürgernahen Präsidenten, der mit seinen Reden dem neuen Staat Konturen gab und ein geistiges Gesicht. Und – nicht zu vergessen – auch mit einer starken Opposition, die dem Kanzler, zumal unter Führung Kurt Schumachers, betont entschieden entgegentrat und damit viel Unmut kanalisierte. Aber dass die Demokratie wirklich feste Wurzeln im Volke schlüge, war trotz ungebrochener wirtschaftlicher Prosperität noch längst nicht garantiert.

Wie tief die ideologische Hinterlassenschaft Hitlers und des deutschen Nationalismus noch saß, sollte ich bald in meinem ersten regelmäßigen, fest angestellten Job als Mitarbeiter eines amerikanischen Resident Officers erfahren. Rechte und rechtsradikale Gruppierungen bildeten sich wieder, wenn auch gering an Zahl und Einfluss; die Mehrheit der Westdeutschen zog eindeutig die kaiserlichen Farben Schwarz-Weiß-Rot den demokratischen Schwarz-Rot-Gold vor, und 57 Prozent aller Befragten hielten, so eine Umfrage von Elisabeth Noelle-Neumann, der Pythia vom Bodensee, den Nationalsozialismus noch immer für eine gute Idee – jedoch eine, die schlecht umgesetzt worden sei.

Im Rückblick stehen für mich am Anfang jenes Weges, der laut Dirks in eine neue restaurative Epoche führen sollte, die gelben Körner einer krautartigen Pflanze aus der Familie der Süßgräser namens Mais. Zu Beginn meiner Marburger Jahre wurde dem Brotteig Maismehl zugemischt, was viele empörte, denn Mais war der deutschen Backkultur bis dahin fremd geblieben.

Mir aber schmeckte dieses Brot, es hatte einen leichten Hauch von Süße und war von einer etwas feuchteren Konsistenz. Die damals

unter Deutschen weitverbreitete Verachtung des Mais, der uns hungernden Einwohnern Bizonesiens aus Amerika geliefert wurde, hatte
ausgerechnet der für Ökonomie zuständige Direktor des Wirtschafts-
rats für die vereinigte amerikanische und britische Zone angeheizt, der
ihn im Januar 1948 in einer Rede vor Parteifreunden in Erlangen als
Hühnerfutter bezeichnete – wohl weil er, des Amerikanischen nicht
mächtig, unter der von der US-Militärregierung versprochenen Zufuhr
von *corn* die von Weizen, nicht aber die von Mais verstanden hatte.

Das hat sich – welch Fortschritt! – radikal geändert, nicht nur wegen
der uns damals völlig unbekannten und unerreichbaren, inzwischen
bei jeder Party beliebten und knackigen Tortilla-Chips. Heutzutage
braten wir mit Vorliebe zarte Maishähnchen, und Chefkoch.de preist
im Internet zahllose Rezepte für Brotmischungen von Mais mit Dinkel,
Buchweizen oder Roggen an, darunter selbst eine Ciabatta mit Mais-
zusatz. Im Nachhinein kann man diesem Johannes Ferdinand Semler
von der CSU, der so mannhaft gegen die uns Deutschen vermeintlich
unzumutbare Hungerhilfe aufbegehrte, für seine Hühnerfutter-Rede
nur dankbar sein. Wegen »Böswilligkeit gegen die Besatzungsmächte«
und als »Erzlügner« von den beleidigten Amerikanern abgesetzt,
machte er den Weg für Ludwig Erhard frei. Dessen Karriere als Initia-
tor des Wirtschaftswunders begann ja mit der Verkündung seines Leit-
sätzegesetzes, mit dem er – praktisch im Alleingang, entgegen allen
deutschen Bedenken und auch über die Köpfe der skeptischen Alliierten hinweg – die Rationierung und Preisbindung zahlloser Waren des
Alltagsbedarfs für den Tag nach der Währungsreform kurzerhand
beendete und damit dem von den Amerikanern verordneten Währungs-
schnitt erst zu seinem durchschlagenden Erfolg verhalf.

Nun war in diesen Jahren meiner Ablehnung alles Bürgerlichen als
gestrig und spießig eine Verachtung des Geldes und seiner Rolle ein-
hergegangen – Geldes allerdings, das ich plötzlich nicht mehr hatte.
Zwar erhielt auch ich mein Kopfgeld am 20. Juni 1948 und wurde an

diesem Sonntag stolzer Besitzer von 40 neuen D-Mark – und zwar eines Zwanzigmarkscheins, zweier Fünfmark-, einiger Zwei-, Ein- und auch etlicher Halbmarkscheine. Da Münzen erst geprägt werden mussten, blieben die alten Pfennigstücke, umgestellt im Wert auf 1:10, noch einige Zeit gültig. Und wie in allen Lobliedern auf die Währungsreform besungen, füllten sich auch in Marburg buchstäblich über Nacht die Schaufenster und lockten mit gehorteten Waren, die bis dahin uns Normalverbrauchern praktisch unerreichbar waren.

Zu meinem ersten Einkauf mit diesen neuen, in Amerika gedruckten und in Format wie in Aussehen Dollarnoten ungeheuer ähnlichen D-Mark-Scheinen gehörte, wenn ich mich recht erinnere, eine ordentliche Portion »guter« Butter, wie man damals sagte, dazu roher Schinken und eine Packung duftender, süß-strohig schmeckender Virginia-Zigaretten namens Lucky Strike. Aber die Vorstellung, nun sei von einem Tag auf den anderen eine völlig egalitäre Gesellschaft von lauter 40-D-Mark-Bürgern entstanden, entpuppte sich schnell als Illusion. Denn wer über ein üppiges Reichsmark-Bankkonto verfügte, konnte bald über nahezu 50 Prozent des Betrags, wenn auch abgewertet, im Verhältnis 1:10 verfügen, und Vermögenswerte wie Aktien blieben sogar im Verhältnis 1:1 erhalten.

Das war sicher ein gutes Startkapital für das nachfolgende Wirtschaftswunder. Aber welcher arme Student besaß damals schon ein dickes Reichsmarkkonto oder gar ein Aktiendepot? So sehr es stimmt, dass diese Währungsreform dafür gesorgt hat, dass Leistung sich wieder lohnte und damit einen bald rasanten Aufschwung in Gang setzte – ich selbst stand plötzlich vor dem Nichts. Denn bis dahin hatte mein Vater mir Reichsmark aus der Ostzone geschickt, die mir der Geldbriefträger – so etwas wie ihn gab es damals, und auch die Post funktionierte über die Zonengrenzen hinweg noch erstaunlich gut! – jeweils pünktlich zum Monatsanfang brachte. Seit dem 20. Juni 1948 war dies glückliche Vergangenheit. Da das Studentenwerk umgehend nach der

Währungsreform eine Art Hilfsdienst organisierte, versuchte ich mich zunächst als Umzugshelfer, der Truhen und Schränke, Teppiche und Bettgestelle transportierte oder Dachböden und Keller ausräumen half. Aber derlei Jobs waren äußerst rar und brachten wenig ein. Mehr Glück hatte ich mit ersten journalistischen Gehversuchen im politischen Feuilleton, denn ein Freund aus dem Germanistischen Seminar war inzwischen politischer Redakteur der einzigen Lokalzeitung vor Ort geworden und beauftragte mich, über politische oder historische Vorträge zu berichten. Vor allem das hiesige Amerika-Haus bot viele interessante Themen, über die ich nun für die *Marburger Presse* schrieb – etwa über Demokratie in der Schweiz oder die Sozialreformen der britischen Labour-Regierung unter Premier Clement Attlee, über das deutsch-französische Verhältnis und die Bildung einer dritten europäischen Kraft oder auch – die Thematik war wahrlich breit gestreut – über »Kinderdressur« im Rahmen der üblichen autoritären Erziehung.

Gewiss waren die Amerika-Häuser Zentren, die die Besatzungsmacht einst zum Zwecke der Reeducation oder Reorientation ins Leben gerufen hatte. Und sicher gab es da manchen Vortrag oder auch Film, der völlig unkritisch das angeblich so problemlose, glückliche, frei von jedem Mangel an Not gekennzeichnete Alltagsleben in den USA anpries. Ja, das gab es gelegentlich, aber keineswegs nur. Ich habe das Marburger Amerika-Haus vor allem als Begegnungsstätte in Erinnerung, geeignet, den im akademischen Milieu immer noch vorhandenen deutschen Dünkel abzubauen, dem zufolge ein durch und durch materialistisches Amerika eigentlich nicht zu den »Kulturnationen« wie die unsere zähle. Und wurde da nicht Etliches zurückgebracht, was einst im deutschsprachigen Kulturkreis entstand, von den Nazis vertrieben wurde und im amerikanischen Exil überlebt hatte – zum Beispiel die Psychoanalyse? Wurde nicht auch ins Bewusstsein gerufen, dass die älteren Deutschen keine völlig unwissenden Demokratie-Neulinge sein konnten, weil es immerhin schon einmal eine deutsche Demokratie gegeben hatte, untergegangen jedoch an den Fehlern der damals regierenden Demokraten und – entscheidend – am Mangel an überzeugten demokratischen Republikanern? Die Vortragenden waren meist amerikanische, gelegentlich britische Professoren, aber es gab viele deutsche Emigranten darunter, die das Ende der glücklosen Weimarer Republik miterlebt hatten und als Zeitzeugen über die Ursachen berichteten. Unter ihnen der Politologe Adolf Grabowsky aus Basel, der vor 1933 wie Theodor Heuss an der Deutschen Hochschule für Politik in Berlin unterrichtet hatte, aber auch der einstige preußische Ministerialrat Arnold Brecht. Er hatte die nach dem »Preußenschlag« am 20. Juli 1932 nach einer Notverordnung Hindenburgs vom konservativen Reichskanzler Franz von Papen amtsenthobene preußische Regierung – eine Koalition aus SPD, Zentrum und Demokratischer Partei – vor dem Staatsgerichtshof des Reichsgerichts vertreten. Inzwischen lehrte er an der New School for Social Research in New York City, die nach 1933 mit ihrer »University in Exile« vielen rassisch oder politisch verfolgten deutschen Akademikern eine Wirkungsstätte bot.

Da mit der Währungsreform neben Löhnen, Gehältern und laufenden Verpflichtungen auch die Honorare für meine Artikel eins zu eins umgestellt wurden, kam ich finanziell zunächst gut über die Runden. Aber das änderte sich bald, weil mit der Verknappung des Geldes auch die Auflagen sanken – und mit ihnen die Höhe der Honorare. Bald kam es zu empfindlichen Einbußen in meinem ohnehin dürftigen Etat. Nach einigen Monaten schickte mir eine Tante monatlich 50 D-Mark aus Amerika – sie war nicht sonderlich betucht, denn die lange Krankheit ihres Mannes, meines 1944 verstorbenen Onkels Werner, hatte alles vorhandene Vermögen aufgefressen. Wie zum Trost abonnierte sie für mich erst *Newsweek*, später *U.S. News & World Report*. Dafür bin ich ihr bis heute dankbar, denn mein Weltbild weitete sich.

Ich ärmlicher Student war nun besser als die meisten meiner Kommilitonen, aber auch Dozenten über einen Blockfreien wie den indischen Ministerpräsidenten Jawaharlal Nehru informiert, über die Pläne der Truman-Administration und die Vorstellungen ihres republikanischen Gegners, des Senators Robert A. Taft, bald auch über den Koreakrieg – nur reich wurde ich dadurch nicht. Aber ihre dauernde Lektüre ersetzte praktisch eine Journalistenschule, deren erste ja von Werner Friedmann 1949 in München gegründet wurde: Neben dem in Deutschland noch weitgehend unbekannten Magazintyp lernte ich die Vorzüge des angelsächsischen Journalismus schätzen, der Nachricht streng von Meinung trennte, spannende Reportagen oder Hintergrundberichte in Form der News Analysis brachte, dazu natürlich Kommentare – aber als betont subjektive Meinung verschiedenster Kolumnisten. Das war eine neue Erfahrung, auch wenn der junge *Spiegel* in Hannover sich genau diesen Zeitschriftentyp der Nachrichtenmagazine zum Vorbild nahm – vorlaut, witzig und bissig –, aber nach Form und Themenwahl noch höchst unvollkommen. Nur: Wer las damals schon den *Spiegel* in Marburg? Und die sich zwar aufrappelnde deutsche Tagespresse schätzte doch immer noch den eher trocken und belehrend geschriebenen Leitartikel als das Allerhöchste.

Nicht minder wichtig für mich, der ich den Journalismus spätestens seit Beginn meines Studiums in Halle als festes Berufsziel vor Augen hatte, war die Lektüre von *New Statesman and Nation*, eines britischen, betont linken Wochenblatts, das mir mein Freund Hartmut Weil aus England schickte.

Hartmut war ein blonder deutscher Jude, der sich rechtzeitig nach England gerettet hatte und als Corporal der Royal Navy während des Krieges auf einem Zerstörer diente, der Begleitschutz für die britischen und amerikanischen Konvois fuhr – und zwar auf der gefährlichen Arktisroute zwischen Island und Murmansk, um den Sowjets Nachschub zu liefern. Er studierte zwei Semester Germanistik bei Milch und war als Fremdkörper im Marburger Stadtbild schwer zu übersehen, denn er trug stets einen damals für uns Deutsche noch exotischen Dufflecoat – jenen kurzen, durch Knebelverschlüsse zusammengehaltenen Kapuzenmantel, der Matrosen der Royal Navy größtmögliche Bewegungsfreiheit auch bei schwerer See geben sollte. Es war eine unverkennbar britische Montur, der wenig später Trevor Howard als britischer Major Calloway in Carol Reeds mir unvergesslichem Meisterwerk *Der dritte Mann* zu einiger Popularität verhalf. Begegnet war ich Hartmut bei einem jener internationalen, von Milch organisierten Ferienkurse, die vor allem amerikanische und britische Studenten nach Marburg brachten und uns den Blick in die weite Welt öffnen halfen. Durch ihn lernte ich auch eine für mich zunächst unverständliche Distanz zum jungen Staat Israel kennen, die damals vor allem in England grassierte. Bei ihm schwang zweifellos Abscheu über den Terror jüdischer Untergrundgruppen gegen die britische Mandatsmacht für Palästina mit. Das Motiv für die Anschläge der Irgun Zwai Leumi, auch »Etzel« genannt und geführt von dem späteren israelischen Ministerpräsidenten Menachem Begin, waren zweifellos von den Briten mit Blick auf die arabisch-muslimische Bevölkerung gegen Juden verhängte Einreisesperren gewesen. Die jüdische Untergrundorganisation hatte deshalb 1946 einen Teil des britischen Hauptquartiers in einem Flügel des Jerusalemer King David Hotels samt einundneunzig Insassen in die Luft gesprengt.

Zwar anerkannte Hartmut das Lebensrecht des neu gegründeten Staates, aber er war alles andere als ein Zionist. Er hatte ein westeuropäisch-aufklärerisches Verständnis vom Judentum. Im Zionismus sah er vor allem ein Erbe des europäischen Nationalismus, und so stand er dem Versuch eines jüdisch-ethnischen Nation Building eher skeptisch gegenüber. So sehr ich mit ihm in diesem entscheidenden Punkt zu debattieren versuchte, denn ich hatte für den Aufbau einer Art jüdischen Fluchtburg viel Verständnis – Hartmut starb zu früh an einem Gehirntumor, als dass wir beide dies je hätten gründlich ausdiskutieren können.

So knapp mein Budget auch war – für die mir damals wichtigste Lektüre, den *Monat*, gab ich die eine D-Mark, die er damals kostete, regelmäßig und gerne aus. *Der Monat* bot Orientierung in einer Welt der Nachkriegszeit, in der man zwar ziemlich genau wusste, was man nicht mehr wollte, indes oft vage blieb, was man wollte oder erhoffte. Und falls man doch meinte, es zu wissen, war es nie sehr fest umrissen. Die Zeitschrift erschien seit Herbst 1948 in Berlin und wurde schnell die westliche Speerspitze in der geistigen Auseinandersetzung mit dem östlichen Stalinismus. Von besonderer Bedeutung war für mich, dass hier nicht alte antikommunistische Ressentiments vertreten wurden, sondern dass hier »Ehemalige« schrieben über »den Gott, der keiner war« – vom Gauben Abgefallene wie Arthur Koestler, Stephen Spender oder Ignazio Silone. Silone, der italienische Antifaschist, hatte ja die Ausschaltung Leo Trotzkis, die Verurteilung Nikolai Iwanowitsch Bucharins und den Aufstieg Josef Stalins als italienischer Komintern-Vertreter in Moskau aus nächster Nähe beobachten können und sich daraufhin vom Kommunismus losgesagt. Auch der Brite George Orwell, der Autor von *1984* und *Farm der Tiere*, der im Spanischen Bürgerkrieg aufseiten der trotzkistischen POUM (Partido Obrero de Unificación Marxista) gekämpft hatte, meldete sich zu Wort. Sie alle hatten nach den Moskauer Schauprozessen, den Erfahrungen mit sowjetischem Geheimdienstterror hinter der republikanischen Front im Spanischen Bürgerkrieg, spätestens aber nach dem Hitler-Stalin-Pakt dem Totalitarismus abgeschworen, gaben aber keineswegs ihre linken, demokratischen Ideale auf.

Melvin Lasky, Journalist und Begründer der Zeitschrift *Der Monat*, hatte als junger Student in New York vorübergehend selbst einem Kreis jüdischer, trotzkistischer Disputanten angehört. Nach Berlin kam er als US-Offizier, berichtete dann als Korrespondent für amerikanische Medien, bis er schließlich den *Monat* startete – ein Blatt, das zweifelsfrei »*left of center*« stand, wie Laskys deutscher Redaktionskollege

Hellmut Jaesrich rückblickend schrieb, und rechte, faschistische wie linke, kommunistische Diktaturen bekämpfte. *Der Monat* pflegte den internationalen republikanischen Diskurs zwischen demokratischen Linken und Liberalen, er beendete unsere deutsche Selbstisolation und machte uns mit dem Denken der wichtigsten Autoren des Westens vertraut – ob mit T. S. Eliot, Benedetto Croce, Albert Camus oder François Bondy, er brachte »Weltluft« ins idyllische Marburg. Zu seinen deutschen Autoren zählten neben Theodor W. Adorno und Richard Löwenthal auch Heinrich Böll, Carlo Schmid und Ralf Dahrendorf. Schon die erste Nummer, erschienen im Oktober 1948, elektrisierte mich, denn darin schrieben der britische Geschichtsphilosoph Arnold Toynbee, sein Landsmann Bertrand Russell und der österreichische Kommunismusexperte Franz Borkenau über das Schicksal des Abendlands nach dem Abwurf der ersten Atombomben. Alle drei plädierten für einen Weltstaat, der Anarchie nationaler oder regionaler Mächte ein Ende setzen und künftig für immer »Friede auf Erden« garantieren sollte.

Ja, auch wenn es heute, wo die Großmächte im Sicherheitsrat einander blockieren, seltsam klingen mag: Diese Idee war nach 1945 en vogue, es gab sie bis 1949 noch, und kein Geringerer als Albert Einstein setzte sich für eine Weltregierung ein! Heute, angesichts der drohenden Klimakatastrophe, benötigten wir sie dringender denn je, und zwar eine mit Exekutivgewalt – aber renommierte Kämpfer dafür suche ich vergeblich. Als – wenn auch – irritierenden und höchst bedenklichen Vorschlag erinnere ich, dass in der ersten Ausgabe des *Monats* ausgerechnet der ehemalige Pazifist und spätere Träger des Literaturnobelpreises, Bertrand Russell, dazu riet, mit dem Abwurf von Atombomben über der Sowjetunion zu drohen, weil nur so Russland gezwungen werden könnte, sich einer von den Vereinten Nationen geführten Weltordnung des ewigen Friedens einzufügen. Zu Russells Gunsten sei gesagt, dass die Sowjetunion den amerikanischen Baruch-Plan –

Entwicklung der friedlichen Kernenergie, weltweite Kontrolle aller nuklearen Aktivitäten durch eine Atomkommission der Vereinten Nationen und Vernichtung aller Atomwaffen der USA – 1946 abgelehnt hatte, und zwar als üblen Trick zum Zweck einer humanistisch getarnten, imperialistisch-amerikanischen Weltkontrolle. Russell sah, insofern war er Realist, im Herbst 1948 die tödliche atomare Rivalität zwischen den Großmächten von Ost und West heraufdämmern und wollte ihr – wenn auch mit höchst zweifelhaften, aggressiven Methoden – für immer vorbeugen. Zehn Monate nach Erscheinen seines Beitrags kam es dann in der Tat zu dem von ihm befürchteten tödlichen atomaren Duopol, das er hatte verhindern wollen: Im August 1949 zündete die UdSSR ihre erste nukleare Bombe. Das amerikanische Atomwaffenmonopol war damit beendet, und das Zeitalter der Abschreckung durch Androhung gegenseitiger Massenvernichtung hatte begonnen.

Zu den Autoren dieser ersten Nummer, und das steht für das hohe Niveau und die intellektuelle Breite des *Monats*, zählte übrigens auch der französische Philosoph Jean-Paul Sartre. Überhaupt – dass die Kultur nicht zu kurz kam, belegen weitere Beiträge über den amerikanischen Schriftsteller Thomas Wolfe, den französischen Regisseur Jean-Louis Barrault und seinen sowjetischen Kollegen Sergei Eisenstein (*Panzerkreuzer Potemkin*). Auch wurde der Charles-de-Gaulle-Propagandist und Schriftsteller André Malraux ausführlich als Kunstkritiker gewürdigt.

Einen besonderen Reiz des Blatts machte aus, dass es sich gelegentlich als Forum für intellektuelle, vom Zeitgeist diktierte Debatten zur Verfügung stellte und sich dabei offen zeigte für die kontroversesten Meinungen. So ging es in einer Ausgabe 1949 um den »Streit um den Sozialismus«, ein Thema von besonderem Interesse für einen Abendroth-Hörer wie mich, zu dem nicht nur Wilhelm Röpke, der große Liberale und Verfechter einer humanistischen Ökonomie schrieb, sondern auch Sidney Hook, jener amerikanische Sozialphilosoph, der sich eher als Sozialdemokrat verstand. Der Österreicher Friedrich August von Hayek, gut drei Jahrzehnte später das große Idol einer Lady Thatcher, geißelte allen Sozialismus als Weg in die Knechtschaft, indes Paul Tillich seinen religiös begründeten Sozialismus anpries. Und der junge Willy Brandt schließlich bezeichnete demokratischen Sozialismus als »weitergeführte Demokratie« – als Herrschaft der Mehrheit nicht nur auf politischem, sondern auch auf ökonomischem Gebiet.

Aus dem Kreis der *Monat*-Autoren ging dann jener »Kongress für kulturelle Freiheit« hervor, der nach Ausbruch des Koreakriegs im Sommer 1950 in Berlin gegründet und in seiner besten Zeit zum Sammelbecken intellektueller, demokratischer Linker wie Liberaler wurde. Seine Aktivitäten habe ich in Marburg nur aus der Ferne verfolgen können, aber ich erinnere mich, dass sogar der Philosoph Karl Jaspers ihm zur Eröffnung Glück wünschte und telegrafierte: »Auch die Freiheit braucht Propaganda.« Ernst Reuter eröffnete ihn im Titania-Palast, aber führender Kopf war ohne Zweifel *Monat*-Chef Melvin Lasky, den ich in seinem Blatt zwar lesen konnte, aber erst in den späten Achtzigerjahren, als ich aus Großbritannien zu berichten hatte, in London persönlich traf und mit ihm Freundschaft schloss. Dass er die Ostpolitik Brandts als moderne Form des Appeasements ablehnte, ich aber, der ich ihre das kommunistische SED-System unterminierende Wirkung als Korrespondent in der DDR hatte beobachten können, sie durchweg positiv beurteilte, tat dieser Freundschaft nie Abbruch. Nach London sahen wir uns dann in Berlin wieder. Denn er, der polyglotte Amerikaner mit dem Leninbärtchen, ein wahrlich großer internationaler »Intellektuellen-Netzwerker«, siedelte einige Jahre nach der Wende mit seiner Hamburger Gefährtin schließlich in jene Stadt über, in der er zu Beginn des Kalten Krieges geholfen hatte, den »Kampf gegen die Versklavung des Geistes« in den totalitären Diktaturen zu organisieren. Einen Kampf, der nach Reuter nicht gegen das russische Volk, sondern gegen Zensur, Unterdrückung und Terror in jenem

»großen Reich der Tyrannei« gerichtet sei, das »von der Elbe bis nach Wladiwostok« reiche.

Natürlich sprach ich mit Lasky schon in meiner Londoner Zeit über jene Empörung, die losbrach, als die *New York Times* 1966 aufdeckte, dass beide, Zeitschrift und Kongress, wenn nicht von der CIA gezeugte Kinder, dann doch von ihr finanziell abhängig gewesen seien. Indes: Wer sie deshalb heute für verruchte Instrumente US-amerikanischer Politik hält – und zu ihnen zählte bei uns vor allem Günter Grass, der offenbar vergaß, dass seine ihm zu Ruhm verhelfende *Blechtrommel* als Vorabdruck im *Monat* des Licht der Welt erblickt hatte –, sollte, so Lasky, vor allem bedenken, dass dieser »Kongress für kulturelle Freiheit« im Wesentlichen als späte Antwort konzipiert wurde – und zwar als westliche Reaktion auf von den Sowjets finanzierte »Weltkongresse«, die das Ziel hatten, Intellektuelle und Künstler von internationalem Rang für die kommunistische Sache einzuspannen. Da hatte es einmal den »Weltkongress der Intellektuellen in der Verteidigung für den Frieden« im Herbst 1948 im polnischen Breslau gegeben, an dem prominente Künstler und Schriftsteller des Westens teilnahmen, darunter Pablo Picasso (»Ich liebe Polen so sehr, ich will ein Kind hierlassen!«). Und dann die »Cultural and Scientific Conference for World Peace« im März 1949 im Waldorf Astoria in New York City, an der auch Aaron Copland, Arthur Miller und Norman Mailer teilnahmen. Beide Kongresse waren von den Sowjets ausgerichtet und finanziert, und beide zielten darauf, Sympathisanten in die Dienste einer von Moskau gelenkten Weltfriedensbewegung zu nehmen. In beiden hielten Stalinisten die programmatischen Reden, und diejenige von Stalins Lieblingsschriftsteller Alexander Fadejew in Breslau mag für den Ton stehen, der auf beiden gepflegt wurde: »Wenn Hyänen Maschine schreiben und Schakale Füllfederhalter gebrauchen könnten«, so der Autor des Romans *Die junge Garde* und Sekretär des sowjetischen Schriftstellerverbands, »würden sie schreiben wie Sartre, T. S. Eliot oder Eugene O'Neill.«

Es war Sidney Hook, einst Sympathisant der Kommunisten, aber dann entschiedener Gegner des Stalinismus, der eine Gegengründung zu dem offenbar von der Kominform (dem Wurmfortsatz der 1943 aufgelösten Kommunistischen Internationale) organisierten Kongress im Waldorf Astoria für unerlässlich hielt und ihr den Namen »American Committee for Cultural Freedom« geben wollte. Anders als in der Sowjetunion, hätte diese Gegengründung allerdings von keiner staatlichen Stelle unterstützt werden können, denn in den USA gab es kein Kultusministerium, das Außenministerium verfügte nicht über einen entsprechenden Titel in seinem Haushalt, und auch die knauserigen Abgeordneten im Kongress zeigten sich nicht bereit, Mittel für solche Aktionen zur Verfügung zu stellen. Lasky zitierte mir dazu George F. Kennan, den US-amerikanischen Diplomaten und Erfinder der Containment-Politik in der Zeit des Kalten Krieges, der später für eine Politik der Entspannung warb: Diesen Mangel auszugleichen, so Kennan, sei die CIA geradezu verpflichtet gewesen; sie sollte dafür nicht verdammt, »sie sollte dafür gepriesen werden«.

Tatsächlich sprang die CIA mit Mitteln in die Bresche, organisierte aber die langfristige finanzielle Unterstützung für die Ideen Hooks, Koestlers und Laskys durch die Ford Foundation und andere Stiftungen. »Woher immer die Gelder für den Kongress kamen«, so Hook später, es ist schlicht lächerlich zu glauben, dass Männer wie Ignazio Silone, Raymond Aron, Haakon Lie oder Carlo Schmid nach einer fremden Melodie getanzt hätten.« Das gilt natürlich auch für den *Monat*. Mit ihrem letzten Chefredakteur, Klaus Harpprecht, war ich befreundet. Die Agentur, so sagte er mir einmal, ausgerechnet sie, die sich anderswo in der Welt die schrecklichsten Idiotien leistete und die vielleicht für manches Verbrechen verantwortlich sei, habe ihr Geld niemals für einen besseren Zweck ausgegeben. Vor allem Jüngere unter uns, die Geheimdienstaktivitäten zu Recht verabscheuen und sich der Meinung von Günter Grass anschließen, sollten nicht ahistorisch urteilen, sondern sich die damalige Lage vor Augen halten. Schon im September 1947, bei der Gründung der Kominform, sprach Andrei Schdanow, Politbüromitglied und Stalins Einpeitscher, der Eisenstein und Dmitri Schostakowitsch zuvor schon mal als »Speichellecker des Westens« verunglimpft hatte, von den zwei Lagern, die einander absolut »unversöhnlich« gegenüberstünden. Er vertrat die unsinnige These, die USA-Politik ziele auf die Versklavung Europas und verordnete den kommunistischen Parteien der westlichen Länder einen harten Konfrontationskurs, der die demokratischen Regierungen mit Streiks und Demonstrationen destabilisieren sollte.

Allerspätestens seit dem dritten Prager Fenstersturz im März 1948 – dem Tod des tschechoslowakischen Außenministers Jan Masaryk – war jedermann klar erkennbar, dass es zwischen den Großmächten zu einer Zusammenarbeit und einer gemeinsamen Verwaltung des besiegten Deutschland nicht mehr kommen würde. Es war jedenfalls kaum ein Zufall, dass Melvin Lasky den *Monat* während der Berliner Blockade ins Leben gerufen hatte – und dies anfänglich mithilfe der amerikanischen Militärregierung. Wie sagte mir sehr viel später einmal Egon Bahr: »Damals waren wir alle Kalte Krieger, wir mussten es geradezu sein, die Stalinisten ließen uns keine Wahl: Wir mussten ihren Griff nach Westberlin abwehren.«

Aber noch so spannende Lektüre konnte mich auf die Dauer nicht über Wasser halten, und so stand ich bald vor der Frage, wie es weitergehen sollte, zumal Werner Milch, mit dem ich im Gespräch über eine spätere Dissertation war, schon 1950 im Alter von nur siebenundvierzig Jahren an einer Lungenentzündung starb. Da ich Journalist werden und nie als Lehrer in Staatsdienste treten wollte, hatte ich auch nie auf ein Staatsexamen hin studiert. Aber die Neubesetzung des Milch-Lehrstuhls zog sich hin, und ein Doktorvater wie Milch, der für das Dissertationsthema August von Kotzebue viel Verständnis zeigte, war weithin nicht in Sicht.

Der Stoff reizte mich, denn der traditionellen Germanistik galt der in Weimars Gelbem Schloss geborene Kotzebue noch immer als die große Peinlichkeit der Goethezeit, sich mit ihm zu beschäftigen, war eines Germanisten geradezu unwürdig. Nun hatte Goethe – übrigens wie Kotzebue durch und durch konservativ gesinnt – zwar mit seinem *Werther* zweifellos einen europäischen Bestseller geschrieben; er hatte auch den Begriff »Weltliteratur« geprägt und dabei poetische und schriftstellerische Qualität im Sinn gehabt. Weltruhm aber genoss zu seiner Zeit nicht er, Weltruhm genoss das begabte, gewitzte, aber betont leichtfüßige, nach Friedrich Nietzsche einzige deutsche Theatertalent Kotzebue, dessen Stücke – die sentimentalen wie die komischen oder die satirischen – die Theater in ganz Europa, über den Ural hinaus und sogar etliche in Amerika füllten. Heute würden wir vielleicht sagen: Der eine schrieb große E-Literatur, der andere U-Literatur, etwa Drehbücher im *Tatort*-Format. Aber auch wenn die Großen der Literatur ihn nahezu gehässig verachteten, Goethe ihm gar »Nullität« bescheinigte (was dieser so nun auch nicht verdiente!) –, als Weimarer Theaterdirektor kam er nicht umhin, sein Publikum – es drängte ja danach! – über die Jahre mit siebenundachtzig Dramen und Lustspielen just jenes Autors Kotzebue zu unterhalten, der nicht davor zurückschreckte, ausgerechnet seine Geburtsstadt Weimar in seinem Stück *Die deutschen Kleinstädter* gezielt zu verspotten – und zwar als spießiges »Krähwinkel«, in dem er auch einige Dichter wohnen ließ.

Es war nicht nur diese Fehde, und es war nicht nur der mythische Ort Weimar, an dem sie ausgetragen wurde – es war vor allem die schillernde Figur Kotzebues, die das Thema für mich anziehend machte. Eben die einer Person, die in Estland ihr Glück versuchte, unter dem Zaren Karriere machte, vorübergehend nach Sibirien verbannt wurde und – anders als sein großer Gegner Goethe, der den Korsen verehrte – als erklärter Napoleon-Feind, aber auch als Gegner der deutschen Nationalbewegung und ihres Idols, des »Turnvaters Jahn«, nach

den napoleonischen Kriegen nach Weimar heimkehrte. Auf dem ersten Wartburgfest 1817, das gelegentlich schon nationalistische Züge
trug, ging deshalb eines seiner Werke bei einer Bücherverbrennung in
Flammen auf, und schließlich ermordete ihn ein Burschenschaftler in
Mannheim als »Verräter des Vaterlandes«. Der Mörder mit dem Dolch
in der Hand war ausgerechnet ein fünfundzwanzigjähriger Student der
Theologie namens Karl Ludwig Sand, der an der Universität Jena studierte, über die Goethe als eine Art Weimarer Kultusminister im Auftrag seines Fürsten Karl August die Aufsicht führte. Wem außer Milch,
der Gespür wie Verständnis für biografische wie auch für journalistische Themen hatte, wäre ein solches Dissertationsthema genehm gewesen? Sein Rivale Klein, nach Milchs Tod lange Zeit der einzige Professor für Neuere Literatur, hätte es verabscheut. Was also tun? Vielleicht
hätte ich es bei Richard Alewyn in Köln versuchen können, der bei
einer Trauerfeier des Germanistischen Seminars sehr anteilnehmend
und bewegend-freundschaftlich über Milch gesprochen hatte. Aber
nach Köln zu ziehen, fehlte es mir damals wohl an Kraft und Mut – mit
Sicherheit aber an Geld.

So nahm ich im September 1951 das Angebot an, als »Cultural Advisor« – so der offizielle Titel – für einen Resident Officer zu arbeiten,
und lernte Robert B. Warner kennen, einen jungen Diplomaten, der so
gar nicht dem Klischee des amerikanischen Besatzers entsprach. Kein
Wunder, denn Robert, Jahrgang 1922 und genannt Bob, hatte in New
York bei dem linken deutschen Emigranten und Politologen Franz Neumann studiert, dem Autor des *Behemoth*, der ersten systematischen Struk-
turanalyse des nationalsozialistischen Herrschaftsapparats, die 1944
erschienen war. Neumanns Titelfigur Behemoth steht für jenes Ungeheuer aus der jüdischen Eschatologie, welches alles Land beherrscht,
alle Gesetze zunichtemacht und alle Humanität verschlingt. Bob war
ein durch und durch Liberaler amerikanischen Typs, vielleicht mit
leichter Linkstendenz, und besser als andere kannte er sich durch sein

Studium bei Neumann mit den Deutschen und mit ihrer jüngsten Geschichte aus.

Aber warum heuerte ich bei ihm an, und dies ausgerechnet in Korbach, einer Fachwerkstadt, kleiner und weit unbedeutender als Marburg, gelegen auf einer windigen Hochebene im nordwestlichsten Winkel Hessens? Und was war und wozu gab es eigentlich solch einen Resident Officer? Wenn es mich nach Korbach verschlagen hatte, dann vor allem, weil ich endlich zu Geld kommen musste, denn es lockte ein Monatsgehalt von rund 400 D-Mark – damals nicht nur für einen ausgehungerten Studenten und Berufsanfänger wie mich eine stattliche Summe. Nur hätte die Jobbeschreibung statt Cultural Advisor eher »Political Observer« lauten müssen, denn diese Resident Officer waren nichts anderes als die Nachfolger der Stadtkommandanten der Militärregierungen, die mit der Gründung der Bundesrepublik durch Alliierte Hohe Kommissionen abgelöst wurden, denen wiederum ein Besatzungsstatut weitreichende Vollmachten gab. Bob Warner war also Mitglied der nun zivilen amerikanischen Besatzungsbehörden namens High Commission for Germany (HICOG), für die ich jetzt als Lohnabhängiger tätig war.

Die Alliierten Hohen Kommissare hatten sich wichtige Rechte vorbehalten, etwa die Überprüfung der Gesetzgebung von Bund und Ländern. Und eines der wichtigsten Ziele von HICOG war es, die Verbreitung demokratischen Ideenguts, konkret die demokratischen Kräfte vor Ort, zu unterstützen. Das zweite wichtige Ziel hieß, das Wiederaufleben oder die Rückkehr antidemokratischer Kräfte zu verhindern. Die erste Hauptaufgabe, von HICOG »stimulation of civic consciousness« genannt, sollte helfen, die traditionelle, verhängnisvolle Autoritätshörig- und Autoritätsgläubigkeit der Deutschen abzubauen und die »essentials of democratic living« zu fördern. In der Praxis lief das darauf hinaus, dass die Resident Officer – also auch Bob Warner und sein kleiner Stab – Bürgerforen ins Leben riefen, in denen die lokal

Verantwortlichen Rede und Antwort stehen mussten, die Bildung von
Schülerzeitungen, Schülerparlamenten und Frauengruppen anregten,
Vorträge und Diskussionsveranstaltungen organisierten. Vor allem
Filmvorführungen waren im Vor-Fernsehzeitalter besonders beliebt,
und unser Filmteam, das mit seinen mobilen Filmprojektoren Doku-
mentarfilme über das Leben und vor allem das bürgerschaftliche Engagement in Amerika zeigte, erreichte auch das kleinste Dorf. Dies alles
zielte darauf, jene Initiativen zu inspirieren, ihnen auf die Beine zu helfen
und sie zu fördern, aus denen sich später einmal die Träger einer neu
entstehenden westdeutschen Bürger- oder Zivilgesellschaft entwickelten.

Als deren Geburtshelfer, wenn auch sehr vorübergehend, mitgewirkt zu haben, bedaure ich nicht. Wenn Hermann-Josef Rupieper
Jahrzehnte später in seiner Studie über die amerikanische Demokrati-
sierungspolitik meint, viele HICOG-Berichte der Jahre 1949 bis 1952
über die politische Kultur in Deutschland, in denen über bürokratische
Verkrustung, Autoritätsgläubigkeit und Bürgerferne geklagt wurde,
läsen sich »wie Darstellungen der antiautoritären Studentenbewegung
der Sechzigerjahre«, kann ich dem nach meinen Erfahrungen nur zustimmen.[23] Es war ja keineswegs so, als habe die Amerikanische Hoch-
kommission Konrad Adenauer nur bedingungslos bewundert. Bob
Warner schätzte zwar die Festig- und Zielstrebigkeit des Kanzlers, mit
der er seine Politik der Westintegration verfolgte, übersah aber nicht
die autoritären Züge in dessen Charakterbild. Nach Meinung vieler
Amerikaner war Adenauer ein Mann der deutschen Obrigkeitstradition,
schon weil er auf die Kompetenz des deutschen Beamtentums vertraute
und damit die Schleusen für die Rehabilitation oder Rückkehr ehemaliger NSDAP-Mitglieder öffnete. Souverän setzte er sich damit über
das Gesetz Nr. 15 der Militärregierung hinweg, das mit einer Reform
des öffentlichen Diensts dieses Beamtentum hatte abschaffen wollen.

Es gab aber auch jene andere Aufgabe von HICOG, alles zu tun,
um die Rückkehr antidemokratischer Kräfte zu verhindern. An ihr

mitgewirkt zu haben – und sie sollte mich bald mehr beschäftigen als das Organisieren von Filmvorführungen oder Bürgerforen –, bedaure ich so wenig wie die des Geburtshelfers einer späteren deutschen Zivilgesellschaft. Nordhessen war in den frühen Nachkriegsjahren, milde ausgedrückt, eine Hochburg trotzigen rechten Beharrens, schon der stockkonservative hessische FDP-Chef August-Martin Euler schloss für die Bundestagswahlen 1949 ein Bündnis mit der damals nur in Teilen des Landes lizenzierten Nationaldemokratischen Partei (NPD), das als »Bürgerblock gegen den Marxismus« firmierte und in den Sozialdemokraten nicht nur den politischen Gegner sah, sondern sie zu einem mit allen Mitteln zu bekämpfenden, nahezu tödlichen Feind erkor. Das geschah gegen den Einspruch des damaligen FDP-Vorsitzenden Theodor Heuss, der mit Blick auf seine Weimarer Erfahrungen die Sozialdemokratie als entschlossene Verteidigerin der Demokratie schätzte und für seine Liberalen eine später einmal mögliche Koalition mit der demokratischen Linken nicht verbaut sehen wollte. Aber uneinsichtig setzte sich Euler über diesen Einspruch hinweg, zog mit der Parole »Schluss mit Entnazifizierung, Entrechtung, Entmündigung« in den Wahlkampf, und der radikal-rechte Flügel seines Bundesgenossen NDP lief nur ein Jahr später zunächst zur rechtsextremen Sozialistischen Reichspartei (SRP), dann schließlich zur Nationaldemokratischen Reichs-Partei (NDRP) über.

Ich erinnere deutlich, dass dieses »Schluss« mit der Entnazifizierung auf Eulers hessischen FDP-Wahlplakaten nicht, wie damals üblich, mit einem »ß«, sondern mit einem »ss« endete, das den Siegrunen der SS sehr ähnlich sah. Offenbar sollte gezielt an die Unterstützung durch ehemals überzeugte Nationalsozialisten appelliert werden. Und von ihnen, auf die Bob Warner ja gehalten war, ein wachsames Auge zu werfen, gab es in seinem Beritt wahrlich genug.

Nicht weit von Korbach lag Arolsen mit der prachtvollen Barockresidenz der Fürsten von Waldeck und Pyrmont. Der Chef dieser

Familie war der frühere General der Waffen-SS und der Polizei Josias
Erbprinz zu Waldeck und Pyrmont, Mitglied der NSDAP seit 1929,
im Dachauer Buchenwald-Prozess als Kriegsverbrecher zu lebenslan-
ger Haft verurteilt, aber 1950 aus Gesundheitsgründen vorzeitig aus
Landsberg entlassen. Er war übrigens einer von vielen Blaublütigen
in der SS. Wie der Historiker Stephan Malinowski feststellte, kam fast
jeder fünfte SS-Obergruppenführer (vergleichbar mit einem General) aus einem Adelsgeschlecht.[24] War es Zufall, dass die bundesweite
Gründung der HIAG, jenes Zusammenschlusses von Veteranen der
Waffen-SS, die in Nürnberg zur verbrecherischen Organisation erklärt
worden war, im September 1951 ausgerechnet in Arolsen erfolgte?

Formell kämpfte diese »Hilfsgemeinschaft« nur für die rechtliche
Gleichstellung mit den Wehrmachtsangehörigen, um sich entsprechende Renten- und Pensionsansprüche zu sichern. Tatsächlich aber
hielten ihre Funktionäre und Redner öffentlich an dem SS-Wahlspruch
»Meine Ehre heißt Treue« fest, und unter dem Deckmantel der Hilfsgemeinschaft und eines Suchdiensts verschafften sich viele Unbelehr-
bare eine legale Operationsbasis, wurden zur Auffangstelle für ehemalige NS-Fanatiker und nicht selten zur Keimzelle rechtsextremistischer
Grüppchen, die der Verfassungsschutz von Nordrhein-Westfalen über-
wachen musste. Chef des Hauses Waldeck-Pyrmont, dies als Nachtrag,
ist heute ein Prinz, bei dessen Taufe 1936 Hitler und Himmler (wofür
der Prinz wahrlich nicht verantwortlich ist) im Schloss Arolsen Pate
standen und dem sein Vater (auch da wurde er nicht gefragt) den ur-
germanischen Namen Wittekind verlieh – in Anlehnung an jenen Her-
zog Widukind, der seinen Stamm der Sachsen im Aufstand gegen Karl
den Großen und die Christianisierung geführt hatte. Es war der von
Erbprinz Josias verehrte Himmler, dessen Adjutant er sogar einmal
war, der den Widukind-Kult befördert hatte und im heutigen Europa-
Idol Karl dem Großen nur den »Sachsenschlächter« sah.

Nun ist Korbach mit einer teils gut erhaltenen Stadtmauer, mit

mittelalterlichem Stadttor, alten Brunnen und zwei sehenswerten gotischen Hallenkirchen keine hässliche Stadt. Vieles zeugt davon, dass sie,
einst am Schnittpunkt alter, inzwischen längst vergessener Heer- und
Handelsstraßen gelegen, als Mitglied der Hanse bessere Zeiten gesehen hatte. An sie zu erinnern, haben traditionsbewusste Einwohner
schon Ende des 19. Jahrhunderts viel getan und auch die Nachbildung
eines alten Prangers errichtet, den Stadtbesucher auf dem Alten Markt
finden können – eine Art Käfig, der auf einer mannshohen Säule ruht,
damit der dort an den aus der Mitte des Käfigs aufragenden Schandpfahl gefesselte Missetäter für jeden braven Bürger auch von allen
Seiten und natürlich zwecks Abschreckung bestens sichtbar ist. Nur
schade, dass es sich dabei lediglich um einen musealen Nachbau handelte. Denn etliche Korbacher Bürger hätten zu meiner Zeit dorthin
gehört, allen voran Hermann Krumey, Inhaber einer Drogerie, Kreis-
obmann der Sudetendeutschen Landsmannschaft und Abgeordneter
der BHE (Block der Heimatvertriebenen und Entrechteten) im Kreis-
tag von Korbach, der als Vertriebener ein Darlehen von 12 000 D-Mark
zum Aufbau seiner neuen Existenz erhalten hatte.

Bob Warner wusste um dessen Mitgliedschaft in der SS, aber nicht
über den hohen Rang, den er dort einnahm, zumal Krumey bei der Entnazifizierung offensichtlich falsche Angaben gemacht hatte, denn ausgerechnet ihm, einem SS-Obersturmbannführer (vergleichbar einem
Oberstleutnant), war die Harmlosigkeit des bloßen »Mitläufers« beschei-
nigt worden. Ich hatte die Aufgabe, ihm alle paar Wochen einen Besuch
abzustatten, worauf er mich stets in ein Hinterzimmer bat, wo wir
dann seine Pläne für die Landsmannschaft oder seine Arbeit im Kreis-
tag besprachen. Und: Natürlich redeten wir bei diesen Begegnungen
auch über seine Rolle im Krieg – aber da hatte er stets eine sorgsam
aufbereitete Scheinexistenz anzuführen, die mich zwar nicht überzeugen, aber die ich auch nicht widerlegen konnte. Schließlich handelte es
sich um einen rein informellen Kontakt, denn ein Resident Officer war

vor allem ein Beobachter, der zwar bei diesen oder jenen Projekten in der Gemeinde hätte Einspruch erheben können, aber er besaß keinerlei Exekutivgewalt. Den Verdacht, den Bob gegen den Drogisten hegte, konnte er bestenfalls einer zuständigen Stelle weitergeben.

Gut sechsundsechzig Jahre später frischte der Schriftsteller Friedrich Christian Delius, den es als jungen Schüler nach Korbach verschlagen und der dort sein Abitur gemacht hatte, auf drastische Weise meine Erinnerungen an das Korbach von 1951 mitsamt seinem Schandpfahl auf: »Mitten in der Altstadt stand ein Pranger, und alle liefen an ihm vorbei, der Amtsarzt des Kreises, der ein hohes Tier im SS-Amt für Rassenhygiene gewesen war, und der Drogist, der Eichmanns Stellvertreter gewesen war, und der Zeitungsverleger, der im Archiv alle seine Artikel von 1933 bis 1945 herausgeschnitten hatte, alle liefen am Pranger vorbei, und der blieb leer.« Delius schreibt das in seinem Buch *Die Zukunft der Schönheit* und nennt das Korbach seiner Jugend einen »Treffpunkt alter Nazimänner«.

Als ich das las, fragte ich mich: War die Zeit in Korbach etwa zehn Jahre lang stehen geblieben? Denn was Delius, Jahrgang 1943 und fünfzehn Jahre jünger als ich, aus seiner Teenagerzeit als Korbacher Milieu heraufbeschwört, gilt ja für meine Korbacher-Zeit 1951. Mit der offenbar nicht unattraktiven Tochter dieses »beliebten Drogisten« und »Sportvereinskassenwarts« war er in die Tanzstunde gegangen und hatte die Schritte für Foxtrott oder Rumba geübt. Er beschreibt Krumey so, wie ich ihn Jahre zuvor erlebte – als »freundlichen Schlipsträger und Rasierwasserverkäufer«, der gut gelaunt hinter dem Ladentisch steht und gern mit seinen Kunden plaudert. Die Staatsanwaltschaft hatte seit Mitte 1957 gegen diesen Mann ermittelt, aber offenbar fehlte es an Beweisen, und so kehrte er nach kurzer Untersuchungshaft zu seiner biederen, gutbürgerlichen Nachkriegsexistenz hinter dem Ladentisch zurück. Die meisten Korbacher hielten ihn weiter für einen der ihren, einen Mann ohne Arg – zwar gab es Gerüchte und

Anschuldigungen, die indes von der Drogistenfamilie und, so Delius, »von den Kunden, von Sportlern, Heimatvertriebenen und Politikern empört zurückgewiesen und mit der Behauptung von Gehorsam, Pflicht und Treue bestritten« wurden. Erst der Eichmann-Prozess in Jerusalem erbrachte den Beweis, dass dieser Hermann Alois Krumey als SS-Obersturmbannführer und Stellvertreter Adolf Eichmanns 1944 in Budapest für die Deportation Hunderttausender ungarischer Juden in Arbeits- und Vernichtungslager zuständig war. Übung hatte er darin spätestens seit 1942, als er erste Henkerstransporte von Juden aus dem Lager Zamość im Generalgouvernement in die Todesmühlen von Auschwitz-Birkenau zusammenstellen ließ.

Als ich 1960 von Krumeys Enttarnung erfuhr, war ich längst Redakteur beim *Spiegel*, und Bob leitete als USIA-Officer (USIA: United States Information Agency) die Europaabteilung der Voice of America in München. Unser damaliger Verdacht war also richtig gewesen, stellten wir in einem langen Telefonat einigermaßen zufrieden fest – nur hätte das dann folgende erste Urteil aus dem Jahr 1965 unsere Billigung kaum finden können. Es war typisch für die Nachsicht, die deutsche Richter damals selbst gegenüber eindeutig überführten NS-Tätern walten ließen, denn es lautete auf nur fünf Jahre Zuchthaus wegen Beihilfe zum Mord. Und weil die lange Untersuchungshaft angerechnet wurde, kam Eichmanns Stellvertreter wieder frei. Erst als der Bundesgerichtshof das Urteil aufhob und ein längeres Strafmaß forderte, wurde 1969 schließlich auf »lebenslange Haft« erkannt – und diesmal wegen Mord, nicht nur wegen Beihilfe dazu.

Das erste, milde Urteil berücksichtigte offenbar die Tatsache, dass Krumey eine Bescheinigung von Joel Brand besaß, einem linkssozialistischen Zionisten, der zufolge er angeblich ein Retter von Juden gewesen sei. Tatsächlich war Krumey an jenem Geschäft »Blut gegen Ware« beteiligt, das angeblich von Himmler angeordnet wurde und die Freilassung von einer Million Juden gegen Lieferung von 10 000 fabrikneuen, wintertauglichen Lkws anbot, die – so die angebliche Zusicherung Himmlers – nur an der Ostfront eingesetzt würden. Eichmann und Krumey verhandelten darüber mit Rudolf Kasztner, der das jüdische »Komitee für Hilfe und Rettung« in Budapest leitete. Und Joel Brand wurde als Emissär Eichmanns und Kasztners nach Istanbul geschickt, um mit alliierten Vertretern die Modalitäten dieses Geschäfts »Blut gegen Ware« auszuhandeln. Da die Lieferung der Lkws einem Verrat der westlichen Alliierten an den sowjetischen Bündnispartnern gleichgekommen wäre, wurde das Geschäft nie getätigt. Die Offerte wird oft als Bestätigung dafür gewertet, dass Himmler hinter dem Rücken Hitlers mit den westlichen Alliierten verhandeln wollte. Offenbar als Beweis für die Ernsthaftigkeit des Angebots hatte Eichmann den Transport von 1683 Budapester Juden zugelassen – er sollte sie angeblich in die Schweiz bringen, tatsächlich aber landeten sie – als Eichmanns Geiseln – im KZ Bergen-Belsen. Erst als Himmler im August 1944 die Deportation der ungarischen Juden stoppen ließ, gelangte der von Kasztner zusammengestellte Transport endlich in die Schweiz.

Das zwanzig Kilometer von Korbach entfernte Arolsen blieb noch nahezu zweieinhalb Jahrzehnte ein bevorzugter Pilgerort für SS-Veteranen, um dort Aufmärsche und Erinnerungstreffen zu veranstalten – so noch im Frühjahr 1979 für die überlebenden Krieger der 3. SS-Panzerdivision »Totenkopf«.

Aber es gab für uns 1951 dort noch andere Entwicklungen, die im Auge zu behalten waren. So die »Nachbarschaftsbewegung«, die sich damals formierte und die Artur Mahraun ins Leben gerufen hatte – einst Chef des »Jungdeutschen Ordens«, eines nationalliberalen, eindeutig antisemitisch orientierten paramilitärischen Verbands, der nach dem Ersten Weltkrieg aus einem Freikorps hervorgegangen war. Der Waldecker SS-Erbprinz hatte ihm in seiner Jugend kaum zufällig angehört. Die Organisationsstruktur damals war dem mittelalterlichen Deutschen Orden entlehnt, und so nannte sich Mahraun nicht Vorsitzender, sondern romantisch »Hochmeister«, der Vorstand hieß »Hochkapitel«, dem als »Großkomture« die Chefs der jeweiligen regionalen Gliederung angehörten. Das Koppelschloss an den Uniformen trug die Inschrift »Treudeutsch allewege«, und das politische Ziel war die »ideale Volksgemeinschaft« in einem »wahren Volksstaat«, der an die Stelle der verhassten Parteiendemokratie treten und als direkte Demokratie auf einer Art Rätesystem aufbauen sollte – nur dass die Räte hier »Nachbarschaften« hießen.

Nun war Mahraun kein Nationalsozialist, gegen Ende der Weimarer Republik hatte er seinen Orden sogar mit der Deutschen Demokratischen Partei fusioniert. Doch der Zusammenschluss geriet zur Unglücksehe. Gedacht, die Partei zu stärken, führte sie stattdessen zur Abspaltung eines liberalen Flügels und damit zu wachsender Bedeutungslosigkeit der DDP.

Für uns aber stellte sich damals die Frage: Wie viel von dem alten Mahraun, wie viel vom alten Geist des Jungdeutschen Ordens steckt in der neuen Nachbarschaftsbewegung? Programmatisch war da von einem freien Zusammenschluss der Bürger zu Nachbarschaften die Rede, die den Volkswillen ermitteln und durchsetzen sollten – nicht in Vereinsform, frei von Parteipropaganda und konfessionell neutral. Mahraun, der zwei Jahre nach Gründung der Bewegung gestorben war, hatte die alte Parteienfeindlichkeit gestrichen und nur noch von einer Ergänzung zum Parteiensystem gesprochen. Inzwischen hatte die Bewegung, meist auf Initiative von ehemaligen Mitgliedern des Jungdeutschen Ordens, nicht nur in Nordhessen und in Arolsen Fuß gefasst, sondern auch in etlichen Kleinstädten Niedersachsens und Nordrhein-Westfalens. Aber wie ich in Arolsen feststellen konnte, wurden da keine der eher hochtrabenden gesellschaftspolitischen Ziele Mahrauns mehr verfolgt – die Nachbarschaften kümmerten sich vor allem um Belange von Heimkehrern und Vertriebenen und wurden zu Sprechern oder Mittlern zwischen unzufriedenen Bürgern und den lokalen Verwaltungen. So viel zum Milieustudium meiner Waldecker Zeit.

Aber zurück zum Resident Officer Bob Warner, dem ich einiges zu verdanken habe, denn aus einem Vorgesetzten war, soweit dies innerhalb eines Arbeitsverhältnisses zwischen oben und unten, Besetzern und Besetzten überhaupt möglich war, ein Freund geworden. Und der war der festen Überzeugung, ein Dreiundzwanzigjähriger wie ich müsste endlich in der Lage sein, ein Automobil zu steuern. So beauftragte er einen seiner Fahrer, mit mir zu üben. Seinen Namen habe ich vergessen, aber nicht, wie betont schnittig er die Kurven im nordhessischen Bergland zu nehmen wusste, hatte er doch im Krieg einem Generalmajor als Chauffeur gedient. Nach etwa anderthalb Wochen im Beifahrersitz eines jener frühen, buckligen Ford-Taunus-Modelle, die bereits eine Lenkradschaltung besaßen, wechselte ich ans Steuer. Zunächst fuhr ich auf wenig befahrenen Strecken unter seiner Anleitung und machte einen Monat später den Führerschein – ohne die offiziell vorgeschriebene Fahrschulzeit nachzuweisen. Offenbar hatten die deutschen Behörden damals Respekt vor einer Siegerinstanz, die HICOG im Bewusstsein vieler ja noch war. Bob hatte auch nichts dagegen, dass ich mir gelegentlich übers Wochenende einen Wagen auslieh und damit nach Marburg fuhr, wo ich meine winzige Dachbodenbude behalten hatte. Einmal entlieh ich mir sogar den VW-Bus unseres Office, lud alte Freunde aus Marburg ein und machte über Pfingsten mit ihnen einen Ausflug an den Rhein.

Im Frühjahr 1952 wechselten wir von Korbach nach Bad Hersfeld, und unvergesslich ist mir aus dieser Zeit nicht nur die alte, riesige Ruine der romanischen Stiftskirche geblieben, die einst zu einer Benediktinerabtei gehörte und jetzt als Kulisse für den *Jedermann* der Hersfelder Festspiele genutzt wurde. Es sind vor allem Bilder von Routinefahrten an die nah gelegene Zonengrenze, welche die ganze Brutalität dieser so willkürlich gezogenen Stacheldrahtverhaue und Mauern quer durch Deutschland offenbarten. Etwa in Hönebach oder in Philippsthal an der Werra, gleich weit von Bad Hersfeld im Westen und Eisenach im Osten entfernt. Da verlief die Grenze mitten durch eine Druckerei namens Hößfeld. Oder in Obersuhl, wo das letzte Haus der Ortschaft bereits auf DDR-Gebiet lag. Es waren Bilder, die mich, der sich 1948 aus der SBZ verabschiedet hatte, so schnell nicht losließen. Ein Jahr später kamen sie mir brennend ins Gedächtnis, als die Zeitung, bei der ich damals in Hannover volontierte, mit dem Extrablatt herauskam: »Volksaufstand in der Sowjetzone«.

Ich möchte die Zeit bei der HICOG nicht missen – nicht nur, weil sie mir, der ohne jede Familie in Westdeutschland auf sich allein gestellt war, eine erste Festanstellung mit regelmäßigen Bezügen eingebracht hat, sie also am Anfang meines »ordentlichen« Berufslebens steht. Ich habe vor allem viel über Amerikaner und Deutsche gelernt, und ich sollte diese Lektion nie bereuen – auch nicht, als sich das Bild von Amerika durch die Hetzjagden eines McCarthy, die Ermordung Kennedys, Rassenunruhen, die Kriegsführung in Vietnam oder Nixons Watergate-Affäre erheblich einzutrüben begann. Für mich aber war es an der Zeit, endlich mit dem Journalismus ernst zu machen; und so nahm ich das Angebot eines Volontariats bei der *Hannoverschen Presse* an. Bob hatte dafür volles Verständnis. Wir bedauerten den Abschied, aber schieden als Freunde. Fast drei Jahrzehnte später, als ich aus Washington zu berichten hatte, sollten wir uns wiedersehen.

V

VON WUNDERN, CHANCEN UND FEHLENDER EMANZIPATION

Jeder Zeitungsvolontär beginnt einmal in der Lokalredaktion – genauer: Ich begann dort in einer Zeit, in der das Fernsehen erst das Laufen lernte und an Internet und E-Mail, an Facebook oder Twitter noch nicht zu denken war. Ich hatte im Frühjahr 1953 ein Volontariat bei der *Hannoverschen Presse* begonnen, damals die auflagenstärkste Zeitung in Niedersachsen. Und einer der merkwürdigsten ersten Aufträge, den ich vom Lokalchef erhielt, einem eleganten Marineoffizier und U-Boot-Fahrer a. D., der gern von seinen Erlebnissen im Seekrieg erzählte, hieß: »Gehen Sie raus und stellen Sie im Stadtinneren anhand der Kennzeichen die Nationalität der Besitzer aller geparkten Automobile fest.« Ich hatte schnell begriffen, worauf es ankam: je mehr Ausländer, desto besser – natürlich für die Story und damit für mich, vor allem aber für die Bedeutung der Stadt Hannover. Brav notierte ich die Nummern und fand bald heraus, dass die meisten ausländischen Besucher aus den skandinavischen Ländern, aus Belgien oder Holland stammten. Es war eine kleine und gänzlich unbedeutende Story, aber als Stimmungsbarometer war sie für die Lokalseiten wichtig, denn die Hannoveraner feierten voller Stolz die wachsende Internationalität ihrer Stadt. Sie befanden sich, so will es mir im Rückblick scheinen, in ihrem alljährlichen Frühjahrsmesserausch.

Mit dem Sprung aus dem viel kleineren Marburg und den unbedeutenden Provinzstädtchen Korbach oder Bad Hersfeld in die niedersächsische Großstadt war ich mitten im anhebenden Wirtschaftswunder mit all seinem Glanz und Gloria gelandet. Zwar gab es an allen Ecken und Enden noch Ruinen, aber der Stadt war ja mithilfe der britischen Besatzer Ende der Vierzigerjahre gelungen, Ort der großen deutschen Handelsmesse zu werden, die ursprünglich in Leipzig beheimatet war. Auch dort existierte noch eine Messe, im Vergleich zu Hannover jedoch geradezu kümmerlich, denn sie war mit Gründung der DDR weitgehend auf den Handel zwischen den Ländern des Ostblocks geschrumpft. Erst später erlangte Leipzig dann für den Ost-West-Handel einige Bedeutung, und ihr alljährlich von der SED mit einem Rundgang ihres Generalsekretärs gefeiertes Eröffnungsritual sollte ich – für jeden DDR-Korrespondenten einer der wichtigsten Pflichttermine – gut dreißig Jahre später bis zum Überdruss kennenlernen. Hannover dagegen mauserte sich schnell zum international bedeutenden Handelsplatz, zu dem mehr und mehr Kaufleute aus aller Herren Länder strömten. Seine Industriemesse wurde in den Fünfzigerjahren geradezu zum Symbol für das viel bestaunte deutsche Wirtschaftswunder, und es war Caterina Valente, die mit einem Lied von Peter Alexander die Stimmung jener Jahre treffend wiedergab: »Es geht besser, besser, besser/Immer besser, besser, besser/Denn wir haben viel geschafft in kurzer Zeit … Wir schaffen wahre Wunder/ Und die kann jeder seh'n.«

War es nicht Ludwig Erhard höchstpersönlich, der dieses »wahre Wunder« mit Konsumempfehlungen anfeuerte – frei nach dem Motto: »Jeder deutsche Haushalt muss einen Kühlschrank haben«? Kamen danach nicht bald der Elektroherd, der Fernseher, das Automobil, dann die Waschmaschine und, relativ spät, der automatische Geschirrspüler dazu?

Aber es gab, als ich nach Hannover kam, noch ein zweites »Wunder«, und der es angeblich vollbrachte, das lernte ich bald, war Stadtbaurat und hieß Rudolf Hillebrecht. Nach seinen Plänen entstand aus den

Trümmern der alliierten Flächenbombardements die erste autoge-
rechte Stadt in Deutschland. Der gebürtige Hannoveraner, Architekt
von Beruf, hatte 1944 dem »Wiederaufbaustab« Albert Speers angehört, der Pläne für die Erneuerung der im Luftkrieg verheerten deutschen Städte ausarbeiten sollte – für die Zeit nach dem »Endsieg«, wie
es sich damals verstand. So bastelten dessen Mitglieder noch gegen
Ende des Krieges an Stadterneuerungskonzepten, die – nach US-
amerikanischem Vorbild – alle von einer stark anwachsenden Auto-
mobildichte ausgingen, deshalb einen Funktionalismus mit einem ver-
kehrsgerechten Netz möglichst breiter Straßen vorsahen und keine
Rücksicht auf alte Bebauungspläne oder das krähwinklige Parzellen-
denken der Grundbesitzer nahmen. Wenig erstaunlich in einem System,
das vor dem Krieg den Volkswagen-Massenverkehr anstrebte, dafür
Autobahnen baute und dessen Lieblingsarchitekt in Berlin riesige Ost-
West- und Nord-Süd-Achsen für Hitlers Wahnhauptstadt Germania
schlagen ließ. Und kursierte damals nicht der zynische Architekten-
spruch: »Die alliierten Bomber nehmen uns die Arbeit ab, wenn wir
endlich die letzten hässlichen Mietskasernen der Gründerzeit beseitigen, um an die Modernisierung und Auflockerung unserer Städte und
Wohnviertel zu gehen«?

Jedenfalls entstand, auf mancher dieser Planungsideen, wenn auch
ganz unideologisch, aufbauend, in Hillebrechts zertrümmerten Heimatstadt ein Modell moderner Urbanistik, das dem damaligen Zeitgeist
voll entsprach und nach wenigen Jahren zum Pilgerort für zahllose
Stadtplaner des In- und Auslands wurde. Zunächst wenigstens. Der
Spiegel nannte eine seiner Titelgeschichten 1959 gar »Das Wunder von
Hannover«, und als die Westberliner darangingen, eine Stadtautobahn
zu planen, suchten sie wie selbstverständlich den Rat des inzwischen
international renommierten Hillebrecht. Der hatte Hannovers durch
achtundachtzig Luftangriffe in Grund und Boden gebombte Innenstadt
mit einem Ring breiter Straßen umgürtet und mehrspurige, Tangenten

genannte Autotrassen geschaffen, die den Durchgangsverkehr an die Stadtränder verlegten. In vielem war er, der sich stets auf eine ihm beinahe hörig-ergebene sozialdemokratische Stadtverwaltung stützen konnte, seiner Zeit voraus. Etwa mit seiner Vorliebe für große Verkehrskreisel, die er ampelbewehrten Kreuzungen vorzog; auch mit seiner Entscheidung, Hochhäuser als »Verkehrsmagneten« aus dem Stadtzentrum zu verbannen. Ebenso schuf er eine der ersten deutschen Fußgänger- und Einkaufszonen nahe dem Hauptbahnhof. Sein größter Erfolg aber war ein Flächennutzungsplan, von dem er die Grundbesitzer zu überzeugen wusste und sie sogar dazu brachte, im Zentrum etwa 15 Prozent ihres Besitzes an Grund und Boden zugunsten moderner, verbreiterter Straßen kostenlos der Stadt zu überlassen.

So war Hillebrecht, als ich nach Hannover kam, ein unumstrittener, viel gefeierter, berühmter Experte und zweifellos der bekannteste Bürger über die Grenzen der Stadt hinaus. Doch die Zeiten ändern sich. Heute wird, was er damals schuf, eher distanziert, wenn nicht äußerst kritisch betrachtet. Der Aufbauwut und Hybris der frühen Nachkriegsjahre, vor allem der Rücksichtslosigkeit, mit der »Macher« Hillebrecht zu Werke ging, ist vieles Erhaltenswerte und Identitätsstiftende der Abrissbirne zum Opfer gefallen – etwa das romantisch-klassizistische Friederikenschlösschen. Denkmalspflege zählte zu seinen Stärken nicht. Bei allen Verdiensten hat Hillebrecht Hannover nach heutigen Begriffen vielleicht nicht gerade ermordet – ein Verbrechen, dessen der konservative Architekturkritiker Wolf Jobst Siedler schon 1964 die meisten Städtebauer der Nachkriegszeit schuldig sprechen sollte. Aber seine verkehrsgerechte, damals moderne Weitläufigkeit hat zweifellos zur Gesichtslosigkeit der Stadt beigetragen. Sein »Abgesang auf Putte und Straße, auf Platz und Baum« (Siedler) hat die emotionale Bindung des Bürgers zerstört und dafür gesorgt, dass dieses in der Euphorie der Aufbaujahre einst viel bewunderte Hannover heute zu großen Teilen langweilig und unwirtlich wirkt.

In diesem »Wunder«-Hannover, das jedoch noch im Stadium des Entstehens war, durchlief ich als Volontär alle Stationen, die ein angehender Journalist bei einer Zeitung damals passieren musste: nach dem Lokalen das Wirtschafts-, dann das Politikressort. Beide aber nur kurz, denn mein Ziel war von Anfang an die Feuilleton-Redaktion. Dort landete ich – nach einer Verkürzung des Volontariats – alsbald als Jungredakteur.

Mein Chef war der für die künstlerische Moderne aufgeschlossene Friedrich Rasche, der sich nur mit Mühe als Feuilletonist beim *Hannoverschen Anzeiger* durch die NS-Zeit hatte bringen können und jetzt in seinen Artikeln für »befreite«, wie er gern sagte, also für einst als entartet verfemte oder politisch unerwünschte Malerei, Grafik und Literatur warb. Wegen Beiträgen einiger vom NS-Regime mit Bann belegter Autoren hatte er als Redaktionsleiter wiederholt Publikationsverbote erhalten. Seine Frau Hildegard, eine gelernte Bibliothekarin, war nach NS-Kriterien eine »Halbjüdin« und durfte deshalb seit 1938 keine Theateraufführung mehr besuchen. Als stille Protestdemonstration ließ der Theaterkritiker Rasche deshalb bei Premieren stets einen Platz neben sich frei, denn als Rezensent – dieser Höflichkeitsrespekt wurde ihm von der Theaterintendanz noch erwiesen – erhielt er für jede Premiere jeweils zwei Freikarten. Rasche war übrigens ein enger Freund des »militanten« Antimilitaristen Erich Kästner. Die beiden kunstsinnigen und promovierten Sachsen – der eine aus Radeberg bei Dresden, der andere aus Dresden-Neustadt gebürtig – hatten in den frühen Zwanzigerjahren zusammen in der Feuilleton-Redaktion des *Leipziger Tageblatts* gesessen, an einem großen Schreibtisch und einander gegenüber, wie Rasche mir einmal erzählte.

Beide überstanden das zwölf Jahre währende »Tausendjährige Reich« in innerer Emigration, Kästner sogar als erfolgreicher Drehbuchautor, der sich allerdings hinter Pseudonymen verbergen musste. Der studierte Theologe und Germanist Rasche, Mitglied des wieder gegründeten deutschen PEN, als Teil des internationalen Autorenverbands (Poets, Essayists, Novelists), schrieb Gedichte und Erzählungen, von denen einige nach dem Krieg in der *Zeit*, viele im eigenen Blatt veröffentlicht wurden. Übrigens war er 1941 beim *Hannoverschen Anzeiger* Lehrmeister des achtzehnjährigen Abiturienten und Volontärs Rudolf Augstein, der damals in sich eine lyrische Ader spürte und sich an Gedichten versuchte. Augstein sah auch nach seiner Volontärzeit in Rasche lange eine Art väterlichen Freund – aber als er, bereits Chef des gerade in Hannover gegründeten *Spiegel*, sich 1947 an ein Drama wagte, verriss dieser ohne Ansehen der Person das Stück, sprach von einem »Häuflein raschelnden Papier« und schrieb: »Nein, diese Uraufführung durfte nicht sein.« Wenn Augstein sich danach ganz auf den Journalismus konzentrierte und den *Spiegel* schließlich zu einem journalistischen Leitmedium entwickelte, ist dies zweifellos auch Rasche zu verdanken, dessen schonungslose Kritik der künftige Pressemagnat zunächst jedoch als eine Art »Verrat« empfand.

Lyrischer Anwandlungen oder gar dramatischer Ambitionen war ich gewiss nie verdächtig, und so bestand mein Anfängeralltag zunächst darin, unter den zahllos uns zugesandten Manuskripten eine möglichst gelungene Kurzgeschichte auszuwählen, die – obschon von literarischer Qualität – eher der Unterhaltung dienen sollte, um die Leser des durchweg ernsthaft-kritischen Rasche-Feuilletons bei der Stange zu halten. Als einer der kurzweiligsten und zugleich gescheitesten Autoren von Kurzgeschichten ist mir heute vor allem Wolfdietrich Schnurre in Erinnerung. Bald war ich auch für den Umbruch der Feuilletonseiten zuständig – eine Tätigkeit, die einem Volontär heute, da Desktop-Publishing beinahe die Regel ist, Satz und Layout also am Computer geschehen, beinahe mittelalterlich vorkommen würde. Damals aber gab es noch Setzer, die an ratternden und klappernden Linotypemaschinen saßen, die Schreibmaschinenseiten der einzelnen Artikel per Rohrpost empfingen und mühsam in Bleisatz verwandelten. Die bleiernen Zeilen wurden dann von Metteuren in stählerne Satzschiffe gehoben, deren Format denen der Zeitungsseiten entsprach. Meine Aufgabe als Umbruchredakteur war es, zu lang geratene Artikel, die nicht mehr in das »Schiff«, also die Seite passten, zusammen mit einem Metteur sinnvoll zu kürzen, auch hatte ich bei Überschriften die Schriftgröße der Lettern, die ja noch mit der Hand gesetzt wurden, zu bestimmen und für zu lang geratene mir neue und vor allem kürzere auszudenken.

Die Gespräche mit den Setzern und Metteuren am Umbruchstisch habe ich in bester Erinnerung, denn zwischen Redakteuren und Setzern/Metteuren herrschte eine Art Gleichberechtigung, man ging durchaus respektvoll miteinander um. Die Setzer waren gebildet, schon weil sie an ihren Setzmaschinen mitdenken mussten, auf Satzbau, Grammatik und Satzzeichen wie Komma oder Punkt zu achten hatten. Und wie die Buchdrucker fühlten sie sich als Aristokraten der Arbeiterklasse. Artikel, die ihnen zu intellektuell-hochgestochen erschienen, Überschriften, die sie zu holprig fanden oder die nicht in ihr politisches Weltbild passten, versahen sie mit meist lustig-widerborstigen, ruppigen Kommentaren, die den abgehobenen Feuilleton-Redakteur oft auf den Boden der Realität zurückholten. Das Gehalt wurde in den ersten Jahren, heute kaum vorstellbar, allen Beschäftigten – Setzern, Druckern wie auch uns Redakteuren – monatlich noch in Lohn- beziehungsweise Gehaltstüten bar, jeweils zum Zahltag und gegen quittierte Unterschrift überreicht.

Zu meinen Aufgaben im Feuilleton gehörten vor allem kurze Besprechungen der oft zweimal wöchentlich wechselnden Filme in den Kinos, von denen es damals in Hannover noch zahlreiche gab. Da es sich nicht selten um romantische Heimatschmonzetten oder Western der B-, wenn nicht der C-Klasse handelte, gerieten meine Kritiken häufig zu bissigen Verrissen. In Marburg hatte ich einem kleinen Germanisten-Freundeskreis angehört, der Feuilletonisten der Weimarer Zeit,

vor allem Tucholsky, Alfred Kerr und Alfred Polgar, bewunderte. An
ihnen bei kurzen Filmkritiken Maß zu nehmen, das erfuhr ich bald, war
in der Provinzmetropole Hannover allerdings ein verhängnisvoller Fehler. Nach wenigen Monaten sprachen die Kinobesitzer beim Verleger
vor und drohten mit Anzeigenboykott, falls die geschäftsschädigenden,
von mir mit »pm« gezeichneten Kritiken weiter so negativ bleiben sollten. Was einen väterlich-ironisch, aber verständig lächelnden Friedrich
Rasche dazu brachte, mich künftig ein wenig um Mäßigung zu bitten.

Allerdings durfte ich dann bald auch wichtigere Filme besprechen: ...
denn sie wissen nicht, was sie tun mit James Dean, *Des Teufels General* mit
Curd Jürgens und Viktor de Kowa, *Der Cornet – Die Weise von Liebe und
Tod* nach Rainer Maria Rilke, *Canaris* mit O. E. Hasse, Martin Held
und Barbara Rütting oder – unvergesslich! – Elia Kazans *Die Faust im
Nacken* mit dem jungen Marlon Brando. Dazu kamen, was mir schon in
den Marburger Zeiten zur Routine geworden war – Beiträge zum politischen Feuilleton, Berichte über Vorträge, Diskussionen oder auch
Tagungen etwa der Evangelischen Akademie in Loccum, ebenso Buch-
kritiken.

Zu mancher Besprechung eher unbedeutender Filme flüchtete ich
mich in eine Weinstube mit antikem Mobiliar, die im Souterrain einer
Seitenstraße des Opernhauses lag und die Gottfried Benn in einem
längeren Essay als »Weinstube Wolf« geadelt hatte. Zu Benns Zeiten
hatte sie sich im zweiten Stock eines inzwischen durch Bomben zerstörten Gebäudes am Aegidientorplatz befunden, und dort hatte er
1935 seinen Offizierskameraden seinen Einstand gegeben. In Hannover verbrachte er die erste Zeit nach seinem relativ kurzen faschistischen
Sündenfall – jene anderthalb Jahre während, manchmal geradezu
pathetischen Parteinahme für den »Neuen Staat« und das NS-Regime –,
der mit seinem Erschrecken über die ungesühnte und vom »Führer« verordnete Mordserie beim sogenannten Röhm-Putsch ein abruptes Ende
nahm. »Es gibt keine Worte für diese Tragödie mehr. Ein deutscher

Traum – wieder einmal zu Ende«, schrieb er damals seinem Freund Friedrich Wilhelm Oelze in Bremen.[25] Es waren nicht nur ökonomische Sorgen, die ihn nach Hannover trieben – seine Gedichte wurden nicht mehr gedruckt, die neuen Herren spürten in ihm den Dichter des alten, verhassten Expressionismus auf, prangerten ihn als Entarteten und Nihilisten an. Und der *Völkische Beobachter*, das offizielle Blatt der NSDAP, nannte ihn bald einen »Kulturbolschewisten«, der in »stinkenden Wunden« und in Erotik wühlt. Da wählte der Dermatologe Benn nicht die innere, er wählte die »aristokratische Form der Emigration«, wie er das nannte: Er wurde Oberstabsarzt des im Zeichen der Aufrüstung expandierenden Heeres und brachte es als Sanitätsoffizier schließlich bis Kriegsende zum Oberst mit den Äskulapstäbchen auf den Schulterklappen seiner Uniform.

Wie einer der beiden Wolf-Söhne erzählte, die nach dem Krieg die Tradition des Weinhauses ihrer Mutter als Brüder in ebenjenem Souterrain fortzusetzen versuchten, sei Benn damals in feldgrauer Uniform, gelegentlich aber in Zivil gekommen – ein relativ kleiner, untersetzter Herr mit riesigem Rundschädel, meist allein an einem Tisch sitzend, der seine zwei Viertel Wein getrunken, einsam und etwas verloren gewirkt und die mütterliche Zuwendung der Wirtin gesucht habe. In seiner Hannoverschen Zeit entstehen die ersten jener *Statischen Gedichte*, die mit Blick auf seinen Nazi-Sündenfall nach dem Krieg zunächst kein deutscher Verleger veröffentlichen wollte. Sie erschienen deshalb 1948 in der Schweiz, wurden von der Kritik geradezu enthusiastisch aufgenommen und verhalfen ihm zu einem großartigen Comeback, der seinen zweiten Ruhm begründete. Kaum einer in meinem Freundeskreis, der sich nicht an seinen Gedichten berauschte – an seinem »schmerzlich süßen Vergangenheitston«, wie sein großer Antipode Bert Brecht einmal eher kritisch-verächtlich anmerkte.

Benn wurde auf seine Art zum Dichter der Adenauerzeit, ausgezeichnet schon 1951 mit dem ersten Georg-Büchner-Preis. Seine Verse sind voller Anspielungen auf Mythisches, Antik-Mittelmeerisches; alle Schönheit ist vergänglich wie die der Blumen, und der Naturwissenschaftler in ihm beschwört auch die Evolution als Morgenröte und Menschheitsdämmerung:

O dass wir wie unsere Urahnen wären.
Ein Klümpchen Schleim in einem warmen Moor ...

Ich frage mich oft, wie Benns Lyrik heute aussehen würde, da wir das Anthropozän ausrufen und unsere technischen Errungenschaften, unser Konsumrausch und unser Verschleiß aller Ressourcen die künftigen Lebensgrundlagen des Homo sapiens ruinieren. Wären seine Gedichte noch melancholischer und noch todessüchtiger?

Für viele junge Lyriker war Benn damals ein dichterisches Leitgestirn, aber seine Meinung: »Kunst kann die Welt nicht ändern«, diese Absage an engagierte Literatur ging mir bei aller Bewunderung doch gegen den Strich. Benn spricht einmal vom Dichten als der »Wollust der Unverantwortlichkeit« – und das war nun meine Sache nicht. Brecht lag mir in dieser Frage da schon näher – nicht weil inzwischen einige Experten den Lyriker Brecht sogar über den Dramatiker stellen, sondern weil er mit seinem belehrend-erzieherischen Bühnengestus wenn nicht die Welt, dann doch die Menschen hatte bessern wollen. Kein Geringerer als Kurt Tucholsky nannte in den Zwanzigerjahren Benn wie Brecht die »größten literarischen Begabungen«, die in Deutschland lebten. Die großen Antipoden starben beide 1956, aber in den Nachrufen meines Feuilletonmeisters Rasche wurde klar, dass auch er bei aller Hochachtung vor Benn doch dem Weltverbesserer Brecht den Vorzug gab.

Ein Comeback, vergleichbar dem Benns, feierte in diesen Jahren – Grass, Martin Walser, Hans Magnus Enzensberger oder Walter Kempowski waren da noch sehr fern – ebenso Ernst Jünger, der nach 1945 zunächst mit Publikationsverbot belegt worden war. Aber mit seinem Pariser Tagebuch *Strahlungen*, seinem utopischen Roman *Heliopolis* und seinem Essay *Der Waldgang* wiederentdeckt und von meist konservativen Rezensenten gefeiert wurde. Mein Lehrer Werner Milch in Marburg hatte übrigens Benn wie Jünger als »nachfaschistische Denker« geschätzt. Sie standen ihm näher als jene »pharisäischen Antifaschisten«, die immer genau »vom Schuldigsein der anderen« wussten. Benn und Jünger dagegen schrieben über die furchtbaren Jahre, die sie »geschüttelt«, aber auch »gewandelt« hätten und vor allem, so Milch: Sie verleugneten ihre Vergangenheit nie.

Rasche hielt engen Kontakt zu Wolfgang Hildesheimer, dem Fabulierer der *Lieblosen Legenden* und Mozart-Biografen, der als Kind 1933 mit seinen Eltern nach Palästina emigrierte, beim Nürnberger Tribunal dolmetschte und sich dann in München niederließ. Er schätzte die Lyrik zweier konservativer und betont christlicher Dichter der inneren Emigration, Werner Bergengruens und Reinhold Schneiders, vor allem die Sonette und Erzählungen des Letzteren, in der dieser Position gegen Größen- und Rassenwahn bezog. Zu seinen vielen Freunden, die bei uns in der Redaktion vorbeischauten, um ein Gedicht oder eine Erzählung abzugeben, zählte der Lyriker Karl Krolow, der 1956 mit dem Georg-Büchner-Preis ausgezeichnet wurde.

Die Autoren der zwei wichtigsten deutschen Romane des Jahres, in dem ich als Volontär begann, waren Heinrich Böll und Wolfgang Koeppen. *Und sagte kein einziges Wort* hieß das Werk Bölls, des Schriftstellers der Kriegs- und Heimkehrergeneration, das von Koeppen *Das Treibhaus*. Böll beschrieb eine Ehekrise, in der sich das ganze Elend jener materiellen wie seelischen Trümmerlandschaft entfaltete, die der Krieg hinterlassen hatte. Beide Romane, Bölls wie Koeppens, handelten praktisch von der eher schwarzen Kehrseite der strahlenden Wirtschaftswunderwelt, aber was Koeppen zu Papier gebracht hatte, sollte zu einer Art Schlüsselroman über die damalige politische Kultur der

Bundesrepublik geraten. Felix Keetenheuve, der Held seines Romans, kehrt als Remigrant nach Deutschland zurück und hofft dort auf Wandlung, weil er seine Jugendträume von einer besseren Welt wahrmachen will. Träume allerdings, die er im berüchtigt schwülen Treibhausklima des Bonner Talkessels bald zerplatzen sieht. Als Bundestagsabgeordneter der Opposition wird er Zeuge, wie die alten politischen »Versager der Weimarer Zeit« wichtige Positionen besetzen und wie Ex-Nazis und Mitläufer wieder an die Macht kommen. Er spielt hier auf eine Artikelserie von Michael Mansfeld an, die im September 1951 unter dem Titel »Ihr naht euch wieder …« in der *Frankfurter Rundschau* auf die Tatsache aufmerksam machte, dass viele der im neuen Auswärtigen Amt (AA) tätigen Diplomaten ehemalige NSDAP-Mitglieder gewesen seien. Darauf in einer seiner Teegesellschaften angesprochen, die er damals für Bonner Pressevertreter gab, antwortete Adenauer, der alte Nazigegner, als trockener Pragmatiker und zitierte das rheinische Sprichwort: »Man schüttet kein dreckiges Wasser aus, wenn man kein reines hat.« Allerdings leitete die Bundesregierung ein Ermittlungsverfahren gegen die in der Artikelserie genannten Diplomaten ein, und der Bundestag beschloss einen Untersuchungsausschuss, der Mansfelds Recherchen überprüfen wollte. Er kam zu dem Schluss, dass von insgesamt einundzwanzig Diplomaten des höheren Dienstes nur fünf uneingeschränkt für den Dienst im Auswärtigen Amt geeignet seien.

Koeppens Held, ein sensibler, Baudelaire liebender Intellektueller, der die kleinlichen Kompromisse pragmatischer Politik verachtet, kämpft als Pazifist einen vergeblichen Kampf gegen die Wiederaufrüstung. Zutiefst enttäuscht und demoralisiert, stürzt er sich eines Nachts von einer Brücke in den Rhein. Es ist ein damals viel beachteter Roman gegen die Restauration, und nicht zufällig erschien er 1953, einem hochpolitischen, für die deutsche Nachkriegsentwicklung entscheidenden Jahr: Im Mai ratifizierte der Bundestag den Deutschlandvertrag und damit die deutsche Wiederaufrüstung, wenn auch im

Rahmen einer Europäischen Verteidigungsgemeinschaft (EVG). Am 17. Juni legten die Bauarbeiter der Stalinallee und die Stahlwerker von Hennigsdorf in Ostberlin die Arbeit nieder und lösten einen Volksaufstand in der DDR aus. Im September schließlich fuhr Konrad Adenauer einen triumphalen Wahlsieg ein und verfügte mit seiner neuen Regierungskoalition über die Zweidrittelmehrheit im Bundestag. Literarisch fing Koeppen mit seinem Roman ein, was die Deutschen damals in zahllosen Diskussionen bewegte: Welches politische Ziel hat Vorrang – Westintegration mit Remilitarisierung oder Wiedervereinigung? Und: Schließt das Erstere das Zweite aus? Der September-Triumph des Kanzlers hatte vielleicht die Debatte darüber nicht beendet, aber doch die politische Alternative klar zu seinen Gunsten entschieden und den kommenden politischen Kurs eindeutig festgelegt.

Die realitätsferne und nahezu hysterische Art, mit der die Sozialdemokraten unter dem Schumacher-Nachfolger Erich Ollenhauer auf die Wahlniederlage reagierten – sie büßten sogar einige Prozentpunkte hinter dem Komma gegenüber ihrem schlechten Ergebnis von 1949 ein –, sie läutete auch den Niedergang der sozialdemokratischen Zeitungen ein, dessen Zeuge ich in den kommenden Jahren werden sollte. Bis Mitte 1955 jedenfalls sank die Auflage der *Hannoverschen Presse* von einst rund 370 000 im Jahr 1947 auf 132 000, ein Schrumpfungsprozess, mit dem sie als SPD-nahe Zeitung nicht allein stand. Der Berliner *Telegraf* hatte 1948 eine Auflage von rund 500 000, 1963 lag sie bei gerade noch 93 000. Zu den Ursachen zählen zweifellos die Währungsreform und vor allem das Wiederaufleben, das die bürgerliche Heimatpresse seit dem Wegfall der Lizenzpflicht 1949 erfuhr. Aber das ist nur die halbe Wahrheit. Ein großer Teil dieses Niedergangs war zweifellos selbst verschuldet, einfach weil die meisten Chefredakteure und Verleger eher Parteimanager denn »Blattmacher« waren.

Dabei hatte die *Hannoversche Presse*, bei der ich begann, ursprünglich nicht als Parteiorgan, sondern als modernes Nachrichtenblatt begonnen, eines jedoch mit sozialdemokratischer Tendenz. Aber eine Tendenz ist nicht gleich Parteifrömmigkeit, sie schließt kritisches Hinterfragen von Entscheidungen der Partei, der man nahesteht, keineswegs aus. Wir im Feuilleton jedenfalls fühlten uns völlig frei von politischen Zwängen, und das galt auch für die jeweiligen Lokalredaktionen, denn die Tageszeitung erschien außer in Hannover zunächst in etwa dreißig Landkreisen. Selbst der Leiter der Wirtschaftsredaktion fühlte sich relativ frei, auch wenn er in seinen Kommentaren öfter für die Arbeitnehmer denn für die Arbeitgeberseite Partei ergriff. Doch galt all dies leider nicht für den politischen Teil, der fest an der Leine der »Baracke« lag, jenes für den Tag der ersehnten und bald erhofften Wiedervereinigung bewusst als Provisorium errichteten Parteihauptquartiers, das 1951 für den Umzug des Büros Schumacher aus der Hannoverschen Odeonstraße in die Bundeshauptstadt in Bonn entstand.

Nach der katastrophalen Wahlniederlage vom September 1953 hätte es wahrlich nahegelegen, nach den Ursachen zu fragen: Hatte die Partei vielleicht den falschen Kandidaten? Warum fehlte es ihren Argumenten an Überzeugungskraft? Was hatte sie falsch gemacht, was musste sie aus diesen Fehlern lernen? Aber Wilhelm Korspeter, der damalige Chefredakteur, fragte nicht etwa, ob mit Erich Ollenhauer, dem Typ des ewigen Sekretärs, ein Mann ohne jedes Charisma an die Spitze der Partei gerückt war, der weder dem Format noch der Statur noch gar den Maßstäben des ein Jahr zuvor gestorbenen Kurt Schumacher genügte. Er übernahm in seinem Kommentar schlicht die Parolen Ollenhauers und des SPD-Hauptquartiers, der zufolge die Adenauer-CDU eine Vereinigung aller jener politischen Kräfte sei, die sich vor dem Machtantritt der Nationalsozialisten in der Weimarer Zeit zur Harzburger Front zusammengeschlossen hätten. Ollenhauers Pressechef Fritz Heine malte gar die Entwicklung der Bundesrepublik zu einem autoritären Staat an die Wand und nannte das Wahlergebnis den Anfang vom Ende der Demokratie. Dabei verdiente Korspeter als

Person höchsten Respekt: Er, der in den Zwanziger- und frühen Dreißigerjahren als Journalist bei der Bielefelder *Volkswacht*, einem stram-
men Parteiblatt gearbeitet hatte, war trotz mehrfacher Gestapovorla-
dungen seinen Überzeugungen auch im »Dritten Reich« treu geblieben
und hatte sich als Verkäufer in einem Lebensmittelladen durchgeschlagen, den seine Frau nach dem Ermächtigungsgesetz 1933 eröffnete.
Nach dem Krieg zunächst Stadtrat in Magdeburg, widersetzte er sich
der Zwangsvereinigung und floh nach Hannover. Mit ihm kam damals
Gustav Schmidt-Küster, ein gelernter Buchhändler, dessen Buchhand-
lung während der NS-Zeit ein heimlicher Treffpunkt ehemaliger Sozialdemokraten gewesen war. Schmidt-Küster wollte 1946 ebenfalls der
SED nicht beitreten und hatte daraufhin vier Monate in NKWD-Haft
gesessen. Er avancierte vom Buchhändler gleich zum Verleger der
Hannoverschen Presse. Beide waren treue, gestandene Sozialdemokraten,
beide hatten sich in den NS-Jahren »sauber« gehalten und nicht »den
Charakter erkältet«, wie das der Moralist Schumacher einmal nannte.
Und beide kämpften gegen die Anfänge jenes neuen autoritären Systems, das sich im Osten Deutschlands herauszubilden begann.

Alles das ehrt sie. Aber beide waren vom Typ und Habitus her der
Weimarer Zeit verhaftet: bieder, parteitreu und gewohnt, den Anordnungen, sachlichen Entscheidungen und Parolen der Parteiführung
nahezu kritiklos zu vertrauen. Beide gehörten in den ersten Jahren nach
dem Krieg zu jenem Korps reaktivierter Funktionäre, auf die Schumacher, aus Weimar lernend, eigentlich lieber verzichtet hätte – was er
sich aber nicht leisten konnte, weil er sie einfach brauchte, um die SPD
als Massenpartei wiederaufzubauen. Kurzum: Politisch steuerte die
Hannoversche Presse den Kurs der »Baracke«. Die Kritik Ernst Reuters
etwa, der an der wichtigsten Wahlparole Anstoß nahm, dass nämlich
morgen schon wegen Erhards liberaler Wirtschaftspolitik eine furcht-
bare Wirtschaftskrise hereinbrechen werde, war der Erwähnung nicht
wert. Dabei beanstandete Reuter, den der verstorbene Schumacher

etwas herablassend gern den »Präfekten« von Berlin genannt hatte, durchaus zu Recht, dass die Partei ihre eigenen Ziele nicht wirksam umrissen und lediglich gesagt hätte, was sie nicht wolle, dass sie sich als »Neinsager-Partei« darstellte, die ewig »anbelle gegen Tatsachen, die stärker seien als sie«.[26]

Doch all dies fand im politischen Teil des Chefredakteurs Korspeter keinen Widerhall. Er verstand die Zeitung als Parteivermögen, zugehörig der Konzentration, einer beim Parteivorstand angesiedelten Interessengemeinschaft sozialdemokratischer Zeitungsverlage und Druckereien, die in der Tat davon ausging, dass die jeweiligen Verleger nicht selbstständige, eigenverantwortliche Geschäftspersonen, sondern lediglich Treuhänder der Partei seien. Ihre Chefredakteure wiederum hatten die Verpflichtung, die von der Sozialdemokratie »gemeinsam erarbeitete und beschlossene Politik« publizistisch zu vertreten. Darauf achtete penibel SPD-Pressechef Fritz Heine, der sich allmorgendlich die Blätter der Konzentration-GmbH auf den Tisch legen ließ und sich telefonisch prompt beim zuständigen Chefredakteur beschwerte, wenn ihm Kommentare, Schlagzeilen oder Bilder als zu wenig parteinah missfielen.

Auch Heine hatte Verdienste, die ihn ehrten: Vor dem Verbot der SPD hatte er 1933 das Barvermögen der Partei nach Prag retten können, von dort aus Kontakt zu sozialdemokratischen Untergrundgruppen gehalten. Und im französischen Exil ermöglichte er, zusammen mit dem amerikanischen Journalisten Varian Fry, Hunderten deutsch-jüdischer Exilanten in Marseille die Flucht nach Übersee. Aber er, der sich selbst nach London retten konnte und dort beim Exilvorstand der Partei tätig war, hatte schon 1928 die Propaganda-Abteilung der SPD aufgebaut, blieb auch jetzt einer jener Altfunktionäre, die aus der gesellschaftlich engen Haut der klassenorientierten Partei der Weimarer Zeit nicht schlüpfen konnten. Heine war einer der Hauptverantwortlichen für die eindeutig missglückte Wahlkampfführung seiner

Partei – und damit für das niederdrückende Wahlergebnis. Dieses war ja weitgehend auf Heines Verzicht auf moderne Werbemethoden und vor allem Meinungsumfragen zurückzuführen.

In meinen Feuilleton-Jahren, so lehrreich und interessant sie waren, entdeckte ich, dass mein Interesse doch eher der Politik als Buchbesprechungen, Filmkritiken oder der Berichterstattung über Vorträge und Tagungen galt und ich eigentlich eher in die politische Redaktion gehörte. Nur bitte nicht bei dieser Zeitung und schon gar nicht in dieser Redaktion, dachte ich und fuhr eines Tages nach Essen. Dort gab es ein Blatt, das sich Heines Auflagen zäh und erfolgreich widersetzte, das 1953 aus der Konzentration-GmbH ausschied und sich danach schlicht als Linkszeitung verstand: die *Neue Ruhr Zeitung* (*NRZ*) mit ihrem Verleger Dietrich Oppenberg. Mit ihm wurde ich im Spätherbst 1956 rasch handelseinig und fing 1957 dort als Redakteur für Innenpolitik mit dem Auftrag an, die Seite Zwei zu gestalten, auf der Hintergrundberichte, Kommentare und längere Interviews erschienen.

Welch ein Klimawechsel, kann ich da nur sagen, denn in Essen wehte ein freierer, frischerer Wind. Allein die Kommentierung der Wahlniederlage 1957 in Hannover und Essen zeigt den Unterschied der Welten. Adenauer hatte mit 50,2 Prozent aller abgegebenen Stimmen die absolute Mehrheit seiner Partei im Bundestag erreicht (ein Ergebnis, das sich für eine Partei seither nie wiederholen sollte), die SPD dagegen nur drei Punkte zugelegt. In Hannover warnte ein reichlich gequält sich windender Leitartikel wiederum vor einem autoritären Rechtsruck: der Versuchung der CDU, die Bundesrepublik nun in ein autoritäres Portugal à la Salazar zu verwandeln. Zwar forderte sein Autor, statt des parteifrommen Chefredakteurs nun der angeblich kritischere und jüngere Fried Wesemann, die SPD müsse künftig erreichen, was ihr diesmal misslungen sei: sich als große demokratische

Volkspartei vorzustellen. Aber in seinem Leitartikel fiel kein Wort zu der entscheidenden Frage, ob dies nicht eine Überprüfung der bisherigen Politik und vor allem einen attraktiveren Spitzenkandidaten verlange.

Genau diese Fragen aber wirft der Leitartikler der *NRZ* auf: Dass die SPD nicht eine Persönlichkeit auf den Schild gehoben hat, die »in allen Bevölkerungskreisen Resonanz findet«, benennt Chefredakteur Anton Müller-Engstfeld als den Hauptgrund des desaströsen Ergebnisses. Er verweist auf Carlo Schmid, der seinen Wahlkreis in Mannheim mit einem Vorsprung von sechstausend Erststimmen eroberte, obschon bei den Zweitstimmen, in denen es ja um die Landeslisten der Parteien geht, die CDU seines Gegenkandidaten vorne lag. Männer wie Carlo Schmid, der allein »dem Bundeskanzler das Wasser abgraben könnte«, in den Vordergrund zu rücken, so die *NRZ*, bedeute allerdings ein Programm: »Absage an die alten Zöpfe des Marxismus und an klassenkämpferische Tendenzen, die heute keine Berechtigung mehr haben.«

Politikchef Jens Feddersen gab den Schlagzeilen gern einen Hauch von Boulevard und lehnte, wie sein Verleger, jeden Kotau vor dem verknöcherten Apparat in der »Baracke« ab. Nach Essen hatte es ihn aus Berlin verschlagen, wo man spätestens seit der Luftbrücke mehr Verständnis für die Notwendigkeit der transatlantischen Allianz hatte als damals die meisten westdeutschen Sozialdemokraten, und es gelang ihm, mit seinen unabhängigen Kommentaren und durch Interviews auch mit Frei- und Christdemokraten, dem Blatt nationale Aufmerksamkeit zu verschaffen. Dabei half, dass er häufig Gast im Fernsehen war, im damals viel beachteten *Internationalen Frühschoppen* Werner Höfers. Aber einen nicht minder wichtigen Anteil hatte wohl die Tatsache daran, dass wir im politischen Teil bewusst jene Reformer zu Wort kommen ließen und stützten, die 1959 mit dem Godesberger Programm den Abschied von der traditionellen Klassenpartei besiegelten. Zu diesen

Reformern zählte bald auch Willy Brandt, der seit Nikita Chruschtschows Berlin-Ultimatum vom Herbst 1958 als Vorkämpfer der Freiheit nationale Statur gewonnen hatte. Die *NRZ* trug zweifellos zu
seiner wachsenden Popularität bei und half ihm gegen erhebliche
Widerstände in seiner Partei den Weg zur Spitzenkandidatur als Kanzlerkandidat zu ebnen.

Kaum einer damals, der sich nicht des schnellen Wiederaufbaus freute.
Jedes Mal, wenn ich mich vom Osten kommend dem Ruhrgebiet
näherte – ich pendelte damals einige Monate an Wochenenden auf der
Autotobahn zwischen Hannover und Essen –, nahm ich die Zunahme
mächtig dampfender, qualmender hoher Schlote rechts und links der
Fahrbahn fröhlich und zufrieden wahr, denn für mich waren sie Zeichen einer zunehmend florierenden Wirtschaft, Symbole des Auf-
stiegs also. Ökonomen halten dafür den neutralen nobleren Ausdruck
»Wachstum« parat.

Ökologisches Bewusstsein jedenfalls lag noch in ferner Zukunft,
und als der Kanzlerkandidat Willy Brandt im Wahlkampf 1961 forderte, der Himmel über dem Ruhrgebiet müsse wieder blau werden,
weil die Luftverschmutzung Rachitis, Leukämie und Krebs fördere,
wurde er vom Gegner verspottet: Er habe als Kandidat der Opposition den Wählern das sprichwörtlich Blaue vom Himmel versprochen.
Dabei hatte er nicht nur erstmals den Begriff einer nicht materiellen,
nicht nur an der Zahl der Kühlschränke, Waschmaschinen oder Automobile zu messenden Lebensqualität, sondern das Menschenrecht
auf saubere Luft, sauberes Wasser und eine nicht verseuchte Erde
in die politische Debatte geworfen. Er wagte damit einen, wenn
auch winzigen Vorgriff auf das, was der Club of Rome der ganzen Menschheit elf Jahre später ins Gewissen schreiben sollte: dass
schon um ihres Überlebens willen dem Wachstum Grenzen zu setzen
seien.

Im Rückblick scheint mir, die Kriegs- und Volksgemeinschaft hätte in diesen Jahren des Wirtschaftswunders geradezu aufbauwütig diesen Krieg vergessen machen wollen, die überfällige Reparaturarbeit vorwiegend aufs Materielle beschränkt und das »Deutschland, Deutschland über alles« von einst gegen ein »Wachstum, Wachstum über alles« getauscht. Mochten die Begriffe »Volk« und »Vaterland« durch die deutsche Katastrophe und das NS-Regime auch in Verruf geraten und das patriotische Selbstbewusstsein erschüttert worden sein, bildete sich mit dem Wirtschaftswunder langsam doch ein Ersatz, eine neue Art deutscher Stolz heraus – Stolz auf die wirtschaftliche Leistung, der sich Jahrzehnte später nicht selten zu einer Art D-Mark-Nationalismus mausern sollte.

Doch allen Künsten der Verdrängung zum Trotz, blieb das im Krieg Erlebte und Durchlittene immer präsent. So gab es – und wie hätte es nach sechs Jahren dieses mörderischen gegenseitigen Abschlachtens auch anders sein können – keine Redaktion, in der nicht ehemalige Landser oder abgemusterte Offiziere saßen. Meinen ersten Vertrag mit der *Hannoverschen Presse* handelte ich mit einem Oberst im Generalstab a. D. von Hackewitz aus, der als Chef vom Dienst nun, wenn auch verbindlich und höflich im Ton, für straffe Ordnung im redaktionellen Getriebe und für pünktlichen Andruck des Blatts sorgte; der Chef des Lokalen war, wie schon erwähnt, ein ehemaliger Marineoffizier. Und wenn ich wegen einer Rundfunksendung zum nahe gelegenen NDR-Funkhaus am Maschsee pilgerte, fand ich dort als Studiochef einen Major im Generalstab a. D. vor, dessen wichtigste Mitarbeiter fast alles abgemusterte Offiziere waren – ein Hauptmann der Panzertruppe, ein Hauptmann der Luftwaffe und ein Leutnant der Reserve.

Viele Gespräche am Arbeitsplatz oder in Kantinen kreisten um Kriegserlebnisse, um Schilderungen von Flucht und Vertreibung, um die Verheerungen deutscher Städte und die Tausende ziviler Opfer durch die Flächenbombardements der Alliierten. Vor allem Letztere

führten dazu, immer wieder die Frage aufzuwerfen: Waren es nicht nur
die Deutschen, die von den Alliierten im Nürnberger Tribunal wegen
Kriegsverbrechen verurteilt wurden, waren es nicht auch die »anderen«, die Gegner, die solche Verbrechen verübt und sich schuldig
gemacht hatten? »Wer richtet die Sieger?«, überschrieb Rudolf Augstein
in Hannover einen seiner ersten Nachkriegsartikel in einem Nachrichtenblatt, das zwei- oder dreimal wöchentlich erscheinen konnte. Es war
eine nicht enden wollende Debatte, in der die Deutschen sich selbst in
der Opferrolle sahen: Opfer der Vertreibung aus Ostpreußen, Schlesien und dem Sudetenland, Opfer der heuchlerischen Doppelmoral
der Sieger, die nur deutschen Kriegsverbrechern den Prozess machten,
nicht aber denen in den eigenen Reihen; Opfer gar *Verlorener Siege*, wie
das Buch des deutschen Generalfeldmarschalls Erich von Manstein
hieß, in dem er die Führung des »größten Feldherrn aller Zeiten« für
falsche strategische Entscheidungen verantwortlich machte. Im Zentrum dieser Debatten aber standen meist die Bombennächte, und
natürlich wurde verdrängt oder geriet völlig in Vergessenheit, dass die
Deutschen den Luftkrieg 1939/1940 mit den Bombardements von
Warschau, Rotterdam, Coventry und London eröffneten – wenn auch
im Stil bescheidener, weil es ihnen für größere, verheerende Einsätze
noch an Technik, den dafür nötigen Flugzeugtypen und der Fülle von
Material mangelte, über das die Alliierten wenige Jahre später verfügten.

Für mich hatte diese deutsche Opferdebatte schon in Marburg begonnen, als Kommilitoninnen aus Hamburg erzählten, wie die Mischung
von Spreng- und Brandbomben selbst den Asphalt der Straßen zum
Brennen gebracht, wie Feuerstürme ganze Stadtteile vernichtet, Menschen in den Luftschutzkellern den Sauerstoff entzogen und sie durch
Hitzeentwicklung mumifiziert hatten. In Anlehnung an das biblische
Sodom und Gomorrha, auf das Gott seiner Sünden wegen Feuer und
Schwefel regnen ließ, hatten die Briten – wohl wissend, welche Folgen
die Mischung von Spreng- und Brandbomben haben würde – dieser

Aktion vom Sommer 1943 den biblischen Codenamen »Gomorrha« gegeben. Die Zahl der zivilen Todesopfer in Hamburg wird, wie später beim Angriff auf Dresden, auf 35 000 bis 40 000 Einwohner geschätzt.

Kriegsverbrechen gegen Kriegsverbrechen – Versuche gegenseitiger Aufrechnung gab es schon bei den dem »Gomorrha«-Feuersturm entronnenen Kommilitoninnen, aber heftiger und erbitterter, so meine Erinnerung, wurde dies in den Fünfzigerjahren von vielen in Hannover versucht. Nur: Machte die Aufrechnung uns Deutsche etwa frei von Schuld?

Ein Mann wie Sebastian Haffner meint, die Art, wie der Nürnberger Prozess geführt wurde, sei nicht unschuldig an solchen Aufrechnungsversuchen. Die Hauptanklage in Nürnberg habe ja auf »Verbrechen gegen den Frieden«, also Krieg als solchen und eben auf Kriegsverbrechen gelautet, die eine Verletzung von Kriegsbräuchen seien. Das eigentliche Hitler'sche Verbrechen, die »fabrikmäßige Massenvertilgung« von Polen, Russen, Juden, »Zigeunern« und Kranken habe nur nebenbei und zusammen mit Zwangsarbeit und Deportationen im Anklagepunkt »Verbrechen gegen die Menschlichkeit« eine Rolle gespielt.[27] Es war erst Karl Jaspers, der logische Ordnung in die Debatte brachte und Kriegsverbrechen als *Verbrechen gegen die Menschlichkeit* von *Verbrechen gegen die Menschheit* deutlich absetzte. Kriegsverbrechen, so Jaspers, seien »Scheußlichkeiten«, welche die Kriegsparteien gegenüber dem Feind, die Kriegführende also gegeneinander begingen. Ein Verbrechen gegen die Menschheit dagegen sei der Anspruch, »darüber zu entscheiden, welche Menschengruppen und Völker auf Erden leben dürfen oder nicht, und diesen Anspruch durch die Tat der Ausrottung durchzuführen«. Und weiter: Für ihn sei überzeugend, dass »solche schrecklichen Dinge, wie Dresden, wie die Flächenbombardements überhaupt, die von den Engländern gemacht wurden«, nicht auf der »gleichen Ebene liegen wie das Verbrechen des Völkermordes«. Was Jaspers da mit unbestechlicher Logik dekretierte, lag allerdings aus

Sicht der Fünfzigerjahre, über die ich ja hier schreibe, eher in weiter Ferne. Jaspers sagte dies in einem *Spiegel*-Gespräch, das Rudolf Augstein 1965 mit ihm führte, als es um die Aufhebung der Verjährungsfrist für ungesühnte nationalsozialistische Verbrechen ging. Inzwischen hatten der Eichmann-Prozess 1961 und der zwei Jahre darauf folgende Frankfurter Auschwitz-Prozess den bis dahin weithin verdrängten großen Zivilisationsbruch, den »Verwaltungsmassenmord« an den Juden, der – so Jaspers – nur durch einen Verbrecherstaat begangen werden konnte, den Deutschen ins kollektive Bewusstsein geschrieben. Und doch gab und gibt es nicht wenige, die sich mit Blick auf die Sünden der anderen auch jetzt noch mit Vergleichen freizusprechen suchen. So etwa der Chef der zwölf Abgeordnete starken NPD-Fraktion im Dresdner Landtag, der Ende Januar 2005 den alliierten Luftangriff auf Dresden ganz bewusst als »Bombenholocaust« bezeichnete.

Als Korrespondent in London hatte ich Ende der Achtzigerjahre die Gelegenheit, mit dem britischen Ankläger im Nürnberger Prozess, Lord Shawcross, über diese Frage zu sprechen. Die Briten debattierten im Sommer 1990 über einen »War Crimes Act«, über ein Gesetz, das es ermöglichen sollte, Nazi-Täter, die 1945/1946 unerkannt in Großbritannien Unterschlupf gefunden hatten, fünfundvierzig Jahre nach Kriegsende vor Gericht zu stellen. Der Lord bestätigte mir in einem Interview die Thesen Jaspers': Nichts sei vergleichbar dem deutschen Verbrechen der Ausrottung der Juden durch das NS-System. Aber er »befürchte, Kriegsverbrechen der einen oder der anderen Art wurden von den Alliierten wie von den Deutschen begangen«. Den Angriff auf Dresden zählte er dazu. Und der Abwurf der Atombombe, so der ehemalige Nürnberger Ankläger Hartley Shawcross, sei schwerlich mit internationalem Recht vereinbar.

Der an der Friedrich-Schiller-Universität in Jena lehrende Historiker Norbert Frei, der über die mentale Spätwirkung der nationalsozialistischen Ideen forscht, spricht zu Recht von dem Einfluss der

»volksgemeinschaftlichen Bindung« der Hitlerzeit bis in die Mitte der Fünfzigerjahre. Bis dahin sei über die NS-Zeit bewusst beschönigend als den »Wirrnissen der letzten Jahre« gesprochen worden, vor allem aber von der Notwendigkeit, »Vergessen über die Vergangenheit zu decken«. So sind die Kinderjahre der Republik auch die des großen »kommunikativen Beschweigens« von belastenden Kapiteln der eigenen, aber auch der in den Biografien von Freunden, Bekannten und Nachbarn gewesen.[28] Der Philosoph Hermann Lübbe nannte sie später »notwendige Jahre der Stille«, denn sie seien das sozialpsychologische Medium gewesen, das die »Verwandlung unserer Nachkriegsbevölkerung in die Bürgerschaft der Bundesrepublik Deutschland« erst möglich gemacht hätten.[29] Das gilt sicher für die übergroße Mehrzahl der Bürger. Aber für überzeugte »Ehemalige« wollte die Vergangenheit nicht nur nicht vergehen, sie sollte bewusst nicht vergessen werden, und mit ihren Ideen fanden sie Anhänger unter nicht wenigen Bundesbürgern, wie die Wahlen zeigten.

Schlagzeilen machte vor allem die sich offen zu den positiven Seiten des Nationalsozialismus bekennende Sozialistische Reichspartei (SRP) jenes Major Otto Ernst Remer, der mit seinem Wachbataillon am 20. Juli 1944 das Gelingen der »Operation Walküre« der Widerständler in Berlin verhinderte. Diese SRP schaffte es 1951, mit immerhin elf Prozent aller Stimmen in den Niedersächsischen Landtag einzuziehen. Auch bei den Wahlen zur Bremer Bürgerschaft errang sie 1951 beachtliche acht Mandate. Ihr Spitzenidol Remer hatte auf einer Parteiveranstaltung am 3. Mai 1951 in Braunschweig die Männer des 20. Juli als vom Ausland gedungene »Landesverräter« bezeichnet. Es gehört zu den großen Verdiensten des damaligen Braunschweiger Generalstaatsanwalts Fritz Bauer, Remer 1952 vor Gericht zu bringen und seine Verurteilung wegen übler Nachrede in Tateinheit mit Verunglimpfung des Andenkens Verstorbener zu erreichen. Es war der wohl bedeutendste politische Prozess nach den Nürnberger Tribunalen und vor

dem in den frühen Sechzigerjahren von Bauer anberaumten Auschwitz-Prozess, denn er endete mit der juristischen und sittlichen Rehabilitierung der als »Eidbrecher« und »Verräter« nicht nur in ehemaligen
Offizierskreisen verfemten Verschwörer.

Zur Wahrheit über die Fünfzigerjahre gehört allerdings auch, dass
der Braunschweiger Justizapparat von »Ehemaligen« durchsetzt war.
Strafanzeige gegen Remer hatte der durchweg konservativ gesinnte
Bundesinnenminister Robert Lehr gestellt, der einst mit dem Verschwörer Goerdeler befreundet war. Aber der für die Bearbeitung zunächst
zuständige Oberstaatsanwalt am Braunschweiger Landgericht fand
nichts Falsches an Remers Äußerungen und lehnte die Eröffnung
eines Verfahrens mit der Begründung ab, es habe keine Aussicht auf
Erfolg. Kein Wunder, denn er war Mitglied der NSDAP und der SA
gewesen. So übernahm Bauer, der den Umsturzversuch Stauffenbergs
und seiner Mitstreiter als Versuch zur Wiederherstellung der Rechtsordnung betrachtete, die Anklage persönlich. Er erreichte nicht nur die
Rehabilitierung der Verschwörer, sondern auch die Verurteilung des
NS-Systems als Unrechtsstaat. Erst nach Abschluss dieses Verfahrens
wurde der Witwe des Hauptattentäters Claus Schenk Graf von Stauffenberg nicht länger die ihr zustehende Rente als Offizierswitwe verweigert.

Aber das Braunschweiger Urteil war nur ein allererster Schritt zur
Rehabilitierung der Verschwörer vom 20. Juli, denn die Debatte über
die Frage von Recht oder Unrecht des geplanten Tyrannenmords ging,
wie ich mich erinnere, in vielen Gesprächen heftig weiter, warf sie
doch für die meisten ehemaligen Soldaten die Frage nach Sinn und
Anerkennung von Opfermut und Kriegsdienst auf. Selbst im *Spiegel*
las ich damals, Stauffenberg sei bei allen menschlichen und geistigen
Qualitäten doch ein »politischer Wirrkopf« gewesen. Und: Wäre er
voll zum Zuge gekommen, stünden die Russen »heute nicht an der
Elbe, sondern am Rhein«. Der große öffentliche Durchbruch zur

Anerkennung der Verschwörer erfolgte erst 1954, als Bundespräsident Heuss in einer großen Rede am Vorabend des zehnten Jahrestags des 20. Juli die inneren Motive und den Symbolcharakter der Attentäter rechtfertigte und damit eine verpflichtende Tradition für die noch im Aufbau begriffene Bundeswehr stiftete. Dass ein Fritz Bauer ohne die Unterstützung der von dem Sozialdemokraten Hinrich Wilhelm Kopf geführten niedersächsischen Regierung 1951/1952 den Prozess gegen die Sabotage des mit ehemaligen Nationalsozialisten durchsetzten Justizapparats hätte führen können, steht wohl außer Zweifel. Von Bauer ist der Satz überliefert: »Sobald ich mein Dienstzimmer verlasse, betrete ich Feindesland.« Falls er ihn nicht gesagt haben sollte, wäre er doch treffend erfunden. Denn Rückendeckung gegen die zahlreichen Ehemaligen in seiner Behörde brauchte er, der 1956 zum Hessischen Generalstaatsanwalt berufen wurde, durch den hessischen Minister-präsidenten Georg-August Zinn noch Anfang der Sechzigerjahre, als er den Auschwitz-Prozess anberaumte.

Hinrich Wilhelm Kopf regierte, als ich 1953 nach Hannover kam, seit nunmehr sieben Jahren unangefochten das Land – ein Mann mit Seehundbart und Bismarckschädel, den – wie Jahrzehnte später den Helmut Schmidts – nicht selten eine seemännische Ballonmütze zierte, offenbar als eine Art norddeutsches Gegenstück zum bayerischen Trachtenhut. Der Bauernsohn und Jurist aus dem Land Hadeln an der Niederelbe kippte gekonnt »Lüttje Lagen«, also Bier und Schnaps (Korn oder Doornkaat), eine hannoversche Spezialität, bei der es da-rum ging, gleichzeitig aus zwei Gläsern, die zünftig von nur einer Hand zu halten sind, zu trinken. Es war ein uriger Brauch und keineswegs einfach zu erlernen, wie ich als Lokalberichterstatter auf Hannovers beliebtester und größter Veranstaltung, dem alljährlichen Schützenfest, sehr bald erfahren musste.

Kopf war zudem begeisterter Waidmann, er liebte es, sich an der Waterkant unter die Krabbenfischer zu mischen, um mit ihnen Platt zu snaken. Als volkstümlicher Patriarch hatte er es verstanden, den Bewohnern eines Landes, das die britische Besatzungsmacht erst 1946 per Verordnung durch Zusammenfügen der preußischen Provinz Hannover mit den kleinen Freistaaten Braunschweig, Oldenburg und Schaumburg-Lippe aus der Taufe gehoben hatte, so etwas wie ein gemeinsames norddeutsch-niedersächsisches Bewusstsein einzuhauchen, ein regionales Zugehörigkeitsgefühl. Er sorgte für die Einrichtung von Naturschutzparks, um das Heimatgefühl zu stärken, denn er war überzeugt, ohne Sinn für Tradition, Geschichte und Herkommen konnte es weder ein Gemeinschaftsbewusstsein noch eine Staatsgesinnung geben. Kopf war ein konservativer Sozialdemokrat, gewiss, aber alles Dogmatische lag ihm fern. Er war durch und durch Pragmatiker, Direktiven der Parteizentrale prallten an ihm ab, und er scheute sich auch nicht, eine Koalition mit dem Bund der Heimatvertriebenen und Entrechteten (GB/BHE) einzugehen, obwohl sich unter dessen Mitgliedern und Funktionären etliche frühere NSDAP-Chargen fanden. Die Menschen, so seine Devise, brauchten vor allem Arbeit und ein heiles Dach über dem Kopf, das Volk wolle »kein politisches Gekeife und Geschimpfe«, es wolle Taten sehen. Bei alledem hatte er aber auch etwas von einem Grandseigneur an sich, etwa, wenn er die Bonner Diplomaten zur Sauhatz im Deister lud oder betont freundliche Kontakte zu einem der ältesten und bedeutendsten deutschen Adelshäuser unterhielt, das einst im Königreich Hannover geherrscht hatte. Und die Blaublütigen mochten ihn. Zusammen mit Prinz Ernst August von Hannover ging er jagen, und der Chef des Welfenhauses schenkte dem sozialdemokratischen Regenten zu einem runden Geburtstag goldene Manschettenknöpfe. Den »roten Welfen« nannte man ihn deshalb oft, und der Ministerpräsident, der trotz steiler politischer Karriere den Bauernsohn aus der Elbmarsch in sich nie verleugnete, er hörte das gern.

So wurde Kopf beinahe zum Idealtypus eines Landesvaters im zweitgrößten Flächenstaat der Bonner Republik, dessen Bevölkerung,

vor allem die auf dem Lande, eher konservativ orientiert war. Erst
ein halbes Jahrhundert nach seinem Tod warf eine junge Göttinger
Historikerin dunkle Schatten auf das ideale Bild. Hatte Kopf sich des
Beschweigens von belastenden Kapiteln der eigenen Biografie schuldig gemacht? Belastenden Kapiteln, die ich, der ihn in der hannoverschen Zeit kennen- und als das seltene Exemplar eines bodenständi-
gen populären Sozialdemokraten schätzen lernte, ihm nie zugetraut
hätte? Davon gleich mehr.

Zunächst jedoch zum Fall des niedersächsischen Kultusministers
Leonhard Schlüter, der geradezu typisch für den damaligen Versuch
der Unterwanderung konservativer und konservativ-liberaler Parteien
durch Rechtsextreme steht und an dem abzulesen ist, wie wenig gefes-
tigt die junge westdeutsche Demokratie noch Mitte der Fünfzigerjahre
gewesen ist. Betont deutschnationaler Geist waberte damals ja nicht
nur bei der SRP, die 1952 als neonazistische, verfassungswidrige Partei
von den Karlsruher Richtern verboten wurde. Fröhlich waberte er
auch in den nördlichen Landesverbänden der FDP, vor allem in Nordrhein-Westfalen und Niedersachsen. Im Gegensatz zu den süddeutschen Freidemokraten vom Schlage eines Theodor Heuss oder Reinhold Maier, die nach dem Krieg an die eher linksliberale Tradition eines
Friedrich Naumann und der republikanisch-demokratischen Weimarer
DDP anknüpften, gaben sich die nördlichen Freidemokraten betont
nationalliberal, wobei nicht selten das Nationale zu überwiegen schien.
Ihre süddeutschen Parteifreunde wurden von ihnen beinahe verächtlich »Steinzeitdemokraten« genannt.

Auf den Parteitagen der Liberalen im Norden redeten Ritterkreuz-
träger und Generäle, und zum Ambiente gehörten Marschmusik und
Fackeln, Fanfaren und der Große Zapfenstreich. Um ihre Basis zu
verbreitern, sprach der nordrhein-westfälische Landeschef Friedrich
Middelhauve mit seinem »Deutschen Programm« gezielt ehemalige Offiziere und NSDAP-Mitglieder an, und die niedersächsischen Liberalen

folgten seiner Linie. Gemeinsames Ziel war, eine große Rechtspartei als nationale Sammlungsbewegung aller antimarxistischen (aber auch antiklerikalen) Kräfte rechts der Union zu etablieren. Middelhauves Plan dieser Verbreiterung nach Rechtsaußen hin wurde vom »Gauleiter-Kreis«, einer Gruppe um Werner Naumann, dem ehemaligen Staatssekretär von Joseph Goebbels, dazu genutzt, führende Positionen der Liberalen in Düsseldorf mit hochrangigen Funktionären von NSDAP, SS und HJ zu unterwandern – eine Verschwörung, der erst der britische Hochkommissar Sir Ivone Kirkpatrick ein Ende setzen sollte, als er die sechs führenden Mitglieder des Kreises im Januar 1953 von britischen Offizieren kurzerhand verhaften ließ.

Nationalkonservativer bis deutschnationaler Geist war auch in der Deutschen Partei (DP) zu Hause, einem ursprünglich rein niedersächsischen Gewächs, entstanden als regionale Landespartei antipreußisch-welfischer, zum Teil monarchistischer Tradition. Ihr Gründer, Heinrich Hellwege, der 1955 Hinrich Wilhelm Kopf für vier Jahre als Ministerpräsident ablösen sollte, war alles andere als ein Nationalist, die »Welfischen« hatten ja stets gegen Otto von Bismarck, den preußischen Machtstaat und vor allem gegen den eitlen, anmaßenden und großsprecherischen Wilhelm II. opponiert. Aber dieser Hellwege war zugleich auch einer jener überzeugten Altkonservativen, die der Kurs der CDU gegenüber der SPD zu versöhnlich dünkte und deshalb – wie die norddeutschen Liberalen – von der Idee eines großen konservativen Parteienblocks rechts von Konrad Adenauer träumte. Damit öffnete er seiner Partei Tür und Tor für den Einzug einer Gruppe schwarz-weiß-roter und extrem rechter Politiker, die nichts mehr mit den heimatverwurzelten konservativen Idealen Hellweges gemein hatten, sondern großdeutsch-völkische Vorstellungen vertraten. Der wohl wichtigste unter ihnen: Hans-Christoph Seebohm, dem das offizielle Ziel der Bonner Deutschlandpolitik, eine Wiedervereinigung innerhalb der Grenzen von 1937, zu eng bemessen war. Seine Begründung: Dies seien die Grenzen

des Versailler Vertrags gewesen, den niemand in Deutschland je anerkannt habe. So unumstritten seine Verdienste um den Ausbau des
Autobahnnetzes als Verkehrsminister in den Kabinetten Adenauers und
Erhards auch gewesen sein mögen, so gefürchtet waren seine Sonntagsreden, die nicht selten ausländische Proteste in Bonn zur Folge hatten. »Sehen wir nicht, wie aus dem Osten die Tollwut zu uns vordringt«,
rief er einmal aus. Ein andermal verneigte er sich »in Ehrfurcht vor
jedem Symbol – ich sage ausdrücklich vor jedem –, unter dem die
Menschen ihr Leben für ihr Vaterland geopfert haben«. Unmissverständlich war damit auch das Hakenkreuz gemeint. Und er wurde
nicht müde, immer wieder großdeutsche Illusionen zu wecken, so
etwa, wenn er als Chef der Sudetendeutschen Landsmannschaft
seinen Mitgliedern pathetisch versprach: »In die Heimat werden wir
zurückkehren, und das Segelflugzeug wird eines Tages über die böhmi-
schen Wälder fliegen und den heiligen Berg der Sudetendeutschen
umkreisen.«

Das alles war, aus heutiger Sicht kaum zu glauben, ein Stück deutscher Alltag in den Fünfzigerjahren. Überboten wurde dies jedoch
noch von der Affäre Schlüter, eines »in der ganzen Welt widerhallen-
den politischen Skandals«, wie der *Spiegel* später schrieb und den er als
Höhepunkt »der erst Ende der Fünfzigerjahre langsam abklingenden
rechtsradikalen Vergiftung der Freien Demokratischen Partei« bezeichnete. Am Fall Schlüter zeigte sich aber auch, dass inzwischen demokratische Abwehrinstinkte und Ansätze eines zivilgesellschaftlichen
Engagements gewachsen waren, die der rechtsradikalen Unterwanderung Einhalt zu gebieten suchten.

Was war geschehen? Nach den Landtagswahlen im Frühjahr 1955
konnte Heinrich Hellwege seinen Traum vom »antimarxistischen« Block
wahrmachen und eine Regierung aus CDU, DP, GB/BHE sowie FDP
bilden, die sich auf eine klare Mehrheit von 57,9 Prozent der Stimmen und einundneunzig Sitze gegenüber den nur neunundfünfzig

Mandaten der SPD stützte. Die FDP sollte in der neuen Regierung zwei Ressorts übernehmen, darunter das des Kultusministers, und schlug ausgerechnet Leonhard Schlüter für dieses Amt vor. Der Kultusministerkandidat hatte in seinem Göttinger Verlag Werke ehemaliger Nationalsozialisten herausgebracht – darunter ein wüstes Pamphlet zum »Fall John«, das Emigranten und Männer des 20. Juli verächtlich machte.

Nun war Schlüter, wegen seiner nach den Nürnberger Gesetzen nicht »rein arischen Abstammung«, zwar frei von jeder NS-Belastung, aber das hinderte ihn nicht, sich der rechtsradikalen Deutschen Rechtspartei (DRP; später umbenannt in Deutsche Reichspartei) anzuschließen und rechtsradikale Reden zu halten. Seinem geradezu lodernden Hass auf alles Linke, Sozialdemokratische, auch gegen die Entnazifizierung ließ er freien Lauf. Im Grunde knüpfte er mit seinen Reden bewusst an Ideen des rechten Flügels der Deutschnationalen Volkspartei der Weimarer Zeit an. Zusammen mit Adolf von Thadden, dem späteren Bundesvorsitzenden der NPD, saß er für die DRP 1948 im Rat der Stadt Göttingen und zog nach den Wahlen von 1951 als DRP-Landesvorsitzender in den Niedersächsischen Landtag ein. Dort wurde er schließlich von FDP-Geschäftsführer Horst Huisgen, als Gebietsführer einst eine der hohen Chargen der HJ, dazu überredet, nicht länger auf den Hinterbänken Abgeordneter einer bedeutungslosen winzigen Splitterpartei zu bleiben, sondern sich der FDP-Fraktion anzuschließen. Als Mitglied der FDP könne er den nationalen Flügel stark machen und weit mehr Einfluss nehmen. Schlüter folgte dem Rat, wurde wenig später Sprecher des nationalen Flügels und stieg 1955 gar zum Chef der FDP-Landtagsfraktion auf.

War ein solcher Mann geeignet, die Aufsicht über die niedersächsischen Schulen, Universitäten und Hochschulen zu führen? Ein Mann, der in den ersten Nachkriegsjahren einmal Leiter der städtischen Kriminalpolizei war, an dem seit dieser Zeit der Vorwurf der Korruption

klebte und gegen den noch immer ein Verfahren wegen Beamtenbeste-
chung schwebte? Allein der Gedanke, Hellwege erwäge die Berufung
Schlüters, löste Alarm in unseren Redaktionsstuben aus. Aber glücklicherweise nicht nur da. Der Rektor der Georg-August-Universität in
Göttingen hatte Hellwege, aber auch den Bundesvorsitzenden der
Liberalen, Thomas Dehler, in persönlichen Gesprächen vor der Berufung des Rechtsradikalen gewarnt. Als beide seinen Rat in den Wind
schlugen, handelte er ganz in der Tradition Wilhelm und Jacob Grimms
und der »Göttinger Sieben«, die 1837 bei Ernst August I. gegen dessen
Aufhebung der liberalen Verfassung seines Königreichs Hannover
protestiert hatten. Am Tag der Ernennung Schlüters, am 26. Mai 1955,
legten Rektor Emil Woermann und die Mitglieder des Akademischen
Senats ihre Ämter nieder. Die Studenten folgten dem Signal, traten in
einen Hörerstreik und demonstrierten am Abend mit einem Fackelzug
durch die Göttinger Altstadt gegen Schlüter.

Der Aufstand gegen Schlüter beherrschte die Schlagzeilen nicht nur
unserer Zeitung, nahezu alle Rektoren der niedersächsischen Hochschulen baten um Entbindung von ihren Ämtern. Eine riesige Welle der Solidarität mit den Göttinger Akademikern schwappte durchs Land und
machte keineswegs an den niedersächsischen Grenzen halt. Die Affäre
Schlüter war durch den Aufstand der Göttinger Professoren zu einem
»Prüfstein des Geistes der Freiheit in der Bundesrepublik geworden«,
wie die *Deutsche Universitätszeitung* zufrieden bemerkte. An ihm, so urteilte
sie, entscheide sich, »wer nur der Form und wer der Sache nach auf dem
Boden der Demokratie steht, wer autoritäre Staatsgesinnung in demokratischen Formen konservieren und wer eine freiheitliche Staatsauffas-
sung notfalls auch gegen parlamentarischen Missbrauch verteidigen will«.

Mit dem parlamentarischen Missbrauch waren ohne Zweifel Hellwege und die seine Regierung tragenden Fraktionen in Hannover
gemeint, die entschlossen an Schlüter festhalten wollten: Sie werteten
den Göttinger Aufstand als Attacke gegen die Demokratie und ihre

Institutionen und erklärten, das Parlament könne unmöglich außerparlamentarischem Druck nachgeben. Als dieser indes immer größer wurde, der Fall selbst die Weltpresse beschäftigte und endlich auch die süddeutschen FDP-Landesverbände die »Zurückziehung« Schlüters forderten, bat Hellwege den extrem rechten FDP-Mann um ein Rücktrittsgesuch. Leonhard Schlüter reichte es am 9. Juni ein und lebte seither mit dem negativen Logo eines »Ministers der vierzehn Tage«. Den darauf folgenden Abgang aus der Politik versüßten ihm Parteifreunde mit auskömmlichen Posten in der freien Wirtschaft.

In der Redaktion in Hannover hatten wir damals, ehe die große Solidaritätswelle losbrach, zunächst den Eindruck, der Kampf um die Bestellung Schlüters zum Herrn des Kultusministeriums stehe bestenfalls auf Messers Schneide. Aber der letztlich gute Ausklang der Affäre lässt mich im Rückblick 1955 als ein Jahr der Zäsur erscheinen. Die »volksgemeinschaftliche Bindung der Hitlerzeit«, von der Frei spricht, sie lockerte sich, und demokratische Überzeugungen fassten in der Bevölkerung Fuß. So wurde die zweite Hälfte der Fünfzigerjahre zu einer Phase des Übergangs. Im Ulmer Einsatzgruppen-Prozess standen drei Jahre nach dem Aufstand der Professoren und Studenten von Göttingen erstmals deutsche Holocaust-Täter vor einem deutschen Gericht, die sich für die Ermordung von mehr als 5000 jüdischen Männern, Frauen und Kindern im deutsch-litauischen Grenzgebiet zu verantworten hatten. Nach Abschluss dieses Verfahrens, das mit einem viel zu milden Urteil endete, wurde in Ludwigsburg die »Zentrale Stelle der Landesjustizverwaltungen zur Aufklärung nationalsozialistischer Verbrechen« gegründet. Die Zeit der Verharmlosung oder »Beschönigung« der NS-Zeit als »Jahre der Wirrnisse« neigte sich dem Ende zu, ein realistischerer Blick auf die NS-Zeit begann sich langsam durchzusetzen.

Übrigens platzte Hellweges Traum vom »antimarxistischen« Block nur zwei Jahre nach der Affäre Schlüter, als seine Regierung, nicht zuletzt wegen der zunehmenden Rechtsaußen-Orientierung der FDP, zerbrach. So zimmerte er 1957 eine Ersatz-Koalition aus DP, CDU und SPD, und Hinrich Wilhelm Kopf, sein Vorgänger als Ministerpräsident, war sich nicht zu schade, unter seinem Duzfreund und niederelbischen Landsmann Hellwege nun als Innenminister zu dienen – allerdings nur zwei Jahre. Denn nach den Landtagswahlen 1959 saß er bis zu seinem Tod im Dezember 1961 selbst wieder fest im Sattel des Regierungschefs. Aber was hatte dieser Landespatriarch verschwiegen, dass der Rat der Stadt Hannover 2014 darüber diskutierte, ihm das Ehrengrab aufzukündigen und nach ihm benannte Straßen und Plätze umzubenennen?

Im Jahr 2013 veröffentlichte Teresa Nentwig vom Göttinger Institut für Demokratieforschung eine Biografie Kopfs, in der sie ihn beschuldigte, er habe sich als Mitarbeiter der Haupttreuhandstelle Ost (HTO) an der gezielten Eindeutschungs- und Siedlungspolitik im besetzten Polen beteiligt und damit schuldig gemacht. Im Kern geht es in ihrer Biografie um die Frage, wie Gegner des Nationalsozialismus sich im NS-System durchzuschlagen verstanden und ob sie dabei Grenzen überschritten, was sie notwendig zu Mitschuldigen werden ließ. Nentwigs Vorwürfe sind typisch für eine Generation Spätgeborener, welche den historischen Kontext außer Acht lässt, von den Zwängen und begrenzten Möglichkeiten jener Jahre keine Ahnung hat, aber gerade deshalb zu moralisch vernichtenden Urteilen neigt. Sie untersuchte den Lebenslauf Kopfs in den Jahren 1933 bis 1945 als den eines Mannes, der nicht im Widerstand überlebt, sondern sein Glück in der freien Wirtschaft versucht.

In seiner offiziellen Biografie gab Kopf nach dem Krieg für diese Jahre eine Tätigkeit als Kaufmann und Landwirt an. Das war er nachweislich beides. Von den Nazis als sozialdemokratischer Beamter des Regierungsbezirks Oppeln des Amts enthoben, gründete er zusammen mit einem Freund, einem von den Nazis geschassten Landrat eine

Finanz- und Immobilienfirma namens »Kopf und Bohne«, die sehr bald in einer Achtzimmerwohnung am Berliner Kurfürstendamm residierte. Dass sie auch an der Verwaltung und dem Verkauf von Häusern jüdischer Eigentümer beteiligt war, liegt nahe. Schließlich mussten Juden, die sich der Verfolgung durch Auswanderung entziehen wollten, ihre sämtlichen Vermögenswerte abstoßen, schon um die ihnen von den Nazis auferlegte horrend hohe »Fluchtsteuer« zu zahlen.

Der von Teresa Nentwig geäußerte Verdacht, die Firma habe sich damals durch Arisierung unzulässig bereichert, lässt sich allerdings schwer belegen, da die Unterlagen der Firma im Krieg verbrannten. Kopf brachte, als die Briten polnische Vorwürfe gegen ihn untersuchten, jüdische Zeugen bei, die aussagten, er habe sich bei den Immobiliengeschäften stets korrekt verhalten, während der Pogromnacht flüchtenden Juden Schutz gewährt und vielen jüdischen Kunden der Firma durch Tricks und Kniffe geholfen, ihren wertvollen Schmuck heimlich ins Ausland zu retten. Und Landwirt war er, als seine Berliner Firma 1943 ausgebombt wurde und er praktisch als Verwalter des oberschlesischen Gutes seiner Frau arbeitete. Der wichtigste Vorwurf Nentwigs betrifft allerdings Kopfs Tätigkeit für die Haupttreuhandstelle Ost und deren Grundstücksgesellschaft, die 1940 von Göring für die einverleibten westpolnischen Gebiete gegründet wurde. Ihr Auftrag: Die Erfassung, Beschlagnahme und Verwertung des Vermögens des polnischen Staats und jener Polen, die aus diesen Gebieten geflüchtet oder vertrieben worden waren. Unstrittig war Kopf in der HTO als Treuhänder des konfiszierten polnischen und polnisch-jüdischen Eigentums tätig und wohl auch an Enteignungen beteiligt. Aber freiwillig hat er dort nicht angeheuert, denn alle im Ruhestand lebenden Beamten mussten sich melden und wurden dienstverpflichtet, unter ihnen auch Hermann Höpker-Aschoff, der erste Präsident des Bundesverfassungsgerichts. Der ehemalige Justizbeamte und Finanzminister Preußens war als Chefjurist auch für die Tätigkeit Kopfs zuständig. Dass bei dieser HTO keineswegs nur begeisterte Nationalsozialisten zu finden waren, steht außer Zweifel. So unterhielt der Leiter der HTO-Zweigstelle Kattowitz, Michael Graf von Matuschka, ehemals Abgeordneter des Zentrums im Preußischen Landtag, Kontakte zum Kreisauer Kreis um Helmuth James Graf von Moltke, wurde als Mann des Widerstands von Volksgerichtspräsident Roland Freisler zum Tode verurteilt und in Plötzensee erhängt. Nach Meinung der Historikerin Petra Weber, der renommierten Autorin einer Carlo-Schmid-Biografie, ist die Quellenbasis Nentwigs viel zu schmal für eine moralische Verurteilung Kopfs. Festzuhalten allerdings bleibt das typische Nachkriegsbeschweigen unerfreulicher oder möglicherweise belastender Kapitel in beider, Kopfs wie Höpker-Aschoffs, offiziellen Biografien. So wie Kopfs Tätigkeit in der NS-Zeit da lediglich als »selbstständiger Kaufmann und Landwirt« vorkam, las man in der offiziellen Biografie des Bundesverfassungsgerichts, sein erster Präsident habe sich während der NS-Zeit völlig aus dem politischen Leben zurückgezogen und sie »als Privatmann in seiner westfälischen Heimat verbracht«. Walter Henkels, *FAZ*-Chronist der Bonner Prominenz der frühen Jahre, hat das mit der idyllisch-verklärten Formel überboten, Höpker-Aschoff habe sich von 1933 bis 1945 in seiner Heimatstadt privatisiert, Tomaten gepflanzt, Rosen gezüchtet und Obstbäume okuliert.

Ja, in diesen Fünfzigerjahren ging es im Bundestag geradezu stürmisch zu, es kam zu aufwühlenden Redeschlachten, an denen gemessen Debatten unserer heutigen Bundestagsabgeordneten im Reichstagsgebäude als gut geölter Routinebetrieb erscheinen. Ähnlich aufregende Debatten sollte der Bundestag erst wieder Anfang der Siebzigerjahre erleben, als es um die Ostpolitik Willy Brandts ging. Da schonten die Kontrahenten einander nicht und zogen gern mal die Glacéhandschuhe aus. Das hatte schon Ende November 1949 mit Kurt Schumachers wütendem Zwischenruf begonnen, Adenauer sei der »Bundeskanzler der Alliierten«. Er fiel gegen drei Uhr nachts nach stundenlangem Streit über den Beitritt zum Ruhrstatut, und er war das Signal dafür, wie sehr sich die Frontstellung aus Weimarer Zeiten verkehrt hatte. Links und rechts tauschten ja die klassischen Rollen. Waren im Reichstag die Sozialdemokraten von der Rechten als Erfüllungspolitiker an den Pranger gestellt worden, sind im Bundestag es nun sie, welche die regierende Rechte ebendieser Erfüllungspolitik anklagt und im Regierungschef den eifrigen Helfer alliierter Wünsche sieht.

Den Gipfel dramatischen und verbal-explosiven Aufeinandereinschlagens, das in den Fünfzigerjahren üblich war, stellt jene Nachtsitzung vom 23. auf den 24. Januar 1958 dar, die durch die Attacken zweier Minister im ersten Kabinett Adenauer, des Liberalen Thomas Dehler und des früheren CDU-Mitglieds Gustav Heinemann, zur Generalabrechnung mit der Deutschlandpolitik des Kanzlers geriet und den Bundestag, so Bonner Chronisten, in einen Hexenkessel »mit Pfuirufen und Pultgeklapper« verwandelten. Die Debatte wurde vom Rundfunk live übertragen und am nächsten Tag in den wichtigsten Auszügen mehrfach wiederholt. Noch heute habe ich die Stimme eines leidenschaftlich, oft geradezu wütend attackierenden Thomas Dehler im Ohr, der Adenauer praktisch der Lüge bezichtigte: »Ich glaube dem Kanzler nicht mehr, dass er das deutsche Ziel, die Wiedervereinigung, anstrebt«, rief er mit sich überschlagender Stimme in den Saal, um sein vernichtendes Plädoyer gegen die Politik Adenauers schließlich zornbebend mit einem: »… so verliert man das Vaterland!« zu beenden.

Und Gustav Heinemann, nach den ungezügelten Temperamentsausbrüchen Dehlers im Ton eher nüchtern und deshalb besonders glaubwürdig wirkend, forderte des Kanzlers Rücktritt, weil Chancen, die sich für eine Wiederherstellung der deutschen Einheit geboten hätten, von ihm nicht nur nicht wahrgenommen, sondern von ihm bei den Westalliierten auch noch zielbewusst hintertrieben worden seien. Er war Adenauers erster Innenminister gewesen, im Herbst 1950 aber zurückgetreten, weil der Kanzler »ohne einen Beschluss der Bundes-regierung«, im Alleingang also, den drei westlichen Hochkommissaren auf dem Bonner Petersberg »westdeutsche Soldaten gegen die vierte, östliche Besatzungsmacht« angeboten habe.

Aufwühlender konnte die nächtliche Redeschlacht in der Tat nicht sein, aber der Streit tobte um Gestriges, um vor Jahren vermeintlich oder tatsächlich versäumte Chancen und ebenso vermeintlich oder tatsächlich begangene Fehler. Tatsächlich hatte Adenauer, ohne die Mit-glieder seines Kabinetts davon in Kenntnis zu setzen, auf dem Höhe-punkt der Koreakrise im August 1950 die Alliierten Hochkommissare in einem Sicherheitsmemorandum um die Ermächtigung gebeten, eine deutsche Freiwilligentruppe von 150 000 Mann aufzustellen. Hei-nemann verließ deshalb die CDU, gründete zunächst die pazifistisch orientierte Gesamtdeutsche Volkspartei (GVP), trat aber nach deren zahlreichen Misserfolgen bei Wahlen in Bund und Ländern 1957 schließ-lich der SPD bei. Erstmals sprach er in dieser Nacht als Abgeordneter der sozialdemokratischen Opposition, hatte jedoch gezielt seine »ver-ehrten, früheren Freunde aus der CDU« im Visier, als er Adenauers Politik der Stärke verurteilte. Entgegen allen Versprechen habe sie den Graben zwischen Ost und West in Deutschland nicht nur nicht besei-tigt, sondern ihn im Gegenteil erheblich tiefer werden lassen. Zugleich zitierte er, der immer noch als führender Linksprotestant dem Rat der Evangelischen Kirche in Deutschland (EKD) angehörte, das Nein kirchlicher Gremien zu Massenvernichtungsmitteln und warnte ein-dringlich vor einer Atombewaffnung der Bundeswehr. Offenbar bis ins Mark aber traf er die früheren Freunde der Christlich Demokrati-schen Union, als er, der Mann der Bekennenden Kirche, in der Debatte erklärte, es gehe nicht, wie von ihnen behauptet, um »Christentum gegen Marxismus«. Als darauf Zurufe aus den Reihen der CDU/CSU mit der Frage »Sondern?« kamen, sagte er die berühmten, später viel zitierten Worte: »Es geht um die Erkenntnis, dass Christus nicht gegen

Karl Marx gestorben ist, sondern für uns alle.«

Keine Debatte hatte bislang je ein solch riesiges Echo hervorgerufen wie diese »Sturmnacht im Bundestag«, dieser »Aufstand der Wahrheit«, wie ihn einige Zeitungen nannten. Es war *das* politische Gespräch für Wochen, wenn nicht Monate, und natürlich berührte mich, der ich ja 1948 aus der Ostzone in den Westen gewechselt war, dies ganz besonders. Heinemann, las ich im *Spiegel* am Montag darauf, habe den Kanzler mit schwerer historischer Schuld belastet: Er habe »das halbe Deutschland in den Westen integriert und dadurch die andere Hälfte im Würgegriff des Ostens gelassen« – und zwar ohne je den ernsthaften Versuch zu machen, »die Einheit unseres Vaterlandes unter akzeptablen Bedingungen wiederherzustellen«. Im Zentrum der stürmischen Attacke sowohl Dehlers wie Heinemanns hatte ja der Vorwurf gestanden, der Kanzler habe die Stalin-Note von 1952 einfach vom Tisch gewischt, obschon Moskau damals eine deutsche Wiedervereinigung bei militärischer Neutralität eines künftigen deutschen Staats anbot.

Als eine Sternstunde des Parlaments galt und gilt diese erbitterte Redeschlacht im Bundestag bis heute. Aber ausgefochten wurde sie, wie schon betont, rückwärtsgewandt, denn längst waren Fakten geschaffen, die keine noch so erregte Debatte mehr aus der Welt schaffen konnte: Seit drei Jahren war die Bundesrepublik Mitglied der NATO, vor zwei Jahren, im Januar 1956, war die erste Einheit der neuen Bundeswehr in Andernach in Dienst gestellt worden – rekrutiert damals noch ausschließlich aus Freiwilligen. Doch dem folgte schon im Juli 1956 die allgemeine Wehrpflicht, und die Römischen Verträge zur Gründung der Europäischen Wirtschaftsgemeinschaft (EWG), der Vorläuferin der Europäischen Union, traten ausgerechnet am 1. Januar 1958 in Kraft – ebenjenes Jahres, in dem der Bundestag im Nachhinein über die Politik auf dem Weg dahin noch einmal stritt.

Die Generalabrechnung Heinemanns und auch Dehlers mit der Politik des Kanzlers rief Erinnerungen an meine Studienzeit in mir wach –

an eine Zeit, in der das alles begonnen hatte. Ende 1949 erklärte Adenauer in einem Interview, die Zeit sei gekommen, »uns zu bewaffnen«. Und prompt standen die Jahre 1950/1951 unter der alles überschattenden Frage: Wiederaufrüstung, Bewaffnung der Westdeutschen – ja oder nein? Als Teilnehmer an einem Programm, das Studenten während der Sommerferien eine Chance zum Geldverdienen bot, war ich dazu verurteilt, auf diese damals höchst strittige Frage eine klare Antwort zu geben. Das von HICOG finanzierte Programm war nach dem amerikanischen Hohen Kommissar John Jay McCloy benannt, und die uns gestellte Aufgabe hieß, die Jugend, vor allem die auf dem Land, sowohl für Politik zu interessieren als auch ihr eine Art politischer Streit- und Diskussionskultur zu vermitteln. Konkret lief dies darauf hinaus, Jugendforen und Diskussionsabende in Zusammenarbeit mit Jugendgruppen und Dorfbürgermeistern zu organisieren. Das Programm war auf die amerikanische Besatzungszone beschränkt, und es begann mit einer Woche (oder waren es zwei?) einführender Vorlesungen für die Teilnehmer in Frankfurt. Von ihnen in Erinnerung geblieben ist mir nur eine Vorlesung von Adorno, die der Co-Autor der *Dialektik der Aufklärung* mit dem gebieterischen Satz begann: »Wer von Hegel nichts weiß, der kann den Hörsaal verlassen. Ich bin ja hier nicht im Kindergarten.« Ich blieb natürlich sitzen, obschon ich damals nicht sehr viel mehr von Georg Wilhelm Friedrich Hegel wusste, als dass er einen »Weltgeist« in der Geschichte walten ließ und dass der junge Karl Marx, ein Linkshegelianer, behauptete, er habe Hegel vom Kopf auf die Füße gestellt, und sich für seine materialistische Gesellschaftsanalyse der Dialektik des (preußischen Staats-) Philosophen bediente. Und natürlich war mir klar, dass er neben Goethe zu den bedeutendsten Napoleon-Bewunderern unter den Deutschen zählte, denn er hatte den zu klein geratenen großen Korsen einmal als den »Weltgeist zu Pferde« bezeichnet.

Aber Spaß beiseite: Weil wir, ein enger Freund aus dem Marburger

Germanistischen Seminar und ich, zum Abschluss des Lehrgangs gemeinsam ein lustiges kleines Kabarett zusammengestellt hatten, durften wir beide uns den Kreis aussuchen, in dem wir unserer Aufgabe nachgehen sollten. Unsere Wahl fiel auf den Rheingau, natürlich wegen des Weins, aber ebenso wegen des damals noch halbwegs sauberen Rheins, in dem wir in diesem Sommer schwimmen wollten. Der Landrat stellte uns in seinem Amt in Rüdesheim ein Zimmer mit einem zweistöckigen Bett zur Verfügung, und abends zogen wir aus, in der Jugend des Rheingaus Interesse für Politik zu wecken – durch Jugendforen in Rüdesheim selbst, in Kiedrich oder Walluf, Eltville oder Geisenheim. Nicht zu vergessen Oestrich, wo einer der besten Rheingau-Rieslinge wächst und wir den hessischen »Handkäs mit Musik« schätzen lernten. Das beherrschende Thema dieser Diskussionsabende war stets: Wiederaufrüstung – ja oder nein? Mein zwei Jahre älterer Freund Hurck war zwar nicht endgültig entschieden, aber seine Neigung ging, schon weil er kurz vor Kriegsende als Soldat auf eine Mine getreten war und daran immer noch laborierte, eher zu einem Nein, indessen ich als der besser davongekommene Luftwaffenhelfer trotz großer Bedenken eher zu einem Ja tendierte. Aber als Freunde beschlossen wir, schon aus sportlichen Gründen, aber auch, um Langeweile zu vermeiden: An dem einen Abend argumentiert er in seinen einführenden Kurzreferaten zur nachfolgenden Diskussion für das Nein, ich dagegen für das Ja. Am Abend darauf hatte umgekehrt er für das Ja und ich für das Nein zu werben.

Bei den an unseren Diskussionsabenden teilnehmenden Jugendlichen war das »Ohne mich« stets klar in der Mehrheit. Aber das Thema hatte durch den Beginn des Koreakriegs unerhört an Aktualität gewonnen, denn Nordkorea zielte – und Stalin hatte dies ausdrücklich gebilligt – mit seinem Angriff auf die Wiedervereinigung des in Nord und Süd gespaltenen Landes. Würde Deutschland ein zweites Korea werden? Die Parallelen waren ja unübersehbar: Auch Korea war nach

dem Krieg in eine sowjetisch-kommunistische und eine amerikanische
Einflusssphäre geteilt worden. Auch der Norden lehnte – wie bei uns
die DDR – freie Wahlen für Gesamtkorea unter UN-Aufsicht ab, und
auch in Korea gab es zwei Staaten, von denen ein jeder für sich in
Anspruch nahm, schon heute für das ganze, also für ein noch zu ver-
einigendes Korea zu sprechen. Vor allem die ersten Monate des Kriegs-
verlaufs lösten damals in Westdeutschland Panik aus, denn die Nord-
koreaner eroberten nicht nur Seoul, die Hauptstadt des Südens, sie
warfen auch dessen Truppen und die zu spät zu Hilfe kommenden,
unzureichenden amerikanischen Verbände bis auf einen Brückenkopf
im Süden zurück. Nicht wenige meiner Freunde überfielen damals
Zweifel an den militärischen Fähigkeiten der Amerikaner, der Standfestigkeit der GIs und an amerikanischen Sicherheitsgarantien – zu
Unrecht, wie sich zeigte. Denn bald wendete sich das Kriegsglück.
Amerikaner und Südkoreaner drangen mit ihren Verbündeten nach
Norden vor, und 1953 endeten die militärischen Auseinandersetzungen mit einem Waffenstillstand entlang des 38. Breitengrads. Damit
war lediglich der Status quo ante wiederhergestellt – aber um welchen
Preis! Es hatte etwa drei Millionen zivile Opfer gegeben, sämtliche
Industrien waren zerstört, Städte lagen in Ruinen, und das Land glich
weithin einer Wüste.

War es da nicht verständlich, wenn sich damals Panik in der Bundesrepublik verbreitete? Würde es uns eines Tages ähnlich ergehen?
Schließlich hatte sich die SED schon 1948 mit dem Aufbau der Kaser-
nierten Volkspolizei (KVP) einen bewaffneten Arm zugelegt. Und am
3. August 1950, als die überlegen gerüsteten Truppen des Nordens
die Südkoreaner vor sich hertrieben und gar drohten, sie ins Meer zu
werfen, erklärte ein siegessicherer Walter Ulbricht im Berliner Rundfunk: Korea lehrt, dass Marionettenregierungen wie die in Südkorea,
»oder man kann auch nennen die in Bonn«, früher oder später vom
Willen des Volkes hinweggefegt und die »Nester der Kriegsprovokatio-

nen« liquidiert werden, und zwar »so, wie das in Südkorea gegenwärtig geschieht«. Und vor SED-Funktionären kündigte er am selben Tag an, Adenauer als Separatist vor ein »Volksgericht« zu stellen – vorausgesetzt, er sei von den USA nicht »nach Südamerika in die Emigration geschickt worden«.

Dass er hier mit einem deutschen Bürgerkrieg drohte, scheint heute so gut wie vergessen. Damals aber waren seine Worte nicht nur geeignet, die Kriegsfurcht zu steigern, sondern auch den Abwehrwillen zu bekräftigen – auch bei mir. Nicht einmal der Prediger der deutschen Einheit, Kurt Schumacher, zeigte sich in dieser Phase noch als prinzipieller Gegner der Remilitarisierung. Er beriet mit denselben Generälen, die auch Denkschriften für Adenauer fertigten, über Notwendigkeit, Voraussetzungen und Modalitäten eines deutschen Wehrbeitrags, vor allem mit Erwin Rommels ehemaligem Stabschef Hans Speidel, einem alten Bekannten und »Zechbruder« aus seinen Stuttgarter Zeiten vor 1933. Wie auch alliierte Experten, waren diese Generäle der Überzeugung, ohne zusätzliche westliche Divisionen und ohne deutsche Einheiten lasse sich ein sowjetischer Vorstoß wahrscheinlich erst an den Pyrenäen stoppen.

In Kenntnis dieser Lagebeurteilung und im Gegensatz zu der übergroßen Mehrheit der Genossen, die stur am »Ohne mich« festhielt, zeigte sich der SPD-Chef keinesfalls pazifistisch gesinnt. Aber er stellte Bedingungen für eine deutsche Beteiligung, denn er wollte, schon mit Blick auf die koreanischen Erfahrungen, vermeiden, dass ganz Deutschland zum Schlachtfeld und die »Reste der nationalen Substanz verbuttert« werde. So verlangte er kategorisch einen mächtigen Wall von mindestens zwölf alliierten Divisionen entlang der Elbe, hinter dem sich die Aufstellung einer Bundeswehr vollziehen könne. Und für den Fall eines sowjetischen Angriffs verlangte er eine weit nach Osten vorgeschobene Vorwärtsverteidigung durch die Kräfte der »Weltdemokratien« (sein spezielles Synonym für den »Westen«), einen offensiveren

Gegenstoß, der »die Kriegsentscheidung an Njemen oder Weichsel« suche. Dies, so Schumacher, sei »die erste und materiell die einzige Voraussetzung für das Ja (oder) Nein zur deutschen Aufrüstung«.[30]

In schriller Überspitzung nahm er eine Forderung vorweg, für die sich später Offiziere der Bundeswehr im Brüsseler NATO-Stab immer wieder einsetzen werden: eine Vorne- und Vorwärtsverteidigung, damit nicht auch die eigenen Waffen noch zerstören, was zu verteidigen ist. Aber der schneidende Ton, die Unbedingtheit, in dem er seine Ansprüche stellte, vor allem die Erwähnung einer Entscheidungsschlacht an Njemen (Memel) und Weichsel, Flüssen auf polnischem und litauischen Gebiet, handelten dem Chef der Bonner Opposition nicht nur in Frankreich den Vorwurf ein, er habe sich für einen neuen Angriffsfeldzug gen Osten stark gemacht. Überbot er paradoxerweise mit seinen Vorstellungen nicht jene Adenauer'sche Politik der Stärke, die er stets bekämpft hatte und von der allein sich der Kanzler sowjetisches Nachgeben versprach, das letztlich zur Befreiung der Ostzone führen sollte?

Zwar verstärkten Amerikaner und Briten ihre militärische Präsenz, aber nicht annähernd in dem von Schumacher geforderten Maß. Hätten sie so viele Divisionen entlang der Zonengrenze versammelt, wie er es verlangte, um überhaupt erst mit einer deutschen Bewaffnung zu beginnen, »dann brauchten wir einen deutschen Wehrbeitrag nicht, zumal der uns vor allem in Frankreich nur politischen Ärger bringt« – so ein Berater McCloys. Schumachers Bedingungen stellten sich letztlich als ein Jein, besser: als ein verklausuliertes Nein heraus, das dann zu einem offenen, klaren, eindeutigen Nein geriet, als der deutsche Wehrbeitrag in den Rahmen der Europäischen Verteidigungsgemeinschaft (EVG) eingepasst werden sollte. Denn in der EVG, so der SPD-Chef, bleibe den deutschen Einheiten gegenüber den französischen Verbänden jede Gleichberechtigung in Bewaffnung und Mitsprache versagt.

Aber vor dem entscheidenden Schritt zur deutschen Aufrüstung, der Unterzeichnung des EVG-Vertrags im Mai 1952, tobte der Streit um jene Stalin-Noten, die sowohl Thomas Dehler als auch Gustav Heinemann in jener turbulenten Nachtsitzung vom 23. Januar 1958 dem Kanzler als versäumte Chance zur Wiedervereinigung um die Ohren geschlagen hatten. Keine Frage: Auch ich und die meisten meiner Studienfreunde waren wie elektrisiert, als Stalin im März 1952 Viermächteverhandlungen mit deutscher Beteiligung anbot. Verhandlungsziel sei ein Friedensvertrag, der die Wiederherstellung eines einheitlichen deutschen Staats, den Abzug aller Besatzungsmächte, die Gewährung demokratischer Freiheiten nach innen sowie eine nationale Armee mit Land-, See- und Luftstreitkräften zum Zweck der Verteidigung vorsah. Letztere mit der Einschränkung versehen, dieses wiedervereinigte Deutschland dürfe sich nicht an Militärbündnissen beteiligen, die sich gegen einen Staat richteten, der am Krieg gegen Deutschland teilgenommen habe.

Damit war klar: Die Verhandlungen über eine EVG sollten gestoppt und ein vielleicht neu entstehender deutscher Gesamtstaat entsprechend den russischen Vorstellungen militärisch neutralisiert werden.

Aber eröffnete sich hier nicht endlich eine Möglichkeit, die achtzehn Millionen Deutschen jenseits der Elbe zu befreien und die immer brutaler werdende, auf sowjetische Bajonette gestützte SED-Diktatur abzuschütteln? In der konservativen *Frankfurter Allgemeinen Zeitung* sprach Paul Sethe von »Stalins jäher Wendung« – aber war der sowjetische Diktator wirklich bereit, auf einen Teil seiner Eroberungen, auf Mitteldeutschland zu verzichten und die DDR samt ihren kommunistischen Machthabern – immerhin Genossen der neuen Kommunistischen Internationale namens Kominform – zu opfern? War eine Wiedervereinigung in Frieden und Freiheit mit der Stalin-Note in greifbare Nähe gerückt? Das Angebot musste ausgelotet und daraufhin geprüft werden, ob sich tatsächlich eine Chance bot – das war die Meinung der sozialdemokratischen Opposition, selbst die eines natio-

nalen Flügels in der CDU-Fraktion. Und auch ich war damals überzeugt: Das muss sein, diese Chance, selbst wenn sie klein war, durfte
man sich nicht entgehen lassen. Sogar der nach einem Schlaganfall
schon todkrank darniederliegende Kurt Schumacher, der sich bislang stets gegen eine Neutralisierung ausgesprochen hatte, verlangte
Viermächteverhandlungen, um herauszufinden, wie ernst dies alles
gemeint sei.

Bis heute ranken sich Legenden um diese meist umstrittene Auseinandersetzung der frühen Bundesrepublik, und nach allem, was man
heute weiß, bin ich durchaus nicht mehr davon überzeugt, dass es
damals wirklich eine reale Perspektive gegeben hat. Propagandistisch
zielte die Stalin-Note auf die breite Ohne-mich-Bewegung in Westdeutschland und auf alle national gesonnenen Kräfte in der Bundesrepublik, die in der Westintegration ein Hindernis für die deutsche
Einheit sahen. Hoffte der Kreml also auf eine nationale Massenbewegung gegen Adenauer? Mit im Visier hatte das Angebot ja nicht zufällig
die »Entrechteten«, denn allen einstigen Angehörigen der deutschen
Armee, auch Offizieren und Generälen, dazu allen ehemaligen Nazis
sollten die bürgerlichen Rechte zugestanden werden – ausgenommen
die »wegen Verbrechen Verurteilten«. Formal war die Offerte aber
nicht an Bonn, sondern an die drei Westmächte gerichtet. Sie sahen in
ihr jedoch nicht viel mehr als ein Stör- oder Verzögerungsmanöver
gegen den EVG-Vertrag. Und darin wurden sie ausdrücklich vom Kanzler bestärkt, der sich gegen jedes Ausloten des Angebots schon deshalb
aussprach, weil die nötigen Viermächteverhandlungen sich über viele
Monate hätten hinziehen und damit seine Autorität ins Wanken bringen können.

Bei dem Vorwurf allerdings, den Dehler wie Heinemann in jener
dramatischen Nachtsitzung im Januar 1958 an Adenauer richteten –
dass er mit seinem Votum die Haltung der drei Westmächte entscheidend geprägt habe –, handelt es sich bestenfalls um einen Mythos.

Keine der drei westlichen Siegermächte war damals bereit, einen neutralen, bewaffneten gesamtdeutschen Nationalstaat zu schaffen – Amerikaner und Briten hielten entschlossen an ihrem Konzept der auch militärischen Einbindung der Bundesrepublik in ein westliches Allianzsystem fest. Und für Frankreich war allein der Gedanke an die deutsche Einheit, vor allem aber an die Aussicht, auf der anderen Seite des Rheins könne wieder eine nationale deutsche Armee stehen, ein Gespenst aus der Schreckenskammer. Möglich immerhin, dass ein zum Ausloten entschlossener Kanzler, sich auf eine westdeutsche Massenbewegung für nationale Einheit stützend, die Haltung der Alliierten hätte beeinflussen können. Aber es gab nicht nur diesen Kanzler nicht, sondern auch nicht die Massenbewegung, die seine Politik hätte tragen können. Vor allem der Historiker Heinrich August Winkler hat darauf hingewiesen, dass die Frage der verlorenen Ostgebiete sich bei Verhandlungen als sperrig erwiesen hätte. Die Stalin-Note sah ja die Einheit innerhalb der von der Potsdamer Konferenz gezogenen Grenzen vor, und was dies bedeutete, hatte schon der Görlitzer Vertrag zwischen der DDR und Polen im Juli 1950 unmissverständlich klargemacht: Die Oder-Neiße-Linie galt im Osten seither als unantastbare, unverrückbare »Friedensgrenze«.

Aber wäre die große Mehrheit der Westdeutschen damals zu einem endgültigen Verzicht auf Schlesien, Ostpreußen und Pommern bereit gewesen? Wohl kaum, denn im Bundesgebiet lebten knapp fünf Millionen Heimatvertriebene, deren politische Verbände Gewicht und Stimme auch bei Wahlen hatten. Noch in einer Umfrage aus dem August 1955, drei Jahre nach der Stalin-Note, sprachen sich gut zwei Drittel der befragten Deutschen gegen eine Wiedervereinigung aus, falls sie nur um den Preis des Verzichts auf die Ostgebiete zu erlangen sei. Alle deutschen Parteien, ausgenommen die KPD und die Heinemann'sche GVP, hatten damals ausschließlich eine Wiedervereinigung innerhalb der Grenzen von 1937 als Ziel. Und die Ostpolitik Willy Brandts wurde noch Anfang der Siebzigerjahre nicht zuletzt deshalb so erbittert bekämpft, weil sie die Anerkennung der Oder-Neiße-Grenze einschloss. So erscheint mir im Rückblick eher als lärmendes Schattenboxen, was ich im Januar 1958 noch als eine hochdramatische Schlacht um versäumte Chancen hielt.

Aber wenn es schon um versäumte Chancen geht: War jene, die sich 1953 bot, vielleicht die realistischere? Ich war gerade zwei oder drei Monate Volontär in Hannover, als die Nachricht vom Arbeiteraufstand in der DDR kam – ein elektrisierender Funke, der plötzlich die Hoffnung auf eine Änderung der Deutschlandpolitik hoch aufflammen ließ. Hatte sich, was ursprünglich als Streik der Ostberliner Bau- und der Hennigsdorfer Stahlarbeiter gegen zu hohe Arbeitsnormen begann, nicht zum Volksaufstand geweitet, waren in den großen Städten und Industriezentren der Ostzone nicht Hunderttausende auf die Straße gegangen, und erklang am Ende bei diesen Demonstrationen nicht immer lauter der Ruf nach freien Wahlen? Hatten wütende Demonstranten in einigen Orten nicht SED-Parteibüros, Stasi-Hauptquartiere und sogar Gefängnisse gestürmt? Kam es nicht zu dramatischen Situationen, als Jugendliche mit Steinen gegen die heranrollenden sowjetischen Panzer vorgingen oder Eisenträger zwischen ihre Ketten warfen? Unsere Zeitung verteilte Extrablätter mit ersten Funkbildern des Aufstands auf der Straße – sie wurden den Zeitungsträgern buchstäblich aus den Händen gerissen.

Jedenfalls lag, so meine Erinnerung, an diesem 17. Juni und den ersten Tagen danach Veränderung in der Luft. Die deutsche Einheit und damit das Ende des Provisoriums Bundesrepublik schienen näher zu rücken. Es waren Tage voller Dramen, die einige Historiker als das letzte große gesamtdeutsche Ereignis vor dem Bau der Mauer einordnen – voller Dramen allerdings, die als Tragödie endeten. Und natürlich hat es damals in Westdeutschland auch an den wildesten, illusionärsten Hoffnungen nicht gefehlt. Mein damaliger Chefredakteur

Wilhelm Korspeter schrieb geradezu euphorisch: »Das freie Volk wird sich in einem freien Deutschland gegen die kommunistischen Führer zusammenfinden.« Und: »Sie (diese kommunistischen Führer) ahnen ihr Schicksal: Die Flucht aus der Heimat, die sie verraten haben, und die Ungnade der sowjetischen Auftraggeber, die ihnen Sibirien zuweisen werden.«[31] Ollenhauer erklärte, der Volksaufstand habe eine völlig neue internationale Lage geschaffen, denn die These des Kanzlers – Verhandlungen über die Einheit erst nach der europäischen Integration – sei eindeutig überholt. Umgekehrt werde ein Schuh daraus: Erst die Einheit schaffen, dann über eine mögliche Integration verhandeln. Mit dieser These forderte er die vier Mächte zu einer sofortigen Viererkonferenz über die Deutschlandfrage auf.

Doch hätte es zuvor vielleicht eine Chance für eine deutsche Einheit gegeben, dann paradoxerweise nur vor dem 17. Juni, der ja das sowjetische Militär zum Eingreifen zwang und die Fronten wieder verhärtete. Zuvor dagegen, Anfang Mai, hatte der greise Churchill, seit 1951 wieder im Amt des Premierministers, auf eine Viererkonferenz mit dem Auftrag gedrängt, einen Garantievertrag für ein freies, geeintes Deutschland auszuhandeln. Seit Stalins Tod witterte er eine flexiblere Politik des Kremls und sah sich darin bestätigt, als sich in Moskau Anzeichen für eine, wenn auch bescheidene Liberalisierung mehrten: Lawrenti Beria, der – noch – starke Mann der neuen Kreml-Führung, Innenminister und Chef des NKWD, entließ damals politische Gefangene aus dem Gulag, und Georgi Malenkow, formell der erste Mann des neuen Führungstrios, sendete Entspannungssignale gen Westen, beschleunigte die Waffenstillstandsverhandlungen in Korea und forderte von Moskaus Satelliten, den Kurs eines überstürzten Aufbau des Sozialismus zurückzuschrauben.

Churchills Initiative verläuft im Sande – zum Teil, weil US-Präsident Dwight D. Eisenhower der Idee nichts abgewinnen kann, zum Teil, weil der britische Premier erkrankt. Aber auch, weil die Westmächte

Adenauers Wiederwahl im September abwarten und sie keinesfalls durch eine Viererkonferenz gefährdet sehen wollen, die der sozialdemokratischen Opposition hätte Wahlargumente liefern können. Ob die anvisierte Viererkonferenz Erfolge gebracht hätte, mag man bezweifeln oder nicht – auf jeden Fall ist mit einer Vertagung der Idee in den Herbst der mögliche Zeitpunkt der von Churchill angestrebten Einigung verpasst.

Doch hatte es zuvor eine Chance gegeben, weil die einflussreiche Fraktion um Beria im sowjetischen Politbüro eine drastische Kursänderung gegenüber der DDR erwog? Ulbricht hatte sich nach Ablehnung der Stalin-Note durch Bonn zum forcierten Aufbau des Sozialismus ermuntert gefühlt. Und so konsequent er dabei vorgegangen war, so überstürzt hatte er die Zwangskollektivierung und den Ausbau der Schwerindustrie auf Kosten der Konsumindustrie vorangetrieben, dass der Lebensstandard in der Ostzone dramatisch absank. Dies und brutaler ideologisch-politischer Druck vor allem auf die Kirche – etwa fünfzig Pfarrer und ihre Helfer wurden im Frühjahr 1953 verhaftet – ließ die Flüchtlingszahlen so in die Höhe schnellen, dass im Kreml die Alarmglocken läuteten. Um den von Auszehrung bedrohten westlichen Vorposten zu retten, forderte Moskau von den deutschen Genossen jetzt die Zurücknahme repressiver Maßnahmen gegen selbstständige Bauern, Handwerker und Gewerbetreibende, sogar das Ende des Ulbricht'schen Kirchenkampfs. Einige der Nachfolger des im März verstorbenen Stalin, allen voran Beria, aber wohl auch Malenkow, sollen damals bereit gewesen sein, die Preisgabe der DDR zugunsten eines neutralen Gesamtdeutschland zu erwägen.

Nun nahm die SED-Führung auf Moskauer Druck zwar etliche Zwangsmaßnahmen, etwa gegen Bauern, Selbstständige und die Intelligenz, zurück. Aber es ist nicht ohne Ironie, wenn der »Arbeiterstaat«, der seine Legitimation ja auf die Arbeiterklasse stützte, ausgerechnet an einer zuvor eingeführten Normerhöhung der Arbeitsleistung für Stahl- und

Bauarbeiter festhielt. Diese sahen sich verständlicherweise zurückgesetzt, traten in Streik und lösten damit jenen Aufstand aus, den sowjetische Militärs mit Panzern niederrollten. Es ist heute kein Geheimnis, dass vor allem die sowjetische Generalität das unter hohem Blutzoll eroberte Territorium der DDR behaupten wollte. Und so wurde der 17. Juni nicht nur zum wichtigsten Sargnagel Berias, sondern auch der – zugegeben: äußerst vagen – Hoffnung auf ein wiedervereinigtes, Deutschland, dessen Neutralität und Sicherheit die vier Mächte hätten garantieren sollen.

Nur neun Tage nach dem Ostberliner Aufstand wurde Beria auf einer Sitzung des sowjetischen Zentralkomitees von Offizieren verhaftet und später hingerichtet. Der Aufstand des 17. Juni hat das Gegenteil dessen bewirkt, was sich die Aufständischen, aber auch was sich westliche Einheitsförderer von ihm erhofften. Im Osten saß Walter Ulbricht, der im Zuge des Moskauer »Neuen Kurses« hätte gestürzt werden sollen, als Garant der DDR-Stabilität plötzlich wieder fest im Sattel und entmachtete prompt seine von Beria einst unterstützten Gegenspieler Wilhelm Zaisser und Rudolf Herrnstadt. Und im Westen?

Die Bundesdeutschen erhielten einen zusätzlichen Feiertag. Es war zwar der Tag einer Niederlage, aber mit ihm begannen mindestens zwei Jahrzehnte wohltönender, oft auch heuchlerischer Sonntagsreden über das unermüdliche Streben nach der deutschen Einheit. Den Anfang machte Konrad Adenauer vor den Särgen etlicher Opfer des 17. Juni in Berlin. In Anlehnung an den Schweizer Rütlischwur erklärte er feierlich: »Wir werden nicht ruhen und wir werden nicht rasten – diesen Schwur lege ich ab für das gesamte deutsche Volk –, bis auch sie (die Deutschen hinter dem ›Eisernen Vorhang‹) wieder die Freiheit haben, bis ganz Deutschland wieder vereint ist in Frieden und Freiheit.« Das beeindruckte viele, zumal danach die Freiheitsglocke vom Turm des Rathauses Schöneberg lange und wuchtig läutete.

Doch allen feierlichen Schwüren zum Trotz, hielt Adenauer an seinem politischen Kurs fest. Er nutzte die Niederschlagung des antistalinistischen Aufstands als Beleg und Legitimation für seine Politik der Stärke und der Westbindung, und die Mehrheit der Wähler gab ihm im September recht: Die Bundestagswahlen gerieten zu echten Adenauer-Wahlen, denn Kanzler und CDU triumphierten mit 45,2 Prozent aller Stimmen. Wie Ulbricht im Osten, saß auch Adenauer im Westen nach dem 17. Juni fester im Sattel denn je.

Übrigens haben sich seinerzeit fast alle, und zwar Optimisten wie Pessimisten, erheblich in der Zeit verschätzt, die zwischen der Ablehnung der Stalin-Note und dem Tag der deutschen Einigung vergehen würde. Rudolf Augstein alias Jens Daniel schätzte in seiner Kolumne »Ein Lebewohl den Brüdern im Osten«, geschrieben zur Jahreswende 1951/1952, wir hätten uns durch die überstürzte Integration in den Westen »auf fünfzig Jahre von der Sowjetzone separiert«. Adenauer sprach, von britischen Journalisten 1952 befragt, von einem Zeitraum bis zur »Herausgabe« von circa fünf bis maximal zehn Jahren. Wir wissen heute, dass Adenauer sich mit seiner Prognose um siebenundzwanzig, wenn nicht gar zweiunddreißig Jahre, Augstein nur um zwölf Jahre irrte. Aber flicht Augstein der von ihm so erbittert bekämpften Politik der Stärke nicht einen späten Lorbeerkranz, als er nach Helmut Kohls Besuch bei Michail Gorbatschow im Kaukasus im Sommer 1990 plötzlich »Glückwunsch, Kanzler!« schreibt? Er meint jetzt nicht nur, dass man den »Staatsmann Kohl« nicht mehr von der »Landkarte tilgen« könne, er erklärt auch, Adenauers »Grundannahmen« und »Überlegungen zu den Wegen und Umwegen« zur deutschen Einheit hätten sich »als zutreffend herausgestellt«. Deshalb scheine es Gegnern der Adenauer'schen Westpolitik inzwischen »inopportun«, über sie zu streiten.[32]

Es stimmt, die Fünfziger waren Jahre steilen wirtschaftlichen Aufschwungs, die gute Konjunktur nach dem Koreakrieg trug zum Entstehen dessen bei, was der Soziologe Helmut Schelsky die »nivellierte Mittelstandsgesellschaft« nannte – und mit ihr verfestigten sich zweifellos auch die neuen demokratischen Institutionen. Aber genauso stimmt, dass es Jahre des Muffs, des Miefs, auch Jahre der Prüderie gewesen sind, wie allein schon der Skandal um Hildegard Knef und den Film *Die Sünderin* zeigt. Nur wenige Sekunden dauert eine Nacktszene, in der die Brüste der Knef zu sehen sind, aber sie genügen 1951 wütenden Moralaposteln, mit Demonstrationen und – nicht zu vergessen – Kanzelpredigten gegen den im Film gezeigten »Sittenverfall« vorzugehen. Zwar galt der Protest nicht nur der Nacktszene, in der die Knef Modell sitzt, sondern auch dem Inhalt. Unsere sündige Heldin versucht ja, Geld für eine komplizierte Hirnoperation ihres Malerfreunds durch Prostitution aufzubringen. Und weil alles Medizinische nicht wirken will, reicht sie ihm eine Überdosis an Schlaftabletten (»Verbotene Sterbehilfe!«, rufen die Sittenwächter), nur um sich anschließend selbst umzubringen. Kardinal Frings mahnte in seinem Hirtenbrief vom 28. Februar 1951, er erwarte, dass unsere »katholischen Männer und Frauen, erst recht unsere gesunde katholische Jugend in berechtigter Empörung und in christlicher Einmütigkeit Lichtspieltheater meiden, die unter »Missbrauch des Namens der Kunst eine Aufführung bringen, die auf eine Zersetzung der sittlichen Begriffe unseres Volkes hinauskommt«. Voller Ironie wird die Knef später in ihren Memoiren *Der geschenkte Gaul* schreiben, sie habe offenbar die Jahre der »sittlichen Wiederaufrichtung« verpasst und nicht verstanden, »dass mit der Währungsreform, regelmäßiger Nahrung, geheiztem Schlafzimmer eine auf Keuschheit bedachte Betulichkeit Einzug gehalten und das Unfassliche des Vorhergegangenen ignoriert, abgeschrieben und verdrängt hatte«.[33]

Was Keuschheit, Anstand und Sitte angeht: Wer für sich und seine Freundin ein Doppelzimmer im Hotel buchen wollte, musste nicht selten an der Rezeption erst einmal Ausweise vorlegen, dass beide verheiratet waren. Es galt der Kuppeleiparagraf, der jede »Vorschubleistung zu fremder Unzucht« unter Strafe stellte – ein Paragraf auf den auch die Vermieterin meiner Studentenbude in Marburg peinlich achtete: Damenbesuch nach zehn Uhr abends war untersagt. Strafgesetzbuch (StGB) und Bürgerliches Gesetzbuch (BGB) waren praktisch in der Kaiserzeit stehen geblieben, alle sexuellen Handlungen außerhalb der Ehe galten als Verstoß gegen die Sittlichkeit, und im Falle der Homosexualität hatte die Bundesrepublik sogar die Verschärfung der Strafverfolgung des Paragrafen 175 durch die Nationalsozialisten übernommen. Das Sexualstrafrecht wurde erst 1969 und, radikaler dann, 1973 reformiert. Und wie wenig die Familiengesetzgebung des BGB noch dem Alltag einer sich mit dem Wirtschaftswunder beschleunigt modernisierenden Gesellschaft entsprach, wurde vor allem beim patriarchalischen Eherecht deutlich. Da schrieben nahezu alle Paragrafen die Rolle von Mann und Frau im traditionell-konservativen Sinne fest: Die Frau war zur Haushaltsführung, der Mann zum Unterhalt der Familie verpflichtet. Berufstätig durfte die Ehefrau nur mit Einverständnis des Mannes sein – und dieser konnte, wenn er die familiären Pflichten seiner Frau vernachlässigt sah, ihren Anstellungsvertrag sogar kündigen, ohne dass er zuvor ihr Einverständnis hätte einholen müssen. Das wurde zwar 1957 geändert: Frauen waren jetzt berechtigt, auch ohne Zustimmung ihres Ehemannes berufstätig zu sein – allerdings nur, »soweit das mit den Pflichten in Ehe und Familie vereinbar« ist.

Es war ein langer Weg, die in Artikel 3 des Grundgesetzes proklamierte Gleichberechtigung von Mann und Frau in die Praxis umzusetzen. Erst ab 1962 (!) konnte eine verheiratete Frau ein eigenes Bankkonto auch ohne Zustimmung ihres Ehemannes eröffnen. Zäh am patriarchalischen Bild der Ehe hielt vor allem die katholische Kirche fest. So erklärte Franz-Josef Wuermeling, von 1953 bis 1962 Bundesfamilienminister und stellvertretender Leiter der katholischen Laienbewegung Fides Romana, sein Ministerium bei Amtsantritt gar zur »Abwehrinstanz« gegen die Gleichberechtigung der Frau. Der christdemokratische Minister hielt auch nicht viel von der im Grundgesetz

garantierten Freiheit der Kunst: In einer Rede zum Filmwesen verlangte er eine Volkszensur zwecks Wahrung von »Sitte, Anstand und
Jugendschutz«. Wie später Adolf Süsterhenn, der Mitinitiator der Sech-
zigerjahre-Aktion »Saubere Leinwand« und Minister in Rheinland-
Pfalz, will er die Kunst an die »allgemeine sittliche Ordnung« gebunden wissen. Ob da Werke von Egon Schiele, Picasso oder Peter Paul
Rubens' »Susanna im Bade« in Museen noch hängen dürften? Natürlich setzte er sich mit seiner Forderung nicht durch – aber so ganz frei,
wie viele heute glauben, war die Kunst in den Fünfzigerjahren auch in
der Bundesrepublik nicht. Wolfgang Staudtes Film *Der Untertan*, nach
dem Roman von Heinrich Mann in der DDR gedreht und von vielen
Kritikern, vor allem denen im Ausland als »Meisterwerk« gelobt, durfte
sechs Jahre lang in der Bundesrepublik nicht gezeigt werden – und
zwar im Zeichen des ideologisch geführten deutsch-deutschen Bürger-
kriegs. Der für die Filmeinfuhr – der Streifen kam ja aus der DDR –
zuständige Interministerielle Ausschuß für Ost-West-Filmfragen stufte
ihn als verfassungsfeindliche und gegen die Bundesrepublik gerichtete
Publikation ein. Und damit war seine Vorführung verboten. Und nach
dem 17. Juni kam es – wie später nach dem Mauerbau – zu Wellen
eines Brecht-Boykotts an westdeutschen Theatern. Ursache war ein
Brief, den Brecht – von den Konservativen häufig als »Hofsänger von
Pankows Gnaden« abgetan – nach dem 17. Juni an Walter Ulbricht
geschrieben hatte und der mit dem Satz begann: »Es ist mir ein Bedürf-
nis, Ihnen in diesem Augenblick meine Verbundenheit mit der Sozialistischen Einheitspartei Deutschlands auszudrücken.« Was er danach
schrieb, dass er nämlich jetzt eine »große Aussprache über das Tempo
des sozialistischen Aufbaus« erwarte – eine reinigende und offene
Fehlerdiskussion also nicht nur mit ergebenen Funktionären –, hatte
das *Neue Deutschland*, als Parteiorgan der SED, bewusst unterschlagen.
Der Westen reagierte mit seinen Boykottmaßnahmen mithin nur
auf die in einer Diktatur nötigen, jedoch anpasserisch wirkenden Teile

seines Briefs, nicht aber auf jene, für Kenner und vor allem die Kritiker
der Ulbricht Politik innerhalb der DDR viel wichtigeren, ja entscheidenden Briefstellen. Wie Bert Brecht wirklich dachte, dafür steht sein
Gedicht in den *Buckower Elegien*, die er im Juli und August desselben
Jahres schrieb:

Nach dem Aufstand des 17. Juni
Ließ der Sekretär des Schriftstellerverbands
In der Stalinallee Flugblätter verteilen
Auf denen zu lesen war, dass das Volk
Das Vertrauen der Regierung verscherzt habe
Und es nur durch verdoppelte Arbeit
Zurückerobern könne. Wäre es da
Nicht doch einfacher, die Regierung
Löste das Volk auf und
Wählte ein anderes?

Aber auch dies gehört in eine Geschichte der Fünfzigerjahre als
absurde Folge des damals tobenden Kalten Krieges: Die Ausstellung
»Ungesühnte Nazijustiz«, eine Aktion gegen Nazirichter, die in der
Bundesrepublik zum Teil unangefochten hohe Ämter bekleideten. Der
Publizist Reinhard Strecker wollte mit dem SDS gesammelte, von Son-
dergerichten gefällte unverantwortliche Todesurteile mit Dokumenten
aus Polen, Israel und der DDR in einer Wanderausstellung zeigen, doch
Erich Ollenhauer warnte seine Parteifreunde ausdrücklich vor der
Ausstellung, und ihre Organisatoren wurden als Handlanger Pankows
aus der Partei ausgeschlossen. Weil der Westberliner Senat verbot, diesen »Akt öffentlicher Agitation zugunsten sowjetzonaler Stellen« in
Universitätsräumen zu zeigen, waren Strecker und seine Freunde auf
die Hilfe des Berliner Galeristen Rudolf Springer angewiesen, der
seine Räume am Kurfürstendamm zur Verfügung stellte. Erst als der

eher konservative Generalbundesanwalt Max Güde sich in einer langen Unterhaltung davon überzeugte, dass die Dokumente nicht Produkte östlicher Propaganda waren, sondern Tatsachen widerspiegelten, begann in Bonn endlich die Debatte über den Umgang mit Juristen, die in der NS-Zeit unverantwortliche Urteile gefällt hatten. Wenn im Deutschen Richtergesetz von 1961 Richtern, die an solchen Urteilen mitgewirkt hatten, Gelegenheit gegeben wurde, unter vollen Bezügen in den Ruhestand zu gehen, ist dies letztlich auf Reinhard Strecker und seine Aktion »Ungesühnte Nazijustiz« zurückzuführen. Sein später Triumph: 149 Richter und Staatsanwälte ließen sich nach Paragraf 116 eines neu erlassenen Richtergesetzes vorzeitig pensionieren. Ein so spätes und unglaublich schonendes Reinigungsverfahren der westdeutschen Justiz, heute kaum vorstellbar, durfte in den damaligen Jugendjahren der Republik als Fortschritt gelten.

In meinem Rückblick darf natürlich das »Abendland« nicht fehlen, von dem damals viel und feierlich die Rede war. Zwischen den beiden Großen Kriegen hatte es Oswald Spengler zwar schon untergehen sehen – aber er irrte, wie wir heute wissen. Heute bemüht Pegida auf seinen Demonstrationen dieses Abendland als Kampfbegriff: Es soll vor der Islamisierung durch Flüchtlinge aus dem Morgenland gerettet werden. Auch Hitler hatte sich dieses so wohltönend übernational klingenden Begriffs nach Stalingrad bedient, schon um westeuropäische Freiwillige für die SS zu gewinnen: Jetzt gelte es, das Abendland im Kampf gegen den gottlosen Bolschewismus zu verteidigen, und dies – wie bei ihm üblich – notfalls »bis zur letzten Patrone«.

Das Abendland der Fünfzigerjahre dagegen umgab der wohlige Duft von Myrrhe und Weihrauch und war weitgehend von Katholiken mit Beschlag belegt. Um die Abendländische Akademie Eichstätt gruppierte sich eine »Abendländische Aktion«, die das Mittelalter glorifizierte und sich am Föderalismus des »Alten Reichs« orientierte. In ihm sah sie jene abendländische Kultureinheit auf der Basis christlicher Werte verwirklicht, nach der sie heute strebte. Kennzeichnend für diese Bewegung war nicht nur ihre rückwärtsgewandte Orientierung, ihre Ideen waren zugleich antiliberal und antimodern. Was an kulturellen Einflüssen aus Amerika über den Atlantik schwappte, wurde mit Argwohn betrachtet, vor allem die »Sitten gefährdenden« Filme wurden abgelehnt. Es war eine seltsame Mischung aus Adel, katholischem Klerus, aus konservativen spanischen und französischen Philosophen und deutschen konservativen Publizisten, die sich zwecks der Rettung des Abendlands da zusammenfand. Die Verbindung zum Franco-Spanien war eng, und das Portugal Salazars galt einigen als vorbildlicher, »bestregierter« Staat. Auch zwei Bundesminister fanden sich unter den Mitgliedern: Hans-Joachim von Merkatz und Heinrich von Brentano, der – Vorbild: Mittelalter – in Augsburg als Festredner zum tausendjährigen Jubiläum der Schlacht auf dem Lechfeld Parallelen zwischen 955 und 1955 zog. Die Ähnlichkeit der Situation, so der Außenminister, sei überraschend: Damals hätten vor den Toren des Abendlands heidnische Nomadenscharen mit Verderben und Untergang gedroht. Jetzt stünden, wiederum nicht sehr viel weiter von dieser Stadt entfernt, die Massen des Ostens.

Es war keine Frage, dass diese vom Mittelalter begeisterten Abendländer der Fünfzigerjahre die Politik der Westintegration Konrad Adenauers unterstützten – ihre Kritiker befürchteten sogar, sie würden das Entstehen eines neuen karolingischen Reichs begünstigen. Um die geistige Einheit der Nation besorgt, warnte der Göttinger Historiker Hermann Heimpel vor einem Limes-Denken, das sich breitmache. Diesem Limes-Denken zufolge hätten Sachsen, Thüringen und Brandenburg, heute Bundesländer der damaligen Ost- oder »Sowjet«-Zone (O-Ton Konrad Adenauer), nie zu diesem karolingischen Reich gehört und wurden deshalb von den neuen Abendländern verächtlich als halbkoloniales, wenn nicht gar barbarisches Gebiet abgeschrieben.

Von Adenauer wurde erzählt, er habe auf seinen Zugfahrten von Köln nach Berlin, wo er bis 1933 Mitglied des Preußischen Staatsrats war, nach Überquerung der Elbe stets die Rollos seines Abteils heruntergezogen. So, als wollte er das wüste und zudem protestantische Feindesland, durch das er jetzt fuhr, nicht in Augenschein und nicht zur Kenntnis nehmen. In jedem Schnellzugwaggon, so Heimpel, hänge eine Eisenbahnkarte der Bundesrepublik mit vielen Nord-Süd-, aber keinen Ost-West-Verbindungen. Das erinnere jeden Kenner des historischen Schulatlas an die Karte des karolingischen Reiches – jedoch sei das heutige »Rumpfdeutschland« noch »kleiner als sein altes Ebenbild«.[34]

Wenn ich mich recht erinnere, antworteten die Gegner dieses christlich-katholischen »Abendlands« mit dem verächtlichen Kampfbegriff vom »Rheinbund-Staat« – eine Anspielung auf jene Zeit, in der ein siegreicher Napoleon deutsche Fürstentümer als seine Vasallenstaaten zwang, Regimenter für jene Grande Armée zu stellen, mit der er auf Moskau marschierte und damit den eigenen Untergang einläutete. Einer, der das Wort vom Rheinbund ironisch gern im Munde führte, war der Pastor Heinrich Albertz, ein betont preußischer Schlesier, Mann der Bekennenden Kirche und Flüchtlingspfarrer. In Hannover lernte ich ihn kennen, denn Hinrich Wilhelm Kopf hatte ihn als Minister für Soziales und Vertriebene in seine Kabinette geholt. Er war einer der wenigen, der nach der dramatischen Wahlniederlage der Sozialdemokraten 1957 für eine Neuorientierung der Partei plädierte: Die SPD solle endlich Abschied nehmen von der marxistischen Weltanschauungspartei. Nur durch eine Öffnung zur Mitte hin werde es ihr gelingen, sich aus dem 30-Prozent-Turm zu befreien.

In Berlin sollten wir uns im Sommer 1960 wiedersehen – er als Leiter der Senatskanzlei des Regierenden Bürgermeisters und Mitglied jener kleinen Gruppe im Schöneberger Rathaus, die Fritz Erler, damals Chefaußenpolitiker der SPD, betont herablassend als Brandts »Küchenkabinett« bezeichnete, allerdings eines, das mit kleinen Schritten die spätere Ostpolitik vorbereitet, und ich als Leiter des Berliner Büros des *Spiegel*. Die großen Ost-West-Konfrontationen in und um Berlin begannen. Dramatische Zeiten brachen an.

VI

DIE MAUER UND DIE ANFÄNGE DER OSTPOLITIK

Das Telefon klingelte kurz nach zwei Uhr morgens, und der Anrufer sagte nur den einen Satz: »Peter, es ist soweit« – dann hängte er auf. Er war auf dem Heimweg und offenbar in Eile, möglichst schnell nach Hause zu kommen. Wir hatten am Abend des 12. August 1961 lange bei Wein und Käse zusammengesessen und bis tief in die Nacht diskutiert – in einem winzigen Gartenhaus, das ich als Untermieter damals in Berlin-Westend bewohnte. Wir, das waren ein alter Studienfreund aus Marburg, inzwischen Rechtsanwalt und Geschäftsführer der SPD-Fraktion im Abgeordnetenhaus, sowie der Anrufer, János Nemes, ein ungarischer Kollege aus Ostberlin, der als Korrespondent für die *Népszabadság* schrieb. Und natürlich waren die Frauen oder Gefährtinnen auch dabei. János kam aus der »anderen Hälfte der Welt«, aber einem Land, das nach der Niederschlagung des Volksaufstands 1956 unter János Kádár den Weg zum »Gulaschkommunismus« eingeschlagen hatte – eines kommunistischen Staatssozialismus also, der, wenn auch in bescheidenem Rahmen, mehr private Freiheiten einräumte, als in den anderen Ostblockstaaten üblich. Und János war extrem hilfreich beim Deuten der Denkweisen und Absichten der kommunistischen Führer des Ostblocks und ihrer internen Rivalitäten. Mit ihm hatte ich Freundschaft geschlossen, schon weil er stets bereit war, völlig frei und ungeschützt sich mit mir über die sich zuspitzende Krise zwischen Ost und West auszutauschen. Was der karge eine Satz seines Anrufs besagte, war klar: Der Osten ist dabei, die Grenze zu den Westsektoren »dicht« zu machen, sie abzuriegeln.

Als ich dann im ersten Morgengrauen zum Brandenburger Tor fuhr, bot sich mir eine gespenstische Szene: aufgerissenes Straßenpflaster, dahinter Stacheldrahtverhaue, bewacht von der Volkspolizei, einem Schützenpanzer der Volksarmee und SED-Betriebskampfgruppen mit martialisch umgehängten Maschinenpistolen. Sie standen Wache gegen drei oder vier verloren wirkende Westberliner Polizeibeamte und eine Handvoll Westberliner Bürger, die aus gebührender Entfernung das Entstehen jener Hindernisse beobachteten, hinter denen dann in zwei, drei Tagen Bauarbeiter beginnen werden, eine Mauer hochzuziehen – ebenjene Bauarbeiter, so hatte ich es aus dem Mund Walter Ulbrichts auf der Internationalen Pressekonferenz am 15. Juni 1961 in Ostberlin selbst gehört, die ihre Arbeitskraft voll und ganz für den Wohnungsbau einsetzten. Denn: »Niemand hat die Absicht, eine Mauer zu errichten.« Es war damals *der* Lapsus der ganzen Konferenz, eine geradezu klassische Fehlleistung und durchaus verräterisch. Kein Fragesteller hatte ja nach einer Mauer gefragt, meine Kollegin Annamarie Doherr von der *Frankfurter Rundschau* wollte nur wissen, ob Ulbricht daran denke, nach Bildung einer »Freien Stadt West-Berlin« die Staatsgrenze der DDR etwa ans Brandenburger Tor zu verlegen. Doch eine Mauer quer durch Berlin, das zeigte die Antwort des SED-Chefs im Nachhinein, war durchaus kein Hirngespinst, sondern eine von den Funktionären des SED-Politbüros seit Monaten gefasster Plan, eine Art Notanker zur Rettung der an Auszehrung leidenden unpopulären Arbeiter- und Bauernrepublik.

Aus der Handvoll Westberliner, die sich in so früher Stunde vor dem Brandenburger Tor einfanden, wurden bald Tausende, und an die Stelle der vier einsamen Polizisten im frühen Morgengrauen trat eine Hundertschaft Bereitschaftspolizei, die notfalls mit Wasserwerfern die aufgebrachte Menge vom Sturm auf die entstehenden Grenzbefestigungen abhalten sollte. Die Westberliner waren aufgewühlt, sie kochten vor Empörung, hatten sie nicht gehofft, ja erwartet, amerikanische

Panzer würden die ersten Hindernisse einfach niederrollen? Doch nichts dergleichen geschah. Und weil Stunden bis zum ersten Auftauchen vereinzelter westalliierter Patrouillen vergingen, fühlten sie sich vom Westen verraten und verkauft.

Ich hatte zum 1. Januar 1960 beim *Spiegel* angeheuert und leitete seit August 1961 dessen Berliner Büro. Die dramatischen Bilder jener ersten Tage des Mauerbaus haben sich mir tief ins Gedächtnis eingebrannt: der Volksarmist, der mit geschultertem Gewehr sich mit einem Sprung über das Stacheldrahtverhau in die Freiheit rettet; die Berliner auf der östlichen Seite der Bernauer Straße, deren Fluchtlinie praktisch die Grenze markiert, deren Hauseingänge und Fenster zugemauert werden und von denen einige sich in buchstäblich letzter Stunde aus den noch nicht zugenagelten Fenstern der oberen Stockwerke abseilen oder sich in die aufgespannten Sprungtücher der Westberliner Feuerwehr retten; auch das verzweifelte und traurige Winken über Stacheldraht und Mauer hinweg zwischen Verwandten und Freunden, die Tränen in den Augen haben, weil sie plötzlich nicht mehr zueinanderkommen dürfen.

Ich erlebte in diesen Tagen einen aufgebrachten, ja verzweifelten Willy Brandt, der auf der ersten großen Kundgebung vor seinem Schöneberger Rathaus von der »Sperrwand eines Konzentrationslagers« spricht, die quer durch die Stadt gezogen werde; von einer SED-Clique, die kalte Betonpfähle mitten ins Herz der deutschen Einheit ramme, die den lebendigen Organismus der Stadt zerstöre und versuche, ihre »eigene Bevölkerung einzusperren«. Nicht wenige der 300 000 Teilnehmer dieser Kundgebung vom 16. August trugen Transparente wie »Vom Westen verraten?« oder »Hau auf die Pauke, Willy!«. Genau das tat er jetzt, er geißelte die Herren über den Ostsektor als »Mächte der Finsternis« und erinnerte daran, dass es noch nie in der Geschichte gelungen sei, Menschen »auf Dauer in Sklaverei« zu halten. Die große Vertrauenskrise in Westberlin wurde auch zu seiner großen Bewährungsprobe, und er bestand sie großartig: Als Volkstribun, der Anleihen an das Pathos Ernst Reuters machte, gab er der ohnmächtigen Wut und Verzweiflung der Westberliner Ausdruck, andererseits kanalisierte er die Empörung, hielt die Menschenmenge im Zaum, weil ein Sturm auf die Stacheldrahthindernisse nur mit einem Blutbad hätte enden können.

Es war eine bewegende, aufrüttelnde, wortgewaltige Rede, die Brandt da vom Balkon des Schöneberger Rathauses hielt, was er sagte, wurde weit über Deutschland hinaus gehört, bestimmte die Nachrichten der Medien in der westlichen und neutralen Welt – aber zugleich wurde die ganze Ohnmacht eines Westberliner Stadtoberhaupts offenbar. Der führte zwar den formellen Titel eines »Regierenden Bürgermeisters« – aber die wahren Regenten waren im Ernstfall in Westberlin die Stadtkommandanten der drei Westmächte, und die verhielten sich so, als ob dies alles für sie kein Ernstfall sei. Hatte auch Willy Brandt erwartet, dass die Westmächte diese Verletzung des Viermächtestatus nicht hinnehmen und notfalls durch militärische Maßnahmen beenden würden? Schließlich waren es nicht Sowjetsoldaten, sondern Ulbrichts Volkspolizisten, Volksarmisten und SED-Betriebskampfgruppen, die den Aufbau der Mauer der »Unmenschlichkeit, die sich auf dem Boden Berlins vollzieht«, bewachen mussten.

Vor dem Westberliner Abgeordnetenhaus jedenfalls zählte Brandt beinahe gebetsmühlenartig alle die Abkommen auf, gegen die Ostberlin verstoßen habe – aber es handelte sich dabei stets um originäre Rechte der Siegermächte aus den Jahren 1944 bis 1949. Damit verhielt er sich wie nahezu alle Westberliner in jenen Tagen: Auch die *Bild*-Zeitung und ihr verschwistertes Massenblatt *B.Z.* beschworen den dahingeschiedenen Viermächtestatus eines innerstädtisch offenen Gesamtberlins, als ob dieser der ihre sei, quasi ein den Westberlinern angeborenes Recht – nicht aber jener der westlichen Sieger, die gar nicht daran dachten, ihn am 13. August zu verteidigen und gegen die Absperrung des Ostsektors vorzugehen.

Aber hätte man nicht längst kommen sehen müssen, was am 13. August mit Chruschtschows Segen von Walter Ulbricht in die Wege geleitet wurde – dass Berlin nicht länger ein Treffpunkt zwischen Ost und West sein, nicht mehr Pfahl im Fleisch der DDR, dass es nicht mehr die Funktion eines Überdruckventils haben kann, welches es mehr als zehntausend DDR-Bürgern pro Monat ermöglicht, sich dem Zugriff des SED-Systems zu entziehen? Ich jedenfalls, der im Sommer 1960 von Hamburg nach Berlin übersiedelte, erinnere mich, dass die Diskussionen in Kollegenkreisen in den Monaten vor dem Mauerbau stets von einem Thema beherrscht waren: Wann, wie und wo würde Ulbricht den Flüchtlingsstrom stoppen, um das Ausbluten seiner Deutschen Demokratischen Republik zu verhindern? Die Flüchtlingszahlen wuchsen geradezu lawinenartig an, und weil es außer Bauern, die den Zwängen der Kollektivierung entgehen wollten, vor allem die Jungen, die Mobilen und gut Ausgebildeten waren, die in diesen Jahren der Diktatur entrinnen und ihr Glück in der Freiheit versuchen wollten, gefährdete der Massenexodus zunehmend die DDR-Wirtschaft und wurde damit zu einer Existenzfrage des SED-Systems. Waren es 1959 noch 143 000 DDR-Bürger gewesen, die aus der »Zone« flohen – so der damalige und noch lange übliche Sprachgebrauch –, wuchs ihre Zahl 1960 schon auf 199 000. Allein im April 1961 registrierte das Notaufnahmelager Marienfelde 30 000 »Zonenflüchtlinge«, und in den nur siebeneinhalb Monaten bis zur Schließung der Sektorengrenze sollte der Strom für das Jahr 1961 auf 155 000 anschwellen. Wenn Moskau seinen am weitesten nach Westen vorgeschobenen Vasallen DDR retten wollte, musste also schnell etwas geschehen. Aber was, wie und wo genau?

Beim großen Rätselraten um diese Frage wiesen die meisten Kollegen auf den Viermächtestatus hin und folgerten, die nötigen Sperren könnten nur am Außenring von Großberlin errichtet werden. Einige spekulierten sogar, die DDR-Regierung wird in die »Zone« verlegt und

Leipzig zur DDR-Hauptstadt gekürt. An eine so brutale, menschenverachtende, das Leben der Stadt zerreißende, an eine in Beton gegossene und unüberwindliche Absperrung quer durch Berlin hat damals keiner gedacht – und schon gar nicht an eine mit einem Todesstreifen davor.

Nach dem grausamen Schock wurde mir dann bald klar, wie viele Illusionen damals noch in unseren, in den westlichen Köpfen gesteckt hatten – in denen von Journalisten, vor allem aber in denen von Politikern. Denn der Rückblick zeigt, dass es an bedenklichen Signalen dafür, dass die Sowjetunion die Viermächteregelung nicht länger akzeptieren wolle, wahrlich nicht gefehlt hat. Schon im September 1955, nach Adenauers Besuch in Moskau, hatten die Sowjets der DDR formell die volle Souveränität, und zwar auch die über ihre »Hauptstadt« Ostberlin zugestanden. Dass es nach Meinung der Sowjets einen »besetzten Ostsektor« nicht mehr gebe, musste schon der US-amerikanische Stadtkommandant Generalmajor Charles Dasher im November 1955 bei einem vergeblichen Protestversuch erfahren. Er wollte Beschwerden wegen Übergriffen der Volkspolizei an einer amerikanischen Patrouille im Ostsektor einlegen. Aber der sowjetische Generalmajor Pjotr Dibrowa in Karlshorst wies alle Appelle an ihn, als den vermeintlichen sowjetischen Stadtkommandanten, zurück: Ostberlin sei Teil der souveränen DDR, und so bot er sich lediglich als Vermittler zwischen dem amerikanischen Stadtkommandanten und der Regierung der DDR an, welche die Amerikaner ja nicht anerkannten. In der Tat oblag die Bewachung der DDR-Grenzen seit dem Moskauer Vertrag vom September 1955 ausschließlich der DDR-Grenzpolizei, die der innerstädtischen Grenze zu den Westsektoren in Berlin dagegen Ulbrichts Volkspolizei. Die Sowjets behielten sich lediglich die Kontrolle des Verkehrs der Alliierten zwischen Berlin und der Bundesrepublik vor.

Dass allein die Vier Mächte zur Lösung der Deutschlandfrage zuständig und befähigt seien, gehörte noch immer zum Credo nicht nur des offiziellen Bonn, sondern nahezu aller westdeutschen Politiker gleich welcher Couleur – dabei hatte Chruschtschow schon nach dem Scheitern des Vierer-Gipfels von Genf 1955 klargemacht, dass aus Sicht des Kreml jeder Wiedervereinigungsprozess bei den Deutschen beginnen müsse: Er setze die Annäherung der »souveränen« DDR und der Bundesrepublik voraus, was Bonn, an der Nichtanerkennung der »sogenannten« DDR festhaltend, konsequent verweigerte. Dass Nikita Chruschtschow, auf der Höhe seiner Macht sich nach dem Start des Sputniks gar dem Westen überlegen wähnend, entschlossen war, an der Westflanke seines Imperiums reinen Tisch zu machen, wurde mit seinem Berlin-Ultimatum vom November 1958 auch dem Letzten klar. Er kündigte den ehemaligen Alliierten den Viermächtestatus und ihre Besatzungsrechte auf, forderte den Abzug der westlichen Truppen binnen sechs Monaten und die Umwandlung Westberlins in eine »selbstständige politische Einheit« namens »Freie Stadt«. Willy Brandt nannte sie umgehend die »vogelfreie«, denn Walter Ulbricht hatte erklärt, in dieser »freien Stadt« werde es weder Notaufnahmelager noch etwa die Möglichkeit für Flüchtlinge geben, der DDR auf dem Luftweg zu entrinnen. Auch wenn dieses Ultimatum dann immer wieder verlängert wurde, blieb es doch Basis und Ziel der sowjetischen Berlin-Politik.

Und umgekehrt: Hatten wir nicht auch Signale aus dem Westen übersehen, die als Warnung hätten dienen müssen? Hatten die Amerikaner nicht schon lange vor dem 13. August zu erkennen gegeben, dass sie – Propagandasendungen etwa über Radio Free Europe und die Voice of America einmal ausgenommen – auf jede Einmischung in die sowjetische Machtsphäre verzichteten und den Sowjets praktisch freistellten, in den von ihnen besetzten Territorien zu machen, was immer ihnen beliebte? Hätte nicht ihre bewusste Zurückhaltung beim Volksaufstand des 17. Juni eine Lehre sein können, als sie ihrem in der »Zone« viel gehörten Westberliner Sender RIAS sogar untersagten,

Aufrufe der im Osten Streikenden zu verbreiten? Oder ihr Verhalten beim ungarischen Volksaufstand 1956, als die Ungarn um Hilfe riefen und sich alle Versprechen des kaltkriegerischen US-Außenministers John Foster Dulles von einem Rollback des Kommunismus als hohl tönende Heuchelei entlarvten?

Die letzten warnenden Signale waren noch wenige Wochen vor dem Mauerbau direkt aus Washington gekommen. Am 25. Juli machte der junge Präsident John F. Kennedy der amerikanischen Nation klar, dass die USA sich nicht aus Berlin vertreiben ließen. Aber als die »three essentials«, für welche sie notfalls kämpfen würden, nannte er lediglich: erstens die Anwesenheit der westlichen Truppen in Westberlin, zweitens den ungehinderten Zugang für sie sowie drittens die Freiheit der Westberliner. Das lief zwar auf eine entschlossene, aber doch ausschließlich auf Westberlin beschränkte und betont defensive Strategie hinaus. Von der Freiheit Gesamtberlins war nicht die Rede, sodass diplomatische Kenner die Erklärung praktisch als eine Einladung an Chruschtschow interpretierten, mit dem Ostsektor zu machen, was immer ihm zu tun beliebe. Deutlicher noch wurde wenige Tage später, am 30. Juli, US-Senator J. William Fulbright, immerhin der einflussreiche Vorsitzende des Senatsausschusses für Außenpolitik: Die Russen, erklärte er in einem Interview, hätten alle Macht, die Grenze in Berlin »dicht zu machen«, und sie könnten dies, »ohne irgendeinen Vertrag zu verletzen«, schon nächste Woche tun.[35]

Dass und vor allem wie brutal sie dann handelten, wurde jedoch zur »Stunde der großen Desillusion«, wie Heinrich Krone, einer der engsten Vertrauten Adenauers, Tage später in einem seiner *Tagebücher* vermerkte.[36] Das scheußliche Beton- und Stacheldrahtmonstrum wurde zum Petrefakt, zum steinernen Mahnmal einer gescheiterten Deutschland- und Wiedervereinigungspolitik. Aber es dauerte, bis Brandt und sein »Küchenkabinett« die Ursachen und Folgen der schmerzhaften Mauer-Lektion voll begriffen. Und es dauerte noch länger, bis die

ersten politischen Folgerungen sichtbar wurden, in denen – im Rückblick zaghafte – Ansätze zu Brandts späterer Ostpolitik zu erkennen
sind. Zu seinem, von Westberliner Journalistenkollegen oft auch die
»Heilige Familie« genannten »Küchenkabinett« zählten Heinrich Albertz,
den ich aus Hannover kannte; Bundessenator Klaus Schütz, der weitgehend für Brandts Aufstieg in der Berliner SPD und seinen Sieg über
die »Keulenriege« des orthodoxen Sozialdemokraten Weimarer Typs,
Franz Neumann, verantwortlich war; und natürlich Egon Bahr, seit
April 1960 Pressechef des Berliner Senats. Der frühere Bonn-Korres-
pondent und Chefkommentator des RIAS war bald zu einem der engsten Vertrauten Brandts aufgestiegen, und meine Westberliner Kollegen hatten ihm wegen seines Hangs zur Diskretion und seiner gekonnt
listigen Art, mit der er ausweichende Antworten zu geben verstand,
den Spitznamen »Tricky Egon« verpasst.

Als ich Bahr eines Abends, es war gut ein Jahr vor dem Mauerbau im
Sommer 1960, meinen Antrittsbesuch als neuer *Spiegel*-Korrespondent
machte, diskutierten wir eine gute Stunde über die Ostpolitik des französischen Präsidenten Charles de Gaulle, den er schätzte – vor allem
dessen Überzeugung, die einzige Chance zur Lösung der deutschen
Frage und damit zu einer Wiedervereinigung sei eine Außenpolitik, die
der Sowjetunion Sicherheit garantiere. Ohne dass mir dies hätte klar
werden können: Schon damals, gut ein Jahr vor dem Mauerbau, kreisten Bahrs Überlegungen um eine Grundposition, auf der er später
jene Ostpolitik entwerfen sollte, die er dann zum Erfolg führen half.
Überhaupt spielte de Gaulle in seinen Überlegungen stets eine wichtige, meist positive Rolle – vor allem die Vorstellung vom »Europa der
Vaterländer« fand sein Gefallen. In der Politik der Westintegration sah
er ein beinahe unüberwindliches Hindernis für eine deutsche Wiedervereinigung, indes de Gaulles Idee eines konföderierten Europa, in
dem die Nationalstaaten ihre Souveränität behielten, aus seiner Sicht
einem wiedervereinigten Deutschland nicht im Wege stand. Hier lag

später übrigens der einzig wirklich bedeutende politische Dissens zwischen Willy Brandt und seinem engen Berater und Freund Egon Bahr: Brandt stand, auch in seiner Politik als Kanzler, der westeuropäischen Integration weit aufgeschlossener gegenüber.

Aber zurück zum Prozess des Umdenkens im Schöneberger Rathaus im Jahr 1961. Die wichtigsten Denkanstöße gingen damals von Bahr und Albertz aus, aber am Anfang stand zweifellos ein Antwortschreiben des US-amerikanischen Präsidenten Kennedy an Brandt, der wie eine eiskalte Dusche wirkte. Vor 300 000 sich, wenn nicht verraten, dann doch im Stich gelassen fühlenden Berlinern hatte ihr »Regierender« drei Tage nach Beginn des Mauerbaus gerufen: »Berlin erwartet mehr als Worte. Berlin erwartet politische Aktion.« In einem Brief an Kennedy beklagte er nicht nur die Untätigkeit der westlichen Alliierten und warnte vor einer Vertrauenskrise in der Westberliner Bevölkerung. Er erklärte auch den Einmarsch der Volksarmee in den Ostsektor für illegal und behauptete: »Die Sowjetunion hat die Hälfte ihrer Freistadtvorschläge durch den Einsatz der deutschen Volksarmee erreicht. Der zweite Akt sei nur eine Frage der Zeit. Nach ihm dann werde es ein Berlin geben, das einem Ghetto gleicht, das nicht nur seine Funktion als Zufluchtsort der Freiheit und als Symbol der Wiedervereinigung verloren hat, sondern das auch vom freien Teil Deutschlands abgeschnitten wäre. Dann könnten wir statt der Fluchtbewegung nach Berlin den Beginn einer Flucht aus Berlin erleben.«[37] Hatte sich da ein bloßes Stadtoberhaupt angemaßt, dem mächtigsten Mann der Welt die Leviten zu lesen?

Die Antwort Kennedys fiel im Ton zwar freundlich aus, auch wenn er nicht, wie Brandt in seinem Brief, die Offenheit unter »Freunden«, sondern nur die unter Partnern betonte. In der Sache aber blieb der Präsident belehrend kühl. Anders als Brandt will er die Mauer nicht als Zeichen westlichen Nachgebens und östlicher Stärke gewertet wissen: Er sieht in diesem »brutalen Schließen der Grenze« ein deutliches

»Bekenntnis des Versagens und der politischen Schwäche« aufseiten der Kommunisten. Doch stünden dem Westen keine Maßnahmen zur Verfügung, die eine wesentliche Änderung der Sachlage in der derzeitigen Situation bewirken könnten. Es handele sich um eine offensichtlich grundlegende sowjetische Entscheidung, die nur durch Krieg rückgängig gemacht werden könnte. Und: »Weder Sie noch wir noch irgendeiner unserer Verbündeten haben jemals angenommen, dass wir an diesem Punkt einen Krieg beginnen müssten.« In einem allerdings kam er Brandt entgegen: Um einer Vertrauenskrise vorzubeugen, schickte er nicht nur seinen Vizepräsidenten Lyndon B. Johnson am 19. August nach Berlin, sondern auch das Symbol der Luftbrücke und den Helden der Blockadezeit, den mittlerweile längst pensionierten General Clay, der erst einmal als persönlicher Berlin-Beauftragter und Berater an der Spree bleiben sollte. Zudem setzte er eine Kampfgruppe von 1500 Mann in Marsch, um die Berliner Garnison zu verstärken.

Auch diese Bilder werde ich nicht vergessen: Wohl kaum zuvor sind US-amerikanische Soldaten in Deutschland je mit solcher Begeisterung gefeiert worden wie diese GIs, als sie nach sechsstündiger Fahrt über die Autobahn von Helmstedt in Berlin eintreffen. Tausende Berliner stehen entlang der Straße zum amerikanischen Hauptquartier in Zehlendorf, wo Johnson ihre Parade abnimmt. Sie jubeln, winken, schwenken Taschentücher, werfen Blumen und Küsschen, als seien es ihre Söhne, die siegreich aus einem Krieg heimkehren. Welch ein Unterschied zum Besuch Adenauers, der sich erst am 22. August nach Berlin bequemte und von Brandt auf dem Flughafen Tempelhof zwar pflichtgemäß, aber mit eisiger Miene empfangen wurde. Auf der Fahrt zum Schöneberger Rathaus quittierten die Berliner mit Pfiffen sein spätes Erscheinen am Ort jener Tragödie, die praktisch den Schlusspunkt unter die deutsche Spaltung setzte. Die Amerikaner dagegen, kein Zweifel, zeigten sich mit dem Johnson-Besuch und dem Einzug dieser Kampfgruppe als Meister im Inszenieren eines Public-Relation-

Akts, der Mut machen und die Moral der Westberliner heben sollte. So waren auf den Jeeps der Kampfgruppe bewusst gefechtsbereite Maschinengewehre montiert.

Kennedy hatte sich zu einer großen Geste der moralischen Aufrüstung entschlossen, und sie zeigte Wirkung: Die Berliner konnten nun gewiss sein, dass sich die Amerikaner zumindest aus Westberlin nicht vertreiben ließen. An den Tatsachen jedoch, an der Mauer, die Chruschtschow und Ulbricht quer durch Berlin bauten und die Tag für Tag undurchdringlicher wurde, änderte sich durch solche symbolischen Gesten nichts. Wie denn auch Kennedy mit keinem Wort auf Brandts Drängen eingegangen war, die USA sollten sich – auf einer Viererkonferenz natürlich, wo denn sonst? – mit neuer Energie für eine Friedensregelung für ganz Deutschland samt Wiedervereinigung einsetzen.

Die ernüchternde Analyse des Kennedy-Briefs, den der Vizepräsident überreichte und der das amerikanische Nichtstun begründete, besagte: Chruschtschow hat sein Flüchtlings- und sein Berlin-Problem auf eine Weise gelöst, die existenzielle westliche Interessen direkt nicht tangiert. Wer die Bevölkerung des Ostsektors einmauert, hat wohl kaum die Absicht, das westliche Berlin zu erobern. Damit trieb der junge amerikanische Präsident, der zu Recht von dem Albtraum einer drohenden atomaren Auseinandersetzung geplagt war, Politik auf Basis einer Anerkennung des Status quo – eine Politik, die den realen Machtverhältnissen im Zeichen des atomaren Patts Rechnung trug. Während die Deutschen durch den Mauerbau aufgebracht, ja schockiert waren, werteten die Amerikaner ihn eher als Beitrag zur Entschärfung der Berlin-Krise, als Beitrag auch zur Stabilisierung des Status quo – auch wenn es sich in Berlin wohl eher um einen Status quo minus handelte. Brandt selbst wird später in seinen *Erinnerungen* über den Mauerbau schreiben: »Der Vorhang ging auf, aber die Bühne war leer.«[38]

So langsam setzte sich aber in seinem »Küchenkabinett« die Ansicht durch, wenn schon Amerika den Status quo zur Grundlage seiner Politik machte, warum sollten sich dann ausgerechnet die Deutschen dagegen wehren? Es begann die Politik der kleinen Schritte: Zunächst ging es darum, Löcher in die Mauer zu bohren, damit die Menschen aus Ost- und Westberlin wieder zueinanderkommen konnten – Übergangsstellen zu schaffen, die zumindest für Westberliner geöffnet waren, und Passierscheine, die ihnen von der östlichen Seite ausgestellt werden mussten. Aber Erfolge waren nicht gegen die andere Seite zu erreichen, nur mit ihr – und das machte die Sache unerhört kompliziert. Ich wurde Zeuge, wie Heinrich Albertz geradezu verzweifelt versuchte, die Mauer durch Einschaltung des Roten Kreuzes von West nach Ost passierbar zu machen, damit Westberliner wenigstens an Festtagen wie Weihnachten oder Neujahr ihre Verwandten im Osten besuchen konnten. Er scheiterte an der Entschlossenheit Ulbrichts, Westberlin als eine Art dritten deutschen Staat zu behandeln und auf der vollen Anerkennung der DDR zu bestehen.

Nur langsam robbten Brandt und sein Team sich an die hässliche Wahrheit heran, dass direkte Gespräche mit den verhassten Machthabern im Ostteil Berlins nötig waren, wenn die Mauer transparent werden sollte. Erste Anzeichen für eine wachsende Bereitschaft dazu wurden in einem *Spiegel*-Gespräch erkennbar, die der Kollege Hans-Dieter Jaene und ich im Januar 1962 mit Willy Brandt und der Kollege Karlheinz Vater und ich mit Heinrich Albertz im September 1962 führten. So antwortete Brandt auf unsere Frage, ob in Gesprächen mit östlichen Verhandlungspartnern Rechtspositionen aufgegeben werden könnten: »Unsere Kontaktstelle ist die Ostberliner Verwaltung. Wenn sich aus den dortigen Gegebenheiten entwickelt hat, dass hier und da die Zonenregierung direkt hineinwirkt in die Ostberliner Verwaltung, dann ist das ein Zustand, den wir für falsch halten mögen, aber der nicht in jedem Fall nun uns daran hindern kann, eine entsprechende

Stelle für technische Kontakte zu haben.« Aber die Krux für den Senat war offensichtlich: Berlin war nicht erlaubt, außenpolitisch eigene Wege zu gehen und sah sich an die starre Haltung Bonns gebunden, das strikt auf der Nichtanerkennung der DDR samt ihrer Regierung bestand. Es bedurfte deshalb der merkwürdigsten politischen und juristischen Verrenkungen des Senats, bis ein erstes Passierschein-abkommen mit den Herrschenden auf der anderen Seite der Mauer ausgehandelt werden konnte.

Die »erlösende Formel« (Bahr) fand schließlich Heinrich Albertz, und es war denn auch seine »salvatorische Klausel«, die sich im Dezember 1963 am Ende des ersten Passierscheinabkommens wiederfand: »Beide Seiten stellten fest, dass eine Einigung über gemeinsame Orts-Behörden- und Amtsbezeichnungen nicht erzielt werden konnte.« We agree to disagree also. Dennoch, und zwar »ungeachtet der unterschiedlichen politischen und rechtlichen Standpunkte«, wie es wörtlich hieß, hätten sich beide auf ein humanitäres Anliegen verständigt. Für die Westseite unterschrieb schließlich – auch das unverkennbare Zeichen verkrampfter Nichtanerkennungsversuche – ein einfacher Senatsrat, jedoch auf »Weisung der Senatskanzlei«, die wiederum von dem Regierenden Bürgermeister gegeben wurde. Für den Osten dagegen zeichnete ein Staatssekretär des Kultusministeriums, und zwar »auf Weisung des Stellvertreters des Ministerrats der Deutschen Demokratischen Republik«. Erst später wurde mir klar: Albertz stand mit seiner »salvatorischen Klausel« Pate für die Verträge der künftigen Ostpolitik. So heißt es in der Präambel zum Grundvertrag zwischen Bonn und Ostberlin: »… unbeschadet der unterschiedlichen Auffassungen der Bundesrepublik Deutschland und der Deutschen Demokratischen Republik zu grundsätzlichen Frage, darunter zur nationalen Frage«, schaffe der Vertrag »zum Wohle der Menschen« in den beiden deutschen Staaten die Voraussetzungen für die Zusammenarbeit.

Dem Gelingen des ersten kleinen Schritts, des Passierscheinabkommens, waren geheim geführte Kontakte zwischen Vertretern des Senats und der DDR vorausgegangen, bei denen der für Internationale Beziehungen beim DDR-Presseamt zuständige Hermann von Berg als Bote und Mittler eine wichtige Rolle spielte. Sie fanden nahezu alle im Westteil statt, und – auch das typisch für die damalige Atmosphäre in Berlin – die Unterhändler der feindlichen Systeme trafen sich, schon um der Geheimhaltung willen, gelegentlich in der Wohnung eines mir befreundeten Kollegen, der für die französische Nachrichtenagentur AFP arbeitete. Es waren, Egon Bahr schildert es in seinen Memoiren *Zu meiner Zeit* am Beispiel des *FAZ*-Korrespondenten Hansjakob Stehle, nicht selten Journalisten, die als informelle Mittler wichtige Signale von West nach Ost weiterreichten. Für uns Westjournalisten jedenfalls war Hermann von Berg damals die offiziell zuständige Anlaufstelle für DDR-Informationen und Interviewanfragen. Er mauserte sich später zu einer Art Geheimdiplomat der DDR, der viele, der Öffentlichkeit verborgen bleibende Kontakte zu westlichen Politikern knüpfte. Im Gespräch schlagfertig, unkonventionell, und in dem, was er sagte, keineswegs der Linientreueste, war der sommersprossige blonde Thüringer eine interessante Informationsquelle – allerdings eine, die mit allergrößter Vorsicht zu genießen war. Wenn er sich manche Freiheit herausnehmen konnte, dann nur, weil er zugleich für die Staatssicherheit arbeitete – was wir natürlich immer vermutet hatten. Dass wir damit nicht fehlgingen, bestätigte nach der Wende kein Geringerer als der DDR-Chef- und Meisterspion Markus Wolf, Mischa genannt, in seinen Erinnerungen.[39] Aber dieser geheime Auftragsdiplomat, später entscheidend an der Vorbereitung der Brandt-Treffen mit Willi Stoph im März 1970 in Erfurt und im Mai in Kassel beteiligt, war zugleich ein beachtlicher Querkopf innerhalb der DDR-Nomenklatur, einer, der an der deutschen Einheit festhielt und sich allen Versuchen seiner SED-Genossen widersetzte, die Entwicklung eines separaten sozialistischen deutschen Nationalbewusstseins in der DDR zu fördern.

Wir erkannten das erst Jahre später, als im Januar 1978 im *Spiegel* ein
»Manifest des Bundes Demokratischer Kommunisten Deutschlands«
erschien. Es war eine Abrechnung mit dem realen Sozialismus der
DDR, der als eine Art brutaler »pseudosozialistischer Spätkapitalis-
mus« bezeichnet wird – geführt von einem überlebten und reaktionären Politbüro. Das Manifest forderte die Einheit Deutschlands sowie
eine »demokratisch-kommunistische Ordnung«, in der die Verwirklichung »aller Menschenrechte« für jeden Bürger garantiert sei. Der
Autor des Manifests blieb anonym, eine Opposition innerhalb der
DDR namens »Bund Demokratischer Kommunisten« war weithin
unbekannt. War sie vielleicht eine Fiktion, eine Tarnung für den dissidenten Autor, der anonym bleiben wollte? Erich Mielkes Staatssicherheit tippte nicht zufällig auf Hermann von Berg, verhaftete ihn, hatte
aber keine Beweise in der Hand. Dass Berg damals in Ostberlin Kontakt zu einem kleinen Zirkel von Intellektuellen unterhielt, die das
Wirtschaftssystem für falsch hielten und den Bankrott der DDR vor-
aussahen, scheint sicher, aber dass sie sich zu einem »Bund« zusam-
menschlossen, war angesichts der DDR-üblichen Repressionen und
Überwachungsdichte so gut wie ausgeschlossen. Weil Mischa Wolf auf
Bergs frühere Verdienste hinwies, erhielt dieser schließlich nur Haus-
arrest und konnte – nach Interventionen Egon Bahrs – 1986 in die
Bundesrepublik ausreisen. Nach der Wende stellte sich dann heraus:
Berg hatte das Manuskript in seiner Wohnung dem *Spiegel*-Korrespon-
denten Ulrich Schwarz diktiert und danach sämtliche Unterlagen, die
ihn hätten belasten können, verbrannt.

Die ersten Grundzüge für seine spätere Ostpolitik entwickelte Willy
Brandt schon im Herbst 1962 auf einem Vortrag an der Harvard University in den USA. Einer Politik, die den Status quo unverändert und
auf Dauer festschreibt, erteilte er eine Absage und forderte stattdessen
eine »positive« Koexistenz: möglichst viel Austausch von Studenten

und Wissenschaftlern, Ausweitung der Handelsbeziehungen, Kontakte auch auf niederen, keineswegs nur hochpolitischen Ebenen. Der Westen, so Brandt in Harvard, solle nicht gelähmt wie das Kaninchen auf die Schlange starren, mit seiner wirtschaftlichen und technologischen Überlegenheit habe er mit diesen Kontakten nichts zu befürchten, ganz im Gegenteil: Er könne auf die andere Seite Einfluss nehmen, um sie langsam, aber stetig und friedlich zu »transformieren«. Was er da skizzierte, sollte Bahr ein Jahr später in Tutzing mit seiner berühmt gewordenen Formel »Wandel durch Annäherung« konkretisieren. Der Status quo, so die Grundüberlegung von Brandts »Transformationsrede« in Harvard wie auch Bahrs Beitrag in Tutzing liefen darauf hinaus, den Status quo zu nutzen, um ihn zu verändern – ein Prozess, der allerdings nur mit, nicht gegen die Regierenden im Osten möglich sei. Nur wenn es gelinge, die Erstarrung der Fronten zwischen Ost und West aufzubrechen, sei das Ziel der Wiedervereinigung überhaupt noch friedlich zu erreichen. Und diese sahen Brandt und Bahr nicht als »Wiedervereinigung in einem Akt«, sondern als ein Langzeitvorhaben, das »viele Schritte und Stationen« erfordere.

Allerdings fanden die Überlegungen Bahrs in der sozialdemokratischen »Baracke« am Rhein zunächst keine Zustimmung: Herbert Wehner, Zuchtmeister der SPD, urteilte barsch: »ba(h)rer Unsinn«; und auch aus Ostberlin tönte es ablehnend: »Aggression auf Filzlatschen«. SED-Außenminister Otto Winzer witterte die beabsichtigte Aufweichung der kommunistischen Herrschaftsposition nach innen und fürchtete den Ansteckungsbazillus namens »Sozialdemokratismus«. Damit zeigte er sich weit hellsichtiger als Wehner, denn Bahr hatte damals eine durchweg offensive Politik im Sinn – eine Umarmung, in der die Bundesrepublik den ostdeutschen Staat eines Tages langsam, aber sicher ersticken werde.

Doch ehe derlei prinzipielle Einsichten formuliert werden konnten, war die Luft in Berlin erst einmal voller Dramen, und manchmal lag in

der »Frontstadt« an der Spree sogar Krieg in der Luft. Da wurde nach
allen denkbar möglichen Fluchtmöglichkeiten gesucht – Tunnel wurden unter der Mauer gebaut, Pässe gefälscht, Verstecke zwischen Kof-
ferraum und Rücksitzen in Automobilen präpariert. Flüchtlinge kletterten in Abwasserkanäle und wateten durch die Jauche in den Westen,
bis die Volkspolizei begann, die nahe gelegenen Kanaldeckel als Einstieg zu versiegeln. Vor allem in Westberlin ansässige Studenten jeder
Couleur – Sozialisten, Burschenschaftler, Christdemokraten und politisch Indifferente – schlossen sich zu einer Art akademischer Anti-
Mauer-Einheitsfront zusammen, um die kommunistischen Schanzen
rund um Westberlin buchstäblich zu unterwühlen. Der Osten nannte
die Tunnelbauer »Willy Brandts Wühlratten«, aber sie arbeiteten ohne
Profit und betrieben den Menschenschmuggel von Ost nach West
zum Selbstkostenpreis – sowohl dem Westberliner Senat als auch der
Bundesregierung waren ihre Aktionen viel zu riskant, um sie offiziell
zu unterstützen.

Wir vom Berliner Büro veröffentlichten im Frühjahr 1962 mit einer
Titelgeschichte den ersten umfassenden Bericht über dieses stille Hel-
dentum: Diese Fluchtröhren, meist in zwei oder drei Meter Tiefe gelegen, eng, bestenfalls einen Meter hoch, notdürftig abgestützt, waren ja
nicht von gelernten Bergleuten gebohrt. Und so haftete ihnen vielfach
der Charakter des Eiligen und Provisorischen an. Der Tunnel, den wir
als Aufmacher unserer Story beschrieben, endete kurz hinter einer
Friedhofsmauer in Ostberlin: »Es ist Donnerstagabend, Ende September 1961, 18.30 Uhr. Die Trauernden legen zwei Kränze auf einem
Grab nahe der westlichen Friedhofsmauer nieder, die zugleich die
Staatsgrenze der DDR markiert: Jenseits des Stacheldrahts, an dem alle
15 Minuten eine Doppelstreife der Volkspolizei patrouilliert, liegt –
schon auf dem Boden des Westberliner Bezirks Reinickendorf – der
S-Bahnhof Schönholz.

18.40 Uhr: Aus einem wenige Meter entfernten Urnengrab reckt sich eine Hand in die Dämmerung. Einer der Herren mit Zylinder flüstert seinen Mitleidtragenden zu: »Los!«

18.42 Uhr: Die Trauergesellschaft ist spurlos verschwunden.

18.50 Uhr: Schmutzig, aber vergnügt klettern die Friedhofsbesucher jenseits des Stacheldrahts aus zwei Meter Tiefe durch eine Falltür an die Erdoberfläche. Nur 25 Meter von dem Urnengrab entfernt, gratulieren sie einander zur Ankunft in Westberlin. Der Erdtunnel, durch den die Flüchtlinge in die Freiheit entwichen, war teilweise mit Kistenbrettern abgestützt und im Durchschnitt 60 Zentimeter breit. Er endete in einem Lagerschuppen unmittelbar westlich der Grenze.«

Bis Ende 1962 wurden mindestens vierundzwanzig Tunnel unter der Berliner Mauer gegraben – die Mehrzahl von West nach Ost. Ein- und Ausstieg lagen meist in den Kellern grenznaher Häuser, und durch einige dieser Fluchtröhren konnten zehn, zwanzig oder ein halbes Hundert in die Freiheit kriechen, durch andere nur vier oder zwei, ehe sie durch Ulbrichts Grenzpolizei entdeckt und geschlossen wurden. War auch Verrat durch Inoffizielle Mitarbeiter (IM) der Stasi im Spiel, kam es zu Verhaftungen oder gar Schießereien. Da wurde ein Westberliner kurz vor dem Rückzug in seinen Tunnel angeschossen, konnte aber trotz tödlicher Verletzung noch in den Westen kriechen; ein andermal starb ein Volkspolizist, der einen Fluchthelfer vor dem Einstieg im Osten verhaften wollte. Der Fluchthelfer hieß Reinhold Müller, er hatte zusammen mit Freunden in wochenlanger Freizeitarbeit einen zweiundzwanzig Meter langen Stollen von West nach Ost vorgetrieben, um seine Familie herüberzuholen. Die Fluchtaktion ließ sich zunächst erfolgreich an, Frau, Söhne und Schwägerin waren bereits dabei, im Tunnel zu verschwinden, da entdeckte der Gefreite der Grenzpolizei Reinhold Huhn den Fluchthelfer als Letzten der Gruppe. Als er ihn verhaften wollte, zog Müller einen Revolver, erschoss Huhn und erreichte unverletzt den rettenden Tunneleingang, obschon andere Grenzpolizisten mehrere Schüsse auf ihn abgegeben hatten.

Ich erinnere den Fall deshalb so genau, weil die damalige Bericht-erstattung der Medien in West wie Ost das hasserfüllte Kalte-Kriegs-Klima bezeugen konnte, das damals in Berlin geherrscht hatte. Für die SED-gesteuerten Zeitungen im Osten war Müller, der nur seine Familie zusammenführen wollte, ein westlicher Agent im Auftrag Adenauers und Brandts, ein typischer und zudem heimtückisch mordender »Frontstadtbandit«. Und sein nachträglich zum Unteroffizier beför-dertes Opfer Huhn wurde von ihnen zu einem vorbildlichen Märtyrer des »antifaschistischen Schutzwalls« stilisiert. Die Zeitungen im Wes-ten dagegen feierten Müller als Helden, der Huhn, als der ihn verhaf-ten wollte, nur mit einem kräftigen Uppercut, also einem Aufwärtsha-ken, niederstreckte. Als der Grenzbrigadier wieder auf die Beine kam und dem Fluchthelfer nachsetzte, sei er tödlich von Kugeln getrof-fen worden, die andere Grenzpolizisten auf den flüchtenden Müller abgegeben hätten. Erschossen also von den eigenen Kameraden?

Unsere Recherchen belegten, dass es bei den letztlich in West-berlin verantwortlichen Alliierten verschiedene Interpretationen gab. Die Briten und Franzosen sahen in Müller eher den Täter und plädier-ten für ein rechtsstaatliches Verfahren gegen ihn. Sie gingen davon aus, ein Gericht werde ihm Notwehr zugestehen und ihn deshalb entwe-der freisprechen oder zu einer kurzen Bewährungsstrafe verurteilen. Die Zuständigen der amerikanischen Besatzungsmacht, in deren Sek-tor der westliche Tunneleinstieg lag, setzten nicht auf derlei juristische Milde. Schon aus propagandistischen Gründen entschieden sie – und in ihrem Gefolge der Westberliner Senat – sich für die westliche Hel-densaga vom Vopo-Mord am Volkspolizisten Huhn und flogen den Bäckergesellen Müller samt Familie ins Hessische aus. Am wahren Tat-hergang ließ unser Bericht damals keinen Zweifel. Wenn der Westber-liner Senat sich bei seiner Uppercut-Version wirklich im Besitz der Wahrheit glaubte, hätte er wohl auf einer Korrektur unserer Veröffent-lichung bestanden oder ein Dementi geschickt – stattdessen wurde

unsere Story – schuldbewusst, wie ich meine – stillschweigend hingenommen.

Aber Mord verjährt ja nicht, und so stand vierzehn Jahre nach Ende
des Kalten Krieges Müller doch noch vor dem Berliner Landgericht.
Er sei weder Held noch skrupelloser Mörder gewesen, erklärte er 1999
dem *Spiegel*, sondern habe »mit voller Angst, vollgeschissenen Hosen
und in großer Panik« auf Huhn geschossen und deshalb in Notwehr
gehandelt. Er wurde schließlich zu einem Jahr »Gefängnis auf Bewährung« verurteilt. Und auf die westliche Propaganda im Fall Müller/
Huhn angesprochen, räumte »Tricky Egon« 1999, inzwischen als
Architekt der Ostpolitik Brandts zu Recht bewundert und gerühmt, im
Interview mit der *Tageszeitung* ein: »In diesen Tagen« habe man sich
»nicht an die Regeln eines Mädchenpensionats gehalten«.

Die Verschleierungstaktik des Westberliner Senats im Fall Müller/
Huhn im Juni 1962 wird allerdings nur vor der Tatsache verständlich,
wie rücksichtslos Ulbrichts Grenzpolizisten an der Mauer von dem
Befehl Gebrauch machten, auf Flüchtende das Feuer zu eröffnen.
Mindestens zehn Todesopfer dieses Schießbefehls hatte es bis dahin in
Berlin gegeben, und die aufgebrachte Westberliner Öffentlichkeit rief
nach Feuerschutz, den Westberliner Polizei Flüchtenden geben müsse.
Nicht zurückzuschießen, käme einer passiven Hilfeleistung gleich. Als
ein Vierzehnjähriger Ostberliner durch den Spandauer Schifffahrts-
kanal ans westliche Ufer schwimmen wollte, schossen acht Grenzpolizisten auf den Jungen und stellten das Feuer auch nicht ein, als er fast
leblos im Wasser trieb. Die Westberliner Polizei erwiderte die Schüsse
und rettete den von acht Kugeln getroffenen Jungen. Bei dem Schusswechsel wurde ein Grenzsoldat von einem Querschläger getroffen und
getötet.

Willy Brandt balancierte damals auf einem erkennbar schmalen
Grat – Ruhe an der Mauer machte den Ruf »Die Mauer muss weg!«
eher unglaubwürdig, und so duldete er bewusst diesen Feuerschutz bei

Zwischenfällen, die der Weltöffentlichkeit die ganze Absurdität eines Betonmonstrums quer durch eine Stadt immer neu vor Augen führen konnten. Als allerdings schlagende Studenten begannen, mit Sprengstoff gegen die Mauer vorzugehen, und die Sowjets sich offiziell gegen derlei Provokationen beschwerten, pfiffen die westlichen Stadtkommandanten den Westberliner Senat zurück. Um Ost-West-Feuergefechte auf ein Mindestmaß zu reduzieren, durften Polizeibeamte jetzt nur noch zur Waffe greifen, wenn entweder auf einen Flüchtling, der schon Westberliner Gebiet erreicht hatte, von Ulbrichts Grenzpolizei geschossen würde, oder wenn östliche Kugeln das Leben eines Westberliner Polizeibeamten bedrohten.

Zum ganz großen Drama, zum High Noon, aber kam es, als sich sowjetische und amerikanische Panzer Ende Oktober 1961 schussbereit und mit laufendem Motor diesseits und jenseits des Checkpoint Charlie in der Friedrichstraße gegenüberstanden. Plötzlich lag Krieg in der Luft, ganz Berlin, die halbe Welt und auch wir im Büro hielten vor Schreck den Atem an. Die Geschichte endete zwar glücklich, aber nur um ein Haar schrammten die beiden Großmächte an einem bewaffneten Konflikt vorbei, der sich zu einem Atomkrieg hätte ausweiten können. Dabei hatte alles mit einer Frage begonnen, die aus heutiger Sicht eher einer Lappalie glich: Es ging darum, ob in Zivil gekleidete Mitglieder der U.S. Mission bei der Einfahrt in den Ostsektor am Checkpoint Charlie sich gegenüber kontrollierenden deutschen Volkspolizisten ausweisen müssen oder nicht. Ihre militärischen Kollegen konnten ohne Kontrolle durchfahren, die Uniform war Ausweis genug. Dem zivil gekleideten stellvertretenden Leiter der U.S. Mission aber wurde die Einfahrt verweigert, als er nicht bereit war, vor Ulbrichts Vopos seinen Diplomatenpass zu zücken und vergeblich nach einem sowjetischen Kontrolleur rief. Nur ein sowjetischer Offizier war aus seiner Sicht legitimiert, ihn an der Sektorengrenze zu kontrollieren. Aber den gab es an der Grenze einer vermeintlich souveränen DDR nicht mehr.

So beschloss General Clay, der auf dem von den Sowjets aufgekündigten Viermächtestatus bestand und jede Kontrolle der Westalliierten innerhalb Berlins durch die Ostdeutschen ablehnte, den unkontrollierten Zugang zivil gekleideter Mitglieder der Berliner U.S. Mission zu erzwingen: Er ließ ihre Wagen von Jeeps mit schwer bewaffneten GIs eskortieren, vor denen Ulbrichts Grenzwächter eilig zur Seite sprangen. Um seiner Aktion Nachdruck zu verleihen, hatte er zwei mit breiten Rammen versehene Panzer auffahren lassen, die Grenzsperren am Kontrollpunkt ohne Weiteres hätten niederreißen und wegschaufeln können. Die Übung mit den bewaffneten Eskorten ließ er mehrfach wiederholen, bis auf östlicher Seite schwere T-34-Panzer in Stellung gingen, denen Clay wiederum schwere M48-Patton-Panzer entgegenstellte. Aber beide, Clay wie auch Marschall Konjew, der Oberbefehlshaber der in der DDR stationierten sowjetischen Truppen, handelten, kaum dass sie ihre Panzer in Stellung gebracht hatten, nicht mehr eigenmächtig. Clay verfügte über einen direkten Draht zum US-Präsidenten, Iwan Stepanowitsch Konjew stand in ständigem Kontakt zum Kremlherrn. Da beide sich versicherten, keinen Krieg zu wollen, zog Chruschtschow schließlich seine Panzer ab, und wenig später ratterten auch die M48-Pattons zurück in ihre Westberliner Garnison.

Glücklich am Krieg vorbeigeschrammt? Ja, aber in meinen Augen hatte es weder Sieger noch Besiegte gegeben, sondern die hochgefährliche Partie hatte mit einem klaren Remis geendet. Umso überraschter war ich, als sich beide Seiten öffentlich zum Sieger deklarierten. Clay buchte als Erfolg, dass die Sowjets angerückt waren und mit ihrem Erscheinen zu verstehen gegeben hatten, dass sie letztlich doch für den Ostsektor – die Hauptstadt der DDR – verantwortlich seien. Der Osten betrachtete sich als Sieger, weil Clays Militäreskorten vorbei waren. Sah man genauer hin, war es zu einem Kompromiss gekommen, der ein Nachgeben beider Seiten zeigte: Die DDR zeigte sich damit zufrieden, dass zivil gekleidete Mitglieder der U.S. Mission bei der

Einfahrt zwar ihren Pass den ostdeutschen Kontrolleuren nicht aus-
händigen mussten. Aber dieser Pass – und das steuerten die Amerikaner
zu diesem Kompromiss bei – wurde fortan von innen an das geschlos-
sene Fenster das Wagens gehalten, damit die deutschen Kontrolleure
wenigstens einen Blick darauf erhaschen konnten. Das Fenster mussten Zivilbeamte der U.S. Mission also nicht herunterdrehen. Aber keineswegs übernahmen, wie ursprünglich gefordert, Sowjets in Uniform
die Kontrollfunktion über zivil gekleidete Amerikaner – sie blieb weiterhin Ulbrichts Volkspolizisten vorbehalten. Merke: Schon Kleinigkeiten können zu Kriegen führen.

Der Fall Peter Fechter, der sich tief in mein Gedächtnis eingebrannt
hat, führte dann zu echten Verstimmungen in den sonst so engen
Beziehungen zwischen Westberliner Senat und amerikanischer Schutzmacht. Brach die Vertrauenskrise zwischen den Westberlinern und den
Amerikanern, die nach dem Mauerbau durch den Besuch Johnsons
und den Jubel um den Einzug der amerikanischen Kampfgruppe erst
einmal beigelegt schien, plötzlich wieder auf? Fechter, ein zwanzig-
jähriger Ostberliner Bauarbeiter, hatte versucht, zusammen mit einem
Arbeitskollegen in kühnem Anlauf die Mauer in der Zimmerstraße, im
Herzen des alten Berliner Zeitungsviertels, zu überwinden. Sein Kollege schaffte es, Fechter aber wurde auf der Mauer von mehreren
Kugeln getroffen, fiel zurück und schrie eine Dreiviertelstunde vergeblich um Hilfe, bis er starb. Aus den umliegenden Büros herbei-
geeilte Westberliner riefen Ulbrichts Grenzposten drohend »Mörder,
Mörder« entgegen, mit denen eines Tages abgerechnet werde. Von
einem US-Leutnant, der hundert Meter entfernt am Checkpoint Charlie stationiert war und die Lage in der Zimmerstraße inspizierte, erwarteten sie Hilfe, denn auf einen uniformierten Westalliierten, der über
die Mauer geklettert wäre, um dem Mann zu helfen, hätten die Wächter
des »antifaschistischen Schutzwalls« wohl kaum das Feuer eröffnet.
Der Leutnant aber sagte: »Not our problem« und zog sich zum Check-

point zurück. Er fühlte sich an eine Order aus Washington gebunden, die allen US-Soldaten untersagte, DDR-Insassen bei der Flucht über die Mauer zu helfen. Die Folge: Erstmals kam es in Westberlin zu antiamerikanischen Ausschreitungen – ausgerechnet in jener Stadt, die Ernst Reuter zu Recht die »Wiege der deutsch-amerikanischen Freundschaft« getauft hatte und dessen Bewohner in den GIs bislang vor allem Freunde und Beschützer sahen. Die sonst so betont Amerikafreundliche *Bild*-Zeitung erschien mit der Schlagzeile: »Vopos ließen 18-Jährigen verbluten – Amis sahen zu.« Und im Kommentar fragte das Blatt: »Ist das Amerika? Ist dies die Stimme des menschlichen, hilfsbereiten, zu jedem Opfer entschlossenen Amerika?« – und gab sich selbst die Antwort: »Nein!« Auch der Westberliner Senat war irritiert. Heinrich Albertz, auch der »Bekenner« oder »Streiter« genannt, ein preußischer Lutheraner, der dem Volk aufs Maul schaut, sagte mir wenig später in einem Interview: Mit einer Fahne des Roten Kreuzes in der Hand werde er in einem Wiederholungsfall notfalls selbst über die Mauer klettern.

Um den Westberlinern ein Ventil für Zorn und Empörung zu lassen, duldete der Senat einige Demonstrationen vor Ort. Als aber aufgebrachte Berliner einen sowjetischen Bus mit Steinen bewarfen, der russische Soldaten zwecks Wachablösung zum sowjetischen Ehrenmal im Westberliner Bezirk Tiergarten bringen sollte, schritten die Amerikaner ein. Weil die Westberliner Polizei nur mäßigen Eifer zeigte, gegen die Steinwerfer vorzugehen, befürchtete der amerikanische Stadtkommandant sowjetische Gegenmaßnahmen, drängte den Senat auf schärferes Durchgreifen und fragte Brandt empört, ob dieser etwa wolle, dass die Sowjets ihre Offiziere aus der alliierten Luftsicherheitszentrale abzögen. Sie sicherte den ungehinderten Berlin-Zugang durch die Luftkorridore und war – zusammen mit dem Kriegsverbrechergefängnis in Spandau, jedenfalls solange, als letzter verbliebener Häftling Rudolf Heß noch lebte – die einzig intakt gebliebene und bis zum Ende des

Kalten Krieges 1990 auch intakt bleibende und weiter funktionierende Viermächteinstitution in der Stadt.

Das tragische Beispiel Peter Fechter demonstrierte, vor welch beklemmende Herausforderungen sich die deutschen Verantwortlichen in diesen ersten Jahren nach der Mauer oft gestellt sahen, und dies in nicht selten schizophrenen, durch die heiklen Statusabsprachen der Sieger von 1945 bedingten Situationen. Mit dieser amerikanischen Intervention bei Brandt wurden Albträume und Ängste wahr, welche die Stadtregierung im Rathaus Schöneberg seit dem 13. August 1961 schon immer geplagt hatten: Dass eines Tages Westberliner Polizei, mit dem Rücken zur Mauer stehend, um des Friedens willen mit Gummiknüppeln Westberliner Demonstranten daran hindern musste, sie zu stürmen, dass sie dazu verurteilt war, ausgerechnet Ulbrichts absurdes Monstrum zu schützen – und dies, obschon nahezu alle westdeutschen und zumal die Berliner Politiker in ihren Reden nicht müde wurden, ebendieses Monstrum als unmenschlich anzuprangern, sein Verschwinden zu fordern, ja es buchstäblich wegzufluchen.

Aus dem Abstand der Jahrzehnte erscheint allerdings manches Problem auch grotesk, über das Deutsche und Westalliierte damals nicht immer einig waren – etwa das eines Wasserturms im französischen Sektor Berlins, der mit weithin prangenden weißen DDR-Initialen bepinselt war und auf dessen Spitze die FDJ-Flagge gehisst wurde. Seit die vier Alliierten 1945 übereinkamen, dass der Bahnverkehr in Gesamtberlin der sowjetischen Militäradministration unterstehe, wurde die S-Bahn auch nach dem Mauerbau in den Westsektoren ausschließlich von der sowjetzonalen Reichsbahn betrieben. Und so betrachtete die Ulbricht-Regierung das etwa tausend Hektar große Bahnterrain innerhalb Westberlins mitsamt Personen- und Güterbahnhöfen sowie Reichsbahnausbesserungswerken als zur DDR gehörig. Kaum wurden Büros der SED nach dem Mauerbau in Westberlin geschlossen, nutzte sie die Betriebseinrichtungen von S- und Reichsbahn als neue

Agitationszentralen. Um den reibungslosen Bahnverkehr von und
nach Berlin besorgt, untersagten die westlichen Kommandanten den
Westberliner Behörden alle Aktionen, die dem Osten hätten Grund
geben können, den normalen Betriebsablauf zu stören oder einzustel-
len. So patrouillierte auch nach dem Mauerbau Ulbrichts bewaffnete
Transportpolizei ungehindert auf Westberliner S-Bahnhöfen, und es
dauerte seine Zeit, bis die Stadtkommandanten beschlossen, dass diese
ihren Anordnungen zu folgen, sie sämtliche Waffen abzugeben habe
und nur noch Gummiknüppel benutzen dürfe. Und noch später gaben
sie der Westberliner Polizei die Erlaubnis, bei Verfolgung verdächtiger
Personen die Bahnhöfe zu betreten und die technischen Gebäude zu
inspizieren. Versuche Willy Brandts, den S-Bahnverkehr innerhalb
Westberlins der ostzonalen Reichsbahn zu entwinden und der Westberliner Berliner Verkehrsgesellschaft BVG zu übertragen, scheiterten
am alliierten Veto. So blieb den Westberlinern als einzige Waffe der
S-Bahn-Boykott: Er wurde weitgehend befolgt und verhinderte, dass
Westgroschen für Fahrscheine die Devisenkassen Ulbrichts füllten.

Aber ich erinnere gut, wie besorgt Heinrich Albertz, inzwischen
Innensenator und damit für Westberlins Sicherheit verantwortlich,
über jenes »riesige Loch in der Mauer namens S-Bahn« gewesen war.
Dass die SED über das Bahnnetz Agenten und Agitationsmaterial ein-
schleusen konnte, musste mit grimmig zusammengebissenen Zähnen
hingenommen werden. Was aber, wenn S-Bahn-Züge eines Tages Tausende von FDJlern zu einer Massendemonstration nach Berlin bringen
würden?

Nicht immer waren sich Alliierte, inzwischen von Besatzungs- zu
Schutzmächten avanciert, und die zu schützenden Westberliner einig,
wenn es um schnelle Reaktionen auf Ostberliner Provokationen ging.
Gegen die unübersehbar perfiden DDR-Initialen auf dem in seinem
Sektor gelegenen Wasserturm jedenfalls ließ es der französische Stadt-
kommandant zunächst bei einem förmlichen Protest bewenden, und

der änderte, wie sich alsbald herausstellte, an der aktuellen Sachlage keinen Deut. Als Westberliner Reporter neben dem Wasserturm Laufgräben und Bunker der Volkspolizei entdeckten, postierte er auf einem gegenüberliegenden Hügel ein schweres Maschinengewehr samt sieben Gendarmen, die den Wasserturm ins Visier nahmen. Aber auch sie konnten an der realen Situation nichts ändern. Frankreichs Stadtkommandant General Jean Lacomme handelte nach der Devise: »Gut Ding will Weile haben.«

Es waren schließlich die Westberliner Massenblätter des Springer-Verlags, die ihn buchstäblich zum Jagen trugen. So fragte die *B.Z.*: »Seit über drei Wochen hat Pankow einen roten Brückenkopf … Wie lange wollen Sie noch warten, Herr General? Wann wollen Sie handeln? Machen Sie endlich Schluss mit dieser roten Provokation!« Erst zwei Tage nach diesem Appell ließ er den Turm, in dem Wasser für die Dampflokomotiven der Reichsbahn gespeichert waren, vorübergehend durch Gendarmen besetzen. Zwar erbeuteten sie die FDJ-Fahne auf der Turmspitze und wiesen die Volkspolizei in den Ostsektor aus, aber das unansehnliche Backsteingebäude inmitten des Französischen Sektors wurde, so waren die Berliner Verhältnisse damals, bereitwillig Ulbrichts nur noch mit Gummiknüppeln bewaffneten Transportpolizisten überlassen.

Spätestens die Begeisterung, mit der 1963 John F. Kennedy in Berlin empfangen wurde, beendete die deutsch-amerikanische Vertrauenskrise an der Spree. »Ich bin ein Berliner« – dieser Satz, gesprochen vom Balkon des Schöneberger Rathauses, löste einen unbeschreiblichen Jubelsturm aus und zeigte einen Kennedy, der sich durchaus auf die Tonlage des Kalten Krieges verstand. In der Substanz bedeutender aber fand ich, was er am Abend des 26. Juni 1963 vor Studenten der Freien Universität sagte: »Es ist wichtig, dass für die Menschen in den stillen Straßen östlich von uns die Verbindung mit der westlichen Gesellschaft aufrechterhalten wird – mittels aller Berührungspunkte und Verbindungsmöglichkeiten, die geschaffen werden können, durch das Höchstmaß an Handelsbeziehungen, das unsere Sicherheit erlaubt.« Kein Geringerer als der US-amerikanische Präsident bestärkte mit dieser Rede Willy Brandt in seiner Politik der kleinen Schritte, die praktisch als Planskizze für die spätere Ostpolitik dienen sollte. Und geschickt betteten Brandt und Bahr ihre kleinen Schritte in die Entspannungspolitik ein, die Kennedy nach der Kubakrise mit der Installation eines Roten Telefons zum Kreml und mit der Einigung über das Verbot von Atomversuchen in der Atmosphäre begann.

Von der Missstimmung, die im Verhältnis zwischen Kennedy und Brandt nach dessen nach Aktion forderndem Brief erst einmal herrschte, war beim Besuch des Präsidenten jedenfalls nichts mehr zu spüren. Ich sehe das Bild noch vor mir, wie sie im offenen Wagen durch Berlin fahren – Kennedy rechts sich auf die Karosserie abstützend, Brandt in der Mitte, praktisch auf der Kardanwelle stehend, beide wirken jugendlich mit ihren damals sechsundvierzig und fünfzig Jahren. Konrad Adenauer aber, inzwischen siebenundachtzig und als Dritter links im Bunde, macht neben den beiden fast den Eindruck eines Fossils.

Nicht nur in Berlin war die Kennedy-Begeisterung groß, denn nach den beinahe lähmenden letzten Jahren mit Eisenhower, der in seiner ersten Amtszeit einen Herzinfarkt, in seiner zweiten einen Schlaganfall mit Sprachstörungen erlitt und dessen Krankheitsbulletins sich häuften, stand Kennedy für Aufbruch, aber auch Aufholen. Spätestens seit dem Sputnik-Start 1957 und seit der Erdumrundung Juri Gagarins im Frühjahr 1961 lag die Sowjetunion raketentechnisch sowie bei der Eroberung des Weltraums zweifellos vorn. Ich sehe einen Egon Bahr vor mir, der – nach einem wieder einmal gescheiterten amerikanischen Raketenstart – hinter seinem Schreibtisch verzweifelt die Hände ringt und fragt: »Wann endlich gelingt es den Amis, auch einen Mann um die Erde zu schicken?« Der erste US-Amerikaner, Alan Shepard, blieb im Mai 1961 nur fünfzehn Minuten im All, erst ein Jahr später sah Bahr seinen Aufholwunsch mit John Glenns dreimaliger Erdumkreisung erfüllt. Zwar wurde die NASA noch unter Eisenhower gegründet, aber es war sein Nachfolger, der nach seinem Amtsantritt im Januar 1961 den Wettlauf ins All zur Chefsache erklärte, die NASA-Techniker zu Höchstleistungen anspornte und die nötigen Mittel dafür lockermachte. Kennedy gab dem Westen etwas von der alten Selbstsicherheit zurück, er strahlte Kraft, Optimismus und Jugendfrische aus – und es waren diese Eigenschaften, die Brandts SPD-Genossen auch von dem Regierenden Bürgermeister erwarteten, als sie ihn im November 1960 in Hannover zum Kanzlerkandidaten kürten.

Ein Brandt, der als ein Jung-Siegfried, eine Art deutscher Kennedy in die Wahlschlacht zog, das war ein gefährlicher Gegner für den »Alten« und die CDU-Staatsmacht am Rhein, zumal der Kämpfer für die Freiheit Berlins an nationaler Statur und deshalb auch an Sympathien beim Wähler gewonnen hatte. Entsprechend schmutzig geriet der Wahlkampf: Adenauer sprach von »Brandt alias Frahm« und spielte damit auf die uneheliche Geburt des Gegners an, die damals vor allem im katholischen Milieu noch weithin als Makel betrachtet wurde. Und er spekulierte damit auch auf den Argwohn beim Wähler: Hat, wer seinen Geburtsnamen verschweigt und mit einem fremden in die Wahlschlacht zieht, etwas zu verbergen, was nicht ganz koscher ist? Im Zentrum dieser Schmutzkampagne standen deshalb bald Fragen: Konnte ein Emigrant, der die norwegische Uniform getragen und – so die falsche, aber wählerwirksame Behauptung – mit der Waffe in der Hand gegen Deutsche gekämpft hat, als national zuverlässig gelten? Konnte einer, der vielleicht sogar auf deutsche Soldaten geschossen hat, je deutscher Kanzler werden? War er, wenn nicht Vaterlandsverräter, dann doch einer jener »vaterlandslosen Gesellen«, als die SPD-Genossen schon im Kaiserreich von der Rechten denunziert worden waren? Eines wird man doch noch fragen dürfen, tönte Franz Josef Strauß mit unverkennbar dräuendem Unterton: »Was haben Sie (Brandt) in den zwölf Jahren draußen gemacht, so wie man uns gefragt hat, was habt ihr in den zwölf Jahren drinnen gemacht?«[40] Das war ein gezielter Appell an die Vorbehalte ehemaliger Nationalsozialisten, Mitläufer und Soldaten. Selbst Elder Statesman Theodor Heuss durchbrach da die politische Zurückhaltung, die er sich seit dem Ausscheiden aus dem Amt 1959 auferlegt hatte und machte gegen derlei Emigrantenhetze Front: Sie wende sich offen an faschistoide Ressentiments und führe dazu, eher dem Nichtemigranten als Patrioten denn dem Emigranten zu vertrauen.

So kreiste mein erstes *Spiegel*-Gespräch, das ich im März 1961 zusammen mit Martin Virchow mit Brandt führte, um seine Zeit in der Emigration und um seine Rolle im Spanischen Bürgerkrieg: Hat der damals Dreiundzwanzigjährige als Rotbrigadist an der Seite der Kommunisten gegen Franco gekämpft? Oder im Hinterland der republikanischen Front mit der spanischen linksrevolutionären POUM die proletarische Revolution vorbereitet? Hat er sich gar radikaler gebärdet noch als die Kommunisten? Die Vorwürfe zielten wieder auf die katholischen Wähler, wenn auch nicht nur auf sie. In Spanien hatten nicht nur die Faschisten schreckliche Massaker verübt, auch die Anarchisten auf der Rotfront-Seite wüteten brutal gegen Priester, vergewaltigten Nonnen, steckten Klöster in Brand und exekutierten Gutsbesitzer. Zudem hatte die faschistische deutsch-spanische Allianz mit der Entsendung der »Legion Condor« sechzehn Jahre nach dem Krieg ihre Spuren hinterlassen: Die republikanische Sache war für die meisten Deutschen vorherrschend negativ besetzt.

Der Vorwurf des internationalen Rotfront-Brigadiers konnte also mobilisierend wirken, und so hatten die Christdemokraten Emissäre nach Skandinavien entsandt. Sie sollten nicht nur Gegner Brandts ausfindig machen, sie hatten in den Archiven auch Zeitungen und Broschüren zu durchforsten, um »knallrote« Artikel zu finden, die der junge

Spiegel-Gespräch mit Willy Brandt im Schöneberger Rathaus über seine Rolle im spanischen Bürgerkrieg und die Emigration. Die CDU/CSU hatte Archive in London und Stockholm durchforsten lassen und behauptete, der junge Kanzlerkandidat der SPD sei in Spanien radikaler als die Kommunisten gewesen und habe als Emigrant deutschfeindliche Schriften produziert.

Linkssozialist womöglich im Exil geschrieben hatte. Im CDU/CSU-
Rednerdienst für Wahlkämpfer fanden sich dann die verschiedensten
von ihnen aufgestöberten, oft aus dem Zusammenhang gerissenen
Zitate wieder, die Brandt entweder als begeisterten Parteigänger der
spanischen Rotfront-Kämpfer gegen Franco oder gar als einen deutschen Linksextremen entlarvten, der in einem Mann wie Friedrich
Ebert einen Verräter der Arbeiterklasse sah.

Als Martin Virchow und ich dem Regierenden Bürgermeister von
Berlin in seinem Schöneberger Büro gegenübersaßen und ihn mit solchen Vorwürfen konfrontierten, fanden wir einen durch die Schmutzkampagne zwar empörten, aber doch seiner selbst gewissen, in sich
ruhenden Kandidaten vor, einen zudem, der im Gespräch die Geschichte
mit dem Urteil führender Historiker auf seiner Seite wusste. Er sei
sich heute noch sicher, so der SPD-Spitzenkandidat auf unsere Fragen,
dass es für Europa besser gewesen wäre, wenn die Republikaner den
Krieg gewonnen hätten. Mit mehr Hilfe vom Westen wäre der russische Einfluss zurückgedrängt worden, und liberale und sozialdemokratische Kräfte hätten das Ruder übernehmen können. Und dann, so
Brandt, wäre dieses Vorgefecht zum Zweiten Weltkrieg »zuungunsten
von Mussolini oder Hitler oder in umgekehrter Reihenfolge ausgegangen«. Wie aber stand es um den Vorwurf, er habe sich in Rot-
spanien revolutionärer aufgeführt als selbst die Kommunisten? Anders
als George Orwell, POUM-Sympathisant wie Brandt, hatte er nie zur
Waffe gegriffen, sondern war Anfang 1937 für vier Monate als Korrespondent für skandinavische Linksblätter nach Barcelona gegangen.
Zugleich allerdings sollte er als Vertrauensmann der linkssozialistischen SAP Verbindung zu der ihr befreundeten marxistisch-revolutio-
nären POUM halten, deren Milizen ebenfalls gegen Franco kämpften.
Doch setzte sich Brandt mit diesem Auftrag bald zwischen alle Stühle,
wie er sagte. Bei der POUM handelte es sich um eine relativ junge
Partei, in deren Reihen sich neben Rechtskommunisten und Links-

sozialisten auch viele Trotzkisten fanden. Sie war antistalinistisch orientiert und widersetzte sich dem kommunistischen Führungsanspruch. Die Kommunisten wollten zunächst auf soziale Veränderungen verzichten, zusammen mit Liberalen und demokratischen Sozialisten den Krieg gewinnen, dafür eine disziplinierte, schlagkräftige Armee aufbauen und erst nach dem Sieg die soziale Revolution wagen. Die POUM dagegen, deren Milizen wie die der Anarchisten eher zu einer chaotischen Kriegführung neigten, wollten sofort die soziale Umwälzung beginnen. »Ich stand«, so Brandt in unserem Gespräch, »im republikanischen Lager etwas zwischen den Fronten, was mir dann Prügel von verschiedenen Seiten einbrachte.« Instinktiv galt seine Sympathie der Bruderpartei der SAP, ebenjener POUM, weil diese sich dem stalinistischen GPU-Terror widersetzte, der mit sowjetischen Waffenlieferungen und dem kommunistischen Führungsanspruch einherging. Die Vernunft aber sagte ihm, wer den Krieg gewinnen will, der müsse dem kommunistischen Volksfront-Ansatz erst einmal folgen, weil nur eine disziplinierte Armee den Sieg erringen könne, erst danach wären die sozialen Reformen desto sicherer durchzuführen. So handelte er sich in der Tat Gegner in den eigenen Reihen ein.

Doch seiner Sache in unserem Gespräch stets sicher, wischte Brandt auch andere Vorwürfe vom Tisch – etwa den des extremen Friedrich-Ebert-Feindes, der ihn bei den Rechten in der SPD verdächtig machen sollte. Er habe damals – »aus der Sicht eines linken jungen Sozialisten« – kritisiert, dass nicht genügend geschehen sei, um den Staat, der nach 1918 gegründet wurde, gegen seine Feinde zu sichern. »Dieser Auffassung«, so Brandt, »darf man auch heute, bei allem Respekt vor der staatsmännischen Leistung Eberts, sein.« Auch hier wusste er sich im Einklang mit vielen Historikern, die meinten, vorbeugende Strukturreformen in Richtung Demokratisierung seien vor der Einberufung der Nationalversammlung, wenn auch in sehr begrenztem Rahmen, möglich gewesen und leider unterblieben. Und die Wahlkampfbehauptung, er habe an Kampfhandlungen gegen Deutsche teilgenommen, tat er mit der saftigen Bemerkung ab: »Die, die daran rumdoktern wollen, die sollen mir sonst wo begegnen.« Was dazu zu sagen sei, habe er vor Gericht dokumentiert – und da man keine Beweise gegen ihn habe, solle man endlich Ruhe geben.

Kein Zweifel: Brandt zeigte sich im Gespräch selbstsicher, hatte überzeugende Antworten parat, zumal er das linkssozialistische, ja linksrevolutionäre Engagement seiner Jugendzeit nie verleugnet hatte. Schon seiner ersten Lebensbeschreibung *Mein Weg nach Berlin*, aufgezeichnet von dem Journalisten Leo Lania und erschienen 1960, war zu entnehmen, dass er sich in Norwegen vom revolutionären demokratischen Sozialisten langsam, aber in seinem zweiten Exil, Schweden, dann voll und ganz zum überzeugten Anhänger einer parlamentarischen Demokratie entwickelte. Doch im Gespräch spürte ich, dass sich hinter der Maske völliger Unaufgeregtheit ein zutiefst Verletzter verbarg, weil er sich wegen seines aufrechten, antifaschistischen Engagements plötzlich, wenn nicht vor Tätern, dann doch vor Mitläufern rechtfertigen sollte – einer auch, der Ekel empfand, wenn Kübel voller schmutziger Verleumdungen über ihm ausgeschüttet wurden, die gezielt an faschistoide Ressentiments beim Wähler appellierten.

Die Hauptdreckschleudern dieser Kampagne waren bald ausgemacht: Die Fäden liefen in Passau bei einem Verleger namens Johannes Evangelist Kapfinger zusammen, der wiederum den in Bayern ansässigen, aus der österreichischen Sozialdemokratischen Partei ausgeschlossenen Journalisten Hans Frederik beschäftigte. Kapfinger, eine Art CSU-McCarthy und ein angeblicher Widerständler, dem ein Gericht jedoch problematische »Bereicherung bei der Arisierung jüdischer Geschäfte« bescheinigte, hatte Frederik beauftragt, die Vergangenheit Ollenhauers in London und die Brandts in Norwegen zu durchleuchten. Und da dieser Passauer Verleger einer der einflussreichsten Amigos des Franz Josef Strauß war, den sich wiederum Rudolf Augstein nach Konrad Adenauer zum wichtigsten Gegner auserkoren hatte, entstand so etwas wie ein Recherchenetzwerk zwischen den mit der Verteidigung Brandts beauftragten Juristen im Schöneberger Rathaus und dem von Augstein mit der Anti-Strauß-Kampagne betrauten Redakteur Hermann Renner in der Hamburger Zentrale. Wenn auch völlig unabhängig voneinander und aus unterschiedlichen Motiven führten Brandt wie Augstein Prozesse gegen gemeinsame Gegner wie Kapfinger, Strauß oder Frederik. Brandt keilte zur Zeit seiner ersten Spitzenkandidatur noch entschlossen zurück – vier Jahre später ließ er Angriffe gegen den Linksaußen und Radikalen, der er in seiner Jugend einmal gewesen war, einfach ins Leere laufen. Aber ich vergesse nicht, wie mir Senatsrat Otto Uhlitz und sein Mitarbeiter Hermann Näfke, die für die juristische Verteidigung des »Regierenden« Verantwortlichen, im Winter 1961 einen großen Stahlschrank im Schöneberger Rathaus zeigten – gefüllt mit den Akten von rund achtzig Prozessen. Nur wenige hatten mit einem Sieg Brandts, mehr mit einem Remis geendet, die meisten waren schließlich eingestellt worden.

Der *Spiegel* war ein Magazin, das sich seinen besten Zeiten näherte – vor allem das Aufmüpfige, Antiautoritäre seiner Schreibe gefiel mir, auch das kämpferische Temperament, mit dem es gegen deutsche Obrigkeitshörigkeit und für Liberalität zu Felde zog. Ehrfurchtsverweigerung war praktisch Programm – all das stach wohltuend von dem damals in den meisten deutschen Medien noch gepflegten Verlautbarungsstil und ihrer langweiligen Betulichkeit ab. Und längst war er 1960 das aufklärerische, liberale, im Zweifel linke Magazin. Spätestens seit Mitte der Fünfzigerjahre hatte es sich dazu gemausert. Denn da mehrten sich im Blatt die Attacken auf das Erstarken »Ehemaliger« in den Bonner Ministerien, und es begann die Zeit, da Bonner Beamte und Bundestagsabgeordnete Montagfrüh, dem damaligen Erscheinungstag, zu den Kiosken strömten, um festzustellen, ob etwa sie selbst oder irgendeiner ihrer Vorgesetzten aufgespießt worden seien. »Nach Ostland wollen wir reiten« hieß bereits ein Titel 1954, in dem der SA-Hauptsturmführer und Teilnehmer am Marsch auf die Feldherrnhalle, Adenauers Vertriebenenminister Theodor Oberländer, als untragbar für ein demokratisches Regierungskabinett abqualifiziert wurde. »Böse Erinnerungen«, die so überschriebene Titelgeschichte über den für Adenauer offenbar geradezu unverzichtbaren Kanzleramtschef Hans Globke, den Kommentator der »Nürnberger Gesetze«, war 1956 keineswegs freundlicher, sondern noch bitterer gehalten. Und in dem Jahr, in dem ich beim *Spiegel* anheuerte, schrieb Augstein alias Moritz Pfeil: »Werft die Nazis aus der Regierung, pensioniert die Blutrichter, und dann säubert die Rinnsteine!«

Zwar stimmt: Liest man heute frühere *Spiegel*-Hefte, wird man ein gegen die Besatzungsmächte opponierendes Magazin entdecken, in dem sich immer wieder Haltungen, Ressentiments und Vorurteile der Besiegten oder Besetzten finden. Gelegentlich stößt man sogar auf den alten »Landserjargon«. So etwa, wenn in einem Bericht über die Luftbrücke ein britischer Pilot Mehlsäcke, Fleischbüchsen und Butterfässer in den »Kessel Berlin« einfliegt oder es von diesem Berlin heißt, es liege wieder in der »HKL« (Hauptkampflinie) zwischen Washington und Moskau. Aber waren es nicht allesamt »Landser«, die begannen, das Blatt zu machen, ehemalige Soldaten, die kein Lehrer je unterrichtet hatte, was Demokratie denn sei? Was eine demokratische Verfassung beinhalte oder wozu es eine freie Gewerkschaft gebe, so der stets an der Ostfront eingesetzte Kanonier und erst gegen Kriegsende zum Leutnant beförderte Rudolf Augstein einmal, habe er von keinem seiner nationalkonservativen Studienräte am hannoverschen Gymnasium erfahren – erst ein britischer, mit der Gründung der Zeitschrift beauftragter Sergeant namens Harry Bohrer habe ihm dies beigebracht.

Ja, es stimmt, dass auch im *Spiegel* ehemalige Nationalsozialisten beschäftigt wurden. So etwa Georg Wolff oder Horst Mahnke – beide

ehemalige SS-Hauptsturmführer, was etwa dem Rang eines Haupt-
manns der Wehrmacht entsprach. Wolff hatte während des Krieges
als Referatsleiter bei der Sicherheitspolizei im besetzten Norwegen
gedient, wurde bei Kriegsende einige Monate von den Norwegern
interniert und schließlich ohne Auflagen von ihnen entlassen. Da sie
nie ein Gerichtsverfahren gegen ihn anstrengten, kann Stichhaltiges
kaum gegen ihn vorgelegen haben. Horst Mahnke wiederum war einst
Adjutant und dann Assistent des SS-Brigadeführers Franz Six, der 1941
das »Vorkommando Moskau« des SD (Sicherheitsdienst der SS) geleitet hatte und ab 1942 die kulturpolitische Abteilung des Auswärtigen
Amts übernahm. Die letzte Spruchkammerinstanz in Hannover verurteilte Mahnke 1950 lediglich zu einer Geldstrafe von 400 D-Mark
und legte ihm keinerlei Berufsbeschränkung auf. Wenn es selbst einem
ehemaligen SS-Hauptsturmführer gelang, als Mitläufer eingestuft zu
werden, zeigt dies, dass Spruchkammerverfahren damals nicht selten
zur Farce gerieten. Aber so miserabel das ganze System der Entnazifizierung auch gewesen sein mochte, hat es damals doch die entscheidenden Kriterien für eine Beschäftigung geliefert.

Zu meiner Zeit gab es auch noch Kurt Blauhorn, der vor allem
Wirtschaftsartikel schrieb. Er war NS-Redakteur eines pommerschen
Lokalblatts und im Krieg Berichterstatter einer Propaganda-Kompa-
nie (PK) gewesen. Nach dem Krieg war er zunächst in der Redaktion
des *Neuen Deutschland*, des Zentralorgans der SED, tätig, ehe er Anfang
der Fünfzigerjahre über die grüne Grenze und zum *Spiegel* wechselte.
Als ich Anfang des neuen Jahrtausends an einer Augstein-Biografie
arbeitete, sprach ich mit Hans Detlev Becker, dem langjährigen geschäfts-
führenden Redakteur, zeitweiligen Chefredakteur und Verlagschef des
Blatts über die Vorwürfe des Journalisten Lutz Hachmeisters und anderer, die mit der Resolutheit und Radikalität einer nachgeborenen Generation die Mitarbeit einiger ehemaliger Nationalsozialisten am *Spiegel*
angeprangert hatten. Becker verwies auf den historischen Kontext,

den die Spätankläger des *Spiegel* offenbar nicht berücksichtigten, und
meinte kühl: »Damals galt: Wenn einer entnazifiziert war, dann lag
gegen dessen Mitarbeit nichts mehr vor.« Aber wo saßen damals eigentlich nicht »Ehemalige« in Redaktionen, und zwar auch in führenden
Positionen? Giselher Wirsing, SS-Sturmbannführer (was dem Rang
eines Majors entsprach) und enger Vertrauter Walter Schellenbergs,
des letzten Chefs des Auslandsdienstes im Reichssicherheitshauptamt,
war von der Spruchkammer Garmisch zu 500 Reichsmark Strafe verurteilt, aber als Mitläufer eingestuft worden. Wie der Widerstands-
kämpfer, evangelische Konsistorialrat und spätere Bundestagspräsident
Heinemann zählte der ehemalige SS-Major zu den Mitgründern des
evangelisch-konservativen Wochenblatts *Christ und Welt* und amtierte
von 1954 bis 1970 als deren Chefredakteur.

Bei der renommierten *Zeit* schließlich, die bis tief in die Fünfzigerjahre unter ihrem Chefredakteur Richard Tüngel einen beinahe deutschnationalen Kurs rechts von der CDU steuerte, schrieb 1950 bis 1956
ein Ernst Krüger als Experte für Internationales, hinter dem sich der
NS-Diplomat und SS-Brigadeführer (Generalmajor) Erwin Ettel verbarg. Fast nahtlos fügte er sich, so *Zeit*-Autor Frank Bajohr in einem
Rückblick, in ein Blatt-Milieu ein, zu dem auch Hans Georg von Stud-
nitz aus der Informationsabteilung des Auswärtigen Amts gehörte.
Und natürlich gab es damals einen Autor mit dem Pseudonym Paul
Carell, der als P. C. Holm für die *Zeit* schrieb, für Springers Illustrierte
Kristall Serien verfasste, Bücher und Bildbände über den Russlandfeld-
zug herausbrachte und mit seinem Bestseller *Unternehmen Barbarossa*
fleißig an der Legende von der sauberen Wehrmacht strickte. Hinter
dem Pseudonym steckte Paul Karl Schmidt, einst SS-Obersturmbannführer (vergleichbar einem Oberstleutnant), ehemals Leiter der Presse-
abteilung des AA und Gesandter Erster Klasse. Er war ein selten
begabter Serienerzähler, als freien Autor engagierte ihn auch der *Spiegel*
einmal für eine Serie über die stalinistischen Säuberungs- und Schau-

prozesse gegen den Ungarn László Rajk und den Tschechen Rudolf
Slánský, in denen Stalin damals fälschlich der Sache Titos verschrie-
bene Abtrünnige sah. Aber als er beauftragt wurde, die Serie von Fritz
Tobias über den Reichstagsbrand zu bearbeiten, streikte der Autor:
Die von Schmidt umgearbeiteten Manuskripte wies der auf Sachlichkeit erpichte alte Sozialdemokrat empört zurück, und Augstein übergab die Aufgabe dem bewährten Ressortleiter Dr. Günther Zacharias.

Bliebe festzustellen: Carell war nur kurzfristig für den *Spiegel* tätig
und landete alsbald beim Springer-Verlag, wo er bis zum Tode Axel
Springers 1985 als dessen persönlicher Berater und Sicherheitschef
tätig war. Und der Ressortchef für Internationales, Horst Mahnke,
wurde Ende 1959 Chefredakteur von *Kristall* und schließlich Haupt-
geschäftsführer des Verbandes Deutscher Zeitschriftenverleger. Und
Georg Wolff? Er blieb beim Blatt, bis er in den Ruhestand ging, wurde
Chef des Auslandsressorts, einige Jahre einer von mehreren Chefre-
dakteuren, schließlich Chef des für ihn geschaffenen Ressorts »Geis-
teswissenschaften«. Lange Zeit war er ein wichtiger Dialogpartner für
Augstein und knüpfte für ihn Kontakte zu den Philosophen Karl Jaspers, Arnold Gehlen und Martin Heidegger. Und Blauhorn? Er wechselte in den Siebzigerjahren als Wirtschaftsredakteur zum *Stern*, dessen
Chef Henri Nannen einst wie Blauhorn PK-Mann gewesen war – und
zwar, soweit man weiß, als Chef einer Luftwaffen-Propagandakom-
panie, die der SS-Standarte »Kurt Eggers« in Süditalien unterstand.

Den radikalen Kritikern von heute, denke ich oft, mangelt es schlicht
am historischen Verständnis der damaligen Realitäten und Zwänge.
Dass nach Jahren, in denen die übergroße Mehrheit der Deutschen
einem Hitler zugejubelt hatte, ein Wiederaufbau ohne die Mitarbeit
»Ehemaliger« kaum gelingen konnte, einfach weil es nicht genug unbe-
lastete Berufserfahrene gab, galt cum grano salis eben auch für die
Presse. Selbst als links geltende oder sich gebende Verleger wie Ernst
Rowohlt waren PK-Berichterstatter gewesen, und die erste, viel gehörte

und beliebte deutsche Radiostimme war die eines Offiziers und Chefs einer Propagandakompanie der Wehrmacht namens Peter von Zahn. Wer die damalige Zeit miterlebt habe, in der »hohe und höchste Nazis hohe und höchste Posten bekamen«, so Rudolf Augstein zu den Beschuldigungen gegen den frühen *Spiegel,* der werde seinem Blatt »schwerlich Vorwürfe« machen können.

Es fiel mir nicht schwer, mich in das Milieu des Magazin-Journalismus einzupassen, und von irgendwelchen nationalsozialistischen Einflüssen war damals nichts mehr zu spüren. Die Redaktion mit nicht mehr als fünfundzwanzig Kollegen war überschaubar, und wenn die typische *Spiegel*-Story auch meist etwas betont respektlos zubereitet wurde, war sie doch ganz auf Nachrichtliches abgestellt – blumige, sentimentale, anrührende Reportagen voller Fake News à la Claas-Hendrik Relotius gab es damals nicht. Die oft lang (oft zu lang) geratenen, meist gut geschriebenen Titel steckten voller Hintergrundinformationen und glichen nicht selten einer Art journalistischer Volkshochschule für den Leser. Das 1959 entwickelte Format des *Spiegel*-Gesprächs bot Politikern eine ausführliche, seriöse Plattform und sorgte für Authentizität. Zudem hielt das Blatt, seit es die Bestechungsversuche bei der Wahl Bonns zur Bundeshauptstadt aufgedeckt hatte, damals noch das Monopol auf investigativen Journalismus, das ihm inzwischen auch seriöse Tages- oder Wochenzeitungen streitig machen.

Als ich zum *Spiegel* kam, wurde das Blatt von »Castor und Pollux« regiert – von Augstein, dem Herausgeber, dem Mann von rasiermesserscharfer Intelligenz und eigentlichem Inspirator der Redaktion als Castor, und von Hans Detlev Becker als Pollux. Becker, seit Frühjahr 1947 dabei, engster Mitarbeiter und bald Freund Augsteins, hatte die Redaktion, in der es oft chaotisch zugegangen war, diszipliniert und – zugegeben – auch uniformiert. Aber damit hatte er das Magazin zu jenem geschliffenen Schwert gemacht, welches das Establishment der jungen Republik das Fürchten lehrte. Bei der großen Montagskonferenz, auf der Blattkritik geübt wurde, brillierte Augstein als luzider Analytiker und gnadenloser, häufig genug zynischer Realist: als einer, der intellektuell alles hinterfragte, nicht selten selbst das, was er am Tag zuvor für richtig gehalten oder geschrieben hatte. Mit seinen Jens-Daniel-Kolumnen gab er die große Linie vor, und in der Diskussion zeigte er nicht selten ein sprunghaftes Temperament.

Becker dagegen, der oft heftige Blattkritik übte, verkörperte in diesen Konferenzen eher das stetige Element. Er war es, der den mit der Auflage wachsenden Apparat am reibungslosen Laufen hielt, der sich um eine plausible, korrekte »Schreibe« kümmerte, auch um jenen Schuss Dramaturgie, welcher jede Story eines Nachrichtenmagazins bedarf. Peinlichst darauf bedacht, dass sich keine Fehler einschlichen, baute er die berühmte *Spiegel*-Dokumentation auf und aus. Natürlich gingen alle Manuskripte über seinen Tisch, den Tisch des Chefredakteurs, und viele kamen mit Anmerkungen zurück – Beckers grüner Stift war gefürchtet, denn er bedeutete Umstellungen, eine völlig neue Fassung oder Ablehnung des Themas.

War er der Schlagmann, der beim Rudern der Mannschaft den Takt vorgibt? Günter Gaus, damals Mitglied der Redaktion, nannte das Blatt 1960 einen »Kasernenhof«, verließ den *Spiegel* praktisch durch die Hintertreppe und wechselte zur *Süddeutschen Zeitung*. Seit seiner erfolgreichen Fernsehserie *Zur Person* zum berühmtesten Hinterkopf Deutschlands avanciert, kehrte er 1969 praktisch über die Marmortreppe als Chefredakteur in die Redaktion zurück. Hans Detlev Becker, dem er als »Augsteins Zuchtmeister« hatte entrinnen wollen, war inzwischen als Verlagsdirektor mit redaktionellen Vorgängen nicht mehr betraut. Doch gibt es keinen Zweifel: Ohne diesen, seinen Pollux Hans Detlev, hätte Castor Rudolf niemals über jene formidable Kampfmaschine verfügt, die er erbarmungslos und ohne alle Skrupel gegen Franz Josef Strauß einsetzte, um ihn als Adenauer-Nachfolger und Bundeskanzler

zu verhindern. Die erbitterte Fehde Augstein/Strauß führte schließlich im Herbst 1962 zur *Spiegel*-Affäre, zum Vorwurf des Landesverrats gegen das Magazin, zur Inhaftierung von Augstein und wichtigen
Kollegen, aber letztendlich doch zum Sturz von Strauß.

Aber zuvor erlebte ich sehr persönlich die Ohnmacht eines jeden
Journalisten, der mit Beweisen, die nicht zu widerlegen sind, gegen
einen Politiker anschreibt und doch ins Leere läuft. Die Geschichte
begann damit, dass ich im Herbst 1960 in Berlin einen Dr. jur. Fritz
Blüthgen kennenlernte, der als Ruheständler in einer Villa in Grunewald lebte. Er war einst Direktor der Vereinigten Glanzstoff-Fabriken
gewesen, die Mitte der Zwanzigerjahre als Produzenten von Chemie-
fasern, vor allem Kunstseide, glänzende Geschäfte gemacht hatten.
Die Dividende von Glanzstoff-Aktien lag damals zwischen 12 und
16 Prozent. Blüthgen erzählte mir von einem Aktienspekulanten, der
1928 sein ganzes vorhandenes Vermögen und dazu etwa eine Million
Mark, die er sich bei der Deutschen Bank geliehen hatte, in den Kauf
von Glanzstoff-Aktien investierte. Wegen steigender Kurse habe er
zunächst etliche Hunderttausend Mark verdient, doch als sie wegen
der beginnenden internationalen Überproduktion von Kunstfasern in
den Keller stürzten, habe er plötzlich vor einem riesigen Schuldenberg
gestanden. Da dies bei Börsenspekulationen großen Stils gelegentlich
passieren kann, so Blüthgen, wäre der Vorgang nicht so erstaunlich
gewesen, hätte es sich bei diesem Spekulanten nicht um einen Beamten gehandelt, dem man gemeinhin weder ein großes Vermögen noch
derlei waghalsige Geschäfte zutraut.

Es stellte sich heraus: Bei diesem Beamten, der den Lockungen
des Mammons nicht widerstehen konnte und auf Kredit spekulierte,
handelte es sich um keinen Geringeren als Konrad Adenauer, Oberbürgermeister von Köln, Mitglied des Preußischen Staatsrats und damals wohl einer einflussreichsten Zentrums-Politiker in Deutschlands
Westen. Als die Deutsche Bank auf Rückzahlung des Kredits samt

angefallener Zinsen bestand, wandte sich Adenauer an Blüthgen, der
sich ihm und der Stadt Köln schon einmal mit einem Scheck über
200 000 Mark für den Aufbau der Universität erkenntlich gezeigt hatte.
Da Adenauers erste Amtszeit auslief, sah er für den Fall des Bekannt-
werdens seiner Überschuldung seine Wiederwahl gefährdet und bat
Blüthgen um Hilfe. Dieser war zwar kein Mitglied des Zentrums, aber
er verschloss sich dem Interesse nicht, das die deutsche Industrie und
das Zentrum gemeinsam hatten: die Wahl eines sozialdemokratischen
Gegenkandidaten zu verhindern. So ließ Blüthgen über eine hollän-
dische Bank dem Depot Adenauers zum Ausgleich von dessen Unter-
deckung ein Paket Glanzstoff-Aktien zur Verfügung stellen – »leih-
weise«, wie er in einem Brief an Adenauer ausdrücklich feststellte, und
nur so lange, bis die augenblickliche Baisse der Kunstseide-Werte »im
Wesentlichen überwunden ist und sich eine Besserung der Kurse
bemerkbar macht«.

Die Bestätigung dieser Bedingung fand ich in dem Briefwechsel,
den mir Blüthgen in Kopie überließ. Und damit begann die Story, zum
kleinen Krimi zu werden, denn Adenauer hatte sich nie bei Blüthgen
bedankt noch je daran gedacht, die Schulden, die er bei ihm hatte, zurück-
zuzahlen. Er betrachtete dessen Hilfe als eine Art Entschädigung dafür,
dass er einem Rat Blüthgens gefolgt sei – den dieser jedoch nie gegeben haben wollte.

Augstein war wie elektrisiert, als ich ihm diese Geschichte erzählte,
er wollte sie noch gründlicher recherchiert wissen, und so fuhr ich
etwa anderthalb Wochen durch Westdeutschland, um noch lebende
Zeitzeugen aufzutun. Die Story, die ich daraufhin schrieb, redigierte er
höchstpersönlich und stellte vieles um – *er* war ja inzwischen der Mil-
lionär, der sich auf Börsengeschäfte bestens verstand. Ich indes konnte
froh sein, mit meinem Redakteursgehalt bis zum Ersten durchzukom-
men. Endlich, so glaubte er offenbar, habe er etwas Durchschlagen-
des gegen Adenauer in der Hand. Predigte der nicht die christlichen

Tugenden der Sparsamkeit und Bescheidenheit, obschon er als reifer Fünfziger keine Bedenken hatte, mit geliehenem Geld an der Börse zu spekulieren – was in gutbürgerlichen Kreisen seit jeher als besonders verwerflich galt? Wurde Adenauer, der Inbegriff des Seriösen, der prinzipientreue Patriarch, vor seinen Wählern da nicht plötzlich als unseriöser, waghalsiger, verantwortungsloser Spieler entlarvt? Die Geschichte schien ihm so heiß, dass ich zum ersten (und letzten) Mal im *Spiegel*-Impressum als der dafür Verantwortliche aufgeführt werden musste – als potenzieller »Sitzredakteur«, wie man das, eine juristische Verurteilung fürchtend, früher nannte.

Doch die Story verpuffte, blieb ohne Echo, und Augsteins und meine Enttäuschung konnte nicht größer sein. Sie erschien am 9. Januar 1961, und zwei Tage später erklärte Adenauers Pressechef Felix von Eckardt auf interessierte Nachfragen in der Bundespressekonferenz, es sei ihm nicht gelungen, das »Interesse des Herrn Bundeskanzler« auf jenen kurz zuvor erschienenen Artikel zu lenken. Dabei hatte Adenauer die Brisanz wohl erkannt, seine Berater Globke und Krone herangezogen und, so Adenauer-Biograf Henning Köhler, vorsichtshalber eine schriftliche Darstellung des skandalösen Vorgangs aus seiner Sicht anfertigen lassen: »Aber Adenauer wie Augstein überschätzten die Wirkung der Geschichte. Der Funke sprang nicht über, die Öffentlichkeit griff den Fall nicht auf. Das Bild des Kanzlers wirkte noch zu überzeugend, um Emotionen und entsprechend negative politische Reaktionen auszulösen.«[41]

Vom »größten Politkrimi in der Geschichte der Bundesrepublik«, wie ein mir befreundeter *Spiegel*-Journalist die Besetzung der Redaktion, die Verhaftung Augsteins und sechs seiner wichtigsten Redakteure durch Beamte des Bundeskriminalamts am Abend des 26. Oktober 1962 nannte, erfuhr ich jedoch erst anderntags. Weiter vom Ort des Geschehens hätte ich kaum sein können, denn ich stand auf dem Dach des

Internationalen Presseclubs von Havanna und hatte einen Feldstecher in der Hand. Der Club lag an der Malecón, jener Uferstraße direkt am Meer, die zum Hafen hinführt und gegen hohe Brecher mit einer Mauer geschützt ist, die schon damals leicht zu bröckeln begann. Es war der fünfte Tag der Kubakrise, und unsere kleine Gruppe ausländischer Korrespondenten suchte mit Ferngläsern den Horizont darauf ab, worauf ganz Havanna damals zu warten schien: Dass die U.S. Navy herandampfte und mit der Invasion Kubas begann. Da nahm mich eine englische Kollegin sanft am Arm, schaute mich mitleidig lächelnd an und sagte, ich müsse mir dringend einen neuen Job besorgen: Sie habe gehört, weder die Redaktion noch der Verlag des *Spiegel* existiere mehr, und die wichtigsten seiner Redakteure säßen wegen Landesverrats alle hinter Gittern. Natürlich versuchte ich verzweifelt, so schnell wie möglich nach Berlin zu fliegen – nicht nur, um Klarheit zu erhalten. Stichhaltige Informationen gab es seinerzeit in Kuba kaum, da im Zuge der Blockade nahezu alle Nachrichtenkabel gekappt waren. Aber es gab die damals keineswegs aus der Luft gegriffene Befürchtung, ein amerikanisches Vorgehen gegen Kuba werde von den Sowjets mit einem Griff nach Westberlin beantwortet. Nur: Schnell von einem Ort der Krise an den einer möglichen zweiten zu kommen, war aussichtslos. Alle zivilen Flugverbindungen waren gestrichen, Kuba von der Außenwelt praktisch abgeschnitten – ich musste mich im Warten üben, bis ich nach etwa zwölf Tagen einen Platz für den ersten Flug nach Europa buchen konnte. Es war eine tschechische Maschine, allerdings älteren Typs, und deshalb legte sie auf ihrem Weg nach Prag gleich zwei Zwischenstopps ein – den einen in Gander/Neufundland, den zweiten auf dem irischen Flughafen Shannon. Erst als ich Jahrzehnte später an einer Brandt-Biografie arbeitete, sollte ich herausfinden, wie sehr der sowjetische Griff nach Berlin als Revanche für eine US-amerikanische Invasion in Kuba realiter befürchtet wurde. Als die Krise ausbrach, verabschiedete sich Brandt von seiner Familie und sagte dem

dreizehnjährigen Sohn Peter: »Es kann sein, dass ich längere Zeit nicht
nach Hause kommen kann. Dann bist du der Mann und musst der
Mutter in allen Fragen helfen.«[42]

Brandt tagte zusammen mit einer Art Berliner Notstandskabinett,
für das unter dem Fehrbelliner Platz ein Bunker als »Alarmzentrale«
gebaut war, die über sichere Telefonleitungen zu den Alliierten verfügte, auch zu den Sendeanlagen von RIAS-Berlin und SFB (Sender
Freies Berlin). Ein Bunker vom »Feinsten«, wie der frühere Senatsspre-
cher Hanns-Peter Herz erinnerte: »Selbst eine Krankenstation mit
einem Operationsraum war vorhanden.« Für den Fall eines sowjetischen Einmarschs sollte Berliner Bereitschaftspolizei, verstärkt durch
eine britische Einheit und Formationen der Berliner »Polizeireserve«,
die als eine Art Miliz aufgebaut worden war, einen Ring um den Fehrbelliner Platz verteidigen. Nicht dass geglaubt worden wäre, die Verteidiger würden sich lange halten können; es ging vor allem um Zeitge-
winn – um einen Appell an die UNO etwa, um in letzter Minute eine
politische Lösung herbeizuführen. Es ging aber auch um das Prinzip,
dass eine freie, rechtmäßige Staatsgewalt sich zu keinem »Zeitpunkt
selbst aufgeben« dürfe, wie es in diesen Notstandsplänen hieß. Brandt
überlegte für diesen Fall, die Volksarmee dazu aufzurufen, die Gewehre
umzudrehen und Befehle zum Einsatz gegen Westberlin zu verweigern. So jedenfalls erinnerte es Egon Bahr. Es stand in Berlin also
damals Spitz auf Knopf.

Aber warum hatte es mich überhaupt nach Kuba verschlagen? Und
warum wurde ich, der außer ein paar Amateurfotos von Freundinnen
nie zur Kamera gegriffen hatte, dort plötzlich völlig ungewollt zum
Fotoreporter? Das alles hatte mit Jochen Jung, einem mir befreundeten Berliner Fotojournalisten zu tun, der von einer Illustrierten den
Auftrag für Reportagen über Mexiko, Venezuela und Kuba erhielt und
mich bat, für ihn die Texte zu schreiben. So nahm ich vier Wochen
Urlaub vom *Spiegel* und flog mit ihm über den Atlantik. Auf dem Flug-

hafen in Frankfurt trafen wir zufällig Willy Brandt und Egon Bahr, die wie wir auf den Abflug warteten. Der »Regierende« wollte erst an der deutsch-amerikanischen Steubenparade in New York teilnehmen, um dann nach Harvard zu reisen, wo er seinen Vortrag »Zwang zum Wagnis« halten wollte. Jochen ergriff die sich bietende Gelegenheit, Fotos von Brandt während der Parade zu schießen, und so blieben wir erst einmal zwei Tage in New York.

Nach Wochen gemeinsamen Arbeitens in Mexiko – wir hatten zum Abschluss Teddy Stauffer in Acapulco besucht, den legendären Berliner Swingkönig der Dreißigerjahre – trennten sich allerdings unsere Wege. Anders als mir hatten die Kubaner Jochen ein Visum verweigert. So zog er in Richtung Caracas weiter, indes ich, von ihm mit zwei automatischen Fotoapparaten samt kurzer Bedienungsanleitung versehen, nach Miami flog, um anderntags mit der Pan American nach Kuba aufzubrechen. Abends an der Hotelbar des nahe dem Flughafen Miami gelegenen Hotels fielen mir die vielen einsamen jungen Frauen auf, die vergebens auf ihre Matrosen warteten – sie alle hatten ihr verabredetes Rendezvous plötzlich absagen müssen. Eine der Frauen erklärte mir: »They had to leave, because a huge maneuver is going on.« Ich begriff zwar, dass da ein riesiges Flottenmanöver anberaumt worden war, aber vom Grund desselben hatte ich keine Ahnung.

Vormittags dann flog ich weiter, nicht wissend, dass ich in der letzten Maschine saß, die von Miami Richtung Zuckerinsel starten konnte. Erst als ich abends im Foyer des Hotels in Havanna saß, auf dem TV-Schirm einen Fidel Castro vor einer riesigen kubanischen Flagge sah, der eine aufgeregte, nicht enden wollende Rede mit drohenden Gesten unterstrich, wurde mir klar, dass die Kubakrise ausgebrochen war. Des Spanischen unkundig, verstand ich zwar kein Wort, aber ich hatte einen Übersetzer angeheuert, der zugleich eine Art der Reisebetreuer war – einen deutschen Juden, der während Rommels Vormarsch gen Ägypten aus Alexandria nach Havanna geflüchtet war. Er übersetzte zumindest stichwortartig, wozu der revolutionäre Caudillo sein Volk aufrief: bei einer Invasion notfalls gegen die imperialistischen Gringos bis zum letzten Blutstropfen zu kämpfen.

Es ist hier nicht der Ort, die Geschichte der Kubakrise zu schreiben – aber das Havanna, das ich in diesen hochdramatischen Tagen erlebte, glich dem Auge im Zentrum eines Hurrikans: Während die vernichtenden Wirbel rundum die Welt in den Abgrund eines Atomkriegs zu stürzen drohten, herrschte in der Stadt gespannte Ruhe. Natürlich griff Angst um sich – drohten nicht jederzeit ein verheerendes Bombardement oder eine Invasion? Aber alles, was wichtig war: Es geschah eben nicht in Havanna, es spielte sich zwischen Washington und Moskau ab. Zwischen ihnen fiel die Entscheidung, die Kubaner waren lediglich Objekt und konnten nur warten, wie sie ausfallen werde.

Da es nur noch eine offene Fernschreibleitung nach New York gab, war es auch für uns im Internationalen Presseclub schwierig, authentische Informationen zu erhalten. Bis heute bin ich deshalb einem jugoslawischen Kollegen dankbar, der seinen Botschafter animierte, jeden Abend zu uns in den Presseclub zu kommen, um die Lage zu erläutern. Er hielt ständigen Funkkontakt zu seiner Belgrader Zentrale, die – das Jugoslawien Josip Broz Titos war neutral – beste Kontakte nach Ost wie West unterhielt.

Mit dem Begleiter aus Alexandria, der sich bald als unentbehrlicher Freund entpuppte, fuhr ich aus der Stadt heraus, soweit das überhaupt möglich war, und eingedenk meines Auftrags gelangen mir Kamera-Greenhorn – Farbe Kamera links, Schwarz-Weiß rechts – auch etliche Fotos von Flakstellungen oder Barrieren, die da aufgetürmt wurden. Ebenso Bilder von ausnahmslos kräftig gebauten jungen Männern, die kurzärmelige karierte Einheitshemden trugen. Sie waren vor allem in der Hafengegend, gelegentlich in der Altstadt anzutreffen – es handelte sich durchweg um zivil gekleidete sowjetische Soldaten, von denen, wie wir heute wissen, zur Zeit der Kubakrise etliche Zehntausend auf der Insel stationiert gewesen waren. Gelegentlich wurden wir festgehalten und verhört, aber meinem fließend Spanisch sprechenden Begleiter gelang es stets, uns vor einer Verhaftung zu bewahren.

Ganz Havanna bereitete sich damals auf eine mögliche Invasion vor, und manchmal bauten seine Bewohner die wahrlich seltsamsten Verteidigungsstellungen auf. Mein Lieblingsfoto, das ich schoss, zeigte eine hochschwangere Frau, die neben einem großen Sandsack mit geschultertem Gewehr den Eingang zu einer im Souterrain gelegenen Bar bewachte. Aber auch der damalige deutsche Botschafter Spreti hatte wohl Illusionen: Er forderte alle Deutschen und dazu die meisten Mitglieder des Internationalen Presseclubs auf, für den Fall einer Invasion in seiner Botschaft Zuflucht zu suchen. Er werde eine unübersehbar große deutsche Flagge hissen, unter deren Schutz dann zweifellos alle wohlbehütet und sicher seien. Vielleicht war Karl Heinrich Graf von Spreti ein wenig naiv, doch zählte er zu den liebenswürdigsten deutschen Diplomaten, die ich je getroffen habe. Nur: Er war ein echter Unglücksrabe. In dem von Bürgerkrieg zerrissenen Guatemala, wo er die Bundesrepublik seit 1969 vertrat, wurde er im Frühjahr 1970 von der FARC, einer linken Guerilla, entführt und nahm ein tragisches Ende.

Endlich in Berlin zurück, stellte ich mit Erleichterung fest, dass es den *Spiegel* doch noch gab – vor allem dank der solidarischen Hilfe von Zeitungen wie dem *Stern* und der *Zeit*, die sofort Redaktionsräume, Fernsprecher, Schreibmaschinen und ihre Telefonzentralen zur Verfügung stellten, sodass die nächsten Nummern erscheinen konnten. Ihre Redaktionen befanden sich, eine jede auf anderen Fluren, mit dem *Spiegel* zusammen im Hamburger Pressehaus. Nicht nur der politischen Symbolik wegen, auch für das ökonomische Überleben war diese solidarische Hilfe unerhört wichtig, denn der *Spiegel* operierte damals noch auf einer dünnen Kapitaldecke: Wären drei oder vier Nummern ausgefallen, hätte dies wohl das endgültige Aus bedeutet.

Dass es in der Zentrale einige Verunsicherung, ja Verwirrung gab, schon weil der Herausgeber und die Autoren des vorgeblich landesverräterischen Bundeswehr-Titels »Bedingt abwehrbereit« noch in Haft saßen, war für uns im Berliner Büro mehr als verständlich. Und natürlich blieb gerade auf dem Höhepunkt des Kalten Krieges, während der Kubakrise und der mit ihr drohenden Kriegsgefahr, Adenauers perfide Behauptung, man stünde vor einem »Abgrund von Landesverrat« und der *Spiegel* betreibe diesen Landesverrat »systematisch, um Geld zu verdienen«, bei vielen Bürgern zunächst nicht ohne Eindruck. Aber weil das brutale Vorgehen der Staatsgewalt, die Nacht-und-Nebel-Aktion vom 26. Oktober 1962, Erinnerungen an die Nazizeit wachrief, brach ein Sturm der Entrüstung in der Öffentlichkeit los. Es hagelte Protestaufrufe, es kam zu Demonstrationen und zahllosen Sit-ins an Universitäten. Wissenschaftler, Künstler, Schriftsteller – auch solche, die nicht unbedingt zu den Freunden des Nachrichtenmagazins zählten –, warfen sich für die verhafteten Redakteure und die Pressefreiheit in die Bresche.

Da ich mit hohem Fieber aus Kuba zurückgekommen war und die Ärzte zunächst auf eine hochansteckende Tropenkrankheit tippten, konnte ich diese wachsende Welle der Empörung zunächst nur von der Isolierstation eines Krankenhauses verfolgen. Freunde und Besucher sah ich durch eine dicke Glasscheibe, Worte mit ihnen zu wechseln, war nur über Mikrofon möglich. Aber den Stapeln an Zeitungen, die man mir zum Lesen gab, entnahm ich doch, dass der Sturm der Entrüstung in der Öffentlichkeit nicht nachließ, sondern eher zunahm, und dass diese Tatsache den in Haft schmorenden Augstein und den ebenfalls einsitzenden Kollegen Conrad Ahlers und Hans Schmelz nur Mut zum Durchhalten und Hoffnung geben konnte.

Erfreut las ich in der doch eher regierungsnahen *Frankfurter Allgemeinen*, dass selbst ein ausgewiesener Konservativer wie Friedrich Sieburg von einer »Freiheitsregung« schrieb, die in der deutschen Geschichte fast immer ausgeblieben sei, wenn man auf sie zu hoffen wagte. Und er kam zu dem Schluss: »Nun ist sie da.« Und Theo Sommer setzte den Punkt aufs i der Sieburg'schen »Freiheitsregung« in der *Zeit*, wenn er die *Spiegel*-Affäre und die Reaktion darauf als »Epilog auf den deutschen Obrigkeitsstaat« und als »Ouvertüre der modernen, freien, von Untertanengeist entlüfteten deutschen Demokratie« bezeichnete. Kein Zweifel: Die Proteste haben zum Ende der Regierung entscheidend beigetragen – und damit auch zum Ende dessen, was einige Historiker als restaurative Gründungsphase der Bundesrepublik beschrieben.

Meine vermutliche Tropenkrankheit stellte sich als eine hartnäckige Hepatitis-B-Virusinfektion heraus, aber war schließlich ausgeheilt. Augstein kam Anfang Februar 1963 frei, und da die Auflage des Magazins seit seiner Verhaftung sprunghaft gestiegen war, konnte der Zyniker in ihm sagen: Die Monate im Gefängnis waren ein gutes Investment. Zwar stellte der Bundesgerichtshof erst im Mai 1965 das Verfahren wegen Landesverrats ein, die *Spiegel*-Affäre endete vor Gericht also nicht mit einem klaren Freispruch. Aber Strauß, dessen Aufstieg zum Kanzler der *Spiegel* mit allen publizistischen Mitteln hatte verhindern wollen, hatte ja längst zurücktreten müssen, und so durfte sich Rudolf Augstein dennoch als Sieger fühlen. Zweieinhalb Jahre hatte er der geballten Staatsmacht getrotzt und war damit in die Rolle eines Märtyrers, ja einer Ikone der Pressefreiheit geschlüpft. Noch zwei Jahre vor seinem Tod wurde er im Jahr 2000 vom International Press Institute zum »World Press Freedom Hero« gewählt.

Meine nächste Station beim *Spiegel* aber sollte ab Herbst 1963 Brüssel heißen, denn mit Blick auf die sich verfestigenden europäischen Institutionen hatten Redaktion und Verlag beschlossen, dort ein Büro zu errichten. Völlig fremd war mir die Stadt nicht, schon von Essen aus hatte ich als *NRZ*-Redakteur Ende der Fünfzigerjahre die allerersten Schritte zum Aufbau der Europäischen Kommission und ihrer Bürokratie ein- oder zweimal in Augenschein nehmen können. Damals residierte die Kommission im Hotel Metropole, und noch herrschte Unsicherheit vor, ob und wie es je gelingen könnte, aus Beamten und Mitarbeitern der sechs Gründerstaaten einen harmonisch funktionierenden, nicht in nationalstaatlichen Teil-Traditionen befangenen, sondern europäisch denkenden gemeinsamen Verwaltungsapparat zu zimmern. Ihnen war die Aufgabe zugewiesen worden, Zollschranken, Ein- und Ausfuhrbeschränkungen abzubauen, eine gemeinsame europäische Agrar- und Handelspolitik zu entwickeln, kurz: einen Wirtschaftsraum zu schaffen, der nach innen frei sein und nach außen einig auftreten sollte.

Ein ehrgeiziges Vorhaben und ein schwieriger Prozess, aber fünf Jahre später schien er mir zu gelingen, auch wenn er noch keineswegs zu Ende war. Auf Deutschfeindlichkeit stieß ich in Belgien, aber auch Holland, für das unser Brüsseler Büro ebenfalls zuständig war, nirgendwo – ganz im Gegensatz zu Erfahrungen, die ich 1953 machen musste, als ich einige Monate für ein Institut für Internationale Beziehungen arbeitete. Als wir – Franzosen, Niederländer und Deutsche – einmal in einem Hotel in Amsterdam Essen gehen wollten und der Ober einen Teil unserer Gruppe deutsch sprechen hörte, nahm er die Bestellungen nicht an. Wütend erklärte er: »Deutsche bediene ich nicht« und machte auf dem Absatz kehrt. Wir alle wechselten daraufhin das Restaurant.

Gut ein Jahrzehnt später war von derlei Hass und Ablehnung nichts zu spüren, und in der Kommission arbeiteten die Beamten – Holländer, Belgier, Franzosen, Italiener, Luxemburger und Deutsche – harmonisch zusammen. Sie fühlten sich als *europäische* Beamte und vertraten *europäische* Interessen. Das stimmte für die Mitglieder der EWG-Kommission, den ihnen unterstellten bürokratischen Apparat und die Durchsetzung einmal gefasster Beschlüsse. Das hieß aber nicht, dass es nicht nationale Prägungen und nationale Positionen gab, die spätestens im Ministerrat aufeinanderprallten, dem die letzte Entscheidung stets vorbehalten blieb und der dann Kompromisse finden musste. Dabei zeigte sich, dass es untergründig einen klassischen Gegensatz wirtschaftspolitischer Überzeugungen zwischen Deutschen und Franzosen gab – den zwischen Marktwirtschaft und Planifikation, auch den zwischen einer mehr freihändlerischen und einer eher protektionistischen Politik, der etwa über den Umfang der jeweiligen Budgets und die Höhe von Zöllen ausgetragen wurde. Spürbar ist dieser Gegensatz im deutsch-französischen Verhältnis gelegentlich noch heute, und damals wurde er deutlich meist nach Tagungen des Ministerrats. Denn da traten die Teilnehmer nach beendeter Sitzung vor die Presse, berichteten über Verlauf und Ergebnisse, und dies geschah in aller Regel stets im nationalen Rahmen: Minister oder Sprecher der deutschen Delegation berichteten dann vor den versammelten deutschen Korrespondenten, die der französischen Delegation vor den französischen. »Europäisch« waren diese Briefings wahrlich nicht.

Vor allem zwei Kommissare beeindruckten mich damals, und sie standen für jenen deutsch-französischen Gegensatz, den man heute gern einen Clash of Philosophy nennt: der französische Kommissar für Wirtschaft und Finanzen, Robert Marjolin, und der deutsche Wettbewerbskommissar Hans von der Groeben. Marjolin, ein Sozialist, hatte sich aus kleinsten Anfängen hochgearbeitet, in Yale studiert, gehörte im Londoner Exil zum Beraterstab de Gaulles und brachte es nach dem Krieg in Paris zum Staatssekretär beim Beauftragten für den französischen Wiederaufbau. Er bewunderte den New Deal Franklin D. Roosevelts und war ein überzeugter Anhänger der Planifikation, einer wirtschaftspolitischen Gesamtplanung, innerhalb derer der Staat auf Investitionen der großen Konzerne Einfluss nehmen, ja, sie sogar lenken könne. Hans von der Groeben, der aus Ludwig Erhards Wirtschaftsministerium nach Brüssel gekommen war, trat für Marktwirtschaft und einen industriellen Wettbewerb innerhalb offener EWG-Grenzen ein – und zwar für einen, der fair sein sollte, für einen jedoch, der staatliche Subventionierung und Dirigismus weitgehend ausschloss. Zu seinen großen Verdiensten zählt die Vereinheitlichung des europäischen Kartellrechts.

Beide, Marjolin wie von der Groeben, wussten die Gegensätze im vereinten Interesse zu überspielen, denn beide waren engagierte Europäer. Der zum Kommissar bestellte Ministerialbeamte von der Groeben zumal, zu dessen Kabinettschef Ernst Albrecht (dem späteren Ministerpräsidenten Niedersachsens) ich damals guten Kontakt hielt. Als Leiter der Arbeitsgruppe »Gemeinsamer Markt« hatte von der Groeben die wichtigsten Grundzüge der EWG mit entworfen. Mit Erhard verband ihn die Marktwirtschaft, aber was die Europapolitik anging, stimmte er keineswegs mit seinem einstigen Minister überein. Dem war das EWG-Konzept der Sechs ein Graus, er bezeichnete es herabsetzend gern als »kleineuropäische Inzucht« und befürchtete, die Brüsseler Bürokratie werde zu viele Zugeständnisse an den Merkantilismus der Franzosen machen. Vor allem dem Konzept der gemeinsamen Zollunion, die mit der Geburt der EWG einherging, stand Erhard mit äußerstem Misstrauen gegenüber. Stattdessen trat er, schon im Interesse der deutschen Industrie, die seiner Meinung nach Zugang zu offenen Absatzmärkten brauche, für eine möglichst große, umfassende Freihandelszone ein. Es gab einen natürlichen Gegensatz zwischen Deutschen und Franzosen: Die Deutschen wollten freien Industrieabsatz, die Franzosen Schutz und Subventionierung ihrer Landwirtschaft. Letztlich setzte sich Adenauer gegen Erhard durch, der seine Politik der Westintegration durch die Widerborstigkeit seines Wirtschaftsministers gefährdet sah. So benannte der Kanzler zwei Deutsche für die neue Kommission, die überzeugt waren, dass der Weg zu einem geeinteren Europa nur über die neu zu gründende EWG und nur zusammen mit Frankreich führen könne: Walter Hallstein als Präsidenten und Hans von der Groeben als Kommissar, den ein Ludwig Erhard nach Brüssel nie entsendet hätte.

Anfang und Mitte der Sechzigerjahre war jene Bürokratie der Sechs sehr viel überschaubarer als die der heute Siebenundzwanzig. Die Trutzburg der Europäischen Kommission, das riesige Berlaymont-Gebäude, war erst in Bau, und die Beziehungen zwischen den akkreditierten Journalisten und den europäischen Beamten waren, wenn nicht enger, dann doch informeller. So war ich einmal bei Marjolin zu einem familiären Abendessen geladen; und Hallstein bat mich mittags einmal sogar in die vornehme Brasserie de la Villa Lorraine. Der Kommissionspräsident gab sich zwar betont freundlich, aber den belehrenden deutschen Professor in sich konnte er nie verleugnen. So vergesse ich die Privatlektion nicht, die er mir damals gegeben hat, um Ludwig Erhards Einwände und Befürchtungen zu widerlegen: In der Zeit nach dem Ersten Weltkrieg, so Hallstein, habe die deutsche Industrie mühsam weit entlegene Absatzmärkte, etwa in Südamerika, suchen müssen – heute stünde ihr mit der EWG ein offener Markt vor der Tür zur Verfügung, der nicht länger durch lokale Konflikte in entlegenen Weltgegenden gefährdet werden könne. Ein Blick in die Handelsstatistik belegt, dass er so weit damals nicht danebenlag: Zwar zählt die deutsche Wirtschaft zu den Gewinnern der Globalisierung, China ist ein wichtiger Abnehmer. Aber ob und wie lange das so bleiben wird, hängt von der innerchinesischen Entwicklung und letztlich den Beschlüssen und Launen der chinesischen Kommunistischen Partei ab. Und wie Recht Hallstein hatte, zeigt sich auch beim Rückschlag der Globalisierung durch die Corona-Pandemie. Furcht der deutschen Industrie um das Wegbrechen der südeuropäischen Märkte führte schließlich dazu, dass Berlin nicht, wie bisher, die gemeinsame Verschuldung der EU-Staaten prinzipiell ablehnte, sondern einem Corona-Folgen-Fonds zustimmte, der den Südländern neben Krediten auch erhebliche, nicht rückzahlbare Soforthilfen anbietet.

Das damals alles überschattende und große politische Drama in Brüssel aber spielte sich zwischen Charles de Gaulle und Walter Hallstein ab: Und dabei ging es um die Form des künftigen Europa. In dem französischen Staatschef war dem EWG-Präsidenten ein weit gefährlicherer Gegner als Ludwig Erhard erwachsen, auch wenn der EWG-Skeptiker im Herbst 1963 Adenauers Nachfolger als Kanzler wurde. Zwischen Brüssel und Paris tobte der »große Orlog der Konzepte«, wie der niederländische Agrarkommissar Sicco Mansholt diese Auseinandersetzung einmal nannte: Sollte es ein integrierter europäischer Bundesstaat werden, wie Hallstein ihn anstrebte, oder nur ein Bund voll souverän bleibender Staaten mit einer vereinten Verteidigungs- und Außenpolitik, wie de Gaulle es wünschte? Da es um eine entscheidende Weichenstellung ging, wurde der Streit von de Gaulle mit all der Härte und Rücksichtslosigkeit ausgetragen, mit der er sich in prinzipiellen Fragen gemeinhin durchzusetzen suchte.

Im Januar 1963 hatte der französische Staatschef jene berühmte Pressekonferenz gegeben, die einem Paukenschlag gleichkam: Er legte sein Veto gegen den Beitritt Großbritanniens ein, weil es mit seiner maritimen, insularen Tradition und seinen Handelsverbindungen in fernste Weltgegenden nicht in das Europa der Sechs passe, die wirtschaftlich von gleicher Art seien und deshalb miteinander keine Probleme hätten. Vor allem Erhard und der damalige Außenminister Gerhard Schröder, die sich von einem britischen Beitritt ein Gegengewicht gegen das zum Protektionismus neigende Frankreich erhofft hatten, reagierten entsetzt. Aber de Gaulle sah in den Briten ein trojanisches Pferd der USA, und so wollte er sie draußen halten, damit das Europaprojekt nicht transatlantisch umgeformt und später von Amerika dominiert werde. Mit seinen Fouchetplänen hatte er zuvor eine Europäische Politische Union (EPU) offeriert, die eine enge Zusammenarbeit der sechs EWG-Mitgliedstaaten auf politischem, kulturellem und verteidigungspolitischem Gebiet vorsah und Westeuropa mehr Eigenständigkeit, mehr Unabhängigkeit und größeres politisches Gewicht auf der Weltbühne verschaffen sollte. Sein Entwurf sah als letzte politische Instanz einen Rat der Staatschefs vor, der Entscheidungen nur einstimmig hätte fällen können und dem die inzwischen vorhandenen EWG-Institutionen, die Kommission eingeschlossen, unterzuordnen wären. Die Bedeutung des Gemeinsamen Markts wäre in einer EPU à la de Gaulle also auf die einer Zollunion und einer innereuropäischen Freihandelszone geschrumpft. Im Grunde wollte der General ein Europa als unabhängige Kraft, schon weil er dem atomaren Schutzschirm der Amerikaner in Zeiten der gegenseitigen Abschreckung misstraute. Würden die Amerikaner bereit sein, ihre großen Städte zu opfern? Gegenseitige Abschreckung beinhaltete ja massive Vergeltung, und so zweifelte er an der Entschlossenheit der USA, im Falle eines europäischen Konflikts zu jenem letzten Mittel zu greifen.

Eine Annahme von de Gaulles Plänen für einen europäischen Staatenbund wäre der totalen Aufgabe jedes supranationalen Integrationsprinzips gleichgekommen. Hallstein arbeitete an Plänen, die EWG-Kommission mit eigenen Einnahmen, etwa der Zölle, finanziell von den Nationalstaaten unabhängiger zu machen, wollte so die Kommission stärken und drängte auf Mehrheitsentscheidungen in den Ministerräten. Aber Supranationalität wie Mehrheitsentscheidungen waren de Gaulles Feindbild schlechthin, er witterte das Entstehen eines Superstaats, in dem die Staaten und Nationen ihre Identität verlieren würden. Die EWG-Kommission verglich er mit einem technokratischen, staatenlosen Areopag, der niemandem gegenüber verantwortlich sei. Ihre Kommissare und Beamten bezeichnete er verächtlich als »technokratische Apatriden« (zu deutsch wohl: Vaterlandslosen). Unter den Sechs fanden seine Vorstellungen von einem Europa der Staaten (oder der Vaterländer, wie gelegentlich genannt) keine Mehrheit. Vor allem die Beneluxländer standen an vorderster Front des Widerstands, weil sie die Dominanz einer deutsch-französischen Achse befürchteten.

In der Bundesrepublik allerdings führte der Orlog, also der Krieg der Konzepte, zur Bildung zweier widerstreitender Fraktionen innerhalb der

CDU. Auf der einen Seite die Atlantiker, allen voran Erhard, Schröder und Verteidigungsminister Kai-Uwe von Hassel, die ein enges Verhältnis zu den USA als Hauptverbündeten für unverzichtbar hielten. Freundschaft mit Frankreich – ja, Ausbau der EWG ebenfalls. Aber bitte nur, wenn Großbritannien mit von der Partie ist. Auf der anderen Seite die Gaullisten, die Gefallen an einem »europäischen Europa« fanden. Aber auch sie wollten mit den USA nicht brechen, doch sie befürchteten die Gefährdung deutscher Interessen durch Amerikas Entspannungspolitik und sahen in einem engen Bund mit Frankreich eine Möglichkeit, diese Interessen besser zu behaupten. Die Atlantiker hatten ihre Basis im protestantischen Norden, die der Gaullisten – neben Adenauer vor allem Franz Josef Strauß, der CSU-Politiker Karl Theodor Freiherr von und zu Guttenberg und Paul Wilhelm Wenger vom *Rheinischen Merkur* – lag eher im katholisch geprägten Süden und Westen der Republik. Einige dieser Gaullisten träumten, wenn auch vergebens, sogar von der Teilhabe an der Force de Frappe, an Frankreichs Nuklearstreitmacht.

Blicke ich auf diesen Richtungsstreit zurück, wünschte ich mir heute, was damals unmöglich schien – eine Mischung beider Konzepte: die Beibehaltung des inzwischen doch viel Erreichten, also des wirtschaftlich integrierten Gemeinsamen Markts samt der Schengenzone, aber doch seine Ergänzung durch eine politische Union der Staaten, die sich auf eine Außen- und Verteidigungspolitik verbindlich einigen kann. Denn so sehr ich die Politikwissenschaftlerin Ulrike Guérot achte und schätze – ihre Träume von einer europäischen Republik, in der die Nationalstaaten aufgehen, um dann ganz zu verschwinden, sind Utopie und dürften dies noch sehr lange bleiben. National- und Wohlfahrtsstaat sind immer noch eins, deutsche Rentner erwarten ihre Bezüge nicht von Jean-Claude Juncker oder Ursula von der Leyen, sie erwarten sie von den deutschen Verantwortlichen für die Rentenkasse, in die sie in Deutschland eingezahlt haben. Und es scheint, der alte Gegensatz der europäischen Hallstein-Zeit flammt wieder auf: Polen

und Ungarn beugen sich nicht Brüsseler Migrations-»Diktaten«, und
Matteo Salvini, der Law-and-Order-Mann der Lega Nord, will innerhalb der EU die besondere italienische Tradition und Identität lebendig halten. Müssen wir, wenn dieses Europa nicht auseinanderbrechen,
sondern sich weiterentwickeln soll, nicht nationalen Traditionen und
Besonderheiten etwas mehr Spielraum geben, ohne das wirtschaftlich
Erreichte an Integration aufzugeben? Könnte so der Marsch der Populisten von rechts wie links gegen Brüssel gestoppt, könnte so Europa
politisch nach außen handlungsfähig werden? Mit einem Viktor Orbán
oder Jarosław Kaczyński jedenfalls wäre das Europa einer politischen
Verteidigungsunion sehr wohl denkbar. Wie sagte doch Willy Brandt:
Nur in einem Europa, das seine Persönlichkeit – sprich: die richtige
Form – gefunden hat, »sind unsere nationalen Identitäten zu sichern«.

Der Streit Hallstein/de Gaulle, die große Auseinandersetzung um
die Zukunft Europas bot jedenfalls genügend Stoff für interessante
Artikel und *Spiegel*-Storys – und doch habe ich nie so unter einem Nicht-
ins-Blatt-Kommen gelitten wie in diesen anderthalb Jahren in Brüssel.
Ging es um wirtschaftliche Auseinandersetzungen – seien es Milch-
preise oder Getreidezölle, die Höhe des Agraretats oder Subventionen
für die Bauern –, kamen die Wirtschaftskollegen des Bonner Büros
angereist und reklamierten die Berichterstattung für sich. Und alles,
was die Fehde mit de Gaulle anging, belegten die Außenpolitik-Kolle-
gen mit Beschlag. Und dazu gab es ein Büro in Paris, das sich ohnehin
zuständig hielt für alles, was der französische Staatschef unternahm.
So war es journalistischer Frust, der mich nach neuen Ufern schauen
ließ. Am 1. April 1965 heuerte ich beim NDR in Hamburg an.

Und doch waren die zwanzig Monate in der Stadt des EWG-Haupt-
quartiers für mich alles andere als eine verlorene Zeit. Brüssel war eine
extrem gute Schule für mich. Ich wurde mit komplizierten Problemen
des europäischen Zusammenwachsens vertraut, lernte die nationalen
Besonderheiten und Interessen der Partnerländer verstehen und erhielt

Weihnachten 1967: mit Tochter Kathrin (im Arm) und Sohn Stephan. Nach Jahren eher unsteten Bohemelebens mit verschiedenen Zeitabschnittsgefährtinnen beschloss ich 1965, eine bürgerliche Familie zu gründen.

Colette, eine blitzgescheite, attraktive Normannin mit Stephan, geboren 1964 in Brüssel, dem Sitz der Europäischen Wirtschaftsgemeinschaft, über die ich für den *Spiegel* zu berichteten hatte.

Anschauungsunterricht, wie viel Mühe es machte, die divergierenden nationalen Interessen unter einen Hut zu bringen. Und das Erfreulichste: Mir wurde im Mai 1964 in Brüssel der Sohn Stephan geboren – von Colette, einer blitzgescheiten, liebenswerten Normannin, mit der ich mich in Berlin zusammengetan hatte, die mir half, Frankreich verstehen und lieben zu lernen. Nach Jahren eher bohemienhaften, unsteten Daseins mit wechselnden Zeitabschnittsgefährtinnen hatte ich beschlossen, ein braver Bürger zu werden und mit Colette eine Familie mit Kindern zu gründen. Tochter Kathrin folgte dann in Hamburg, wo ich mich in dem mir bis dahin fremden Metier des Fernsehens versuchte.

VII

AUF DEM FEUERSTUHL

Ironischer konnte die Pointe kaum sein, mit der 1966 die Geschichte meiner reichlich kontroversen *Panorama*-Jahre begann. Als mich der Intendant des NDR mit der Leitung und Moderation des Fernsehmagazins beauftragte, demonstrierten etliche linke Intellektuelle, vor allem Mitarbeiter der Linkspostille *konkret*, gegen meine Berufung: Ein verloren wirkender Haufen vor dem NDR-Funkhaus an der Hamburger Rothenbaumchaussee, wie mein Vorgänger Joachim Fest später befand. Initiatoren waren die *konkret*-Autorin Ulrike Meinhof und der Lyriker und Pamphletist Peter Rühmkorf, auch fand sich unter den damals Protestierenden Stefan Aust, der in wenigen Jahren bald zu den wichtigsten und begabtesten Autoren meines *Panorama*-Teams gehören sollte. Jahre nach unserer gemeinsamen Zeit gründete er für Rudolf Augstein *Spiegel-TV* und leitete dann gut anderthalb Jahrzehnte als Chefredakteur den *Spiegel*. Allerdings dauerte es nicht lange und jene, die mich damals hatten verhindern wollen, erhoben Protest gegen die Forderung auf meine Abberufung, die christdemokratische Politiker im NDR-Verwaltungsrat bald jahrelang verlangten.

Kein Zweifel: Ich war auf einem Feuerstuhl gelandet. Und wer das vor mir übliche Kommen und Gehen von Moderatoren und Redaktionsleitern erinnert, mag es – wie ich im Nachhinein – recht erstaunlich finden, dass ich diesen Stuhl ganze acht Jahre behaupten konnte. Und schließlich freiwillig räumte. In den nur fünf Jahren seit seinem regelmäßigen Erscheinen im Ersten Programm der ARD hatte das

kontroverse Magazin vor mir sage und schreibe vier Moderatoren verschlissen – angefangen von seinem Gründer Gert von Paczensky, dessen Vertragsverlängerung die CDU-Verwaltungsräte 1962 verweigerten. Kein Wunder: Pacz, wie er im Sender nur hieß, war mit einer
ebenso trockenen wie programmatisch-unverblümten Anmoderation
bekannt geworden: »Und nun möchten wir uns noch ein wenig mit der
Bundesregierung anlegen.« Bei dem Beitrag, der folgte, handelte es
sich nur um die Überleitung zu einer kritischen Analyse des amtlichen
Jahresberichts 1962 der Bundesregierung, aber *Panorama* stand bald für
einen systematisch-kritischen Journalismus, wie es ihn in der Print-
presse seit Jahrhunderten gab, und den Pacz mit der Gründung des
Magazins (übrigens nach dem Vorbild der britischen BBC) im Fernsehen
durchsetzte und verankerte. Worauf er zu Recht stolz sein konnte. Bedeutende Institutionen und Entwicklungen wurden plötzlich kritisch unter
die Lupe oder aufs Korn genommen – eine beinahe sensationelle
Neuerung für ein bis dahin zahmes Fernsehprogramm, das sich jeder
innenpolitischen Kontroverse enthalten hatte. Urplötzlich sah sich eine
CDU-geführte Bundesregierung, die im neuen Medium Fernsehen bisher nur unwidersprochenes Gehör gewohnt war, herausgefordert.

An vorderster Stelle auf dem Sündenregister Paczenskys, das die
CDU angelegt hatte und zu seiner Abwahl führte, stand vor allem seine
erste *Panorama*-Sendung zur *Spiegel*-Affäre. Dabei war es nicht so sehr
seine Moderation, es war vielmehr ein Kommentar des als Gast geladenen und damals eher rechts angesiedelten Sebastian Haffner, der
den Zorn der CDU erregte, weil er über die Nacht-und-Nebel-Aktion
gegen die Hamburger *Spiegel*-Redaktion gehörig vom Leder zog: »Als
Journalist, der seine journalistische Praxis in England, einem freien
Land gelernt hat«, so Haffner in seinem Kommentar, »möchte ich
sagen: Wenn die deutsche Öffentlichkeit sich das gefallen lässt, wenn
sie nicht nachhaltig auf Aufklärung drängt, dann adieu Rechtsstaat,
adieu Demokratie.«

Zwei Jahre nach Pacz musste dann Rüdiger Proske gehen, der verantwortliche Moderator für eine Sendung, in der es um einen ominösen Abhörknopf ging, der in der Telefonzentrale des Bundestags angeblich vorhanden sein sollte. Nur: Der Knopf war seit Jahren ausgebaut, das Schildchen »Überwachung« indes, das anzeigte, wo er sich einmal befunden haben musste, war geblieben. Für den Autor der Story, den frisch zum Leiter der Redaktion ernannten Londoner Hörfunkkorrespondenten Karl-Heinz Wocker, und seinem Kamerateam war dies allerdings Beweis genug, dass hier offenbar abgehört würde. Der Sturm der Entrüstung, der danach losbrach, aber auch das Entstehen der missratenen Geschichte, werden nur verständlich, wenn man bedenkt, dass in ältlichen Telefonzentralen, in denen Gespräche handvermittelt und die Verbindungen gesteckt wurden, solche Überwachungsknöpfe einmal üblich waren, denn sie dienten den Telefondamen dazu festzustellen, ob noch gesprochen und die Verbindung noch gebraucht wurde. Dazu kam allerdings, dass damals führende Politiker, darunter keine Geringeren als Konrad Adenauer und Carlo Schmid, sich mehrfach über Knackgeräusche in ihren Leitungen beklagt und öffentlich den Verdacht geäußert hatten, da höre jemand mit. Verdächtigt wurden allerdings meist die Alliierten, für die kein in der Verfassung garantiertes Brief- und Fernmeldegeheimnis galt. Der Dreh in der Zentrale mit dem Schildchen »Überwachung« genügte Wocker auch deshalb, weil er die Information, im Bundestag werde abgehört, von einem vermeintlich absolut sicheren Gewährsmann, dem SPD-Sprecher Franz Barsig, erhalten hatte. Dessen offenes Bekenntnis zu seiner Rolle hätte die Empörung, wenn nicht verhindern, dann doch sicherlich dämpfen können. Doch dazu war der Genosse leider zu feige. Und so geriet die vermeintlich investigative und einen unerhörten Missstand aufdecken wollende Story zum perfekten Skandal. Der falsche *Panorama*-Bericht, so der Ältestenrat des Bundestags, in dem auch SPD-Abgeordnete saßen, habe die Integrität des Deutschen

Bundestags beschädigt. Proske wurde seiner Ämter enthoben und fertigte fortan Dokumentationen für den NDR, Wocker schickte man
zurück auf seinen alten Posten nach London.

Nach einem Jahr wechselnder, meist missglückter Moderationsver-
suche durch die verschiedensten Abteilungsleiter aus dem Haus ging
die NDR-Intendanz dann auf Nummer sicher. Und so moderierte in
den Jahren 1964 und 1965 ein Politikwissenschaftler von Rang und
Namen die Sendung: Eugen Kogon, langjähriger Buchenwaldhäft-
ling, Autor von *Der SS-Staat*, der in Darmstadt lehrte und zusammen
mit Walter Dirks die linkskatholischen *Frankfurter Hefte* herausgab.
Wegen Arbeitsüberlastung gab er die Moderation Ende 1965 ab. Auf
ihn folgte dann Joachim Fest, der allerdings seit dem Frühjahr 1966
mit der NDR-Intendanz über seinen Rückzug aus *Panorama* verhandelte, weil er sich ganz dem Schreiben seiner Hitler-Biografie widmen
wollte.

Als ich zum 1. Januar 1967 Leitung und Moderation übernahm,
hatte sich die politische Landschaft jedoch entscheidend verändert.
Sämtliche Vorgänger sahen sich einer die Politik in Bonn bestimmen-
den CDU gegenüber, die sich als die geborene, einzig legitime bundesdeutsche Staatspartei verstand. Unabhängig davon, dass es mit der
SPD im Bundestag eine starke Opposition gab, verstanden Paczensky,
Kogon und Fest ihre Rolle als die einer publizistischen Kontrollinstanz
gegenüber den CDU-Mächtigen. Als ich antrat, regierte seit vier
Wochen die Große Koalition unter Kurt Georg Kiesinger und Brandt,
die im Bundestag über eine erdrückende Mehrheit verfügte. Die Oppo-
sition war auf das nahezu ohnmächtige Häuflein von neunundvierzig
FDP-Abgeordneten geschrumpft. Und dieses Häuflein, das dem im
Herbst gestürzten Erhard, jenem Kanzler ohne Fortune, als Koali-
tionspartner Minister gestellt hatte, war zudem in sich zerstritten: Die
Konservativeren schielten weiter zur CDU, die Moderneren um Walter
Scheel fassten bereits ein späteres Bündnis mit der SPD ins Auge.

Als *Panorama*-Moderator auf dem Feuerstuhl. Das kritische Fernsehmagazin nahm seit seinem Mitgründer Gerd von Paczensky die Mächtigen unter die Lupe und hatte deshalb immer wieder Konflikte mit der CDU/CSU, die sich als die einzig legitime Staatspartei verstand. Nach einem kritischen Beitrag über Franz Josef Strauß, der von rebellischen Studenten behauptet hatte, sie benähmen sich wie Tiere, forderte die CDU meine Abberufung – eine Forderung, die, solange ich das Magazin moderierte, immer wieder erhoben wurde.

Nein, populär war diese Große Koalition wahrlich nicht: Wer ihr gut
wollte, sprach von einem historischen Kompromiss zwischen Antifaschisten und früheren Mitläufern, wer die Dinge realistischer anging,
sah einst sich als unversöhnlich gebende Gegner plötzlich einträch-
tig nebeneinandersitzend auf der Regierungsbank, und empfand dies –
nach Jahrzehnten heftigen Streits – reichlich verwirrend, wenn es ihn
nicht, nach herkömmlichen Maßstäben, geradezu abenteuerlich dünkte.
Saß da nicht ein ehemaliger NS-Parteigenosse seit 1933, also ein »März-
gefallener«, als Chef auf der Regierungsbank im Parlament? Und
neben ihm, als Vizekanzler, ein Emigrant und Antifaschist? Kehrte
nicht ein als Verteidigungsminister der Lüge überführter Franz Josef
Strauß plötzlich in der neuen Rolle als Finanzminister zurück? Und
musste dessen Politik nicht Conrad Ahlers als stellvertretender Pressechef verkaufen – ausgerechnet jener Ahlers, der als eines der Haupt-
opfer der *Spiegel*-Affäre auf eine telefonische Intervention von Strauß
an einem spanischen Urlaubsort verhaftet worden war? Und gab es zu
alledem nicht auch noch einen Gesamtdeutschen Minister namens
Herbert Wehner, einen ehemaligen Stalinisten, dessen demokratische
Zuverlässigkeit die CDU immer wieder angezweifelt hatte? Auf einmal
wurden da politische Ehen geschlossen, die zuvor als sittenwidrig
gegolten hätten.

In der SPD formierte sich wütender Widerstand an der Basis, in der
»Baracke«, dem Godesberger Parteihauptquartier, stapelten sich Protesttelegramme und -briefe, und eine eilig einberufene Funktionärs-
konferenz sprach sich am 26. November 1967 mehrheitlich gegen eine
Große Koalition aus. Doch die Bundestagsfraktion setzte sich mit
einer Zweidrittelmehrheit über ihr Votum hinweg. Dass auch in ihren
Reihen nicht wenige Gegner dieses seltsamen Harmonie-Bündnis-
ses saßen, zeigte sich spätestens bei der Wahl des »Märzgefallenen«
Kiesinger zum Kanzler: Obschon die neue Koalition im Bundestag
über 447 Stimmen verfügte, erhielt Kiesinger bei der Kanzlerwahl nur

340 Stimmen – bei dreiundzwanzig Enthaltungen wahrlich kein überzeugendes Ergebnis. Bei denen, die sich ihm verweigerten, hatte es
sich meist um Sozialdemokraten gehandelt. Nach anderthalb Jahrzehnten erbitterter Opposition konnten viele Genossen ein Bündnis
mit den Konservativen offenbar nur als einen Verrat an der sozialdemokratischen Tradition empfinden. Auch bei sympathisierenden Intellektuellen und der linksliberalen Presse war das Bündnis alles andere
als populär. Günter Grass sprach für viele, wenn er Brandt in einem
Brief dringend von dieser Koalition abriet, weil er mit dem Eintreten
in eine solche Regierung »zwanzig Jahre verfehlter Außenpolitik« bemän-
teln helfe. Und geradezu prophetisch warnte er vor der Reaktion der
Jugend: »Sie werde sich vom Staat und seiner Verfassung abkehren
und ... nach links und rechts verrennen«, sobald die »miese Ehe«
beschlossen sei.[43]

Ein Zusammengehen der beiden großen Parteien stärkte auch die
Kräfte an den Rändern des politischen Spektrums. Am rechten Rand
gewann die NPD, die 1966 bis 1968 in insgesamt sieben Landtage einziehen konnte, in die von Hessen, Bayern, Bremen, Rheinland-Pfalz,
Niedersachsen, Schleswig-Holstein und 1968 auch noch in den von
Baden-Württemberg (und dort mit immerhin mehr als neun Prozent
aller Stimmen). Und auf der Linken »verrannten« (Grass) sich die
rebellierenden Studenten gleich gegen den gesamten Parlamentarismus. Das mit der ersten Großen Koalition entstandene Oppositions-
defizit im Parlament wurde zum Geburtshelfer der APO, der Außerparlamentarischen Opposition. Deren Credo hatte Karl Dietrich Wolff,
einer der intellektuellen Führer der Studentenbewegung, so formuliert:
Wenn die Demokratie in den Parlamenten nicht mehr funktioniert,
dann muss die Demokratie auf die Straße gehen. Die antiautoritäre
Studentenbewegung machte jetzt nicht nur Front gegen verkrustete
Universitätsstrukturen, sie lieferte sich auch Straßenschlachten mit der
Polizei, organisierte Demonstrationen und Tribunale. Nicht nur gegen

den Vietnamkrieg, sondern auch gegen die Große Koalition und eines
ihrer wichtigen Vorhaben: gegen die Verabschiedung der Notstands-
gesetze.

Es dauerte nicht lange, und dieser linke Flügel mauserte sich von
einer *außer*parlamentarischen Opposition zu einer *anti*parlamentarischen
Opposition, die mit ihrer Verachtung von Parteien, Parlament und
repräsentativer Demokratie die ganze mit dem Grundgesetz entstandene westdeutsche demokratische Ordnung infrage stellte. Es war
diese Entwicklung der Jugendrevolte – nicht zu vergessen, die oft
unangemessene, überzogene, autoritäre Reaktion von Politikern und
staatlichen Institutionen gegen sie –, die uns bei *Panorama* in den kommenden Jahren immer wieder beschäftigen sollten.

So geriet die zweite Hälfte der Sechzigerjahre – eben die der Großen Koalition – zu Jahren des Umbruchs, in denen tastend und ver-
suchsweise vorweggenommen wurde, was sich mit dem Machtwechsel
im Herbst 1969 dann real vollziehen würde. Willy Brandt hat damals
lange gezögert, an der Großen Koalition mitzuwirken, zumal sein
engster Mitarbeiter Egon Bahr in einem Vermerk notierte, sie schme-
cke »in der heutigen Lage etwas nach widernatürlicher Unzucht«. Brandts
Lieblingsidee nach Erhards Rücktritt, eine Koalition mit der FDP,
musste allerdings an der geringen Zahl der Mandate, über die sie verfügt hätte, scheitern. Zwei oder drei Stimmen »über den Durst« – das
hätte einfach nicht gereicht. Doch lange hielt er innerlich Abstand zu
dieser von ihm nicht erwünschten Ehe, in der er zu Recht ein Werk –
aber auch einen Triumph – Herbert Wehners sah. Am liebsten wäre er
gar nicht ins Kabinett gegangen, erklärte sich dann aber bereit, als
Vizekanzler wenigstens ein zweitrangiges Ministerium, etwa das für For-
schung oder Gesundheit, zu übernehmen. Die fadenscheinige Begründung: Als Parteichef müsse ihm genügend Zeit für die Führung der
SPD verbleiben. Erst als Genossen der eigenen Fraktion, allen voran
Helmut Schmidt, darauf bestanden, dass ihr »Vorturner« mit dem

Posten des Vizekanzlers auch das wichtigste Ministerium, das für Äußeres, zu übernehmen habe, willigte er ein.

Im Rückblick sieht dann alles völlig anders aus: Brandt nutzte die Plattform geschickt, um der Bevölkerung zu beweisen, dass Sozialdemokraten in Bonn regieren können, um schließlich drei Jahre später ganz nach der Macht zu greifen. Und Bahr, der doch einst von »widernatürlicher Unzucht« geschrieben hatte, stellt in *Zu meiner Zeit* fest: »Die Große Koalition war unentbehrlich, um die Annäherung an die wirkliche politische Macht zu proben, den Umgang mit großen Apparaten zu lernen ...«[44] Und vor allem: »Ohne die drei Jahre der Großen Koalition wäre der Grundriss für die Ostpolitik nicht entworfen worden; er erlaubte den unmittelbaren Start zur Umsetzung aus dem Kanzleramt, scheinbar aus dem Stand.« Klüger ist, wer aus dem Rathaus kommt.

Für meine Einstiegssendung jedenfalls war diese gerade einmal vier Wochen alte Große Koalition ein unverzichtbares Thema, und so beschloss ich, jenen Mann dazu im Interview zu befragen, der seit seiner 1946 veröffentlichten Schrift über *Die Schuldfrage* vielen Deutschen als eine Art Gewissen der Nation galt: Karl Jaspers. Von den Nazis einst in Heidelberg kaltgestellt, hatte er sich nach dem Krieg immer wieder zu wichtigen aktuellen Fragen zu Wort gemeldet, so 1957 mit dem Buch *Die Atombombe und die Zukunft des Menschen*. Und 1960 prangerte er in seiner Schrift *Freiheit und Wiedervereinigung* die Halbheiten, Illusionen und die Irrealität offizieller Bonner politischer Zielsetzungen an. Er löste einen Sturm der Empörung aus, weil er empfahl, auf das offizielle Ziel der Bonner Politik, eine Wiedervereinigung innerhalb der Grenzen von 1937 zu verzichten, denn es sei ohnehin unerreichbar, weil keiner der Alliierten bereit sei, dieses Ziel zu unterstützen. Stattdessen entwarf er ein Konzept für Freiheit ohne Einheit. Wichtiger als die Einheit sei es, den Ostdeutschen zur Freiheit zu verhelfen. Deshalb solle man auf die Wiedervereinigung verzichten und stattdessen eine Art österreichisches Modell für die Sowjetzone anstreben – also einen neutralen Staat mit voller Freiheit nach innen. Sein Konzept beinhaltete die Anerkennung eines zweiten deutschen Staates, und skeptisch sah er voraus, dass den Sowjets eine Österreich-Lösung, wenn überhaupt, dann nur um den Preis der Anerkennung der Oder-Neiße-Linie abzuhandeln wäre. Aber er, der Lügen »das Gift der Staaten« nannte, hielt dies ohnehin für unumgänglich: Die Deutschen, so der Philosoph, müssten sich endlich der Wahrheit stellen und den Verlust der Ostgebiete als unwiderrufliches Ergebnis des von ihnen angezettelten Krieges akzeptieren. Werde sein Konzept Wirklichkeit, so Jaspers, würden unsere Landsleute im Osten mit uns und wir mit ihnen »wieder in so ungehinderter Kommunikation stehen, dass die Grenze kaum noch fühlbar wäre«. Mit seinem Verzicht auf Wiedervereinigung ging der auf deutsche Selbstbestimmung und einen Nationalstaat einher. Aber im klassischen Nationalstaat, und vor allem dem von Bismarck 1871 geschaffenen deutschen, sah er nur ein überholtes Gebilde. Von Jugend auf antipreußisch eingestellt, hasste er Bismarck und nannte den Nationalstaatsgedanken als das heutige »Unheil der Welt«. Aber wenn er der deutschen Einheit eine Absage erteilte, hielt er eine andere doch für unerlässlich – die mit den westlichen Bündnispartnern zur Aufrechterhaltung der Freiheit des »Abendlandes«. Diesen polemisch gegen den totalitären Osten gerichteten, damals gern und häufig vor allem von Konservativen gebrauchten Begriff scheute auch ein Jaspers nicht. Gegen die *deutsche* Einheit setzte er eine andere, die er als lebenswichtig für die Aufrechterhaltung der Freiheit bezeichnete: »Die konföderative Einheit Europas und Europas mit Amerika. Ob in dieser großen, für die Selbstbehauptung aller freien Staaten unerlässlichen Einheit ein oder mehrere deutsche Staaten konföderative Glieder sind, ist für das gemeinsame Schicksal unerheblich.«[45] Es waren dies Überzeugungen, die ihm bei östlichen Propagandisten den Ruf eines »NATO-Philosophen« einbringen sollten.

Natürlich wertete die Rechte die Jaspers'schen Österreich-Ideen als
»nationalen Verrat«. Doch die Aufgebrachtheit der konservativ orientierten Öffentlichkeit wäre wohl gedämpfter ausgefallen, hätte sie eine
Anfrage gekannt, die Konrad Adenauer 1958 an Moskau richtete.
Dabei handelte es sich um genau die Frage, die Jaspers in *Freiheit und
Wiedervereinigung* aufgeworfen hatte. Adenauer wollte wissen: Könnte
ein neutraler Status der DDR nach dem Vorbild Österreichs bei Freiheit nach Innen nicht ein Kompromiss oder wenigstens eine mittel-
fristige Übergangslösung für das Deutschlandproblem sein? Genau
diese Frage ließ der Kanzler bei den Herren im Kreml ventilieren –
allerdings ohne Ergebnis. So blieb sein Vorstoß geheim und wurde erst
durch Adenauer selbst, neun Jahre nach Japsers' Schrift, bekannt
gemacht. Doch die theoretische Möglichkeit von »Freiheit in der DDR
ohne Einheit«, so Adenauer-Biograf Hans-Peter Schwarz, »ist seit
1960 (durch Jaspers) im Gespräch und wird bis zum Jahr 1990 durch
die Tagträume der Deutschen geistern«.[46] Selbst Franz Josef Strauß
gab in seinem Buch *Entwurf für Europa* 1966 die Vorstellung auf, es
könne je zur Wiederherstellung eines deutschen Nationalstaats kommen – nicht einmal einen innerhalb der Grenzen der vier Besatzungszonen hielt er noch für möglich. Wie de Gaulle sah er eine Lösung der
deutschen Frage nur in ihrer Europäisierung.

Für meine Auftaktsendung also wollte ich wissen, wie der große
Tabubrecher über die vier Wochen alte Große Koalition dachte. Und
so machte ich mich Ende Dezember für ein Interview mit einem Team
auf den Weg nach Basel, wo er seit 1948 lehrte. Zum Vorgespräch
empfing er mich auf einem Sofa liegend, denn er musste sich schonen.
Seit seiner Jugend litt er an einer unheilbaren, angeborenen Bronchi-
ektasie, die ihn für Infektionen besonders anfällig machte und zu einer
rigoros disziplinierten Lebensführung zwang. Dazu kam eine sekun-
däre Herzinsuffizienz, die ihn beim Laufen und vor allem Treppenstei-
gen erheblich behinderte. In seiner Heidelberger Zeit hatte seine Frau

Gertrud bei seinen Vorlesungen meist in der ersten Reihe des Auditoriums gesessen, damit sie ihm bei einem Schwächeanfall rechtzeitig Erste Hilfe leisten könnte. Seine Ehe mit ihr, die einer jüdischen Kaufmannsfamilie entstammte, hatte dazu geführt, dass die Nationalsozialisten den damals Vierundfünfzigjährigen zwangspensionierten und mit einem Publikationsverbot belegten.

Von physischer Schwäche war in dem am nächsten Tag geführten Interview allerdings nichts zu spüren. Aufrecht, ja kerzengerade saß er mit seinen inzwischen vierundachtzig Jahren in seinem Lehnstuhl, die Antworten kamen apodiktisch, ja herrisch, fast so, als ob das, was er sagte, die absolute Wahrheit sei und in Stein gemeißelt wäre. Die Wahl eines ehemaligen Nationalsozialisten »an die Spitze« bezeichnete er als »Novum«, er empfand sie als »Affront für das Ausland und Beleidigung für eine Minderheit – sagen wir einer Million Deutscher vielleicht –, die den Nationalsozialismus immer gehasst haben und immer noch hassen«. Die Große Koalition mache ihn besorgt, weil sich da Kräfte zusammentaten, die alle möglichen Meinungen in einen Topf würfen, »und das Bild, das sie von sich geben, Verwirrung zeigt«. Die parlamentarische Opposton hielt er für nichtig, weil die FDP immer umgefallen sei, inhaltlich nichts vertrete und durch ihr bloßes Taktieren jedes Vertrauen verloren habe. In der NPD schließlich sah er keine große Gefahr, nur die Redensarten übernehme sie von der NSDAP, verfüge aber weder über eine »Privatarmee« oder Parteimiliz noch über die Energien von Führergestalten. Die Erfolge der NPD spiegelten für ihn nur die »Leerheit, Unglaubwürdigkeit und Ziellosigkeit unserer großen Parteien wider«. Die eigentliche Gefahr sah er darin, dass sich der »alte Nationalismus«, mit dem sich die NPD an die Emotionen wende, nach und nach auch anderer Parteien bemächtige, weil sie meinten, sie könnten die NPD besser bekämpfen, wenn sie selbst mehr nach rechts rückten. So erklärte Jaspers die Erfolge der NPD auch damit, dass sie sich an das »Herz«, an »Emotionen« gewendet habe – an

den »alten Nationalismus«, der, so schlecht er auch sei, doch etwas
biete, woran die Menschen glauben könnten.

Emotionen, Glaube und Glaubwürdigkeit waren für Jaspers zentral.
Und so setzte er in diesem von schwärzestem Pessimismus geprägten
Interview auch seine Hoffnungen nur noch auf die Opposition innerhalb der SPD, weil sie nicht nach Opportunitätsgesichtspunkten handelte. Es seien selbstbewusste Sozialdemokraten, die meinten: »Wir
können uns doch nicht selbst umbringen – wir haben doch ein Ziel«,
und weil sie an diesem festhalten wollten, nannte er ihre Opposition
die einzig glaubwürdige Kraft, die er zur Zeit in der deutschen Politik
entdecken könne.

Natürlich sendeten wir das Interview, und natürlich kam in unserem
Magazin dann öfter auch die vom Philosophen eingesegnete SPD-
Opposition zu Wort. Aber Jaspers' moralische Hinrichtung der sozialdemokratischen Großkoalitionäre konnte ich nicht nachvollziehen.
In den Berliner Jahren hatte ich ja mit dem Mauerbau das Scheitern der
bisherigen Deutschlandpolitik erlebt und hoffte nun, ein Außenminister Brandt, selbst wenn er allein den Kurs nicht völlig ändern konnte,
wäre in der Lage, wichtige Akzente anders zu setzen. Die erste Regie-
rungserklärung deutete auch in diese Richtung. Hieß es da nicht, man
wolle Gräben nicht vertiefen, sondern überwinden, die menschlichen,
wirtschaftlichen und geistigen Beziehungen mit unseren Landsleuten
im anderen Teil mit allen Kräften fördern und dafür auch Kontakte
»zwischen Behörden der Bundesrepublik Deutschland und solchen im
anderen Teil Deutschlands« aufnehmen? Das klang eher nach Brandt
als nach Kiesinger. Und zu Absagen an Alleinvertretungsanspruch
und Hallstein-Doktrin, die die völkerrechtliche Anerkennung der DDR
verhinderte, kam es immerhin schon im Januar 1967, als diplomatische
Beziehungen zu Rumänien aufgenommen wurden und ein Jahr später
zu Jugoslawien, wo es nun neben einem Botschafter der DDR auch
einen solchen der Bundesrepublik in Belgrad gab.

Jedoch zeigte sich bald, wie sehr die Politik gegenüber dem Osten am Widerstand des konservativen Flügels innerhalb der CDU litt und folglich in Halbheiten stecken blieb: Zwar erklärte sich Kanzler Kiesinger zu einem Treffen mit dem ostdeutschen Gegenpart Willi Stoph bereit, und dennoch brachte er es nicht über sich, diesen wenigstens im Anschreiben korrekt zu benennen. Krampfhaft vermied er die drei Buchstaben »DDR« im Titel von Stoph, der als Vorsitzender des Ministerrats der DDR amtierte. Der andere Teil Deutschlands war für den so wortgewandten Kanzler »Silberzunge« eben noch immer kein Staat, er benannte ihn lieber als ein »Gebilde« oder ein »Phänomen« – Formulierungen, welche die rebellischen Studenten zu Lachkrämpfen reizten.

Dass die Gegner der Großen Koalition, vor allem die Wortführer der APO zusammen mit der IG Metall dann nahezu hysterisch Front gegen die Verabschiedung von Notstandsgesetzen machten, denen die SPD in der Koalition – so Helmut Schmidt – »die Zähne gezogen hatte«, habe ich später so wenig verstehen können wie die herrisch-absolute Verurteilung der Großen Koalition durch Jaspers. Schließlich wurden durch diese Gesetze Vorgriffsrechte der Alliierten aus Besatzungszeiten abgelöst. Meinten die Gegner etwa, ein US-amerikanischer General aus dem Mittleren Westen werde mehr Verständnis für die hiesige Bevölkerung zeigen als eine deutsche Regierung, falls es zu bedrohlichen Verwicklungen käme?

Wenn es denn einen Grundtenor gegeben hat, der unsere Sendungen bestimmte, dann war er aufklärerisch-antiautoritär, gegen die Reste obrigkeitsstaatlichen Denkens gerichtet, das sich damals nicht nur bei Behörden, sondern auch noch in den Köpfen vieler Deutscher fand. Und falls wir gepredigt haben sollten, dann vor allem für mehr Zivilcourage. Einer verdutzt dreinblickenden Generation gutbürgerlicher Väter versuchten wir zu erklären, warum ihre Söhne und Töchter plötzlich auf die Straße gingen. So brachten wir Porträts und Statements von rebellischen Prominenten-Sprösslingen, darunter Peter Brandt,

Gisela Erler oder Knut Nevermann, der Sohn des langjährigen Ersten
Bürgermeisters von Hamburg (SPD). Sie wurden dem Vizekanzler
Willy Brandt vorgeführt, der dann zwar eine Eier- und Farbbeutelattacke gegen das Berliner Amerika-Haus, an der sein Ältester beteiligt war,
scharf verurteilte, im Großen und Ganzen aber – die eigene radikale
Jugendzeit im Blick – eher Verständnis und Milde walten ließ. Wir
untersuchten in einem Porträt von Gudrun Ensslin, was eine Tochter aus einem streng protestantischen schwäbischen Pfarrhaus, deren
Vater Mitglied der Bekennenden Kirche war, eigentlich dazu brachte,
kriminell zu werden und zusammen mit Gesinnungsgenossen Brände
in zwei Frankfurter Kaufhäusern zu legen.

   Das *Panorama* des liberal-konservativen Joachim Fest hatte eher
einem gehobenen politischen Feuilleton geglichen, wie es der Moderator später als Mitherausgeber der *Frankfurter Allgemeinen Zeitung* pflegen
würde. Wir allerdings mussten ungleich aktueller auf sich häufende
Krisen reagieren, was wir oft durch Liveschaltungen versuchten. Krisen gab es in der zweiten Hälfte der Sechzigerjahren und ersten der
Siebziger ja wahrlich genug: 1967 den Tod des Studenten Benno Ohnesorg, den Militärputsch der Junta in Griechenland und den Sechstagekrieg in Nahost, 1968 die »Osterunruhen« nach dem Attentat auf Rudi
Dutschke, die Pariser Mai-Unruhen und die Flucht de Gaulles nach
Baden-Baden, das erneute Scheitern des britischen EWG-Beitritts am
Veto aus Paris, den »Prager Frühling« und seine brutale Unterdrückung
durch den sowjetischen Einmarsch und, nicht zu vergessen, die »Dollarkrise«, in der es um die Zukunft des Weltwährungssystems ging und
um die Folgen jenes Federstrichs, mit dem US-Präsident Richard Nixon
1972 die Golddeckung des Dollars beseitigte.

   Als sich die französischen Arbeiter in Paris 1968 mit den rebellischen
Studenten verbündeten, Betriebe besetzten und Barrikaden errichteten, als in Frankreich alles streikte, auch Rundfunk und Fernsehen, und
das Schicksal der Fünften Französischen Republik auf der Kippe zu

stehen schien, eilte Peter Scholl-Latour, einer der besten Frankreich-
kenner, an die Grenze nach Aachen, um uns live zu berichten. Als die
tschechischen Reformkommunisten im Frühjahr 1968 Kommunismus
und Demokratie versöhnen und einen Sozialismus mit menschlichem
Antlitz schaffen wollten, reisten zwei unserer Teams in den tschechischen Teil des Landes: Ihre Reportagen zeigten eine Nation im Aufbruch, erzählten von der Begeisterung der tschechischen Bevölkerung,
und selbstverständlich fehlten Interviews mit führenden Reformkommunisten nicht. Beim bitteren Ende dieses »Frühlings« sendeten wir
die ersten Szenen vom Einmarsch der Sowjets – allerdings endete
damit auch die Möglichkeit, dort mit eigenen Teams zu drehen.

Die aktuelle Lage in Deutschland aber zwang uns, ein Thema zu
behandeln, das bislang in *Panorama* so gut wie keine Rolle gespielt hatte:
Wirtschaftspolitik. Ausgerechnet unter dem Kanzler Erhard sollte die
Bundesrepublik ihre erste Rezession erleben, und der »Vater des Wirt-
schaftswunders« erwies sich als unfähig oder unwillig, etwas dagegen
zu unternehmen. Im Sommer 1966 brach die Konjunktur ein, das
Wachstum blieb aus, und die Inflation kletterte knapp über die Drei-
Prozent-Marke. Es kam zu Kurzarbeit und Lohnkürzungen. Im Ruhr-
gebiet, das seit Jahren mit einer Strukturkrise zu kämpfen hatte, weil
Steinkohle auf Dauer im Kampf mit dem billigeren Öl sich nicht
behaupten konnte, verdoppelte sich der Rezessionseffekt: Über den
Zechen wehten schwarze Fahnen, Kumpel organisierten Mahnwachen,
Protestdemonstrationen und Straßenboykotte. Die Halden unverkäuf-
licher Steinkohle wuchsen, die Zechenstilllegungen häuften sich. Nach
anderthalb Jahrzehnten stetig wachsenden Wohlstands wurden die
Westdeutschen erstmals mit der Erfahrung konfrontiert, dass Marktwirtschaft außer Chancen eben auch Risiken beinhaltet.

Sicher ist die Rezession von 1966 eine historische Zäsur, denn sie
markiert das Ende der Wirtschaftswunderzeit. Aber aus heutiger Sicht
handelte es sich eher um eine Konjunkturdelle oder um eine Mini-

rezession.Die Arbeitslosigkeit stieg von 0,7 auf etwa 2,2 Prozent –
spätere Kanzler wie Gerhard Schröder wären mit solchen Prozentpunkten glücklich gewesen. Als er sein Amt antrat, galt »Deutschland
als der kranke Mann Europas«, und die Arbeitslosigkeit lag bei bedrü-
ckend hohen 10 Prozent. Wundermann Erhard aber blieb im Sommer
und Herbst 1966 ungerührt, meinte, der Markt wird's schon richten,
und ließ die Dinge einfach treiben. Zudem kürzte er den Haushalt und
verringerte damit – Gift für jede Konjunktur – auch noch die staatlichen Ausgaben. Mit seiner Politik des Nichtstuns beschleunigte er
allerdings nur den eigenen Sturz und machte den Weg für einen Mann
frei, der als geradezu perfekter Gegentyp zum »Dicken mit der Zigarre«
erscheinen musste: Karl Schiller, laut *Spiegel* ein »schmächtiger Eier-
kopftyp« mit brauner Hornbrille, der, »kleiner als Ludwig Erhard und
nicht einmal halb so schwer«, in Twenkleidung mit Röhrenhosen
steckte.

In der Tat sah er ein wenig wie der ewige Student aus, ganz bewusst
gab er sich das Flair eines Mannes, der mit der modernen Zeit und
mit der Jugend geht. Ich kannte ihn aus meinen Berliner Jahren, als
der Hamburger Professor, von Willy Brandt als Wirtschaftssenator an
die Spree geholt, versuchte, die Frontstadt nach dem Mauerbau vor
dem wirtschaftlichen Ausbluten zu retten. Zusammen mit einem Kollegen aus dem Wirtschaftsressort hatte ich mit ihm ein langes *Spiegel*-
Gespräch darüber geführt, ob und wenn ja, wie ihm dies je gelingen
könnte. Und als ich ihn, den neuen Wirtschaftsminister, Jahre später
wegen eines Vorgesprächs für ein *Panorama*-Interview erstmals in seinem Bonner Ministerium aufsuchte, begrüßte er mich, wohl um seinen
unkonventionellen, nicht professoralen und jugendlichen Habitus zu
demonstrieren, fröhlich auf seinem Schreibtisch sitzend. Dem Buch-
umschlag einer gründlichen Schiller-Biografie von Torben Lütjen entnahm ich später, dass dies offenbar eine einstudierte Pose war und er
keineswegs nur mich so empfangen hatte.

Kaum im Amt, begann der neue Wirtschaftsminister den Mythos vom Wundermann Erhard zu dekonstruieren, wurde aber, weil er mit seiner Politik Erfolg hatte, bald selbst als Magier bestaunt. Er wuchs zu einem moderneren, besseren Erhard heran, wenn man so will. Als »glänzendstes wirtschaftspolitisches Gehirn der Bundesrepublik« pries ihn einmal Helmut Schmidt. Und dieses »Gehirn« verstand sich zudem auf Psychologie, die für die Konjunkturentwicklung seit jeher wichtig ist. Er verfügte über das seltene Talent, seine Politik mit eingängigen, populären Sätzen zu erklären: Einer seiner Lieblingssprüche lautete: »Man kann die Pferde zur Tränke führen – saufen müssen sie selbst.« Was so viel hieß wie: Ich, Schiller, kann der Industrie staatliche Investitionsanreize bieten. Aber wirken wird das nur, wenn der Unternehmer auch willens ist zu investieren. Sein immer wiederholtes Credo habe ich noch heute im Ohr, wenn sein Name fällt: »So viel Markt wie möglich, so viel Staat wie nötig.«

Anders als Erhard war Schiller auf den britischen Ökonomen John Maynard Keynes eingeschworen, glaubte an eine antizyklische Wirtschaftspolitik wie an die Wirkung staatlicher Interventionen. In der Krise galt es danach, Investitionen durch öffentliche Programme etwa zum Ausbau der Infrastruktur zu beleben, den Konsum durch Steuersenkungen anzukurbeln und alles notfalls durch Deficit-Spending, also Verschuldung, zu finanzieren. Im Boom dagegen, wenn es der Wirtschaft wieder besser ginge, habe man dann aber das genaue Gegenteil davon zu tun, um mittels Steuererhöhungen und Senkung staatlicher Ausgaben eine meist mit Inflation einhergehende Überhitzung der Konjunktur zu verhindern und staatliche Schulden wieder abzubauen. Zusammen mit dem Finanzminister Franz Josef Strauß gelang es Schiller in der Tat, die Rezession zu überwinden. Schon im Wahljahr 1968 war die »Talsohle« überwunden, und im Wahljahr 1969 herrschte wieder Hochkonjunktur in Deutschland. Dass dies zweifellos der reibungslosen Zusammenarbeit zwei so gegensätzlicher Charaktere wie dem des katholisch-bayerisch-barocken, oft genug aufbrausenden, aber ebenfalls hochintelligenten Machtmenschen Strauß und dem des nüchternen, kühlen, protestantisch-norddeutschen und so gern dozierenden Intellektuellen Schiller zu verdanken war, erstaunt noch heute. Vereinte beide vielleicht die Tatsache, dass jeder in seiner Schulzeit stets der Klassenprimus war? Bis zum Beginn des Wahlkampfs jedenfalls wurden sie in der Öffentlichkeit als die wirtschaftspolitischen Zwillinge der Großen Koalition wahrgenommen und erhielten deshalb, frei nach Wilhelm Busch, die Spitznamen Plisch und Plum.

Aber entsprach der eine, Franz Josef Strauß, mit seinem resoluten Durchsetzungswillen ganz dem Klischee des stets nach Macht strebenden Politikers, stand »Eierkopf« Schiller für weitaus mehr. Mit seinem technokratischen Glauben an die Steuerbarkeit der Politik durch ihre Verwissenschaftlichung wurde er zum idealen Repräsentanten jenes Fortschrittsglaubens, der die Sozialdemokratie seit dem Godesberger Programm von 1959 zunehmend prägte. Und mit seiner konzertierten Aktion, die Gewerkschafter und Unternehmer, Politiker, Nationalökonomen und den Chef der Bundesbank an einem Tisch zusammenführte, zielte er sogar auf eine »kollektive Vernunft«, die Konflikte zwischen den Sozialpartnern, wenn nicht gänzlich ausschloss, dann ihnen doch Bedingungslosigkeit und Härte nehmen wollte.

Schiller verkörperte wirtschaftspolitische Kompetenz, die in den Augen der Wähler erstmals von der CDU, die sie jahrzehntelang behauptet hatte, mit ihm zur SPD gewandert war. Für viele zeitgenössische Beobachter ein für die Wahlen 1969 entscheidender Rollenwechsel. Aber wichtiger noch scheint mir im Rückblick seine Ausstrahlung auf das protestantische Bildungsbürgertum, weil er sich, ganz im Gegensatz zu Ludwig Erhard, für die Moderne in Literatur und Kunst betont aufgeschlossen zeigte. Erhard hatte, auf Grass' *Blechtrommel* wie auf Rolf Hochhuths Schauspiel *Der Stellvertreter* zielend, erklärt: Dichter, die sich heute so gern als Sozialpolitiker ausgäben, hätten auf

diesem Gebiet »von Tuten und Blasen keine Ahnung«. Aus seiner Sicht
begaben sie sich auf die »parterreste Ebene eines kleinen Parteifunk-
tionärs«, wollten aber mit dem hohen Grad eines Dichters ernst genommen werden. Und so fiel schließlich der Satz, der an ihm bis an sein
Ende kleben bleiben würde: »Nein, so haben wir nicht gewettet. Da hört
der Dichter auf, da fängt der ganz kleine Pinscher an, der in dümmster
Weise kläfft.«[47] Schiller dagegen hatte in Berlin enge Freundschaft mit
Grass geschlossen und mit ihm zusammen sogar im Tessin Urlaub
gemacht. Über ihn trat er in Kontakt mit Schriftstellern wie Peter
Härtling und Hans Werner Richter. In den Berliner Jahren, so sein Bio-
graf Lütjen, las der Professor der Nationalökonomie zeitgenössische
Romane und verwandelte seine Wohnung oft in einen kleinen lite-
rarischen Salon, in dem auch Historiker wie Eberhard Jäckel und Jour-
nalisten wie Günter Gaus vorbeischauten. Zusammen begründeten
Schiller und Grass dann jenes »Wahlkontor deutscher Schriftsteller«, in
dem sich etwa Peter Schneider, Hans Christoph Buch, Peter Härtling,
Friedrich Christian Delius und Klaus Wagenbach zugkräftige Parolen für SPD-Wahlkämpfer ausdachten – mitunter, quasi als Rache der
»Pinscher«, mit Giftigkeiten oder Gemeinheiten gegen Erhard gespickt.
So wurde Erhard fortan zum Symbol für Intellektuellenschelte und
Geistesverachtung der bislang in Bonn Mächtigen, Schiller dagegen
zum dem eines Politikers, der die Überwindung des Gegensatzes von
Geist und Macht versuchte. Es ist nicht zuletzt ihm und seiner wach-
senden Bedeutung zu verdanken, dass sich mehr und mehr Prominente aus Kunst und Literatur öffentlich für einen Machtwechsel in
Bonn einsetzten. Wenn es der SPD in den Sechziger- und frühen Siebzigerjahren gelang, die Diskurshoheit im Lande zu erringen, verdankt
sie dies nicht zuletzt der politischen Figur und dem Einsatz eines Karl
Schiller.

   Es blieb nicht aus, dass wir ihn, aber auch Experten aus dem Kreis
der Wirtschaftsweisen mehrfach zu Interviews bitten mussten – die

Dollarkrise wuchs sich zu einer profunden Weltwährungskrise aus, und die Bundesrepublik als Exportnation war zusätzlich von einer rabiaten Abwertung des französischen Franc betroffen. Die Frage lautete: Muss die D-Mark nun aufgewertet werden oder nicht, und wenn ja – was würde dies für die deutsche Industrie, für unsere Binnenkonjunktur und vor allem für die Arbeitsplätze bedeuten? Im Grunde handelte es sich um eine wirtschaftspolitische Sachfrage, eine allerdings, die sich im Wahlkampfjahr 1969 als hochexplosiv erwies und so leidenschaftlich umstritten war, dass daran selbst die Ehe zwischen Plisch und Plum zerbrach. Verzweifelt focht Schiller für die Aufwertung, schon um die drohende Inflation rechtzeitig zu dämpfen, und wusste in seinem Kampf die meisten Experten, vor allem aber den Rat der Sachverständigen oder Wirtschaftsweisen an seiner Seite. Kanzler Kiesinger aber und mit ihm nun auch Strauß lehnten, unterstützt von der Industrie, die eine Verteuerung ihrer Produkte fürchtete, vehement ab. Der erbitterte Streit beherrschte die letzten Wahlkampfwochen, und nicht wenige nannten deshalb den Gang zu den Urnen am 28. September die »Schillerwahlen«. Erst nach Bildung der Regierung Brandt setzte sich der Wirtschaftsminister mit seinen Vorstellungen durch: Im Oktober 1969 wurde die D-Mark schließlich um 8,5 Prozent aufgewertet.

Panorama wäre nicht *Panorama* gewesen, hätte es nicht laufend Ärger, gelegentlich auch Skandale und große Krisen gegeben. Dass wir den rebellierenden Studenten und der Außerparlamentarischen Opposition Aufmerksamkeit schenkten, war vielen Programmbeiräten ein Dorn im Auge, ganz zu schweigen von den konservativen Vertretern im Verwaltungsrat, dem im NDR entscheidenden Gremium, das von den beiden großen Parteien nach schwarz-rotem Proporz 4:4 besetzt war. Immer wieder und immer dringlicher wurde die Frage gestellt: Böten wir, selbst wenn wir uns kritisch mit der APO auseinandersetzten, den

Akteuren radikaler Protestgruppen und damit Gegnern unserer freiheitlichen Verfassung nicht zu viel Raum?

Dass ich im Oktober 1967 zu dem Guru der Neuen Linken und theoretischem Mentor der Studentenbewegung, zu Herbert Marcuse fuhr, der in Salzburg Urlaub machte, mochte ja noch angehen. Er war sicher ein wichtiger Ideengeber für die Studentenbewegung, aber doch keiner, der bereit gewesen wäre, sich Straßenschlachten mit der Polizei zu liefern. Er lehrte Philosophie an der University of California, San Diego, in jenem Staat also, in dem sich der Protest der Jugend gegen den Vietnamkrieg erstmals artikuliert hatte und der zum Geburtsort jener Gegenkultur wurde, die bürgerliche Normen als Rituale der Heuchelei und bürgerliche Ordnung als eine Form verschleierter Herrschaft verwarf. Marcuse verfocht die These von der »repressiven Toleranz«, die in den entwickelten Industriestaaten des Westens praktiziert werde und in »vielen Manifestationen der Unterdrückung diene« – etwa der Diskriminierung von Minderheiten oder der Rechtfertigung des Krieges in Vietnam. Dagegen stellte er die wahre Toleranz, welche Reichweite und Inhalt von Freiheit erweitere. Er betonte jedoch, dass diese wahre, aufklärerische Toleranz historisch stets parteiisch gewesen sei und rückschrittliche Ideen verworfen, wenn nicht unterdrückt habe.

Betont freundlich, ja zuvorkommend empfing mich der weißhaarige Deutschamerikaner in seinem Hotel, in dem wir für den Dreh ein Zimmer angemietet hatten. Unser Gespräch kreiste um das Gewaltproblem, aber ich wurde das Gefühl nicht los, einem Romantiker der Revolution gegenüberzusitzen. Selbstsicher wich der neomarxistische Philosoph keiner Frage aus, Einwände wies er heiter lachend zurück. Streng unterschied er die Gewalt der Herrschenden von jener der Unterdrückten, die er, wenn sie zur Revolution schritten, vorbehaltlos unterstützte. Widerstand gegen Unterdrückung sei eben immer legitim. Dass Köpfe rollten in der Französischen Revolution, sei akzeptabel, ja notwendig gewesen, solange es um die resoluten Anhänger der

Monarchie und deren Wiederaufrichtung gegangen sei. Die Guillotine für Danton, für eine Revolution also, die ihre Kinder fraß, lehnte er dagegen vehement ab. Er wusste, dass sein Konzept einer humaneren Gesellschaft, die er anstrebte, utopisch war – in ihr sollte es weder Ausbeutung noch Unterdrückung geben, auch der Zwang zu physischer Arbeit sei in ihr durch den technischen Fortschritt auf ein nötiges Minimum reduziert. Dennoch hegte der Philosoph die Hoffnung, diese so ferne wie schöne neue Welt könne eines Tages Wirklichkeit werden. Zwar nicht, wie Marx angenommen habe, durch eine Revolution des klassischen Industrieproletariats, denn eine Arbeiterklasse im Marx'schen Sinne gab es für den Neomarxisten nicht mehr. Eine effektive revolutionäre Kraft dagegen sah er in einem Bündnis des Agrarproletariats der »Dritten Welt« mit den Befreiungsfronten, die gegen Kolonialismus und Imperialismus ankämpften auf der einen, den Technikern, Managern und Ingenieuren, die in den Zentren der hoch industrialisierten Welt Schlüsselstellungen hielten, auf der anderen Seite. Er akzeptierte meinen skeptischen Einwand, dass genau sie die hoch bezahlten Lieblinge des Systems seien und deshalb alles andere als geneigt oder motiviert, es zu beseitigen. Dennoch hoffte er, sie würden eines Tages Einsicht zeigen und zu »sprengenden Kräften« werden. Rudi Dutschke hatte ebendieses Bündnis im Sinn, als er auf dem Internationalen Vietnamkongress 1968 in Berlin behauptete, die Befreiungsbewegungen der »Dritten Welt« hätten erhebliche Bedeutung für die »Destabilisierung der imperialistischen Machtzentren in den Metropolen« der hoch entwickelten Länder.

Marcuse erklärte Widerstand gegen den Krieg in Vietnam zur »moralischen Pflicht« aller Studenten in der Bundesrepublik, und vor allem in Berlin folgten sie seinem Appell samt seiner romantischen Verklärung der Befreiungskämpfer in Lateinamerika. Vorbild und Held der radikaldemokratischen Studenten war neben Hồ Chí Minh vor allem Che Guevara. Große Bilder von beiden wurden bei den studentischen

Demonstrationen und Protestzügen mitgetragen. Als ich Klaus Meschkat, einen der Generalstäbler der Studentenrevolte nach den »Osterunruhen« im Frühjahr 1968 danach fragte, wo er eigentlich Freunde und Alliierte seiner Sache sehe, antwortete er: »Überall dort, wo man mit der Parole ernst macht, die auf Kuba verkündet wird: Es ist die Pflicht eines Revolutionärs, die Revolution zu machen.« Ich hatte ihn um ein Interview gebeten, weil selbst intelligente Kritiker der Studentenbewegung wie etwa Rudolf Augstein immer wieder rügten, die Ziele dieser Bewegung blieben leider im Nebel. Der allerdings lichtete sich während des Interviews schnell, denn Meschkat sprach sich klar für ein Rätesystem aus, weil es aus seiner Sicht allein die Teilnahme aller Bürger – oder jedenfalls aller aktiven Bürger – am politischen Willensbildungsprozess voraussetze. Ein System, wie das parlamentarisch-demokratische der Bundesrepublik, in dem das Volk alle vier Jahre darüber entscheiden könne, »von welcher Führungsclique einer undemokratisch strukturierten Partei es für die folgenden vier Jahre regiert werden möchte«, könne er unmöglich als Demokratie bezeichnen.

Mit diesem Interview allerdings bekam ich zunächst erhebliche Schwierigkeiten, denn der Programmdirektor weigerte sich zunächst, Meschkats radikale Verwerfung unseres demokratisch-parlamentarischen Systems auszustrahlen. Sein Hauptargument: Die Sendung dieses Beitrags verstoße gegen den NDR-Staatsvertrag, denn darin heiße es, dass der Sender mit seinem Programm an die verfassungsmäßige Ordnung gebunden sei und zur Verwirklichung der freiheitlich demokratischen Grundordnung beitrage. Dass ein Mann wie Meschkat sie nicht schätze, sei mehr als offenkundig. In der üblichen »Abnahme« der Beiträge am Sonntagabend vor der Sendung am Montag im Schneideraum, in der es um ihre Sendbarkeit ging, kam es deshalb zu einer heftigen Diskussion zwischen Redaktion und Programmdirektor, der sich am Ende schließlich unserem Argument beugte, dass wir nur unserem ebenfalls im Staatsvertrag festgeschriebenen Informationsauftrag genügten, wenn wir die revolutionären, keinesfalls verfassungskonformen Ziele endlich in aller Klarheit offenlegten.

In den Aufsichtsgremien der öffentlich-rechtlichen Rundfunk- und Fernsehanstalten wurde damals immer wieder kritisiert, dass die Magazine den Protesten einer kleinen Minderheit zu viel Aufmerksamkeit schenkten. Nicht selten wurde die Forderung laut, die Bilder von studentischen Demonstrationen besser gar nicht mehr zu zeigen, weil sie nur dazu beitrügen, die Polarisierung zu verstärken und die Emotionen auf beiden Seiten anzuheizen. Natürlich konnten wir diesem Ansinnen nicht nachkommen und wurden deshalb als Sympathisanten des Aufruhrs verdächtigt. Kein Zweifel: Der Freiraum für all das wurde enger, zumal unser Programmdirektor Dietrich Schwarzkopf selbst zunehmend unter den Druck der Gremien geriet. So kam es bei Abnahmen vor der Sendung immer häufiger zu aufgeladenen Diskussionen, doch betrachtete ich seine Fragen, Bedenken oder Einwände keineswegs immer als Versuche einer Zensur. Sie halfen vielmehr, Bilder wie Texte besonders kontroverser Beiträge juristisch hieb- und stichfest, ja im besten Sinne »gremienfest« zu machen.

Doch saßen unsere Gegner, wenn nicht Feinde, nicht nur in den Parteien, die Druck auf die Sender und ihre Vertreter in den Verwaltungs- und Programmbeiräten ausübten, sie saßen auch in Redaktionen, vor allem denen des Springer-Verlags in Berlin. In der Frontstadt lud sich der Konflikt zwischen der revolutionären studentischen Avantgarde und der großen Mehrheit der Bevölkerung geradezu explosiv auf und nahm gelegentlich bürgerkriegsähnliche Züge an. Das hatte einmal mit der Rolle der Amerikaner in Berlin zu tun, zweitens aber mit den roten Fahnen und Transparenten mit revolutionären Parolen, die viele Protestmärsche der Studenten zierten und von der Bevölkerung westlich der Mauer als Provokation betrachtet wurden.

Dass die Freiheit Westberlins ohne die Garantien der Amerikaner nicht möglich sei, war seit der Luftbrücke tief im Bewusstsein der

Westberliner verankert, und so reagierte sie auf die antiamerikanische Haltung der studentischen Vietnamkampagne mit völligem Unverständnis. Gefährdeten jene, die da mit dem Schlachtruf »Ho, Ho, Ho Chi Minh« über die Boulevards zogen, die »Amis raus aus Vietnam« forderten, im Stakkato »USA-SA-SS« brüllten und damit die Kriegführung der USA auf eine Stufe mit den Verbrechen der SS stellten – gefährdeten sie nicht das gute Einvernehmen zwischen dem Berliner Senat und der amerikanischen Schutzmacht?

Als Anfang 1966 Studenten mit »Amis raus aus Vietnam«- und »Johnson, Mörder«-Plakaten vor das Amerika-Haus zogen und es mit Eiern bewarfen, war die Reaktion des Bürgermeisters Brandt, wie erwähnt, keinesfalls von Verständnis für die Demonstranten geprägt. Er sprach von einer »Schande für die Stadt« und von »politischen Rowdys«, die das Verhältnis zu den Schutzmächten zerstören und die deutsch-amerikanische Freundschaft besudeln wollten. In einem Entschuldigungsbrief an den amerikanischen Stadtkommandanten betonte er, die große Mehrheit der Bevölkerung hätte »mit solchen Elementen und den sie unterstützenden SED-Leuten« nichts zu tun, und bat den General, zwischen kritischen Studenten und Rowdys zu unterscheiden. Und später, als Außenminister eines Landes, das fünfundzwanzig Jahre zuvor die halbe Welt mit einem mörderischen Krieg überzogen hatte, warnte er davor, den moralischen Zeigefinger zu heben und der verbündeten Großmacht Ratschläge zu erteilen.

Natürlich blieb einem Mann wie Willy Brandt nicht verborgen, dass die USA den Krieg in Vietnam mit brutalen Mitteln führten. Wurden da nicht ganze Dörfer mit Napalmbomben zerstört, versprühte die Air Force nicht Agent Orange über Dschungel und Reisfelder, um dem Gegner durch Entlaubung die Deckung zu nehmen und seine Versorgung durch Zerstörung der Ernte zu erschweren? Enthielten diese Giftschwaden nicht das hochgiftige Dioxin, unter dessen Spätfolgen – einer Häufung von Fehlgeburten und Krebserkrankungen – außer Hunderttausenden Vietnamesen auch Tausende amerikanischer GIs zu leiden hatten? Und all dies im Namen der Freiheit, weil es galt, den globalen Vormarsch des Kommunismus in Südostasien zu stoppen? Dennoch konnte sich weder der Bürgermeister noch der Außenminister Brandt je zu einer kritischen Stellungnahme durchringen. Zwar ging er nicht so weit wie der Chef der Berliner SPD, Kurt Mattick, der erklärte: »Berlin wird auch in Vietnam verteidigt.« Seine Politik und die seiner Nachfolger Albertz und Schütz glich eher einem Balanceakt zwischen zweierlei Garantien. Auf der einen Seite waren sie verpflichtet, das demokratische Grundrecht auf Demonstrationsfreiheit zu wahren. Auf der anderen wussten sie, ohne die Amerikaner war die Freiheit West-berlins nicht zu verteidigen, und so konnte ihnen nicht gleichgültig sein, ob die Vereinigten Staaten in einem anderen Teil der Welt als Papier-tiger entlarvt wurden, wie Mao Zedong einmal spottete.

Und die Provokation der Bevölkerung durch rote Fahnen und revo-lutionäre Parolen? Dass die Studenten nicht den Ideen der klassisch-revolutionären Linken und schon gar nicht denen des realen Sozialis-mus jenseits der Mauer, sondern einem neomarxistischen Verschnitt von Karl Marx und Sigmund Freud, von Herbert Marcuse und Wil-helm Reich anhingen, waren Feinheiten, die in der aufgeladenen Berli-ner Atmosphäre kaum interessierten. Rote Fahnen waren eben rote Fahnen, Kritik an der US-amerikanischen Kriegführung in Vietnam galt schlicht als Angriff auf die wichtigste Schutzmacht des freien Ber-lin. So jedenfalls dachte die Mehrheit der Bevölkerung Westberlins, und die *Bild*-Zeitung tat alles, die Atmosphäre anzuheizen. Kritisch nahmen wir ihre Schlagzeilen unter die Lupe. Sie begannen zunächst fast harmlos, mit »Berliner verurteilen politische Spinner«, »Politgamm-ler Dutschke dreht an einem tollen Ding« über »Wirrköpfe« und Kom-mentare wie »Dümmer geht's nicht«. Aber sie steigerten sich, als der Student Benno Ohnesorg während einer Demonstration gegen den Schah von Persien vor der Deutschen Oper erschossen wurde. Das

Blatt bemitleidete nicht etwa den erschossenen Studenten, es beweinte einen verletzten Polizeibeamten und nahm damit für die Täter, nicht für die Opfer Partei. *Bild* schrieb: »Nun langt's. Den halbstarken Krawallmachern und Berufsdemonstranten genügt Krach nicht, sie müssen Blut sehen!« Nach dem Boulevardblatt war es an der Zeit, »die linke Mafia« an den Universitäten auszuhungern. Deshalb: »Kein Geld für langbehaarte Affen!« Und: »Dutschkes Zottelhaare bleiben Otto Normalverbraucher im Hals stecken.« Und zu guter Letzt: »Unruhestifter und Studenten ausmerzen« – etwa wie Ungeziefer?

In unseren *Panorama*-Beiträgen nahmen wir diese Schlagzeilen auf und wurden alsbald als verblendete Sympathisanten und »rote Scharfrichter« gebrandmarkt. Nur: Half das Blatt mit seinen Schlagzeilen und Kommentaren nicht, dem Bahn zu brechen, was einmal als »gesundes Volksempfinden« bezeichnet wurde, mit dem sich die NS-Diktatur über Recht und Gesetz hinwegsetzte? Und machte *Bild* damit nicht erst recht die Studenten gegen sich mobil? Steine flogen gegen Springers Berlin-Filialen. Als ein Attentäter Rudi Dutschke auf dem Kurfürstendamm mit Schüssen niederstreckte, sang Biermann in seiner Moritat »Drei Kugeln auf Rudi Dutschke«, dass eine Kugel aus »Springers Zeitungswald« kam. Und zweitausend wütende Studenten setzten zum Sturm auf die Konzernzentrale in der Berliner Kochstraße an. Da flogen nicht nur Steine gegen die noble Glasfassade des Axel-Springer-Hochhauses, die Angreifer suchten den Polizeikordon zu durchbrechen und setzten etliche Lieferwagen in Brand, um die Auslieferung der Zeitungen zu stoppen.

Wenn die Studenten allerdings nicht nur die Springer-Presse für die in der Stadt herrschende latente Bürgerkriegsatmosphäre verantwortlich machten, hatten sie so unrecht nicht. Von Klaus Schütz, dem Regierenden Bürgermeister, stammten die Worte: »Ihr müsst diese Typen nur sehen. Ihr müsst ihnen genau ins Gesicht sehen, dann wisst ihr, denen geht es nur darum, unsere freiheitliche Grundordnung zu zer-

stören.«[48] Als Antwort auf eine machtvolle Anti-Vietnam-Demonstra-
tion rief Schütz zusammen mit den Gewerkschaften und dem Springer-
Konzern zu einer Gegenkundgebung auf, die den Berliner Mehrheits-
willen bezeugen sollte. Rund hunderttausend Berliner versammelten
sich vor dem Schöneberger Rathaus und zeigten das »wahre Gesicht
Berlins«. Um eine größtmögliche Beteiligung sicherzustellen, hatte der
Senat allen öffentlich Bediensteten freigegeben. Das Motto: »Berlin darf
nicht Saigon werden.« Und: »Wir lassen uns unser freiheitliches Berlin
nicht zertrampeln.« Auf Spruchbändern der Teilnehmer waren Parolen wie »Dutschke raus« oder »Dutschke Volksfeind Nummer eins« zu
lesen. »Senat, werde endlich hart«, wurde gefordert, auch »Dreht den
Geldhahn zu für die Spinner der FU«. Die liberalen Jungdemokraten
sprachen nach dieser Kundgebung von einer »emotionalen Radikalisie-
rung« der Bevölkerung, und die *Zeit* schrieb, jetzt herrsche Pogrom-
stimmung in Berlin. In der Tat kam es zu tätlichen Auseinandersetzungen. Ein Mann, der wie Dutschke aussah, wurde, so der *Spiegel*, mit
Rufen wie »Lyncht ihn!« und »Hängt ihn auf!« gejagt und konnte sich
schließlich nur durch einen Sprung in einen Polizeiwagen retten.

Wir meinten, es sei unsere Pflicht, Schlagzeilen kritisch ins Visier zu
nehmen, mit denen die Volksseele zum Kochen gebracht wurde. Aber
viele Freunde machten wir uns damit nicht. Nicht nur in Springers Zei-
tungsredaktionen, auch in den Gremien fanden sich Anhänger eines
starken Staats, der endlich und mit aller Härte gegen die Studentenpro-
teste durchgreifen müsse. Wie verdammungswürdig es in den Augen
mancher Politiker war, sich überhaupt solcher Themen anzunehmen,
sollte ich noch im Dezember 1974 erfahren. Da hatte sich längst
ein linker APO-Flügel abgespalten, sich radikalisiert, als »Rote Armee
Fraktion« (RAF) zu offenem Terror gegriffen, Sprengstoffattentate
und Bankeinbrüche verübt. Die Mitglieder der ersten RAF-Genera-
tion, Andreas Baader, Ulrike Meinhof, Gudrun Ensslin und Jan-Carl
Raspe, saßen schon in Stammheim ein, und die Bundesanwaltschaft

warf ihnen Mord in vier Fällen und versuchten Mord in vierundfünf-
zig Fällen vor. Sie warteten auf den Beginn ihres »Prozesses, als plötzlich bekannt wurde, Jean-Paul Sartre, der französische Philosoph,
Romancier und Dramatiker wolle Andreas Baader im Gefängnis besuchen. Allein die Ankündigung führte in der konservativen Öffentlichkeit zu einem Aufschrei. Hans Filbinger, der baden-württembergische
Ministerpräsident, sprach von einer »Instinktlosigkeit gegenüber den
Opfern einer kriminellen Bande, die skrupellos zu Gewalt gegriffen
hat und noch immer skrupellos zu Gewalt greift«.[49]

Mehrfach wurde der Besuchsantrag abgelehnt, bis das Stuttgarter
Oberlandesgericht – gegen den Einspruch des Generalbundesanwalts
Siegfried Buback – schließlich doch die Erlaubnis erteilte. Die ein-
leuchtende Begründung: Sartres Besuch in dem schwer bewachten
Gefängnis stelle kein Sicherheitsrisiko dar. Nur: Was bewog einen der
bedeutendsten zeitgenössischen Philosophen dazu, ausgerechnet einem
Sprengstoffattentäter und Bankräuber einen Besuch im Gefängnis
abzustatten? Überschätzte er damit nicht maßlos dessen Bedeutung?
Das wollten wir wissen und baten einen deutsch-französischen Mitarbeiter in Paris, den Vordenker des Existenzialismus nach seinen Gründen zu befragen. Im Interview betonte Sartre, dass geplante Treffen
sei keine Sympathieerklärung gegenüber der RAF, sondern ein Zeichen
seiner »allgemeinen Sympathie«. Er betrachtete die RAF offenbar als –
wenn auch fehlgeleiteten – Teil einer großen linken Bewegung, der er
sich selbst verpflichtet fühlte.

War dies für einen Philosophen nach meinem Geschmack zu schwam-
mig formuliert, setzte er sich später doch präzise und eindeutig von der
RAF und deren »Putschstrategie« ab. In Baader sah er offenbar mehr
als einen bloßen Kriminellen – eher einen linken Revolutionär, der zu
den falschen Waffen greift. Attentate könnten vielleicht in Guatemala
etwas bewirken, in Ländern wie Deutschland und Frankreich ließe sich
die Revolution niemals durch terroristische Aktionen herbeiführen, sie

bleibe, solle sie erfolgreich sein, eine Sache der Massen. Sartre übte
also Kritik von links und distanzierte sich unmissverständlich von den
Methoden der RAF.

In der Abmoderation des Interviews hatte ich die Hoffnung geäußert, es möge ihm gelingen, die RAF-Häftlinge von der politischen
Sinnlosigkeit ihres Terrors zu überzeugen. Aber das war natürlich reines Wunschdenken. Sartres Einwände prallten an einem Baader ab, der
in ihm, dem Philosophen, eher einen Richter denn einen Freund, vor
allem aber den müden »Alten« sah – mehr nicht. Und doch endete sein
Besuch mit einem Eklat, denn auf einer Pressekonferenz sprach er von
»Isolationsfolter« und übernahm damit die Kritik der Gefangenen an
ihren Haftbedingungen, ohne diese je inspiziert zu haben. Eine der mit
Fernsehgeräten und kleinen Bibliotheken ausgestatteten Zellen hatte er
nie gesehen, und, ohnehin halb blind, verwechselte er den kärglich aus-
staffierten Besucherraum offenbar mit dem täglichen Gefängnismilieu
eines Insassen namens Baader. Den schwächlichen Zustand seines
terroristischen Gesprächspartners führte er auf die Haftbedingungen
zurück, weil ihm entgangen war, dass sich Baader seit Wochen im Hun-
gerstreik befand. Hat sich der Autor des Stücks *Die schmutzigen Hände*
mit solchen Fehlleistungen nicht selbst die Hände schmutzig gemacht?

Der misstönende Schlusspunkt, den er setzte, ließ ihn in den Augen
vieler Konservativer zu einer Art Staatsfeind werden. Aber dieser miss-
ratene Schlusspunkt war Wasser auf die Mühlen jener Politiker, die,
ohne das Interview überhaupt zu kennen, schon vor seiner Ausstrahlung die Forderung erhoben, mich auf der Stelle abzulösen. Einen Terro-
risten besucht man nicht – und wenn doch, hatte das Fernsehmagazin
eines öffentlich-rechtlichen Senders dies besser mit Stillschweigen zu
übergehen. So emotional-irrational ging es einmal in der Bundesrepublik zu – jedenfalls am Ende des Jahres 1974.

Nun war dies keineswegs der erste Ruf, mich als Moderator und
Redaktionschef in die Wüste zu schicken. So war es im Wahljahr 1969

zu einem Riesenskandal gekommen, als wir ein Wort von Strauß atta-
ckierten, weil wir meinten, es sei an der Zeit, Alarm zu schlagen, wenn
Politiker ihre Gegner als Tiere bezeichnen. Genau das aber hatte Strauß
getan, als er von einem relativ harmlosen Go-in in Bamberg erfuhr.
Dort besetzten etwa vierzig protestierende Studenten – es ging um
ein Zeltverbot auf einem Campingplatz – unter Führung der Kommu-
narden Fritz Teufel und Dieter Kunzelmann das Bamberger Landratsamt. Sie öffneten die Schränke, warfen die Akten auf den Boden und
schmissen nicht wenige auf die Straße. Von einem CSU-Parteifreund
alarmiert, ließ der Finanzminister Strauß daraufhin den bayerischen
Ministerpräsidenten Alfons Goppel fernschriftlich wissen: »Die Außer-
gesetzlichen haben in gröbster Weise die öffentliche Ruhe und Ordnung gestört, das Landratsamt in Bamberg besetzt, die Akten durch
die Fenster auf die Straße geworfen und sich bei ihrer Festnahme in
übelster Form aufgeführt. Diese Personen nützen nicht nur alle Lücken
der Paragrafen eines Rechtsstaates aus, sondern benehmen sich wie
Tiere, auf die die Anwendung der für Menschen gemachten Gesetze
nicht möglich ist, weil diese Gesetze auch bei Rechtsbrechern noch mit
Reaktionen rechnen, die der menschlichen Kreatur eigentümlich sind.«[50]
Worte, vor denen sich heute vermutlich selbst ein Anhänger des rechten Flügels der AfD hüten würde, gingen dem CSU-Vorsitzenden 1969
wie selbstverständlich von den Lippen.

Als der Richterbund daraufhin gegen die »Missachtung der Menschenwürde« protestierte, verschlimmerte Strauß seine Lage noch mit
der trotzigen Antwort: Er habe ja nie verlangt, »dass Leute, die sich wie
Tiere benehmen, auch wie Tiere behandelt werden sollen«, er habe
lediglich festgestellt, dass »die Anwendung der auf Menschen gemachten Gesetze auf sie nicht möglich sei«.[51] Nur: Wie bitte schön sollte
man dann mit ihnen umgehen, wenn nicht außerhalb allen Gesetzes?
Gerhard Bott, unser Autor, übrigens ein Volljurist, zitierte dazu den
Sprecher von achtzig gegen Strauß protestierenden Wissenschaftlern

aus Münster, denen sich wiederum viele protestantische Theologen aus Bayern angeschlossen hatten. Ihr Vorwurf: Schon Himmler, Hitler und andere Naziführer hätten von Untermenschen und Menschentieren gesprochen, wenn es ihnen darum gegangen sei, sogenannte Minderwertige von den Gesetzen auszunehmen. Was die CDU an diesem Beitrag allerdings vor allem aufbrachte, war Botts Schlussfolgerung: CDU und CSU fischten durch solches Rechtsüberholen bewusst am rechten Rand nach Wählern. Kiesinger hatte erklärt, die NPD sei keine neonazistische Partei, und Kai-Uwe von Hassel hatte gemeint, die Anhänger der NPD, selbst wenn sie auf dem falschen Pferd säßen, hätten doch lautere Absichten. So beendete Bott seinen Beitrag mit dem kategorischen Satz: »Die NDP kann mit der CDU zufrieden sein.«

Der Aufschrei der Christdemokraten hätte wütender nicht sein können. Da der NDR eine filmische Gegendarstellung aus juristischen Gründen ablehnte – Gegendarstellungen sind nur zu Fakten, nicht zu Meinungen möglich –, kam es zu dem, was sich seit einiger Zeit im Fernsehen nach extrem kontroversen Sendungen eingebürgert hatte: zu einer Diskussion, mit der Öl auf die Wogen gegossen werden sollte. Ich bestand darauf, dass vor Beginn der Diskussionsrunde der strittige Beitrag noch einmal gezeigt wurde, damit der Zuschauer auch wusste, worum es ging. Die Diskussion geriet dann eher zum Streitgespräch, bei dem drei hochrangige CDU/CSU-Vertreter drei Journalisten gegenübersaßen. Auf der einen Seite Konrad Kraske, Geschäftsführer der CDU, Will Rasner, Parlamentarischer Geschäftsführer der CDU/CSU-Bundestagsfraktion, und Leo Wagner, ein enger Vertrauter von Franz Josef Strauß. Auf der anderen saßen, mich flankierend, der gerade zum Chef des *Spiegel* berufene Günter Gaus und Hans Heigert, Moderator des liberalen Münchner Schwestermagazins *Report*. Dass die Redeschlacht ohne Konsens endete, wunderte nicht, zumal die journalistische Seite darin einig war, dass ein führender demokratischer Politiker Sätze wie die von Strauß schlicht nicht äußern darf. Die Wogen wurden durch diese Diskussion also nicht, wie erhofft, geglättet. Der *Bayernkurier* (Herausgeber: Franz Josef Strauß) fragte, ob das mündige Volk der Voralpen nicht durch Abschalten solcher Sendungen wie *Panorama* vor »Hetze« aus dem Norden geschützt werden müsse. Der CDU-Ministerpräsident von Schleswig-Holstein, Helmut Lemke, erwog die Kündigung des Staatsvertrags, was praktisch einer Zerlegung des NDR gleichgekommen wäre. Und Richard Langeheine, der CDU-Kultusminister von Niedersachsen, erklärte, nach diesem *Panorama*-Beitrag sei an die bereits beschlossene Anhebung der Gebühren nicht mehr zu denken, jedenfalls so lange nicht, bis der NDR zu einem »staatstragenden Medium« geworden sei. Das hieß im Klartext: Drehen wir doch den Magazinen den Geldhahn zu und machen wir damit endlich dem unbequemen Meinungsjournalismus im öffentlich-rechtlichen Fernsehen den Garaus.

Auch wenn umstrittene politische Storys wie die um die Strauß-Äußerungen Skandale heraufbeschworen, waren es letztlich gesellschaftliche Themen, die auf den heftigsten Widerspruch stießen: solche nämlich, die an die tief im gesellschaftlichen Bewusstsein verankerten patriarchalisch-autoritären Strukturen rührten. Das galt für manch feministischen Beitrag etwa Luc Jochimsens, aber auch für Gerhard Botts Berichte über die Kinderläden der Achtundsechziger und ihre meist missratenen Experimente zur »Erziehung zum Ungehorsam«, die auf die Herausbildung einer Generation des aufrechten Gangs zielten. Wie unzählige damalige Zuschriften belegten, so viel sei am Rande bemerkt, ließ mich all dies in den Augen rechtskonservativer Zuschauer zum typisch zersetzenden Linksintellektuellen werden, und ein vermeintlich jüdischer Name plus Aussehen verdichteten sich gelegentlich zum nachgerade klassisch-völkischen Antisemitismus-Klischee. Kein Wunder also, wenn ausgerechnet ein Filmbericht, den wir nicht zeigten – besser: nicht zeigen durften, weil er angeblich das sittliche Empfinden von Millionen Mitbürgern brüskierte – zum allergrößten Krach führte und die ARD in eine schwere Krise schlittern ließ.

Es ging um ein Stück zum Thema Abtreibung, die nach Paragraf 218 strafbar war. Dennoch fanden fast täglich Hunderte statt, aber illegal und nicht selten zu Bedingungen, die, wenn sie nicht lebensgefährlich waren, doch für die betroffenen Frauen nicht ohne gesundheitliche Folgeschäden blieben. Anhänger einer Fristenlösung, die den Abbruch bis zur zwölften Woche einer Schwangerschaft nicht länger unter Strafe gestellt hätte, wollten genau dies vermeiden. Sie stießen jedoch mit ihren Forderungen auf ein erbittertes Nein der katholischen Kirche. Das meist männlich dominierte christdemokratische Establishment begründete das Nein mit der Verpflichtung zum Schutz ungeborenen Lebens, das bereits mit der Befruchtung der Eizelle beginne. Noch heute bezeichnet Papst Franziskus die Abtreibung als »grauenhaftes Verbrechen« und »sehr schwere Sünde«.

Es lohnt, meine ich, diese Geschichte ausführlicher zu erzählen, denn der Skandal hatte auch eine höchst umstrittene Vorgeschichte. Es war die Zeit von »Mein Bauch gehört mir«. Der *Stern* erschien im Juni 1971 mit dem Titel »Wir haben abgetrieben!«, in dem 374 Frauen, darunter viele prominente, erklärten, eine Schwangerschaft abgebrochen zu haben. Zudem verlangten sie die Fristenlösung. Auf dem Cover prangten unter anderem Fotos von Romy Schneider, Senta Berger und Veruschka Gräfin von Lehndorff – auch sie bekannten sich öffentlich dazu, gegen geltendes Recht verstoßen zu haben. Die bewusst provozierende Story war praktisch der Zünder, der die Frauenbewegung in Deutschland auslöste. Und es war eine Frau, die Henri Nannen, Chefredakteur des *Stern*, für diese Bekenntnisse gewonnen hatte: Alice Schwarzer. Sie lebte in Paris, hatte als Vorbild das französische Nachrichtenmagazin *Nouvel Observateur*, das im April 1971 eine Liste von 343 Französinnen veröffentlichte, die bekannten, abgetrieben zu haben, und die damit den Mut hatten, sich einer strafrechtlichen Verfolgung auszusetzen.

Als freie Autorin fertigte Alice Schwarzer gelegentlich Beiträge für

Panorama. Und als eine Gruppe engagierter Berliner Ärzte und Ärz-
tinnen im März 1974 ankündigte: Wir brechen mit der gängigen Heuchelei um den Paragrafen 218, wir sind bereit, den Frauen zu helfen,
deshalb werden wir eine Abtreibung vornehmen – und zwar mittels
Absaugung, einer neuen, in Deutschland noch nicht genehmigten, aber
weit schonungsvolleren Methode als die klassische Ausschabung, kam
sie zu mir und schlug vor: »Das müssen wir im Film festhalten.«

Gesagt, getan. Schließlich kam es nicht alle Tage vor, dass Mediziner
erklärten, sie seien entschlossen, gegen das Gesetz zu verstoßen. Die
Aktion sollte an einem Wochenende stattfinden, und Alice fuhr mit
einem Kamerateam nach Berlin, um über die Operation zu berichten.
Zu sehen war dann in ihrem Filmbeitrag vor allem eine Patientin, eine
Mutter zweier Kinder. Um deren Anonymität zu wahren, war sie durch
eine extrem große Perücke und eine das Gesicht dominierende Brille
verfremdet worden. Sie liegt auf der Couch einer Privatwohnung, die
Beine sind angewinkelt, was geschieht, wird nicht gezeigt. Stattdessen
wird Schritt für Schritt stichwortartig vom Arzt vorgetragen: »Jetzt
setze ich die Zange ein, jetzt halte ich den Muttermund fest …« Alice
unterhält sich währenddessen mit der Patientin und fragt, ob es wehtue.
Antwort: »Ein bisschen gezwickt hat es.«

Insgesamt fünf Minuten dauerte die Operation, im Film wurde sie
auf zweieinhalb Minuten gekürzt. Dass man schonender ein so heikles
Thema wie eine Abtreibung nicht hätte ins Bild setzen können, leuch-
tete selbst unserem christdemokratischen Programmdirektor ein. Er
wünschte noch ein oder zwei zusätzliche Schnitte und gab den Beitrag
bei der Abnahme frei. Aber wir alle hatten die Rechnung ohne die *Bild*-
Zeitung, ohne die katholische Kirche und ohne die Intendanten der
süddeutschen Sender gemacht. Als am Montagmorgen das Boulevardblatt in Riesenlettern verkündete, abends sei in *Panorama* eine Abtreibung zu sehen, brach ein Sturm los. Der Münchner Kardinal Döpfner
stellte Strafanzeige wegen Aufforderung zum Rechtsbruch, die CDU/

CSU-Bundestagsfraktion sprach von einem »Gipfel der Geschmack-losigkeit« und einer »unerhörten Brüskierung des Empfindens von Millionen Mitbürgern«, und der Ministerpräsident von Schleswig-Holstein, Gerhard Stoltenberg, der Erzgegner von *Panorama*, tönte von der Kieler Förde, der NDR müsse endlich durchgreifen, und verlangte sofortige redaktionelle Konsequenzen.

Als die Staatsanwaltschaft der liberalen Hansestadt Hamburg befand, es sei nichts zu beanstanden, erklärte der NDR noch am späten Nachmittag, dass der Beitrag ausgestrahlt werde. Doch alarmiert durch Protesttelegramme und Einwendungen der katholischen Kirche, kamen die ARD-Intendanten in einer eilig einberufenen Telefonkonferenz am Montagmittag zusammen. Die meisten hatten den Film überhaupt nicht gesehen, aber fanden allein schon das Thema unzumutbar. Der Bayerische Rundfunk drohte sogar damit, aus dem ARD-Gemeinschaftsprogramm am Abend auszuscheren und *Panorama* nicht auszustrahlen. Nur zwei Anstalten, Radio Bremen und der Sender Freies Berlin, assistierten dem NDR, der sich schließlich dem Votum der Mehrheit beugte und den Bericht zurückzog.

Unsere Empörung war groß, als wir – zweieinhalb oder drei Stunden vor der Sendung – erfuhren, dass Alice Schwarzers Beitrag von der Intendantenkonferenz gekippt worden sei. Hatten die Herren der öffentlich-rechtlichen Sender – es war ein reines Männergremium, eine Frau als Intendantin gab es noch nicht – die Meinungsfreiheit geopfert, als sie öffentlichem Druck nicht widerstanden? Konnte dieses *Panorama*, das ohne Alices Beitrag laufen sollte, noch unsere Sendung sein? Die häufigen Angriffe auf das Magazin hatten die Redaktion zu einer Art Mannschaft zusammengeschweißt, in der jeder für die gemeinsame Sendung stand. Und so meinten wir unisono: Nein. Und beschlossen, dieses Nein auch öffentlich wirksam zu bekunden. Damals hatte das Magazin eine Moderationsform entwickelt, in der außer dem Hauptmoderator jeder Autor seinen Beitrag selbst einleitete und die Wahl des

Themas begründete. So waren wir uns alle schnell einig, dass wir an diesem Abend die Beiträge nicht moderieren, sondern in eine Art Kamerastreik treten würden. Ich teilte dies Programmdirektor Schwarzkopf mit, der unsere Absicht zwar erstaunt zur Kenntnis nahm, aber letztlich akzeptierte, denn ich konnte mit ihm die Einzelheiten aushandeln: Es würde an diesem Abend ein leeres Studio gezeigt werden, einzig mit einem Sprecher der *Tagesschau*, der dann meinen Text und den des jeweiligen Autors verlesen sollte. Dass Schwarzkopf dies nicht ohne Einwilligung des Intendanten genehmigen konnte, war klar: Haderte offenbar auch der NDR-Chef mit dem Verhalten der Mehrheit seiner Kollegen. Sie hatten ja seiner Urteilskraft demonstrativ misstraut.

So blieb das Studio an diesem Abend tatsächlich leer. Der *Tagesschau*-Sprecher gab eine Erklärung des Senders bekannt, nach der unser Beitrag über eine in Berlin angekündigte Abtreibung, von der Presse sensationell aufgegriffen, zu Protesten und »besorgten Anfragen« geführt habe. Nach einigen mit der Autorin verabredeten Korrekturen habe der NDR den Beitrag für sendefähig gehalten, aber aufgrund einer Mehrheitsentscheidung der Intendanten zurückgezogen. Die Erklärung endete mit der Feststellung: »Peter Merseburger und die Autoren der Sendung betrachten die solchermaßen veränderte *Panorama*-Sendung nicht mehr als eine, die sie präsentieren und moderieren wollen. Die Moderationstexte werden deshalb verlesen.«

Dass kontroverse Beiträge von *Panorama* zu vehementen Diskussionen führten, waren wir gewohnt. Aber dass ein nicht ausgestrahlter Film geradezu wilde Debatten auslöste – das war neu. »So gut«, sagte Alice Schwarzer rückblickend, »konnte mein Beitrag gar nicht sein wie dieser Auftritt. Zu meiner großen Freude wurde über Wochen und Monate in jeder Kneipe, im Friseursalon, in der Straßenbahn über diesen *Panorama*-Skandal geredet und damit auch über die Sache.« Übertreibt Alice ein wenig? *Panorama*-Monografin Anja Reschke fand im

Blech - Kameraden

Intellektuelle und Schriftsteller wie Heinrich Böll, Alexander Mitscherlich, aber auch Günter Grass kamen bei uns häufig zu Wort. Nach einem Appell von Grass in *Panorama* an einen müde und abgeschlafft wirkenden Kanzler Brandt, er möge doch endlich wieder die Zügel in die Hand nehmen und regieren (Spätherbst 1953).

Nach der Absetzung eines *Panorama*-Beitrags über eine neue Abtreibungsmethode im März 1954 durch eine Konferenz der ARD-Intendanten.

NDR-Archiv sieben dicke Ordner über die Diskussion zu diesem Film – prall gefüllt mit Stellungnahmen, Presseartikeln, Agenturmeldungen und Protestschreiben. Ihr Urteil in ihrem Buch *Die Unbequemen*: »Dieser nicht gesendete Beitrag erschütterte tatsächlich die Republik.«[52]

Gezeigt wurde der Bericht schließlich in einer Sondersendung mit der damals obligaten anschließenden Diskussion – doch nur in Norddeutschland im Dritten Programm von NDR und Radio Bremen.

Waren wir wirklich eine »rote Reichsfernsehkammer«, wie Franz Josef Strauß einmal gegenüber der *Bild*-Zeitung behauptete? Er sagte das, weil wir uns mit dem Bankier und Großgrundbesitzer August von Finck senior angelegt hatten, der sich auf der Liste der reichsten Deutschen zusammen mit Friedrich Flick auf den ersten Plätzen wiederfand. Unsere Story handelte von dubiosen Geschäften zwischen ihm und dem Freistaat Bayern, und es ging dabei um die Folgen der Bodenreform, welche die alliierten Militärregierungen auch im Westen den Ländern auferlegt hatten. Jeder Eigentümer von mehr als hundert Hektar Grundbesitz war danach verpflichtet, Land abzugeben, damit vertriebene Bauern sich eine neue Existenz aufbauen konnten. Eine Entschädigung war dafür vorgesehen. Ursprünglich sollte Finck von den riesigen Ländereien, die er rund um München besaß, 425 Hektar abtreten, verstand es jedoch, diese Abgabeverpflichtung auf 272 Hektar herunterzuhandeln. Obendrein wurde er vom Freistaat mit der exorbitanten Summe von 2,3 Millionen D-Mark entschädigt. Wie ihm das gelungen und ob dabei wirklich alles mit rechten Dingen zugegangen war oder ob die berühmte bayerische Spezlwirtschaft eine Rolle gespielt hatte, das beschäftigte einen Untersuchungsausschuss des Bayerischen Landtags, der allerdings trotz fünfzehn Sitzungen zu keinem einhelligen Urteil kam. Die CSU-Mehrheit schützte ihre Landesregierung und fand nichts zu beanstanden. Ein Minderheitsgutachten der SPD-Opposition dagegen sprach von einer Begünstigung Fincks und etlichen Rechtswidrigkeiten.

Nun hatte das Land Bayern Finck zudem eine Fläche von siebenundzwanzig Hektar zurückgegeben, die nahe der Stadtgrenze von München lagen und an ein großes Neubauviertel grenzte – gutes Bauerwartungsland also. Auf dem aber baute schon ein Vertriebener seinen Weizen an – wenn auch nur auf zwölf Hektar. Denn die hatte der rumäniendeutsche Bauer Hans Bittenbinder von der für die Bodenreform zuständigen Bayerischen Landessiedlung mitsamt Vorkaufsrecht gepachtet. Von diesen zwölf Hektar wurden sieben jedoch plötzlich Finck zurückübertragen. Und der fuhr mit Mähdreschern bis an die Grenzen seiner sieben Hektar und hoffte, Bittenbinder werde schließlich verschwinden. Doch der Bauer wehrte sich und zog vor Gericht, denn die verbleibenden fünf Hektar hätten niemals für eine ausreichende Existenz als Landwirt genügt.

Wir brachten also einen Beitrag, in dem es um die Grundstücksgeschäfte des Herrn von Finck ging, und auch Hans Bittenbinder kam darin zu Wort. Er behauptete, Finck habe ihn für die Inbesitznahme der sieben Hektar nie entschädigt, obschon er einmal sechstausend D-Mark für verlorenes Saatgut erhalten hatte. Vergaß er selbst, es zu erwähnen, oder hatte er es in einem anschließenden Satz doch hinzugefügt, der dann im Schneideraum einer Kürzung zum Opfer fiel? Finck jedenfalls verlangte vom Sender, er solle seinen Anwälten die gleiche Sendezeit – circa zehn Minuten – für eine Richtigstellung einräumen. Da eine Gegendarstellung in dieser Länge völlig unüblich war, lehnte der NDR-Justitiar ab. Finck veröffentlichte daraufhin seine Sicht per Anzeige in großen überregionalen Zeitungen. Überschrift: »Die Wahrheit über die *Panorama*-Sendung vom 18. Januar« und »Tatsachen widerlegen Merseburger«. Es waren Anzeigen, die volle zwei Seiten in Anspruch nahmen und mit Zitaten aus dem Mehrheitsbericht des Bayerischen Landtags endeten. Von Rechtswidrigkeiten und von Begünstigung, welche die Opposition im Minderheitsbericht beanstandet hatte, fand sich in ihnen kein Wort.

Finck verklagte den Sender auf Unterlassung und Widerruf und forderte zusätzlich Schadensersatz in Höhe von 200 000 D-Mark – diese aber nicht vom NDR. Beklagt waren vielmehr die Autoren Horst Hano, Ulrich Happel und ich als Moderator. In München für seinen Geiz stadtbekannt, wollte er, der Multimillionär, die Kosten für seine Anzeigen erstattet haben. Der Prozess zog sich über Jahre hin und wurde auf eine Art auch ein Präzedenzfall. Denn sein Ansinnen auf Schadensersatz zielte eindeutig auf die Einschüchterung von Journalisten. Wären wir drei zur Zahlung von 200 000 D-Mark verurteilt worden – welcher Journalist hätte noch den Versuch gewagt, dubiose Affären eines Geldmächtigen aufzuklären? Natürlich fand Finck mit seiner Drohung die geradezu »vergnügliche Unterstützung« eines Franz Josef Strauß. Wollte er Revanche nehmen für den zwei Jahre zuvor gesendeten Beitrag über »Menschen wie Tiere«? Er höchstpersönlich, versicherte der CSU-Chef, werde darüber wachen, dass wir drei den geforderten Schadensersatz auch ja aus eigener Tasche zahlten.

In erster Instanz wurden Hano, Happel und ich vom Landgericht München dazu verdonnert, die Aufwendungen für die Anzeigenkampagne aus eigener Tasche zurückzuerstatten. Doch der Bundesgerichtshof hob diese Entscheidung 1976 auf. Zwar wurde der Sender zum Verlesen einer Richtigstellung verurteilt und wir drei zur Zahlung eines Schmerzensgelds von insgesamt 25 000 D-Mark. Aber das Wichtigste, die gezielte Einschüchterung mittels Schadensersatzforderung von 200 000 D-Mark war vom Tisch. Und das Schmerzensgeld wurde zu guter Letzt nicht von uns persönlich gezahlt, worüber Strauß doch hatte wachen wollen, sondern von einer Haftpflichtversicherung, die der Sender für solche Fälle abgeschlossen hatte.

Aber auch ein nüchterner Bericht voller staubtrockener Daten konnte bisweilen brisante Wirkung zeigen. Eines der Vorhaben der Großen Koalition zielte darauf, das Mehrheitswahlrecht nach britischem Muster schon für die 1969 anstehenden Wahlen einzuführen. Koalitionen mit kleineren Parteien, so die Hoffnung der Befürworter, seien dann nicht mehr nötig, denn eine der beiden großen Parteien werde die absolute Mehrheit der Parlamentssitze erringen und könne dann eine Regierung bilden, die – so Kanzler Kiesinger – »zu hundert Prozent aktionsfähig sei«. Sich für dieses Wahlrecht zu entscheiden, wäre auf die Einführung eines Zweiparteiensystems hinausgelaufen und hätte zweifellos das Aus für die FDP bedeutet, die in der Tat bislang das Zünglein an der Waage war – ein »Waagscheißerle«, wie Theodor Heuss es drastisch nannte – und damit politisch weit mehr Gewicht hatte, als ihrem Stimmenanteil bei Wahlen und ihren Sitzen im Bundestag eigentlich entsprach. Nach dem relativen Mehrheitswahlrecht konnten nur diejenigen Kandidaten ins Parlament einziehen, die in ihrem Wahlkreis den höchsten Stimmenanteil errangen. Da 1965 nicht ein einziger FDP-Kandidat – wie schon vier Jahre zuvor – in seinem Wahlkreis gewonnen hatte, hätte es eine FDP-Fraktion im Bundestag überhaupt nicht mehr gegeben. Insofern war das geltende Wahlrecht sehr viel gerechter. An den Proporz angelehnt, spiegelte es den Willen der Wähler im Parlament sehr viel realistischer wider.

Kein Zweifel: Das Mehrheitswahlrecht hat den Vorteil, Koalitionen überflüssig zu machen und die Bildung stabiler Regierungen zu ermöglichen. Doch der Preis für mehr Stabilität sind enorme Ungerechtigkeiten. Größe und Zuschnitt der Wahlkreise werden oft für den Wahlausgang entscheidend. Und so konnte dieses Wahlrecht, wie das Beispiel der britischen Unterhauswahlen von 1951 zeigt, auch einer nach Stimmen weit unterlegenen Partei einen Wahlsieg sichern. Damals votierten für Labour unter Clement Attlee 48,8 Prozent der Briten, aber die Partei erhielt nur 296 Sitze im Unterhaus; die Tories dagegen gewannen mit nur 44,3 Prozent der Stimmen 303 Sitze. Die knappe Sieben-Stimmen-Mehrheit reichte Winston Churchill zur Bildung einer Regierung.

Trotz solcher Schwächen gab es viele Befürworter des Mehrheitswahlrechts in der Großen Koalition. Sie waren es offensichtlich leid,
dass ein sehr viel kleinerer Partner wie die FDP bestimmen konnte, ob
CDU oder SPD die kommenden vier Jahre die Regierung führen würden. Sie hofften, ja sie glaubten auch, es würde den von Zeit zu Zeit
nötigen Machtwechsel erleichtern, der für das Funktionieren einer parlamentarischen Demokratie ja unerlässlich ist. Verwöhnt durch den
Genossen Trend, der die Sozialdemokraten bei den letzten Wahlen
zwar bescheiden, aber stetig hatte wachsen lassen, waren auch führende
Sozialdemokraten – Herbert Wehner und Helmut Schmidt – Anhänger des Mehrheitswahlrechts. Aber würde seine Einführung wirklich
einen Machtwechsel begünstigen, der unter den damals herrschenden Bedingungen eine Ablösung des CDU-Kanzlers durch einen SPD-
Kanzler bedeutet hätte, der sich auf eine absolute sozialdemokratische
Mehrheit im Parlament stützen könnte?

Die Hoffnungen der SPD-Befürworter zerstoben wie Träume, als
Klaus Liepelt, Leiter des Instituts für angewandte Sozialwissenschaf-
ten in Bad Godesberg (Infas), die Folgen dieses Wahlrechts anhand der
Daten früherer Wahlen durchrechnete und seine Ergebnisse präsentierte. Für die CDU fielen sie höchst erfreulich, für die SPD dagegen
vernichtend aus. So hätte beispielsweise 1957, als die CDU erstmals mit
50,2 Prozent und 277 Sitzen die absolute Mehrheit erhielt, unter einem
Mehrheitswahlrecht mit 346 Sitzen sogar über die verfassungsändernde
Zweidrittelmehrheit im Parlament verfügt. Bei den Wahlen 1965, wo
ihr mit 47,6 Prozent der Stimmen nach geltendem Wahlrecht 251 Sitze
zugesprochen wurden, wäre deren Zahl auf 300 hochgeschnellt – und
damit hätte sie gegen die 218 Sitze der SPD höchst bequem allein regieren können.

Zugegeben: Der Beitrag, den wir damals zeigten, hätte rein optisch
heutigen Ansprüchen nie genügt. Er war gespickt mit erklärenden
Grafiken, Zahlen und Statements, in denen der Infas-Chef, vor seinen

Computern sitzend, seine Ergebnisse erläuterte – besonders einladende
Bilder waren das nicht. Und doch zeigte gerade diese Story eine beinahe explosive Wirkung. Bei der deutschen Wählerstruktur, die sich
von der britischen eindeutig unterscheide, so Liepelt, werde die Einführung des Mehrheitswahlrechts nicht Machtwechsel befördern, sondern im Gegenteil der Machtverfestigung – also der CDU – dienen.
Ein Sieg der SPD liege bei der geplanten Reform dagegen in sehr, sehr
weiter Ferne. Solch düstere Aussichten alarmierten auch den letzten
SPD-Genossen im Land. Und so wurde das Thema Wahlrechtsreform
auf dem Nürnberger Parteitag 1968 erst einmal um zwei Jahre ver-
schoben, auf den nächsten SPD-Parteitag 1970, um allerdings zuvor,
am Ende der Wahlnacht vom 28. September 1969, klammheimlich
beerdigt zu werden. Denn da begannen die ersten Kontakte zur Bildung einer sozialliberalen Koalition, und damit waren alle Pläne für ein
Wahlrecht, welches das sichere Aus für die FDP bedeutet hätte, plötzlich vom Tisch.

Der erste Machtwechsel in der Bundesrepublik gelang ohne Mehrheitswahlrecht, und entsprechend knapp fiel das Ergebnis aus. Erst
tief in der Nacht standen Gewinner und Verlierer fest. Es ging hoch-
dramatisch zu. Ich berichtete damals live aus der »Baracke« für die
Wahlsondersendung der ARD und erinnere viele Stunden quälender
Ungewissheit, Stunden, in denen es zwischen den Lagern auf Spitz
und Knopf stand, in denen die Hochrechnungen mal die CDU, dann
wieder SPD und FDP vorne sahen. Zu den sicheren Verlierern aber
zählten sehr früh schon die Meinungsforscher. Denn kaum hatten die
Wahllokale um achtzehn Uhr geschlossen, gab Elisabeth Noelle-Neumann die Prognose ihres renommierten Instituts für Demoskopie in
Allensbach bekannt. Danach würde die SPD stärkste Partei und mit
45,9 Prozent der Stimmen knapp vor der CDU mit nur 44,8 Prozentpunkten liegen. In der »Baracke« brach erst einmal Jubel aus. Die Vo-
raussagen der »Pythia vom Bodensee« galten als besonders verlässlich,

aber diesmal lag sie falsch. Schon um neunzehn Uhr hielt das ZDF mit einer ersten Hochrechnung dagegen, nach der die CDU auf die absolute Mehrheit zumarschierte. Die ARD behauptete zwar wenig später, das Rennen sei noch völlig offen, aber bald herrschte in der »Baracke« wieder Trübsal, weil die Wahlcomputer die CDU weiter in Führung sahen. Die Junge Union hatte dem vermeintlichen Wahlsieger der ersten Hochrechnungen bereits einen Fackelzug dargebracht, und Kanzler Kiesinger die telefonischen Glückwünsche Präsident Nixons entgegengenommen, als sich plötzlich der Auszählungstrend wendete. Gegen zehn Uhr abends errechnete Infas erstmals einen leichten Vorsprung von vier Sitzen für SPD und FDP, eine halbe Stunde später wurden aus vier sechs und wiederum eine halbe Stunde darauf dann aus sechs acht Mandate. Reichte es, oder reicht es nicht?

Es war Karl Schiller, der vor die Kamera trat und trotz hauchdünner Mehrheit als Erster eine SPD/FDP-Koalition empfahl. Aber grimmig wie stets, gab Partei-Zuchtmeister Herbert Wehner ihm sofort Kontra und warnte eindringlich vor einer Allianz mit der alten »Pendlerpartei« FDP. Die führenden Genossen waren offensichtlich uneins. Wehner wollte die Fortführung der Großen Koalition, auch Helmut Schmidt, denn er sah die Mehrheit von mindestens zwei Dutzend Sitzen nicht, die er für ein Regieren gegen die stärkste Partei im Parlament für unerlässlich hielt.

Eine halbe Stunde vor Mitternacht dann die entscheidende und bewegende Szene: Ein zum Kampf entschlossener Willy Brandt betrat den Raum, von SPD-Mitarbeitern und Wahlhelfern bereits als Kanzler von morgen bejubelt, und beendete das große Rätselraten. Von meinem ZDF-Kollegen Gerhard Löwenthal und mir befragt, zeigte er sich fest entschlossen, eine sozialliberale Koalition zu bilden. Durch und durch stolz und siegesbewusst, die Arme über der Brust gekreuzt, den Blick in die Ferne gerichtet, stand er da vor unseren Kameras. In meiner *Willy Brandt*-Biografie, die zehn Jahre nach seinem Tod erschien, habe ich beschrieben, wie ich die Szene erinnere: »Die Stimme ist rau, wie üblich schieben sich die Sätze ineinander, und der Zuhörer meint, bei seinen Redepausen den Denkprozess des Sprechenden mitzuerleben. Zwar ist die CDU/CSU stärkste Fraktion geblieben, doch seine Partei hat mit 42,7 Prozent das bisher beste Ergebnis ihrer Geschichte erreicht, und deshalb erkläre er sie schlicht zum eigentlichen Sieger dieser Wahl. Die CDU/CSU habe 1.5 Punkte verloren und sei auf 46,1 Prozent abgerutscht – eine bürgerliche Koalition von CDU/CSU und FDP wäre mithin eine Koalition der Verlierer. Dann trennt er, was er gern nach Wahlen tut, die CDU von der CSU, weil sie doch zwei verschiedene Parteien seien, und folgert: ›Die SPD ist die größte Partei, die SPD ist die stärkste Partei, die CDU hat nicht gewonnen, sondern sie hat verloren ... SPD und FDP haben mehr als CDU und CSU. Das ist das Ergebnis.‹« Mehrheit sei Mehrheit, erklärte er. Aber es war eine hauchdünne Mehrheit im Parlament, nicht eine in der Gesellschaft, auf die er sich stützen konnte.

Wenn Kiesinger und mit ihm die CDU/CSU zwar stärkste Fraktion wurden und dennoch die Herrschaft über den Staat verloren, fühlten sie sich als Opfer der NPD. Im Wahlkampf hatten sie alles versucht, die Nationaldemokraten unter die Fünfprozenthürde zu drücken. Ihr Versuch gelang, aber um den Preis des Machtverlusts. Für eine Regierungsbildung durch die CDU erwiesen sich die 4,3 Prozent der Stimmen, die die NPD erhielt, nämlich als entweder zu wenig oder aber zu viel. Zu wenig, denn hätte die NPD nur 0,7 Prozent mehr Stimmen erhalten, wäre sie in den Bundestag eingezogen und hätte dann zusammen mit der CDU/CSU eine sozialliberale Koalition verhindern können. Zu viel, denn hätte die NPD weniger Stimmen erhalten, wären diese höchstwahrscheinlich an die CDU/CSU gegangen und hätten ihr zur absoluten Mehrheit im Parlament verholfen. »Hätte, hätte Fahrradkette«, sollte 2013 der hochrespektable SPD-Wahlverlierer Peer Steinbrück sagen. Und doch ist es diese Rechnung der CDU, welche die mit

Wahlabend 1969 in der SPD-Baracke: Nach dramatischem Auf und Ab der Hochrechnungen stellt sich ein strahlender und entschlossener Willy Brandt erstmals der Presse. Er hat zwar nur einen hauchdünnen Sieg errungen, aber erklärt, er wolle mit der FDP eine Regierung bilden und die CDU auf die Bänke der Opposition verbannen.

Erbitterung geführte Auseinandersetzung zwischen der Regierung Brandt/Scheel und der christdemokratischen Opposition in den kommenden Jahren vergiftet wird.

Dass diese Jahre auch die spannendsten der bundesdeutschen Politik werden sollten, zeigte sich bereits bei der Kanzlerwahl. Brandt brauchte mindestens 249 Stimmen, wurde aber nur von 251 gewählt. Er erhielt damit nur zwei Stimmen mehr als unbedingt nötig und tröstete sich damit, dass er 200 Prozent mehr Stimmen erhalten habe als Konrad Adenauer, der mit nur einer Stimme, seiner eigenen, zum Kanzler gewählt worden sei. Aber die knappe Wahl Brandts musste als Alarmzeichen gelten. Sie zeigte, dass es drei Neinsager im Lager der neuen Koalition gegeben hatte, darunter den früheren Parteichef Erich Mende, der sich auch offen dazu bekannte. Doch weil in dieser FDP-Fraktion mehr als nur drei mögliche Koalitionsdeserteure saßen, begann ein Spiel auf Zeit, in dem die CDU/CSU versuchte, rechtsliberale Abgeordnete mit dem Angebot wichtiger Positionen, Ämter oder auch Barem auf ihre Seite zu locken, indes das Brandt-Lager sich geradezu verzweifelt bemühte, potenzielle Überläufer – nicht selten mit Gegenangeboten – bei der Stange zu halten. Es waren Jahre, in denen Anhänger der Brandt'schen Politik, zu denen ich zählte, zwischen Bangen und Hoffen schwebten und morgens mit der Frage aufwachten: Gibt es sie noch, diese hauchdünne Mehrheit, oder ist die Zeit des Kanzlers Brandt schon vorbei?

Seine parlamentarische Basis war von Beginn an gefährdet, und umso erstaunlicher ist, dass ihm gelang, was die Große Koalition nicht fertiggebracht hatte: den Abschied von deutschlandpolitischen Illusionen und Tabus, eine schmerzliche Anpassung an die Wirklichkeit, zu der die Anerkennung eines zweiten deutschen Staats und die Festschreibung der Oder-Neiße-Linie als der »westlichen Staatsgrenze der Volksrepublik Polen« gehörte. Zwar gab es einen Friedensvertragsvorbehalt, der besagte, Bonn könne nur für die Bundesrepublik handeln, nicht aber für ein wiedervereinigtes Deutschland. Doch war dies nicht viel mehr als ein juristisch-hypothetischer Zukunftsvorbehalt. Keiner der westlichen Alliierten war geneigt, je eine Revision der Oder-Neiße-Linie zu unterstützen. Und nur Träumer konnten sich für den Fall einer Wiedervereinigung nach einem Friedensvertrag einen deutschen Staat in den Grenzen von 1937 erhoffen. Praktisch, so empfand ich es, verzichtete die deutsche Seite mit ihrer Unterschrift in Warschau definitiv darauf, Anspruch auf drei einst blühende deutsche Provinzen zu erheben – Provinzen, die nunmehr zu Polen gehörten, die gut ein Viertel des Reichsgebiets von 1937 ausgemacht hatten und aus denen Millionen Deutsche deportiert und vertrieben worden waren. Die Vertriebenenverbände riefen deshalb: »Verrat!« Aber schmerzlich war dieser Verzicht auch für so gescheite Befürworter seiner Politik wie Marion Gräfin Dönhoff, der Ostpreußen ihre viel geliebte Heimat war. Zwar haderte die Chefredakteurin der *Zeit* keineswegs mit den Moskauer oder Warschauer Verträgen. Aber als der Kanzler sie einlud, ihn zur Unterzeichnung des Warschauer Vertrags zu begleiten – er hatte dazu auch Günter Grass, Siegfried Lenz, Krupp-Chef Berthold Beitz und *Stern*-Chef Henri Nannen gebeten – winkte sie ab: Er möge sie bitte nicht für feige halten, schrieb sie, aber nein, dies schaffe sie einfach nicht.

Der Durchbruch durch die erstarrten Fronten des Kalten Krieges war Brandt zuvor, im August 1970, in Moskau gelungen, und ich vergesse nie seine bewegende Rede nach Unterzeichnung des Moskauer Vertrags. Schon dass er an einem historischen Tag, an dem Bonn und Moskau Frieden miteinander schlossen, sich von einem Moskauer Studio aus an die »lieben Mitbürger in Deutschland« wenden konnte, war eine Sensation. Sein Gesicht wie zur Maske erstarrt, gab er sich konzentriert, sprach schnörkellos, vermied jedes überflüssige Wort und erklärte: »Mit diesem Vertrag geht nichts verloren, was nicht längst verspielt worden war.« In Warschau sollte er diesen Satz wiederholen und hinzufügen: »… verspielt vom verbrecherischen System des Nationalsozialismus.« In seiner Fernsehansprache nach der Unterzeichnung wandte er sich bewusst an die Vertriebenen, betonte, der Vertrag solle ihre Vertreibung nicht nachträglich legitimieren, und versicherte: »Uns schmerzt das Verlorene, und das schmerzgeprüfte polnische Volk wird unsere Schmerzen respektieren.«

Sein Kniefall vor dem Ghetto-Mahnmal in Warschau wurde zum Symbol für seine Ostpolitik, sie stand für ein Deutschland, das man so bislang nicht kannte, und für einen Staatsmann, der moralische Maßstäbe setzte. Seine Geste wurde weltweit geachtet, aber ich vergesse die gespenstische Debatte nicht, die ihretwegen in Deutschland entbrannte. Allensbach fand heraus: Nur 41 Prozent der Deutschen hielten den Kniefall für angemessen, 48 Prozent dagegen für übertrieben und lehnten ihn ab. Eingefleischten Konservativen und den Vertriebenen galt der Vertrag ohnehin als Totenmesse für Pommern, Schlesien und Ostpreußen, und Springers *Berliner Morgenpost* schrieb, Brandt habe die »Rechte der Ostdeutschen auf Heimat und Selbstbestimmung auf den Müllhaufen der Geschichte« befördert. Kein Zweifel: Brandts Entspannungs- und Versöhnungspolitik polarisierte, im Wahlkampf 1972 sollten wütende Gegner behaupten, der Emigrant habe die nationalen Interessen verraten, und Parolen wie »Brandt an die Wand« auf Ruhrgebietsmauern sprühen.

Wenn viele in ihm heute vor allem den Kanzler der Entspannung und des Friedens sehen wollen, blenden sie aus, was mich damals besonders beeindruckte: dass seine Ostpolitik einen durch und durch nationalen Ansatz hatte. So betonte er in seiner bewegenden Fernsehansprache von Moskau aus, mit diesem Vertrag sei ein Anfang gesetzt, »damit der Zerklüftung entgegengearbeitet wird, damit Menschen nicht mehr im Stacheldraht sterben müssen, bis die Teilung unseres Volkes eines Tages hoffentlich überwunden werden kann«. Wer nicht den »Mut zum Erkennen der Wirklichkeit« hatte, war für ihn kein wahrer Patriot. Und weil zum Erkennen der deutschen Wirklichkeit die

Tatsache gehörte, dass es inzwischen »zwei Staaten einer Nation« gab, vermied Patriot Brandt in seinem ersten Bericht zur »Lage der Nation« bewusst das Wort »Wiedervereinigung«. Und doch hatte der Modus Vivendi, den er zwischen den zwei Staaten, den er mit der DDR durch den Grundvertrag schließlich aushandelte, eine durchaus nationale Zielsetzung: Indem er menschliche Begegnungen zwischen Deutschen-Ost und Deutschen-West wieder ermöglichte, sollte das Bewusstsein lebendig gehalten werden, dass sie einer Nation angehörten.

Wie sehr dies seiner Politik tatsächlich gelungen war, sollte ich fünfzehn Jahre später als ARD-Korrespondent in der DDR tagtäglich erleben. In seinem Denken blieb die Geschichte immer offen. Wenn er am Begriff der einen Nation festhielt, hielt er damit auch die deutsche Frage offen für jenen fernen Tag, an dem die Deutschen doch wieder zusammenfinden könnten. Dass er diesen Tag mit seiner Politik, vor allem mit dem Abbau der Feindbilder in Moskau und Warschau, näher rücken half, ist heute unumstritten. Aber zugegeben: Wenn seine Gegner damals die nationale Motivation nicht zur Kenntnis nahmen, dann wohl auch, weil sie sich in der Architektur der von Egon Bahr filigran ausgehandelten Verträge meist hinter komplizierten juristischen Klauseln versteckte. Für Brandts Gegner war die Anerkennung der DDR deshalb die eines kommunistischen Feind- und Unterdrückerregimes, sie vertiefte die Spaltung Deutschlands und war damit das Böse schlechthin. Für Brandt dagegen war sie Teil einer umfassenden Entkrampfungs- und Entspannungsstrategie, die weiterer Entfremdung zwischen den Deutschen vorbeugen sollte. Sie bedeutete keinesfalls, dass die DDR nunmehr Ausland sei. Staatsbürgerfragen blieben bewusst aus dem Grundlagenvertrag ausgeklammert. Die Staatsbürgerschaft der DDR wurde von Bonn zwar respektiert, aber juristisch nie anerkannt. Daraus folgte: Kaum dass ein DDR-Staatsbürger den Boden der Bundesrepublik betrat, war er für Bonn Deutscher im Sinne des Grundgesetzes. Sollte er sich im Ausland aufhalten und eine Bonner Botschaft betreten, war diese verpflichtet, ihm zu helfen wie jedem Bundesbürger auch. Wichtiger noch bleibt: Seine Vertragspolitik bettete die Bundesrepublik in die Entspannungspolitik des Westens ein, zu der Bonn bislang als Störfaktor quergelegen hatte. Erst durch sie wurde die Bundesrepublik nach allen Seiten – nach West wie nach Ost – handlungsfähig, spielte fortan als Mitglied der Vereinten Nationen in der internationalen Liga mit und gewann erheblich an politischem Gewicht.

Es ist kein Geheimnis, dass wir in der *Panorama*-Redaktion Brandts Politik als erlösenden Ausbruch aus der politischen Sackgasse begrüßten, in der sich die Deutschlandpolitik seit dem Mauerbau befunden hatte. Unser Selbstverständnis war links, aber nicht in einem parteipolitischen Sinn. Links hieß für uns: Förderung von Zivilcourage und Kritik an obrigkeitsstaatlichen oder autoritären Strukturen, wo immer die sich in der Gesellschaft bemerkbar machen sollten, Kritik auch am Festhalten der Regierenden an Trugbildern und politischen Illusionen. In der Ostpolitik neutral zu bleiben, schien uns deshalb als Meinungsmagazin unerlaubt. So räumten wir in Interviews mit Brandt, Bahr oder dessen Vordenker Peter Bender gelegentlich die Chance ein, ihre Politik, gegen die die Opposition wütend anrannte, zu erklären, und gaben prominenten Befürwortern, etwa Carl Friedrich von Weizsäcker oder Golo Mann, Gelegenheit, ihre Zustimmung zu begründen.

Das schloss nicht aus, heftigste Kritik an der Regierung Brandt zu üben, wenn sie in unseren Augen unverzeihliche Fehler beging – etwa mit dem Radikalenerlass vom Februar 1972. Ich flog damals von Hamburg häufiger nach Bonn, und manchmal lud mich der Innenminister zu einem gemeinsamen Frühstück in sein Ministerium ein. Von Hans-Dietrich Genscher, der ja aus Halle stammte und einen Onkel in meiner Geburtsstadt Zeitz hatte, wurde ich stets fröhlich als »Landsmann« begrüßt. Bei Kaffee und Brötchen besprachen wir die Lage der FDP, die damals in vielen Landtagswahlkämpfen ums Überleben bangen musste. Dieser Radikalenerlass, erklärte mir Genscher, sei nötig, um die Flanke der Regierung nach links abzusichern und sie gegen die falsche Behauptung der Opposition zu verteidigen: Versöhnungspolitik nach Osten führe notwendig zu einer Volksfrontpolitik auch nach innen. Völlig abwegig war das nicht. Aus ähnlichen Gründen hatte die sozialdemokratische Führung zuvor schon mit ihrem Unvereinbarkeitsbeschluss auf den unüberwindbaren Gegensatz von freiheitlicher Demokratie und kommunistischer Diktatur verwiesen und Aktionsbündnisse der Jungsozialisten mit kommunistischen oder von der DKP gesteuerten Organisationen scharf kritisiert.

Verfassungsfeinde aus wichtigen Positionen des Staatsapparats fernzuhalten – gut und schön, dachten wir bei *Panorama*, aber musste dies durch deutsche Regelungswut gleich dazu führen, dass Verdächtige nicht einmal Referendare werden konnten? In Berufen, in denen der Staat Ausbilder war, etwa bei Lehrern oder Juristen, kam die Ablehnung eines Bewerbers, der in wilden APO-Jahren einmal einer maoistischen oder trotzkistischen Gruppe angehört hatte, einem Ausschluss vom Berufsweg gleich. Das Schlagwort »Berufsverbot« wurde zwar propagandistisch genutzt, traf aber den Kern des Problems. Entsprechend heftig war unsere Kritik. Wir brachten Beispiele – etwa das eines Lokomotivführers, der damals wie Lehrer und Postboten Beamter sein musste und deshalb mit Staatssekretären, Polizeichefs und Generälen über einen Kamm geschoren wurde. In Interviews, so mit dem Publizisten und Politikwissenschaftler Alfred Grosser in Paris, wiesen wir auf andere Demokratien hin, die das Problem nicht juristisch, sondern pragmatisch lösten. Französische Regierungen konnten ohne Schwierigkeiten mit kommunistischen Lokführern oder Volksschullehrern leben, aber das hinderte sie nicht, Kommunisten aus Schlüsselpositionen von Polizei, Militär und Verwaltung fernzuhalten. Aus meiner Sicht hatte die Bundesrepublik mit diesem Radikalenerlass den Reifeprozess zur Demokratie westlichen Musters noch nicht beendet, denn sie verstand es nicht, mit Verfassungsfeinden ohne staatliche

Repression umzugehen. Wenige Jahre später sollte Brandt die Franzosen um ihr pragmatisches Vorgehen beneiden und seine Unterschrift unter den Radikalenerlass als einen seiner kardinalen Fehler werten. In der Tat war es fatal, dass gerade er, der den größeren, nicht zur Gewalt bereiten Teil der rebellierenden Jugend in den demokratischen Prozess integrieren wollte, seine Unterschrift unter einen Erlass setzte, der Andersdenkende mit Berufsverboten bedrohte.

Natürlich bemühten auch wir uns, wenngleich nicht erfolgreich, Licht in das Dunkel der Steiner-Wienand-Affäre zu bringen, denn da ging es um die Frage, ob das Misstrauensvotum vom April 1972 gegen Brandt durch Bestechung gescheitert war. Gut erinnere ich die aufgepeitschte Stimmung der Wochen und Tage vor jenem Votum. Nach einem großen Sieg der CDU bei den Landtagswahlen in Baden-Württemberg am 23. April hatte der Freidemokrat Wilhelm Helms, ein hoch verschuldeter Bauer aus dem Niedersächsischen, telegrafisch seinen Übertritt zur CDU angekündigt. Damit verlor Brandt die allerletzte Stimme, mit der seine Koalition eine Mehrheit im Bundestag hatte, und prompt kündigte Oppositionschef Rainer Barzel für den 27. April den Kanzlersturz per Misstrauensvotum an. All dies geschah innerhalb einer Woche, und im Rückblick scheint mir, hielt das Land in diesen Tagen buchstäblich den Atem an. Zwar ist das Misstrauensvotum nach dem Grundgesetz ein legitimes Mittel im politisch-parlamentarischen Kampf. Aber viele »draußen im Land«, diese von Ministern wie Abgeordneten im Raumschiff Bonn oft und gern benutzte Formulierung, hatten kein Verständnis dafür, dass die Opposition die Regierung mit Überläufern – dazu mit vermutlich gekauften – stürzen und Brandt, der inzwischen den Friedensnobelpreis erhalten hatte, aus dem Amt jagen wollte.

Verfügte der Kanzler 1969 zwar über eine Mehrheit im Parlament, nicht aber in der Gesellschaft, hatten sich die Verhältnisse bis April 1972 umgekehrt. Jetzt stand er im Bundestag ohne Mehrheit da, hatte

dafür aber die in der Gesellschaft gewonnen, denn 80 Prozent der
Deutschen, so ermittelten Meinungsforscher, sprachen sich jetzt für
seine Ostpolitik aus. So mangelte es nicht an Kundgebungen der Sympathie vor dem entscheidenden Votum, die alle der Opposition signalisieren sollten, die Macht nicht mittels »Heckenschützen« zu erobern.
In zahllosen Unternehmen traten Belegschaften aus Bekenntnis zu
Brandt in Warnstreiks, in allen größeren Städten kam es zu Demonstrationen für seine Politik. Straßenbahnfahrer im Ruhrgebiet stoppten
ihre Triebwagen, um Solidarität mit dem bedrohten Regierungschef zu
zeigen. Hochknisternd die Spannung dann am entscheidenden Tag,
dem der Abstimmung: In mittleren und größeren Betrieben ruhte die
Arbeit, Fernseher waren überall aufgebaut, damit jeder das erregende
Drama live verfolgen konnte. Brandts Kanzleramtsminister Horst
Ehmke hatte bereits Lastkraftwagen beordert, um nach dem – erwarteten Sieg, Barzels vertrauliche Akten aus dem Amt wegzukarren.

Barzel verlor – aber wir bei *Panorama* fragten uns damals, was eigentlich geschehen wäre, wenn er gewonnen hätte. So viel schien uns sicher:
Wenn nicht zu Unruhen, wäre es wohl bundesweit zu Massendemonstrationen mit der Forderung nach sofortigen Neuwahlen gekommen –
die ein neuer Kanzler Barzel wohl kaum lange hätte verweigern können. Brandt regierte also weiter, wenn auch gelähmt durch eine Patt-
situation im Parlament, fuhr jedoch im November 1972, bei der »Willy-
Wahl« ein triumphales Ergebnis ein, das er zu Recht als ein Plebiszit für
seine Politik werten durfte. Erstmals in ihrer Geschichte wurde die
SPD stärkste Fraktion im Parlament. Damit hatte die sozialliberale
Koalition den Gipfel erreicht, aber, um Egon Bahr zu zitieren: »Von
nun an ging's bergab.«

Nur ein halbes Jahr später kam die große Ernüchterung: Julius Steiner, ein Hinterbänkler der CDU, gestand, er habe von Karl Wienand,
dem Parlamentarischen Geschäftsführer der SPD und »Wehners Mann
für heikle Fälle«, 50 000 D-Mark erhalten, um nicht für Barzel zu

stimmen. War der Kanzler Brandt also nur durch Bestechung gerettet worden? Wienand bestritt dies vehement, aber wer glaubte diesem Dementi schon, da selbst ein Genosse Wienands bezeugte, er habe den Kontakt zwischen ihm und Steiner hergestellt, und beide hätten in seiner Privatwohnung darüber gesprochen, wie viel die Stimme eines Abgeordneten denn wert sei. Er habe damals auch eine Vollmacht des Parteischatzmeisters Alfred Nau und auch des stellvertretenden Vorsitzenden besessen. Das machte die Affäre Wienand-Steiner auch zur Affäre Wehner, dessen rechte Hand er unzweifelhaft war, und damit zu einer der Sozialdemokratischen Partei.

Wie sehr das Ansehen Brandts als unangreifbarer, moralisch überlegener Friedenskanzler und Nobelpreisträger durch dieses Watergate der SPD Schaden nahm, zeigte eine *Panorama*-Umfrage unter Arbeitern. Der Tenor: Wer sei eigentlich noch wählbar? Man habe damals ja gegen die Sauereien der CDU gestimmt, und jetzt stelle sich heraus, die SPD mache genau das Gleiche. Seit Markus Wolf 1997 seine Memoiren *Spionagechef im geheimen Krieg* veröffentlichte, wissen wir, dass er es war, der aus seiner Kasse 50 000 D-Mark zur Verfügung stellte, um Steiner zur Stimmabgabe gegen das Misstrauensvotum zu bewegen. Von ihm erfuhren wir auch, dass beide, Wienand wie Steiner, der Stasi zuarbeiteten – der windige Steiner, der Mann mit der Maske des Biedermanns als Doppelagent, im Westen geführt vom Stuttgarter Landesamt für Verfassungsschutz. Da Wienand bis zu seinem Tod alles leugnete, bleibt offen, ob Steiner nicht von zwei Seiten bestochen wurde. Zwar fehlt der letzte Beweis dafür, aber dass dies eher wahrscheinlich ist, schildert die Witwe Brandts, Brigitte Seebacher, in ihrer *Willy Brandt*-Biografie: Als ihr Mann von der Bestechung durch Wolf erfahren habe, sei er senkrecht aus seinem Sessel gesprungen, mit offenem Mund vor dem Fernseher stehen geblieben und hätte erklärt: »Dann hat er doppelt kassiert.«[53]

Aber hatte Brandt von der ganzen Aktion vor dem Steiner-Geständnis überhaupt gewusst? Ich vermute, dass ein Mann wie Wehner, als alter Stalinist gewohnt, die Partei über die Person zu stellen, damals ohne Brandts Wissen gehandelt hat, weil er zu Recht dessen Skrupel fürchtete. Sehr spät jedenfalls, Anfang der Achtzigerjahre, betonte Wehner in einem Interview: Ja, es sei damals »schmutzig zugegangen.« Ein Fraktionsvorsitzender müsse wissen, was geschieht und was versucht wird, um einer Regierung den Boden unter den Füßen wegzuziehen. »Die Regierung selbst muss das alles gar nicht wissen.«[54]

Aber es gab ja einen zweiten Abgeordneten aus dem Lager der Union, der Barzel seine Stimme nicht gegeben hatte. *Panorama* beschäftigte sich ausführlich mit den seltsamen Geschäften des CSU-Abgeordneten Leo Wagner, der sein Mandat in großem Stil dafür missbraucht hatte, Firmen bei Behörden Vorteile zu verschaffen, dafür enorme Summen kassierte und dennoch hoch verschuldet blieb. Dass er unter dem Decknamen »Löwe« für die Stasi über CDU/CSU-Interna laufend berichtete, wussten wir damals nicht, obschon wir von seiner Bestechungsanfälligkeit hätten ahnen können. Mischa Wolf, der alte DDR-Spionagechef, deckte ja seine Agenten und Informanten – jedenfalls, solange sie am Leben waren. Seine finanzielle Notlage hatte Wagner zum idealen Stasi-Opfer, gemacht, aber erst zehn Jahre nach dem Tod seines Chefs und DDR-Meisterspions Wolf offenbarte der Stasi-Offizier Horst Kopp in seinen Erinnerungen *Der Desinformant*, dass er in dessen Auftrag den inzwischen ebenfalls verstorbenen Wagner 1972 dazu habe bewegen können, seine Stimme beim Misstrauensvotum nicht für Barzel und damit nicht gegen Brandt abzugeben.

Wie gesagt: Die Steiner-Wienand-Affäre kostete Brandt viel von seiner moralischen Glaubwürdigkeit, und blicke ich zurück, markiert sie auch den Anfang seines Niedergangs. Es war der rasante Autoritätsverfall des Kanzlers, der weit mehr als die Affäre um Günter Guillaume schließlich zu seinem Rücktritt führen sollte. In einem monatelang währenden Fluglotsenstreik, der in der Hauptreisezeit zu Tausenden

Flugausfällen und Chaos auf den Flughäfen führte, hatte die Regierung sich ohnmächtig gezeigt. Im Fall Wehner, der Brandt ausgerechnet von Moskau aus vorhielt, er bade gern lau, sei abgeschlafft und der Regierung fehle ein Kopf, hätte er kämpfen und den Fraktionschef, wie ihm enge Weggefährten rieten, in die Wüste schicken müssen. Aber solche Führungsstärke zeigte er nicht. Brandt verzichtete auf jede öffentliche Rüge und zog eine private Aussprache mit Wehner vor. Als die Araber nach dem Jom-Kippur-Krieg die Ölförderung drastisch drosselten, Benzin knapp wurde, die Wirtschaft zu lahmen begann und die Zahl der Arbeitslosen stieg, machte er Urlaub an der Côte d'Azur. Auf den Fernsehschirmen war als Krisenmanager kein Kanzler, sondern Hans Friderichs, der FDP-Wirtschaftsminister, in seinem Kabinett zu sehen.

War er erschöpft, hatten Jahre der Kämpfe um die Freiheit Berlins und das weit schwierigere Ringen um die Ostverträge ihn ausgelaugt, seine Kraft verschlissen? Den rasanten Autoritätsverfall eines Kanzlers mitanzusehen, der historische Weichen gestellt hatte und den ich auch als Person hoch schätzte, hatte etwas durchaus Tragisches an sich. So lud ich Günter Grass ein, den alten Freund und Trommler für Brandt, in *Panorama* eine Bilanz der bisherigen zweiten Legislaturperiode zu ziehen. Er, der einst das *Loblied auf Willy* geschrieben hatte, zeigte sich von seinem Freund und Kanzler bitter enttäuscht. Mit seinen »Worten an Willy« versuchte er ihn aufzurütteln, aus der Entrückung auf den Boden der Tatsachen zu holen: Die Koalition sei schlafmützig, sie wurstele uninspiriert vor sich hin und leide an »lähmender Selbstgefälligkeit«. Brandt strahle nicht mehr Tatkraft, sondern Lustlosigkeit aus, gebe sich »statuarisch, geschichtsträchtig«, ja, es sehe so aus, als hätten Erfolge und allzu viele Ehrungen ihn in einen Bereich entrückt, »den Karikaturisten gern über den Wolken« ansiedeln. Weder für Grass noch für mich bestand Zweifel daran: Das Monument Brandt bröckelte bereits bedenklich, und der *Spiegel*, der Brandts Ostpolitik vorbehaltlos unterstützt hatte, brachte eine Woche später, am 10. Dezember 1973, den Titel »Kanzler in der Krise« und als Cover einen Kopf von Brandt als Denkmal, von Rissen durchzogen und über die Wolken ragend – ein reichlich giftiges Geschenk zum sechzigsten Geburtstag des Kanzlers.

Wie wenig Fortune Brandt als Kanzler in der Innenpolitik hatte, zeigte sich beim Streit um die Tarifpolitik der ÖTV. Völlig unnötig, denn die Verhandlungen führte der Innenminister, legte sich der Kanzler fest und erklärte, eine zweistellige Lohnerhöhung sei nicht akzeptabel. Als sich durch Streiks die Müllhaufen in deutschen Städten mehrten, setzte der massive Gewerkschaftschef Heinz Kluncker einen Abschluss von 13 Prozent durch. Brandt stand als Blamierter da und ging als Kanzler einem neuerlichen Tiefpunkt seiner Autorität entgegen.

Der Niedergang beschleunigte sich, als die SPD bei Kommunalwahlen im Frühjahr 1974 herbe Verluste hinnehmen musste und in ihrer Hochburg sogar 10 Prozentpunkte einbüßte. Nicht der Parteivorsitzende, den wir angefragt hatten, sondern Helmut Schmidt stellte sich daraufhin in einem von Friedrich Nowottny und mir moderierten *ARD-Brennpunkt* unseren Fragen über die Talfahrt der SPD. Und Schmidt, den man in seinen ersten Abgeordnetenjahren in Bonn gern »Schmidt-Schnauze« genannt hatte, nahm denn auch kein Blatt vor den Mund. Für den fatalen Zustand der SPD machte er die »laxe Führung« der Partei durch ihren Vorsitzenden verantwortlich. Der habe die Aufnahme von »halb fertigen« Akademikern zugelassen, deren »unerträgliches marxistisches Kauderwelsch« und deren radikale Vorstellungen plötzlich für die Meinung der SPD gehalten würden. Der große Wahlerfolg Brandts 1972 sei auf die engagierte Begeisterung für die Ostpolitik zurückzuführen, er habe die Zerrissenheit der SPD nur verdecken helfen und sei nicht als Zustimmung für die programmatischen Forderungen der SPD misszuverstehen. Nicht nur in der »Baracke« werteten viele Genossen dies als Bewerbungsrede für den Parteivorsitz und eine Art Putschversuch. Aber das war es nicht. Schmidt hatte nur seinem seit Langem aufgestauten Ärger Luft gemacht, denn er war überzeugt, Brandt sei mit seinen Versuchen, die Achtundsechziger in die Partei zu integrieren, auf bestem Wege, die SPD in eine Pietro-Nenni-Partei zu verwandeln – jene Partei der italienischen Sozialisten, die von Kommunisten unterwandert worden war.

Mit dem Fall Guillaume endete Brandts Abstieg vom Gipfel schließlich als Tragödie, die allerdings, wie wir heute wissen, auch eine ordentliche Portion Ironie enthielt. Denn der persönliche Referent, über dessen Entlarvung als Spion der Kanzler stürzte, war Agent jenes Generalobersts, der die Auslandsspionage der DDR leitete und von sich behaupten durfte, die sozialliberale Koalition 1972 durch Bestechung an der Macht gehalten zu haben. Markus Wolf – also Kanzlerretter und Kanzlermörder zugleich? Am Anfang jener Tragödie stand Fahrlässigkeit, der Brandt zum Opfer fiel – der eigenen, der des Kanzleramtschefs, vor allem aber der des Innenministers, denn sie alle folgten einer Bitte des Verfassungsschutzpräsidenten: Guillaume, der längst der Spionage verdächtig war, sollte auf seiner Position im Kanzleramt bleiben, in der Hoffnung, der fortan ständig Überwachte werde endlich den fehlenden Beweis für seine Verhaftung liefern. Brandt war ein schlechter Krisenmanager seiner selbst, denn statt Guillaumes sofortige Versetzung zu verlangen, willigte er ein und ließ sich damit zum Köder und Lockvogel seines eigenen Geheimdiensts machen – eine Rolle, der er niemals hätte zustimmen dürfen.

Am Ende aber stürzte er über eine Leporello-Liste, entstanden nach der Verhaftung Guillaumes in langen Verhören seiner Leibwächter. Sie sollte Auskunft geben über angeblich zahllose Amouren des Kanzlers, die bei näherem Hinsehen in den seltensten Fällen solche gewesen waren. Von den wenigen Namen, die durchsickerten, waren mir zwei bekannt, von denen ich wusste, dass es sich um lange, gute Freundschaften, keineswegs um »intime Kontakte« handelte. Nur: Hatte der persönliche Referent Guillaume auch eine solche Liste geführt und sie nach Ostberlin weitergegeben? War Brandt damit also erpressbar? Der Chef des Inlandsdienstes, Günther Nollau, hatte diese Bedenken, teilte sie seinem Dresdner Landsmann Wehner mit, und der sagte dann vieldeutig: Er wolle den Kanzler stützen, äußerte zugleich aber den Vorbehalt, es gebe da Dinge, die aus der Welt zu bringen allein Sache Willy Brandts seien und die andere ihm nicht abnehmen könnten. Als sich die Presse der Leporello-Liste annahm, Produkte blühender und klebriger Sexfantasien erschienen, als eine Treibjagd auf den Privatmann Brandt begann, als *Bild* schließlich weibliche Nacktfotos veröffentlichte und wahrheitswidrig, aber in Riesenschlagzeilen behauptete, es seien Pornoaufnahmen des Kanzlerspions, wurde ihm die Sache zu dreckig. Er trat zurück. Zwar habe er nie betont, ein Säulenheiliger zu sein, sagte er Tage später zu Dagobert Lindlau in unserer Sendung, doch habe er sich – und damit seine Politik – nicht moralisch vernichten lassen wollen.

Es erfordert allen Respekt, dass Brandt sich nicht an die Macht klammerte, mit diesem Rücktritt Integrität und Intaktheit der demokratischen Institutionen über persönliche Interessen stellte – eine Haltung, die ihn zur moralischen Autorität werden ließ. Seine Entscheidung wirkte wie ein Schock, aber ich erinnere mich auch der ehrlichen Anteilnahme, ja Trauer, die sie in einem großen Teil der Öffentlichkeit auslöste. Der Publizist Johannes Gross hat einmal geschrieben, vor Adenauer hätten die Deutschen vor allem Respekt gehabt, Brandt dagegen sei von ihnen verehrt, geliebt, aber auch gehasst worden – gleichgültig jedenfalls hätte er niemanden gelassen. Ich möchte hinzusetzen: Geliebt wurde er auch wegen seiner menschlichen Schwächen, die er – eben als Nicht-Säulenheiliger – nie verbarg.

Aber ich gebe zu, dass ich zwar die fatalen Umstände dieses Rücktritts bedauerte, ihn zugleich aber für richtig und notwendig hielt. Brandt war ein Ideengeber, ein Mann der politischen Konzeptionen, aber die Ereignisse nach seinem großen Wahltriumph hatten gezeigt: Er war keiner des Apparats, der Administration, vor allem war er eines nicht, der

Krisenmanager, den die Bundesrepublik seit der Ölkrise benötigte. Nur zwei Jahre nach seinem Rücktritt hatte Brandt als Elder Statesman und Chef der Sozialistischen Internationale ein großartiges Comeback auf internationaler Bühne. Sein Nachfolger als Kanzler, Helmut Schmidt, steuerte das Land sicherer durch ökonomische Krisen, als sein wirtschaftlich weniger beschlagener Vorgänger es vermocht hätte.

Als ich Leitung und Moderation von *Panorama* Ende 1975 abgab, geschah dies keinesfalls auf Druck der Intendanz hin, sondern aus freien Stücken. Viele haben mir das damals nicht geglaubt. Aber ich war überzeugt, neun Jahre der Moderation seien genug, ein Fernsehmagazin wie *Panorama* müsse den Zuschauer durch seine Inhalte ansprechen und dürfe auf Dauer nicht mit einem – in diesem Fall meinem – Gesicht identifiziert werden. Lange Übung, ein wenig wohl auch die Erwartungshaltung des Publikums zwangen dem Moderator zudem ein Rollenverhalten auf, das ihn einseitig festlegte – eine Art Zwangsroutine, aus der ich ausbrechen wollte, zumal ein neues Gesicht auch für Verjüngung und neue Ideen stand. So übergab ich die Leitung und Moderation – mit dem Segen des Intendanten – an Gerhard Bott, blieb der Sendung jedoch als Chefredakteur Fernsehen, als der ich seit 1969 amtierte, eng verbunden. Allerdings gestaltete sich die Arbeit im Sender zunehmend schwieriger, seit der bisherige Programmdirektor Dietrich Schwarzkopf zum stellvertretenden Intendanten aufstieg und ein persönlich zwar sehr umgänglicher, hochachtbarer, jedoch leider total in den parteipolitischen Proporz verbissener Nachfolger kam.

Es lohnt nicht, all die Grabenkämpfe anzuführen, die es seither im Sender gab. Sie waren zermürbend. Als Mitte der Siebzigerjahre die Verlängerung meines Chefredakteursvertrags anstand, versuchten die CDU-Verwaltungsratsmitglieder erneut, was ihnen vor Jahren bei Paczensky gelungen war – mich durch Verweigerung der Vertragsverlängerung endlich loszuwerden. Der Verwaltungsrat war damals nicht gerade staatsfern besetzt, wie sich dies eigentlich für öffentlich-rechtliche Anstalten gehört hätte. Da saßen Minister, Parteivorsitzende oder Landtagsabgeordnete, ein schwarzer und ein roter Block standen sich gleichstark gegenüber, und bei Pattsituationen gab die Stimme des Vorsitzenden den Ausschlag, der Jahr für Jahr zwischen Rot und Schwarz wechselte. Als der Intendant die Verlängerung vorschlug, stellte Rot den Vorsitzenden, und der Intendant hätte damit eine Mehrheit für die Verlängerung gehabt. Um dies zu verhindern, machte Block Schwarz durch Auszug oder Nichterscheinen den Verwaltungsrat mehrfach beschlussunfähig. Als der Rumpfverwaltungsrat den Vertrag schließlich doch verlängerte, forderte Schleswig-Holsteins Ministerpräsident Stoltenberg umgehend ein Rechtsaufsichtsverfahren gegen den Intendanten und zog schließlich vor Gericht. Es war dann das Bundesverwaltungsgericht, das 1977 den Streit beendete und den Vertragsabschluss für rechtmäßig und das Verhalten der CDU-Verwaltungsräte für pflichtwidrig erklärte.

Auch bis dahin hatte ich, im Hause unangefochten, als Chefredakteur amtieren können. Doch als die Position des Korrespondenten und Studioleiters in Washington frei wurde und sich mir die Möglichkeit bot, über Amerika zu berichten, griff ich zu. Ich ging gern und aus freien Stücken und keinesfalls auf Druck der Leitung des Hauses. Wechsel, das hatte ich ja häufig erfahren, taten gut, schärften den Blick und bewahrten vor einem Erstarren in Routine. Und dieser Wechsel bekam mir bestens: Ohne die Fesseln der Hierarchie einer Anstalt fühlte ich mich wieder frei, jener Neugier auf Neues zu frönen, die den Beruf des Journalisten so anziehend macht.

VIII

AMERIKA NACH DEM TRAUMA VON VIETNAM UND WATERGATE

Die wohl merkwürdigste Reportage dieser amerikanischen Jahre führte mich mit unserem Kamerateam tief in die Rocky Mountains nahe Colorado, und zwar unter die Erde. Es war die Zeit des Raketenschachs und der Nachrüstung, als Anfang der Achtzigerjahre die Gespräche von Diplomaten, Journalisten und Militärs in Washington stets um die Frage kreisten, über wie viele Raketen mit wie viel Sprengköpfen, welchem Wurfgewicht, welcher Reichweite und welcher Treffsicherheit der Gegner verfüge, ob die eigenen Raketen dem im Zeichen der Abschreckung noch Paroli bieten könnten, genug Durchschlagskraft hätten, die gegnerischen Silos zu zerstören, oder ob sie umgerüstet, modernisiert oder ersetzt werden müssten. Da wurden die sowjetischen Interkontinentalraketen gegen die des amerikanischen Typs aufgerechnet, SS-18 und SS-19 etwa gegen die Minuteman, MX oder Midgetman, bei den Mittelstreckenwaffen die SS-20 gegen die Pershing oder Cruise-Missiles wie die Tomahawk. Die Konfrontation zwischen den beiden Supermächten spitzte sich gefährlich zu. In Europa, und dort vor allem in Deutschland, wuchs eine Friedensbewegung heran, an deren Massendemonstrationen sich bundesweit Hunderttausende beteiligten. Angst vor einer atomaren Apokalypse grassierte jedoch auch in Amerika, und ein gewitzter Investor wusste sie geschickt zu nutzen, um daraus ein Geschäft zu machen. In Anzeigen bot er »preiswerte« atomare Bunker an, ausgestattet mit allem, was für ein jahrelanges Überleben einer Familie nach einem gegnerischen Atomschlag nötig sei.

Das wollten wir vom ARD-Studio Washington uns einmal genauer ansehen, und so fuhr ich mit einem Team nach Colorado, um diese wahrlich nicht billigen Oasen atomaren Entrinnens näher unter die Lupe zu nehmen. Errichtet waren sie nicht weit vom Cheyenne Mountain entfernt, jenem Berg mit dem sagenumwobenen Bunker, der siebenhundert Meter unter härtestem Granitgestein jeden direkten Treffer unbeschadet überstanden hätte. Er war damals Sitz von NORAD, dem North American Aerospace Defense Command, und selbst der Präsident hätte im Ernstfall in dieser Luftabwehrzentrale Zuflucht finden können. Später, als dort für die Science-Fiction-Fernsehserie *Stargate* gefilmt wurde, glich Cheyenne Mountain einer unterirdischen Miniaturstadt auf drei Ebenen mit Restaurant, Krankenstation und Fitnesscenter. Sie verfügte über eine autarke Energie-, Wasser- wie Abwasserversorgung und hatte so viele Vorräte gelagert, dass einige Hundert Insassen einen gegnerischen Atomschlag etliche Wochen, wenn nicht Monate hätten überstehen können.

Was unser Überlebens-Seelenverkäufer mit seinen Bunkern zu bieten hatte, konnte damit verständlicherweise nicht mithalten. Immerhin hatten Tausende Arbeiter für die US-Kommandozentrale fünf Jahre lang Tunnel gebohrt und etwa 700 000 Tonnen Granit aus dem Berg gesprengt – ein Aufwand, den sich bestenfalls Multimillionäre hätten leisten können. Seine zum Kauf angepriesenen Bunker lagen nur in fünf bis zehn Metern unter der Oberfläche – einen direkten Treffer hätten sie nie ausgehalten, aber immerhin boten sie Zuflucht vor den immensen Hitze- und Druckwellen einer Atomexplosion. Luftfilter schützten vor radioaktiver Verseuchung, und dicke Stahltüren verschlossen den Eingang gegen unerwünschte Eindringlinge – Herumirrende, die ebenfalls hätten überleben wollen. Eine autarke Wasser- wie Energieversorgung war sichergestellt, die Bunker waren großzügig geschnitten, mit Küche, Waschraum und mehreren Schlafzimmern. Sogar für ein Spielzimmer für Kinder war gesorgt, und natürlich gab es eine Messstation, an der sich der Grad der atomaren Verseuchung an der Oberfläche ringsum ablesen ließ und der, niedrigste Werte vorausgesetzt, zum Ausstieg ermuntert hätte. Was da – selbstverständlich gegen astronomische Preise – geboten wurde, kam einem Überwintern auf Zeit gleich, in der Hoffnung, die Kontamination werde in Monaten oder sehr wenigen Jahren abgeklungen sein.

Die Reportage wäre nicht der Erwähnung wert, stünde sie nicht für den rasanten Klimawechsel, der mit Ronald Reagans Amtsantritt im Januar 1981 begann. Konservativen Republikanern wie ihm war die bisherige Entspannungspolitik verdächtig, den von seinem Amtsvorgänger Jimmy Carter mit Leonid Breschnew 1979 in Wien unterschriebenen SALT-II-Vertrag werteten sie nicht als Zeichen einer Parität zwischen den (damals) zwei Supermächten. Für sie hatte er amerikanische Unterlegenheit festgeschrieben, der jetzt das größte Aufrüstungsprogramm ein Ende machen sollte, das Amerika in Friedenszeiten je gesehen hatte: Nur so, behauptete Reagan, sei die Parität wieder zu erreichen, ohne die es vernünftige Rüstungsbeschränkungsabkommen mit den Sowjets nicht geben könne. Auch wenn er diese nicht grundsätzlich ausschloss (und in seiner zweiten Amtszeit kam es ja dann zum INF-Vertrag und jener Nulllösung, nach der beide Seiten auf Mittelstreckenraketen verzichteten), steuerte er doch mit dieser Politik zunächst auf einen neuen Höhepunkt im sogenannten Zweiten Kalten Krieg zu. Reagan bediente sich einer martialischen Rhetorik, und sie bestimmte das Klima seiner ersten Amtsjahre: Die Sowjets »lügen und betrügen«, so der jüngst gewählte Präsident in einer seiner ersten Pressekonferenzen, sie hätten sich eine Moral zurechtgelegt, die es ihnen erlaube, »jede Art von Verbrechen zu begehen«. Es gab Mitglieder in seinem Stab, die überzeugt waren, ein Atomkrieg ließe sich nicht nur führen, sondern auch gewinnen. Und ausgerechnet Colin Gray, jener Autor, der unter der Überschrift »Victory Is Possible« im Journal *Foreign Policy* diese Siegesthese verkündet hatte, wurde als Berater für Abrüstungsfragen engagiert. Es schien, als bestimme Sehnsucht nach den Fünfzigerjahren die US-amerikanische Politik – nach jenen goldenen Zeiten, in denen die USA so eindeutig überlegen waren, dass de Gaulle damals gern von ihnen als einer »Super-Supermacht« sprach.

Deutlicher als Ronald Reagan legte dessen Verteidigungsminister Caspar Weinberger, ein eingeschworener Kalter Krieger, die Motive dieses Rüstungsprogramms später offen: Da den Sowjets sowohl die Mittel, das Know-how als auch die Technologie für den Eintritt ins Informationszeitalter fehlten, könnten sie im Rüstungswettlauf nicht mithalten. Am Ende müssten sie aufgeben, und es werde – vorausgesetzt, die USA würden weiter genügend Geld für ihren immensen Verteidigungshaushalt lockermachen – wieder nur eine Supermacht in einer künftig dann sichereren Welt übrig bleiben. Das klang beinahe prophetisch, denn ab Mitte der Achtzigerjahre konnten die Sowjets beim Rüstungswettlauf in der Tat nicht mehr mithalten. Nur wissen wir heute, nach dem rasanten Aufstieg Chinas, dass seine Voraussage von der weltweit einzigen Supermacht USA etwas voreilig war.

Angemerkt sei noch, dass auch dreißig Jahre später gut betuchte Amerikaner dazu neigen, Zuflucht vor einem nahenden Doomsday zu suchen – allerdings in weit festeren und tieferen Überlebensoasen als jenen Bunkern, die wir damals zu Gesicht bekamen. Die U.S. Army hat ja viele Munitionslager und Raketensilos in Kansas, Nebraska, Oklahoma und New Mexico geräumt, die einst tief in die Erde gesprengt oder gegraben wurden. Die heutigen Doomsday-Händler kaufen sie auf, bauen sie zu Condominiums mit acht oder zehn Luxusappartements aus, alle versehen mit eigenen Energiequellen, Luftfiltern und Grundwasserpumpen. Die bestausgestatteten dieser in der Werbung als »Burgen des 20. Jahrhunderts« angepriesenen Eigentumswohnungen verfügen sogar über ein Filmtheater und Swimmingpools.

Diese Reise nach Colorado stand aber eher am Ende meiner Korrespondentenzeit in den USA, als das Wettrüsten zwischen West und Ost bereits bedrohliche Schatten warf. Begonnen hatte sie Ende 1977 sehr viel fröhlicher. Grund, den Abschied aus der Hamburger Hierarchie zu bedauern, hatte ich ohnehin nicht. Im Gegenteil: Nie habe ich mich als Journalist freier gefühlt als in diesen Jahren in Amerika. Unvergesslich der hohe Himmel, die Weite der Landschaft, die ethnische, auch religiöse Vielfalt und der lässige Umgang des Miteinander, aber ebenso unvergesslich das Nebeneinander von Luxus und Armut in dieser Gesellschaft des Überflusses. Um sie zu studieren, musste man nicht erst nach South Carolina oder Alabama fahren, es genügten einige Schritte vom Weißen Haus, und die 16. Straße im mehrheitlich von Schwarzen bewohnten Washington, D. C. lieferte Anschauungsunterricht. Davon später mehr.

Ungewohnt war für mich vor allem die Offenheit der amerikanischen Gesellschaft für Journalismus, vor allem für dessen investigativen Zugriff. Absagen bei Dreh- oder Interviewwünschen blieben meist Ausnahmen, und anders als vierzig Jahre später unter Donald Trump wurden die Medien von Präsidenten wie Jimmy Carter oder Ronald Reagan als Partner und »vierte Gewalt« in einer Demokratie geachtet, die wesentlich dazu beitrugen, dass die in der Verfassung vorgesehenen Checks and Balances auch ja funktionierten. Wo gab es das sonst in der Welt, dass ausländische Korrespondenten und Bürochefs wie ich einen Pass fürs Weiße Haus erhielten, der sie dazu berechtigte, jederzeit die Gartenpforte des um den Sitz der Macht gezogenen Sicherheitszauns zu passieren, das vorhandene Pressebüro anzusteuern und auch den Briefing Room, in dem der Pressesprecher und – bei wichtigen Anlässen – der Präsident höchstpersönlich Entscheidungen nicht nur *ver*kündeten, sondern, sich Nachfragen stellend, sie auch *be*gründeten?

Offen zeigte sich auch das State Department, das Außenministerium. Jahr für Jahr brachte es eine Liste heraus, auf der die für die verschiedenen Länder oder internationalen Organisationen zuständigen diplomatischen Sachbearbeiter aufgelistet waren – einschließlich ihrer Durchwahlnummern. Als die *Tagesschau*-Redaktion in Hamburg einmal Genaueres zu den türkisch-amerikanischen Beziehungen wissen wollte, um die es offenbar gerade kritisch bestellt war, rief ich den zuständigen Diplomaten im Außenministerium an, und der zögerte nicht, mir in einem längeren Telefongespräch wertvolle Hintergrundinformationen zu geben. Gewiss mag damals auch eine Rolle gespielt haben, dass die Bundesrepublik während des Kalten Krieges bei der amerikanischen Administration und auch in der öffentlichen Meinung ein sehr viel höheres Ansehen als heute genoss. Die USA garantierten die Freiheit Berlins, Amerikaner und Deutsche waren engste Bündnispartner, und mit knapp 500 000 Mann bildete die Bundeswehr einen unverzichtbaren Eckpfeiler im Rahmen der europäischen NATO-Verteidigungsstrategie. Wenn es heute sehr viel schwieriger ist, ins Weiße Haus vorzudringen, trifft dies jedoch keineswegs nur deutsche Korrespondenten – es hat mit 9/11 zu tun, jenen Terrorangriffen vom 11. September 2001 auf die Hochhäuser des New Yorker World Trade Center und auf das Pentagon in Washington. Seither werden die Sicherheitsvorkehrungen sehr viel strikter gehandhabt, Pässe für das Weiße Haus meist nur noch an die Vertreter US-amerikanischer Medien ausgegeben. Kurz: Der journalistische Spielraum im einst so offenen Washington ist – jedenfalls für ausländische Korrespondenten – geringer geworden.

Falls man je des Terrorismus Herr werden sollte, vor allem aber mit einem anderen Präsidenten nach Trump, könnte sich dies wieder ändern. Wie denn dieses Amerika bisher noch immer die Kraft gefunden hat, Krisen zu überwinden und neu anzufangen oder, wenn man so will, sich selbst aus dem Sumpf zu ziehen. So waren auf das Gilded Age (1870er-Jahre bis zur Jahrhundertwende) Jahre eines stürmischen Wachstums und eines unbegrenzten Laisser-faire gefolgt, in denen die Vanderbilts, Rockefellers und Carnegies ihre riesigen Vermögen ansammelten. Danach kam die Reformära Theodore Roosevelts, der die großen Konzerne durch eine Antitrust-Gesetzgebung staatlicher Regulierung unterwarf, den Arbeitsschutz ausbaute und sogar – nicht zu vergessen! – mit der Einrichtung großer Nationalparks erstmals Umweltschutzpolitik betrieb. Auf den in der Weltwirtschaftskrise hilflos agierenden Herbert Hoover folgte ein Franklin Delano Roosevelt mit seinem New Deal, auf die Ära des Hexenjägers Joseph McCarthy die des liberalen John F. Kennedy. Nach dem Vietnam-Trauma, das die sieggewohnte Nation erschütterte, vor allem nach dem Watergate-Skandal mit dem Rücktritt des schmählich der Lüge überführten Präsidenten Nixon nahmen wieder Moral, persönliche Integrität und Vertrauen die Spitzenplätze auf der Wunschliste der Wähler ein. Und genau das war die große Chance für einen Kandidaten, der lange als »Jimmy who?« und als »guter Mensch« verspottet wurde und in Plains, einem im Südwesten Georgias gelegenen 700-Seelen-Nest, eine Erdnussfarm mit familieneigenem Fischteich betrieb. Carter, ein tiefgläubiger Baptist und als Politiker so bibelfest wie Woodrow Wilson, beschwor im Kampf um das Weiße Haus die Wähler, nicht für ihn zu stimmen, wenn sie meinten, dass er sie belügen oder in die Irre führen werde, wenn er nicht ihr Vertrauen genieße, sei er ihre Stimme nicht wert.

Genau dieses Vertrauen wurde seinem Gegenkandidaten, Gerald Ford nicht entgegengebracht – einem zweifellos redlichen, biederen Mann, der nach dem Rücktritt Nixons als dessen Vize automatisch die Präsidentschaft für zweieinhalb Jahre übernahm. Kaum im Amt, hatte er allerdings die Mühlen der Justiz, die seinen Amtsvorgänger zu zermalmen drohten, durch eine Generalamnestie gestoppt – und nicht wenige Wähler hielten dies für ein abgekartetes Spiel zwischen beiden. Hatte Nixon seinen Stuhl nur unter der Bedingung einer Amnestie durch Ford geräumt? Diejenigen, die Ford näher kannten, wiesen dies als Verleumdung zurück – doch Verschwörungstheorien haben ein zähes Leben. So zog schließlich Carter nach einem knappen Wahlsieg als neununddreißigster Präsident ins Weiße Haus – ein Mann der Moral, und vor allem: kein Mann der Realpolitik eines Henry Kissinger, die zehn Jahre lang den außenpolitischen Kurs der USA beherrscht hatte.

Viele sehen in ihm heute nur den gescheiterten Präsidenten. Und doch war sein Anfang vielversprechend. Allein dass er nach der Vereidigung die 1,9 Kilometer vom Kapitol zum Weißen Haus mit seiner Familie zu Fuß zurücklegte, markierte symbolisch den Anfang einer neuen Ära – ging da nicht einer mit neuen Ideen, jung, energisch und unverbraucht? Natürlich hatte die bloße Idee zu diesem Spaziergang die Leibwächter des Secret Service in Angst und Schrecken versetzt, aber Carter beharrte auf den Verzicht einer gepanzerten Limousine. Nach einem Jahrzehnt voller Gewalt und politischer Morde, der Kämpfe der Schwarzen um ihre Bürgerrechte, nach Vietnam und der Watergate-Affäre wollte er mit einem neuen, offenen Stil bewusst Bürgernähe und Vertrauen schaffen. Eine seiner ersten Amtshandlungen, eine Amnestie für Wehrdienstverweigerer, die sich dem Krieg in Vietnam entzogen und nach Kanada oder Schweden abgesetzt hatten, war als Beitrag zur nationalen Versöhnung gedacht. Angehörige von Minderheiten sollten nicht nur in den staatlichen Verwaltungsapparat integriert werden, Carter trug ihnen auch Führungspositionen an: Allein in den ersten drei Wochen seiner Amtszeit ernannte er mehr Frauen, Schwarze und Hispanics zu Kabinettsmitgliedern oder stellvertretenden Ministern als je ein Präsident vor ihm.

Deutlich setzte er sich auch vom Pomp der »imperialen Präsidentschaft« ab, den Nixon gepflegt hatte und seinen Leibwächtern schmucke Operettenuniformen schneidern ließ. Carter trat betont bescheiden auf, während des Wahlkampfs trug er Teile seines Gepäcks gern selbst – und zwar, wie seine Mitarbeiter versicherten, nicht nur werbewirksam vor Kameras. Angeblich soll er sich während seiner Wahlkampagnen

auch die Socken eigenhändig gewaschen haben. Da war nichts Hoch-
fahrendes, Autoritäres oder Arrogantes an ihm. Als ich mich einmal
bei der Anmoderation zu einem langen Interview verheddterte, das vor
seiner Deutschlandreise sowohl die ARD als auch das ZDF ausstrah-
len wollten, setzte er nur das für ihn typische breite Lächeln auf und
wartete geduldig auf den zweiten Anlauf – ganz so, als ob solche Peinlichkeit jedem einmal passieren könnte.

Wenn er in Deutschland eine besonders schlechte Presse hatte, lag
das daran, dass die »Chemie« zwischen dem hanseatisch nüchternen
Kanzler Helmut Schmidt und dem sechs Jahre jüngeren und an die
Wiedergeburt glaubenden Jimmy Carter nicht stimmte. Der war admi-
nistrativ keinesfalls unerfahren, hatte vier Jahre lang als Gouverneur
von Georgia Erfahrungen gesammelt wie bei uns etwa ein Ministerpräsident, der zum Kanzler aufsteigt. Ob sein IQ der höchste eines
US-Präsidenten seit Franklin D. Roosevelt gewesen war, wie ein Psy-
chologieprofessor behauptete, steht dahin. Aber ohne jeden Zweifel
war er einer der wenigen damaligen Staatsmänner, der etwas von
Atombomben und Atomphysik verstand. Als Offizier in der U.S. Navy
hatte er ein Studium der Kernphysik und des Ingenieurwesens absol-
viert, um auf einem Atom-U-Boot zu dienen.

In seinem Wahlprogramm erklärte er – wie vor und nach ihm
übrigens viele Präsidentschaftskandidaten – das etablierte hochnäsige
Washington zum Feindbild schlechthin. Mit ihm nun zog die Mannschaft aus Georgia, die ihm geholfen hatte, das Weiße Haus zu erobern,
in die Zentrale der Macht. Es waren sämtlich Südstaatler, ruppige,
ungeschliffene, aber ehrliche und witzige Kerle, die Stiefel, Jeans und
offene Hemden bevorzugten und sich nur widerwillig dem Zwang zu
Krawatte und Nadelstreifen beugten, die bei wichtigen Anlässen innerhalb des »Beltway«, wie man das Washington der Regierenden nannte,
nun einmal üblich waren. Der Konflikt zwischen den auf dem gefährlich glatten Hauptstadtparkett Unerfahrenen und jenen Experten, die

seit Jahrzehnten die riesigen Apparaturen der Macht verwalteten und dessen Schlüsselpositionen hielten, war damit vorprogrammiert. Dass Carter seiner »Georgia Mafia« die Stabsstellen im Weißen Haus anvertraute, zählte zweifellos zu den folgenreichen Fehlentscheidungen, die er zu Beginn seiner Amtszeit traf.

Zur Durchsetzung vor allem seiner innenpolitischen Ziele hätte er Profis gebraucht, die sich im komplizierten Geflecht des hiesigen Machtapparats auskannten, die über gute Kontakte zu Abgeordneten und Senatoren verfügten, um sicherzustellen, dass Gesetzesvorlagen des Präsidenten im Kongress nicht auf taube Ohren stießen. Ein Kriegsrat mit Eingeweihten des verachteten Establishments hätte vielleicht verhindern können, was Carter schließlich widerfuhr: Fast vier Jahre musste er mit dem Kongress darum kämpfen, dass ein umfassendes Energieprogramm schließlich Gesetzeskraft erhielt. Es ehrt ihn zwar, dass er als erster Präsident die Bedeutung des Energieproblems erkannte: Die Nation war nicht nur weltweit der größte Ölverschwender, sie hatte sich vom Ölexporteur längst zum weltweit größten Ölimporteur gewandelt. Die einst energiepolitisch autarke Großmacht war in gefährliche Abhängigkeit geraten – und so versuchte der neue Präsident, gegen Vergeudung und wachsende Erdölimporte vorzugehen. Doch wie er es tat, war alles andere denn ein Meisterstück.

»Carter does good things badly«, kommentierte ein Kolumnist der *Washington Post*, »er nimmt sich Gutes vor, aber macht dabei leider alles falsch.« Schon mit der Gardinenpredigt gegen die Verschwendung, mit der er seinen Energie-Feldzug eröffnete, lag er psychologisch daneben. Es war zur Zeit der zweiten Ölkrise, die 1979 Benzin drastisch verteuerte und zu Schlangen vor den Tankstellen führte. Ich sehe die Fernsehbilder noch vor mir: Mit einer Strickjacke angetan, saß der »mächtigste Mann der Welt« vor einem lodernden Kamin in der Bibliothek des Weißen Hauses, hielt eine Ansprache an die Nation und gab die Rolle des treu sorgenden, sparsamen Hausvaters. Brav blickte er in die

Kameras und empfahl den Mitbürgern, die Fenster zu schließen und die Heizungsthermostate runterzudrehen. Auf eine Nation, die billige Energie im Überfluss als eine Art Natur- oder Geburtsrecht betrachtete, verfehlte diese Inszenierung jede Wirkung. Dazu kam, dass er, der in Interviews schnell blitzgescheite Antworten geben und im kleinen Kreis meist überzeugend argumentieren konnte, das Gegenteil eines Volkstribuns war: In seinen Reden zweifellos aufrichtiger als Nixon und andere Präsidenten vor ihm, sprach er doch viel zu nüchtern, zu trocken, es gab da nichts Mitreißendes, oratorisch Fesselndes, keinen Funken, der auf die Hörer oder Fernsehzuschauer hätte überspringen können. Einen treuen Gefolgsmann und Redenschreiber, der ihm Sprechunterricht empfahl, beschied er abschlägig. Der gute Mensch aus Plains wollte sein und bleiben, wie er geschaffen war. Damit hat er sich sein Leben als Präsident nicht gerade leichter gemacht.

Hatte er außenpolitisch mehr Erfolg? In seinen ersten anderthalb Jahren gewiss. Ich erinnere mich gut jener zwölf oder dreizehn Tage im September 1978, als er, abgeschirmt von der Öffentlichkeit, mit dem Ägypter Anwar as-Sadat und dem Israeli Menachem Begin verhandelte – in Camp David, einem am Rande der Blue Ridge Mountains in Maryland gelegenen Erholungsrefugium der Präsidenten, etwa zweihundert Kilometer von Washington entfernt. Dieses Camp David war der ideale Ort für Geheimverhandlungen. Bewusst wurde die Presse auf Distanz gehalten, es gab nur einen winzigen Platz, von dem aus die Filmteams aller Sender einander abwechselnd drehen durften. Aber mehr als die immer gleichen Bilder – die Antipoden Begin und Sadat klettern aus oder in ihren Helikopter, desgleichen der Vermittler zwischen beiden, eben der Präsident – konnte da nicht gelingen. Es gibt eben Tage oder gar Wochen, da besteht das Leben des Reporters aus Warten und sonst nichts. Zwar schwirrte das nahe gelegene 6000-Seelen-Nest Thurmont, in dem die Presse untergebracht war, voller Gerüchte: Mal hieß es, der Ägypter würde voller Zorn die Koffer packen, das

Im Weißen Haus, 1978: Interview mit Präsident Jimmy Carter vor dessen Deutschlandreise. Das Verhältnis zwischen ihm und Kanzler Schmidt in Bonn war stets von Spannungen gezeichnet. Schmidt hielt Carter für einen Mann aus der Provinz, unfähig, die Geschicke einer Weltmacht zu lenken.

Zbigniew Brzeziński verfügte über große außenpolitische Erfahrungen und musste oft zwischen Schmidt und Carter vermitteln. Im Gegensatz zu Außenminister Vance aber bestärkte er Carter in dessen Betonung einer Politik der Menschenrechte, worin Schmidt eine Gefahr für die Entspannung zwischen den Großmächten sah.

andere Mal war es der Israeli, der nach Hause fliegen wollte und sich störrisch jedem Entgegenkommen verweigerte – seriöse Nachrichten gab es nicht. Sicher, es kam ein Sprecher des Weißen Hauses zu einem täglichen Briefing in Thurmonts »Legion Hall«, aber die auf Nachrichten hungrige Journalistenmeute ließ er am ausgestreckten Arm verhungern. Von Tag zu Tag verkündete er immer aufs Neue, dass die Vehandlungen zäh verliefen, aber immerhin nicht abgebrochen seien. Gründe für den zähen Verlauf der Gespräche nannte er nie. Wie sich später dann herausstellte, standen die Verhandlungen ganz so, wie es Gerüchte hatten wissen wollen, mehrfach vor dem Scheitern. Aber streng abgeschirmt vom Lärm und der Aufgeregtheit Washingtons und der auf News, Leaks und Durchstechereien versessenen Presse, gelang es Carter in den letzten zwei Tagen doch noch, die Israelis und die Ägypter, die wie alle arabischen Staaten sich mit Jerusalem formell noch im Kriegszustand befanden, auf ein Friedensabkommen zu verpflichten. Land gegen Frieden, dies war der Deal, den der Präsident vermittelt hatte: Israel würde die Sinaihalbinsel räumen und den Palästinensern der okkupierten Westbank und des Gazastreifens fünf Jahre Autonomie, wenn auch mit israelischen Sicherheitsvorbehalten, einräumen, um danach eine gemeinsame Lösung des Palästinenser-Problems anzusteuern. So jedenfalls die vage formulierte israelische Zusicherung.

Es war am dreizehnten Tag der Geheimverhandlungen, am 17. September 1978, als Jody Powell, der Sprecher des Weißen Hauses, der staunenden Presse in Thurmont endlich von dem sensationellen Durchbruch berichtete: Neunzig Minuten später sollte das Abkommen im Weißen Haus von Sadat, Begin und Carter unterzeichnet werden. Da es für unser kleines Studio in Washington noch keine Videoschaltung gab, hatten uns die Tage von Camp David vor erhebliche logistische Probleme gestellt. So sprintete Thea Rosenbaum, unsere ob ihrer Energie, Durchsetzungskraft und Umsicht nahezu unersetzbare Producerin, zu ihrem Wagen, raste ohne alle Rücksicht auf polizeiliche

Geschwindigkeitsbegrenzungen mit 150 Stundenkilometern über den Highway nach Washington und schaffte es in der Tat, bei der Unterzeichnung »on camera« dabei zu sein. Nach drei Jahrzehnten kriegerischer Konflikte endlich ein erster Schritt zum Frieden in Nahost – die Geduld und die Zähigkeit Carters, sein Verständnis für die Sorgen und die innenpolitischen Zwänge beider Kontrahenten hatten sich ausgezahlt. Es war in der Tat eine historische Stunde.

Diesem wichtigsten außenpolitischen Erfolg ging im September 1977 der Abschluss des Panama-Abkommens voraus, das in Europa gelegentlich unterschätzt wird und dessen Ratifizierung durch den Kongress einen unerhörten Kraftakt erforderte. Denn was Carter da mit Panamas Präsident Omar Torrijos ausgehandelt hatte, kam einem demonstrativen Abschied von US-amerikanischer Kolonialpolitik gleich und setzte damit ein Zeichen für ganz Lateinamerika. Spätestens seit Teddy Roosevelt und der nach ihm benannten Zusatzerklärung zur Monroe-Doktrin (Roosevelt-Corollary) hatten die USA das Recht für sich in Anspruch genommen, als alleiniger Garant von Frieden und Ordnung in der Karibik zu intervenieren, wo immer sie ihre Interessen bedroht sahen. Oder wenn, wie Roosevelts Außenminister Elihu Root einmal erklärte, das investierte Kapital gefährdet sei. So häuften sich in den ersten drei Jahrzehnten des letzten Jahrhunderts amerikanische Militärinterventionen. Der Hinterhof der Vereinigten Staaten, ihr Mare Nostrum, wurde zum Exerzierfeld der U.S. Marines, sei es bei der Besetzung von Honduras, der Dominikanischen Republik oder dem von Präsident Wilson als Strafexpedition verordneten Sturm auf das mexikanische Veracruz 1914. Zwar hatte Franklin D. Roosevelt dann im Rahmen seiner Good Neighbour Policy formell auf das Recht verzichtet, die westliche Hemisphäre durch solche Polizeiaktionen unter Kontrolle zu halten. Aber am Grundmuster amerikanischen Verhaltens änderte das wenig, zumal in Zeiten des Kalten Krieges nicht. So genehmigte Präsident Eisenhower 1954 eine verdeckte CIA-Operation zum

Sturz der linksdemokratischen Regierung unter Jacobo Árbenz Guz-
mán in Guatemala, die per Dekret unbebautes Land beschlagnahmte,
um es an Bauern zu verteilen. Überzeugt, hier seien Kommunisten am
Werk, hatte Außenminister John Foster Dulles in der kleinen Republik
bereits einen künftigen Satelliten der Sowjetunion gesehen. Stets von
solcher Furcht geplagt, paktierte Washington lieber mit autoritären
Regierungen, etwa mit Diktatoren wie Anastasio Somoza Debayle in
Nicaragua, solange es diesen nur gelang, linke Tendenzen in Schach zu
halten. Selbst wenn einer dieser Autokraten die Menschenrechte mit
Füßen trat, galt das alte Motto Roosevelts:»He may be a son of a bitch,
but he is *our* son of a bitch – er mag ein Hurensohn sein, aber er ist
unser Hurensohn.«

Mit dieser Politik nun wollte Carter mit dem Panama-Vertrag
bewusst brechen, und in der Tat war kaum ein anderes Land für eine
Demonstration des neuen Kurses, den er steuern wollte, besser geeignet. Die kleine Republik war ein Paradebeispiel für den klassischen
imperialistischen Oktroi, den die USA über die Jahrzehnte in ihrem
Hinterhof praktiziert hatten. Weil sich die unabhängige Republik
Kolumbien Anfang letzten Jahrhunderts geweigert hatte, einen den
USA genehmen Vertrag über den Bau des Kanals abzuschließen,
ermunterte der damalige Präsident Theodore Roosevelt die kolumbia-
nische Provinz Panama schlicht zur Sezession. Gegen zehn Millionen
US-Dollar gewährte diese rabiat so geschaffene Republik Panama
im Vertrag von 1903 dann Washington die Souveränitätsrechte über
einen zehn Meilen breiten Streifen Land zwischen Atlantik und Pazifik.
Der Bau des Kanals zwischen den Meeren war, obwohl er Tausende
Menschenleben kostete, eine technische Großtat. Aber die US-amerikanischen Gerichtshöfe und Gefängnisse der Kanalzone, ihre Poli-
zeihauptquartiere und Kasernen wurden in ganz Lateinamerika zu
Symbolen des verhassten und leidenschaftlich bekämpften Yankee-
Imperialismus.

In Panama war es in den letzten Jahrzehnten mehrfach zu Forderungen nach einem Ende der ungleichen Verträge und zu Unruhen gekommen. Was Carter nun mit Torrijos aushandelte, war die Überschreibung der vollen Souveränität der Kanalzone an Panama im Jahr 2000. Allerdings verpflichteten sich beide Partner, die Funktionsfähigkeit und Neutralität des Wasserwegs gegen jeden Angriff zu verteidigen – was den USA praktisch ein ständiges Interventionsrecht sicherte.

Die politische Opposition sprach von einem skandalösen »politischen Ausverkauf«, allen voran Ronald Reagan, der den republikanischen Gegnern des Vertrags im Kongress den Schlachtruf lieferte: »Wir haben das Land gekauft, wir haben dafür gezahlt, also gehört es uns.« Mit einem Team flog ich damals zur Unterzeichnung mit Carter nach Panama, aber bei allen Einwänden der Opposition gab es für mich nicht den geringsten Zweifel, dass der Präsident nur das Zeitgemäße tat, ohne ein Jota der strategischen Interessen der Nation zu opfern – wenn man so will, handelte er ein post- und neokolonialistisches Meisterwerk aus, das seine Amtsnachfolger im Weißen Haus inzwischen schätzen lernten.

Carter reiste viel und wurde dabei meist von einer kleinen Heerschar Journalisten begleitet, denen wir uns manchmal dazugesellten. Die großen Zeitungen und Fernsehanstalten Amerikas ließen ihre Präsidenten ja nicht eine Minute aus den Augen, um auch über die letzten aktuellen politischen Entscheidungen informiert zu bleiben. Die Air Force One des Präsidenten wurde gewöhnlich von zwei bei der Pan Am gemieteten Flugzeugen begleitet, das eine für die schreibenden Kollegen von den Zeitungen, das andere für die Fernsehteams. Für die Buchung der Flüge, der Unterkünfte in den Hotels vor Ort und sogar für die für Besuche tropischer Länder nötigen Impfungen sorgten Mitarbeiter des Weißen Hauses. Die Presse-Maschinen standen auf der Andrews Base der Air Force bereit, und auch wenn diese Reisen oft anstrengend waren, herrschte an Bord meist fröhliche Stimmung.

Dafür sorgten schon die Stewardessen, die mit Whisky und Champagner nicht sparten.

Die stressigste dieser Reisen führte uns im März 1978 in vier Länder auf zwei Kontinenten. Von Washington ging es nach Venezuela, von dort nach Brasilien, nach Rio de Janeiro und Brasília und dann quer über den Atlantik nach Lagos in Nigeria und schließlich nach Monrovia. Von der liberianischen Hauptstadt starteten wir zurück nach Washington. Carter war um bessere Beziehungen mit Lateinamerika bemüht, und Nigeria wiederum kam zu Zeiten der zweiten Ölkrise als möglicher Rohöllieferant besondere Bedeutung zu. Von diesem Vier-Länder-Trip ist mir nicht nur die viel besungene Copacabana in Rio de Janeiro in Erinnerung geblieben, sondern vor allem Brasília mit seiner monumentalen, avantgardistischen, meist weißen Architektur und dem von Oscar Niemeyer entworfenen futuristischen Kongressgebäude. Beeindruckend auch die riesigen Boulevards der ab Mitte der Fünfzigerjahre neuen, in die Breite gebauten brasilianischen Hauptstadt. Sie war geradezu das Muster einer autogerechten Stadt; Fußgänger hatten für die Planer offenbar kaum existiert. Das Kamerateam wurde in einem anderen Hotel untergebracht als ich, beide Hotels lagen einander zwar schräg gegenüber, aber die Kommunikation zwischen uns war äußerst schwierig. Es brauchte einen endlos langen Fußmarsch, um eine Brücke über die trennende Stadtautobahn zu finden und von der einen auf die andere Seite zu kommen.

Unsere wichtigste Reise war jedoch jene, die im März 1979 nach Kairo, Tel Aviv und Jerusalem und wieder zurück nach Kairo führte. Es war auch die spannendste, denn was Carter da unternahm, glich einem ziemlich waghalsigen Abenteuer. Überstürzt hatte er sich zu dieser Nahost-Visite entschlossen, um das Camp-David-Abkommen zu retten. Dass die Israelis, wie dort vereinbart, den Palästinensern Autonomie zugestehen sollten, war in Begins Kabinett, aber auch im israelischen Parlament auf so erheblichen Widerstand gestoßen, dass der vereinbarte Friedensprozess plötzlich zu scheitern drohte. Aber Carter war entschlossen, sein ganzes Prestige einzusetzen, um dies zu verhindern. Hatte er Fortune, konnte er den weltweiten Ruhm eines Friedensstifters, den er seit Camp David genoss, wahren. Endete die Reise mit einem Misserfolg, wäre sein Ruf als Chef der westlichen Supermacht schwer beschädigt worden. Das Ganze war also eine Zitterpartie. Die erste und für ihn angenehmere Station hieß Kairo. Sadat stand ja weiter zu dem Vereinbarten und erwies ihm alle Ehren eines Staatsbesuchers. Gemeinsam suchten sie nach Möglichkeiten, den neu erwachten israelischen Widerstand zu brechen.

Wir waren in Kairo in einem Hotel untergebracht, das einen herrlichen Ausblick auf den Nil bot – und natürlich waren wir auch dabei, als Carter die Pyramiden von Gizeh und die berühmte Sphinx besichtigte. Als weitaus komplizierter erwies sich sein Besuch in Jerusalem. Allem, was er dort unternahm, haftete nach meinen Beobachtungen etwas verzweifelt Missionarisches an: Immer und immer wieder sprach er auf Begin ein, der unter dem Druck der israelischen Rechten störrisch zu einem Rückzieher entschlossen schien. Er hielt eine Rede vor der Knesset, dem israelischen Parlament, er traf mit dem gesamten israelischen Kabinett zusammen. Eindringlich beschwor er die Gefahr neuer kriegerischer Verwicklungen herauf und mahnte Abgeordnete wie Minister, die Chance zum Friedensschluss nicht zu verspielen – doch all dies blieb offenbar ohne positives Ergebnis.

Hätte es Carter eine Warnung sein müssen, dass man ihn im King David Hotel in Jerusalem untergebracht hatte, das einmal Sitz der britischen Mandatsmacht gewesen war und gegen das die jüdische Untergrundorganisation Irgun 1946 einen Sprengstoffanschlag verübte, der vierundneunzig Todesopfer forderte? Der Chef dieser Irgun-Gruppe, die den Sprengstoff, in Milchkannen getarnt, ins Hotel geschmuggelt hatte, war kein anderer als Menachem Begin. Der Terrorist, inzwischen zum israelischen Premierminister avanciert, trat jetzt für israelische

Interessen mit jener Härte und Unbedingtheit ein, mit der er einst den Kampf gegen die Briten geführt hatte. Am Abend des zweiten Tages in Jerusalem jedenfalls äußerte sich Jody Powell so pessimistisch, dass ein Abbruch der Gespräche unvermeidbar schien. Offensichtlich hatte sich der mächtigste Mann der Welt bei dem Premierminister eines knapp vier Millionen Einwohner zählenden Staates nicht durchsetzen können.

Wieder zurück in Kairo, schien das Scheitern gewiss. Unsere Maschinen standen abflugbereit auf dem Rollfeld, indes Carter in einem Hangar Sadat lange über neue israelische Bedingungen unterrichtete. Nach Stunden des Wartens dann plötzlich die sensationelle Wende: Sadat und Carter traten aus dem Hangar heraus, der Ägypter zeigte sich als der Nachgiebigere und verkündete, dass er mit allem einverstanden sei, was Begin zusätzlich für ein Abkommen fordere. Glücklicherweise hatte Thea, noch von Jerusalem aus, allem herrschenden Pessimismus zum Trotz, vorsichtshalber eine Leitung vom ARD-Studio Kairo nach Hamburg bestellt. Mir gelang es, so rechtzeitig ins Studio zu hasten, dass wir die Meldung vom geretteten Frieden in Nahost gerade noch live in der *Tagesschau* unterbringen konnten. Das alles geschah am Spätnachmittag des 13. März 1979. Genau dreizehn Tage später unterzeichneten Begin und Sadat schließlich den offiziellen Vertrag im Weißen Haus. Der Frieden hält bis heute. Jordanien folgte fünfzehn Jahre später dem ägyptischen Beispiel. Zwar steht die Befriedung des *gesamten* Nahen Ostens noch aus, aber immerhin gelang es Carter, auf dem Weg dahin einen historischen Meilenstein zu setzen.

Einen Monat vor dieser Rettungsaktion in Nahost reiste Deng Xiaoping neun Tage durch die USA. Nach dem offenen Zerwürfnis zwischen Moskau und Peking, das Ende der Sechzigerjahre sogar zu bewaffneten Auseinandersetzungen am Grenzfluss Ussuri geführt hatte, verfolgte er nach dem Tod Mao Zedongs eine beschleunigte Politik der Öffnung zum Westen hin. Carter kam ihm dabei nur zu gern entgegen. Jenen

Prozess, den Kissinger und Nixon Anfang der Siebzigerjahre mit Besuchen bei Mao in Peking begonnen hatten, die Verbesserung des Verhältnisses mit China, führte er durch die offizielle Aufnahme diplomatischer Beziehungen und den Austausch von Botschaftern im Januar 1979 zu Ende. Zum Staatsbesuch geladen, durfte Folklore im Besuchsprogramm natürlich nicht fehlen. Und so ist mir das Bild von Deng in Texas unvergesslich: Bei einem Rodeo, das man ihm vorführt, klettert die etwas untersetzte Figur des eineinhalb Meter großen Herrschers über 1,4 Millionen Chinesen in einen Planwagen und verschwindet förmlich unter dem riesigen Cowboyhut, den man ihm aufgesetzt hat. Ihm wurde Atlanta gezeigt, die Hauptstadt von Carters Heimatstaat Georgia und zentraler Sitz des weltweiten Coca-Cola-Imperiums.

Aber Deng war vor allem als Lernender gekommen. Was er in den USA sah, stand bald Modell für den radikalen Modernisierungsprozess, den er in seinem Land einleitete. Von den weitgehend automatisierten Fertigungsmethoden, die ihm bei einem Besuch der Ford-Werke in Atlanta vorgeführt wurden, zeigte er sich beeindruckt. Und als ihn die NASA als Pilot in einem Flugsimulator gar ein Space Shuttle landen ließ, war er, der seine Gefühle sonst stets unter Kontrolle hielt, plötzlich begeistert wie ein Kind und wollte die Landung unbedingt ein zweites Mal nachspielen. Dengs Besuch gehörte zu den glücklicheren Tagen der Präsidentschaft Jimmy Carters, zumal er sich auf Anhieb gut mit dem Chinesen verstand. Deng war Pragmatiker, kein verbohrter Ideologe. In Verhandlungen wusste er zwar sehr genau, was er wollte, gab sich während der Gespräche aber verständnisvoll, offen und entgegenkommend. In einem allerdings demonstrierte er unnachgiebige Härte: in seiner Haltung gegenüber der Sowjetunion, vor deren Machtstreben er den amerikanischen Präsidenten immer wieder warnte. Wann immer eine Kamera lief, stellte der die Sowjets als Imperialisten, Kolonialisten oder, wie er am liebsten formulierte, Hegemonisten an den Pranger, denen er sogar einen Krieg gegen sein Land zutraute.

Nun schlossen Washington und Peking damals gewiss keine formelle Allianz, das verbot sich schon im Hinblick auf die amerikanisch-sowjetischen Verhandlungen über SALT II. Wie sehr die Sowjets eine solche Allianz fürchteten, ging aus einem Brief hervor, den Breschnew vor Dengs Besuch an Carter schickte, in dem er sich wegen möglicher Waffenlieferungen Washingtons an die Chinesen außerordentlich besorgt zeigte. Um russischen Befürchtungen entgegenzuwirken, erklärte der Präsident, er werde die Beziehungen zu beiden kommunistischen Großmächten gleichgewichtig handhaben. Zu einer förmlichen Allianz China-USA kam es also nicht, aber in dem Interesse, sowjetischer Durchdringung oder Expansion in Asien und Afrika Einhalt zu gebieten, stimmten beide überein.

Dass Deng und Carter einander nicht nur in der Sache, sondern auch persönlich näherkamen, illustriert ein Witz aus jenen Tagen: Carter mahnt die Freiheit zu emigrieren bei Deng als Menschenrecht an. Und Deng fragt Carter zurück: Okay, wie viel Millionen Chinesen wollen Sie haben? Der Witz hat einen sachlichen Hintergrund, denn in den Verhandlungen Carters mit Deng ging es auch um die Klausel der Meistbegünstigung im Handel, die vom US-amerikanischen Kongress an das Menschenrecht auf freie Emigration gebunden war. Die Abgeordneten auf dem Kapitol, die dieses Jackson-Vanik Amendment verabschiedeten, hatten dabei vor allem die sowjetische Restriktionspraxis gegenüber auswanderungswilligen russischen Juden im Auge. Bei einem Bankett kam es deshalb zu einem halb spaßigen, halb ernsten Wortwechsel. Der stets schlagfertige Deng bestand darauf, China sei in dieser Frage mit Russland nicht zu vergleichen, und merkte an: »Wenn Sie den Wunsch äußern, dass ich zehn Millionen Chinesen die Freiheit gebe, in die USA zu kommen, werde ich diesen Wunsch gern erfüllen.« Alle Anwesenden lachten. Und als Carter im Gegenzug anbot, dafür zehntausend amerikanische Journalisten zu schicken, war es diesmal Deng, der unter dröhnendem Lachen der Runde die Offerte umgehend zurückwies.

Gut zweieinhalb Jahrzehnte lang herrschte darauf die Hoffnung, ja die Erwartung in Washington vor, China werde sich mit seiner wachsenden Wirtschaft in die vorhandenen globalen Institutionen einbinden lassen. Mit dem Aufstieg Xi Jinpings zum lebenslangen Führer des Riesenreichs wurde diese Hoffnung enttäuscht und China ist heute politischer, wirtschaftlicher und strategischer Rivale, mit dem sich jede amerikanische Administration auseinandersetzen muss.

Es waren die Menschenrechte, die der gute Mensch von Plains ins Zentrum seiner Außenpolitik rücken wollte, und es war sein Beharren auf ihnen, das seine Außenpolitik problematisch machte. Das gängige Argument, jeder Regierende habe sich zwischen Idealismus und Realismus, zwischen Moral und Macht zu entscheiden, wollte er für sich nicht gelten lassen. Vielmehr sah er in der Demonstration des amerikanischen Idealismus einen praktischen wie auch realistischen Zugang zur Außenpolitik; moralische Prinzipien hielt er für die beste Grundlage, um Macht und Einfluss Amerikas weltweit zur Geltung zu bringen. Human Rights – das war die Vision, die Amerika der Welt über platten materiellen Wohlstand hinaus anbieten sollte. Staaten und Nationen, die die Menschenrechte verletzten, sollten angeprangert, Alliierte, die sie nicht beachteten, ermahnt werden, ihre Politik zu ändern. Der Ansatz mochte im Fall des Diktators Somoza seine Wirkung gehabt haben (Carter strich nach langem Zögern die Waffenhilfe), doch mit einer rationalen, auf den Ausgleich mit der Sowjetunion bedachten Politik war das unvereinbar. Breschnew hatte ihm zum Amtsantritt ein Glückwunschschreiben geschickt und darin vorsorglich betont, Grundlage jedes Geschäfts zwischen den Supermächten müsse das Prinzip der Nichteinmischung in die inneren Angelegenheiten der anderen Seite bleiben. Carter wiederum betonte in einem Gespräch mit dem sowjetischen Botschafter, dass er dies respektiere, aber davon ausginge, dass alle existierenden Abmachungen eingehalten würden – und zwar ausdrücklich auch solche, welche die Menschenrechte beträfen. Er spielte dabei nicht nur auf die Charta der Vereinten Nationen an, sondern auch auf die Schlussakte von Helsinki, in der die Anerkennung der universellen Menschenrechte zu einem legitimen Gegenstand der internationalen Beziehungen erklärt wurde. Aber Konflikte waren vorprogrammiert, denn dieselbe Akte postulierte auch das Verbot der Nichteinmischung in innerstaatliche Angelegenheiten.

Kaum im Amt, schrieb Carter dem sowjetischen Physiker und Bürgerrechtler Andrei Dmitrijewitsch Sacharow und versprach, sich für die Sache der Menschenrechte in der Sowjetunion einzusetzen. Der Brief wurde dem Friedensnobelpreisträger vom US-amerikanischen Botschafter in Moskau überreicht, und prompt gingen Bilder von einem Sacharow um die Welt, der glücksstrahlend Carters Brief vor der Kamera schwenkt. Brüsk monierte Breschnew in einem Schreiben an Carter dies nur wenige Tage später als groben Einmischungsversuch. Die Gespräche zwischen den Supermächten über SALT II gerieten ins Stocken und kamen erst Monate später, und dann nur schleppend, wieder in Gang. Sicher war dafür Carters Brief an den »Vater der sowjetischen Wasserstoffbombe« nicht der alleinige Grund, die erstarrten Gerontokraten im Kreml hatte er schon zuvor durch einen Überraschungscoup verwirrt, in dem er, abweichend von dem üblichen SALT-Verhandlungspfad, einen sofortigen und viel radikaleren Abbau der vorhandenen Vernichtungsarsenale forderte.

Vor allem in Bonn wurde diese Menschenrechtspolitik mit Sorge betrachtet. Wann immer Helmut Schmidt nach Washington kam, blieb die große Distanz unübersehbar, die er zu dem »Provinzpolitiker aus Georgia« hielt, eine Distanz, die später an Verachtung grenzte. Ohnehin kein Mann der Menschenrechte, sah der realpolitisch denkende Kanzler in Carters Politik der Human Rights vor allem einen Störfaktor für die Entspannungspolitik. Und dass die SALT-II-Gespräche ins Stocken gerieten, konnte ihn in seinem abschätzigen Urteil nur bestärken. Wenn Menschenrechte wie eine Keule geschwungen werden, so Egon Bahr rückblickend, bestehe nun einmal die Gefahr von Spannungen – zwischen Washington und Bonn, weil die Deutschen leisere Töne bevorzugten und damit mehr zu erreichen glaubten, aber auch Spannungen im Verhältnis zwischen Ost und West. Zudem zeigte sich, dass jenen, für die diese Keule geschwungen wurde, dies oft alles andere als hilfreich war: Sacharow kam keineswegs durch die Intervention Carters frei. 1980 wurde er nach Gorki verbannt, und erst Michail Gorbatschow verfügte seine Freilassung und erlaubte ihm die Rückkehr nach Moskau.

Schmidt hatte im Wahlkampf zwischen Ford und Carter 1976 offen auf die Wiederwahl Fords gesetzt, schon weil dieser eng mit dem von ihm hoch geachteten Kissinger zusammenarbeitete und er damit die Kontinuität, Berechenbarkeit und auf Entspannungspolitik gerichtete US-amerikanische Politik in schwierigen Zeiten gewährleistet sah. Die Republikaner wiederum bewunderten Schmidt. Als ich einmal Senator Bob Dole, der 1976 zusammen mit Ford als Kandidat für die Vizepräsidentschaft gegen das Team Carter-Mondale angetreten war, interviewte, beteuerte er: »Ihr Kanzler ist ein richtiger Kerl. Ich wünschte nur, wir hätten so einen als Präsidenten.« Abrupte Wendungen in Carters Politik sollten Schmidts Skepsis schon bald bestätigen. Der deutsche Kanzler hatte mit seiner Rede am Londoner International Institute for Strategic Studies (IISS) im Oktober 1977 auf ein gefährliches strategisches Leck innerhalb der NATO aufmerksam gemacht: Die laufenden SALT-Verhandlungen zwischen Moskau und Washington beträfen lediglich die atomaren Langstrecken-, nicht jedoch Mittel- und Kurzstreckenraketen. In dieser auf die Weltmächte USA und Sowjetunion beschränkten Rüstungskontrolle sah Schmidt eine Gefahr für die Sicherheit der Westeuropäer, zumal die in Europa militärisch ohnehin überlegene Sowjetunion dazu übergegangen sei, mobile Mittelstreckenraketen des Typs SS-20 zu stationieren. Seine Schlussfolgerung: Entweder müsse die Parität auf nukleartaktischem Gebiet wiederher-

gestellt oder die Disparität parallel zu den SALT-II-Gesprächen weg-
verhandelt werden. Mit dieser Forderung wurde der deutsche Kanzler
unbestritten zum Vater des NATO-Doppelbeschlusses, damit aber
auch jener Nachrüstung mit Pershing II und Cruise-Missiles, die – so
die Ironie der Geschichte – 1982 schließlich zu seinem Sturz führen
sollte. Dabei waren anfangs weder Carter noch sein Sicherheitsberater
Zbigniew »Zbig« Brzeziński von der Notwendigkeit überzeugt, der
SS-20, landgestützte westliche Mittelstreckenraketen entgegenzuset-
zen. Ich vergesse nicht die Skepsis von Diplomaten des State Depart-
ments, die mich Anfang 1978 besorgt fragten: »Weiß Ihr Kanzler
eigentlich, was er da fordert? Mit den Raketen unserer Atom-U-Boote
können wir jederzeit all jene Ziele erreichen, gegen die später aufzu-
stellende landgestützte Waffen gerichtet wären.«

Eine Waffe, die aus der Sicht nicht nur des US-amerikanischen Militärs die von Schmidt angemahnte Disparität hätte beseitigen können,
vertiefte den Dissens zwischen Carter und Schmidt: die Neutronenbombe. Im Grunde handelte es sich um eine kleine Wasserstoffbombe,
die weniger durch Feuerstürme und Druckwellen als durch radio-
aktive, alle stählernen Hüllen wie Betonwände durchdringende tödliche Strahlung wirksam wird. Der Sprecher des Weißen Hauses pries
die neue Waffe damals begeistert an, weil ihre zerstörende Wirkung
weit geringer sei. In der Tat ließe die Neutronenbombe außerhalb eines
engeren Explosionsradius Gebäude und Infrastruktur samt militäri-
schem Material intakt, bei einem Vormarsch sowjetischer Divisionen
wären nicht die Panzer vernichtet, wohl aber ihre Besatzung getötet
worden. Als ein Reporter der *Washington Post* beim Studium des Pentagon-
Budgets einen Etatposten für die Produktion der »Enhanced Radiation
Weapon« genannten Bombe entdeckte, war der Aufschrei groß. Empört
nannte Egon Bahr die Neutronenbombe eine Perversion menschlichen Denkens, die Sowjets sprachen von einem wahrhaft kapitalistischen Monster, das Menschen töte, aber Besitz und Eigentum nicht.

Carter hatte dieses Monster nur geerbt, denn die Pläne dazu stammten aus der Zeit Eisenhowers, nur wollte kein Präsident vor ihm die
Order geben, sie herzustellen. Aber jetzt drängten Militärs, nicht zuletzt
mit Blick auf die von Schmidt monierte nuklearstrategische Disparität, sie in das NATO-Arsenal einzuführen. Carter schien zur Produktion entschlossen, vorausgesetzt, die europäischen Verbündeten, allen
voran die Deutschen, seien zu ihrer Stationierung bereit. Trotz großer
Bedenken und erheblichen Widerstands, der für die Regierung vor
allem aus den eigenen parlamentarischen Reihen kam, entschlossen
sich Regierung und Bundestag im Frühjahr 1978, einer Stationierung
zuzustimmen. Allerdings war dieses Ja an die Bedingung geknüpft, sie
würden nur stationiert, wenn Rüstungskontrollverhandlungen über
Mittelstreckenraketen mit den Sowjets ohne Ergebnis blieben. Wenig
zuvor hatte das niederländische Parlament die Produktion dieser Waffe
für unerwünscht erklärt und jede Stationierung abgelehnt, zudem verhielt sich Britanniens Premier James Callaghan bei einem Washington-
Besuch sehr zweideutig. Er wies vor allem auf erhebliche innenpoliti-
sche Schwierigkeiten hin, die ihm ein Ja bereiten würden.

Weil die Neutronenwaffe nur eine begrenzte Reichweite hatte, war
sie aus Sicht des Pentagons ohnehin nur für den europäischen Kriegs-
schauplatz geeignet. Wenn die Europäer sie nicht wollten, machte es
für Carter also wenig Sinn, sie herzustellen, zumal es eine, wie er immer
betonte, enorm teure Waffe sei. So forderte er ein klares Ja zu ihrer Stationierung. Das deutsche, sehr bedingte Ja genügte ihm nicht. Kam
dazu vielleicht auch die Befürchtung, er könne als der Präsident in die
Geschichte eingehen, der eine Bombe einführte, die zwar Menschen
tötet, aber Gebäude intakt lässt? Sein Sicherheitsberater Brzeziński
deutete dies später einmal an.

Kurzum: Nur drei Tage nachdem ihm das bedingte deutsche Ja über-
mittelt worden war, teilte US-Außenminister Cyrus Roberts Vance
den Bonner Regierenden mit, der Präsident habe sich gegen die Serien-

produktion der Waffe entschieden – und am Rhein brach die Hölle los. Schmidt, der die Zustimmung des Bundestags nur unter größten Mühen, auch gegen erheblichen Widerstand in seiner eigenen Partei hatte zustande bringen können, fühlte sich blamiert, zum Narren gehalten, hintergangen, vor allem aber in seinem Urteil bestätigt: Dieser »Naive« aus der Provinz sei inkompetent und zur Führung einer Weltmacht schlicht unfähig. Beider Verhältnis besserte sich nie. Als wir Carter im Juni 1980 zum Weltwirtschaftsgipfel in Venedig begleiteten, kam es zum großen Eklat zwischen beiden.

Einen schöneren Ort für ein Treffen der wichtigsten Staatsmänner der westlichen Welt als Venedig konnte es für einen Gipfel nicht geben. Ich erinnere viel Pendelverkehr zu Wasser bei meist strahlendem Sonnenschein, denn wir waren in einem stattlichen Hotel direkt am Adriastrand auf dem Lido untergebracht. Morgens fuhren wir mit einem Boot zum Markusplatz, der Gipfel selbst fand auf San Giorgio Maggiore statt, einer winzigen Insel in der Lagune, kaum zehn Hektar groß, ideal also für die Sicherheit und berühmt durch ihre weiße Palladio-Kirche. Von da zum Schneideraum, den wir in einem Büro nahe dem Markusplatz aufgebaut hatten, hieß es wieder, mit einem Wassertaxi zu pendeln.

Der große Krach zwischen Carter und Schmidt indes fand nicht auf dem offiziellen Treffen der Staatsmänner auf San Giorgio Maggiore statt, sondern in einer Suite des Hotels Cipriani, in dem Carter auf der Laguneninsel Giudecca untergebracht war. Die persönliche Unterredung galt amerikanischen Vorwürfen wegen Schmidts vermeintlich mangelhafter Standfestigkeit beim Doppelbeschluss. In der Tat versuchte die Regierung Schmidt damals verzweifelt, die letzten Reste der Entspannungspolitik zu retten. Carters Berater werteten einen von Schmidts Vorschlägen, die Stationierung neuer Mittelstreckenraketen auf beiden Seiten des »Eisernen Vorhangs« auf drei Jahre einzufrieren, als Moratoriumsversuch zur Stationierung überhaupt, sahen deshalb in ihm einen »Zerrissenen«, der im privaten Gespräch zwar stets Härte im Umgang mit der sowjetischen Bedrohung empfahl, aber als Kanzler, schon mit Blick auf die wachsende Zahl von Nachrüstungsgegnern in seiner eigenen Partei, alles vermied, was als antisowjetisch hätte interpretiert werden können.

Nun hatte sich Schmidt gerade dem von Carter wegen des sowjetischen Einmarschs in Afghanistan verkündeten Boykotts der Olympischen Spiele in Moskau angeschlossen, stand damit in Europa jedoch ziemlich allein da – nur Norwegen, Liechtenstein und Monaco waren mit ihm in dieser Frage einig. Konnte man etwa, so dachte wohl der Kanzler, überhaupt loyaler sein?

Kaum hatte sein Boot auf Giudecca angelegt, wehrte er sich vehement gegen die Vorwürfe. Er explodierte förmlich (»schrie, lärmte«, so Carter später), warf dem Präsidenten, dessen Führungskraft er ja stets misstraute, Unredlichkeit bei den Abrüstungsverhandlungen vor und brüllte, man sollte endlich zur Kenntnis nehmen, dass Deutschland nicht der einundfünfzigste Staat der USA sei. Der Kanzler hatte sichtlich die Kontrolle über sich verloren. Es brauchte einige Zeit, ihn zur Besinnung zu bringen und schließlich doch ein halbwegs sachliches, vernünftiges Gespräch zu führen. Carter sollte später in seinen Memoiren *Keeping Faith* schreiben, er habe in seinen vier Jahren im Weißen Haus zwar viele harte politische Auseinandersetzungen erlebt, keineswegs nur mit Begin, aber diese Diskussion mit Schmidt in Venedig sei die »unangenehmste persönliche Begegnung« gewesen, die er je mit einem ausländischen »leader« gehabt habe.[55] Auf San Giorgio Maggiore brodelte die Gerüchteküche, aber da sich der Eklat abseits der offiziellen Beratungen abgespielt hatte, kam von keinem Pressesprecher der Delegationen dazu auch nur ein Wort. Schmidt selbst, auf einer Pressekonferenz darauf angesprochen, schmetterte die Fragesteller ab: Sie sollten doch bitte ernsthafteren Problemen nachgehen, als solch lächerlichen Gerüchten.

Carter war jedoch schon als schwer Angeschlagener nach Venedig gekommen. Gut acht Wochen vor dem Gipfel, am frühen Morgen des 26. April 1980, hatte ich ihn, erschöpft und übernächtigt wirkend, in Washington vor die Kameras treten sehen, um der Nation zu verkünden, dass eine Kommandoaktion zur Befreiung der amerikanischen Geiseln in Teheran gescheitert sei. Wer ihn an diesem Morgen erlebte, wusste, dass sein politisches Schicksal damit besiegelt war. »Eagle Claw«, Adlerklaue, so der Deckname dieses verzweifelten Versuchs, dreiundfünfzig Personen, die seit dem 4. November 1979, dem Tag der Erstürmung der US-Botschaft in Teheran durch revolutionäre Chomeini-Anhänger, dort in Haft gehalten wurden, mit einer Kommandoaktion zu befreien. Es war schon schlimm genug, dass sich eine bis an die Zähne gerüstete Weltmacht seit Monaten von ein paar reaktionären Mullahs verspotten ließ. Aber dass diese Aktion abgebrochen werden musste, weil drei von acht Hubschraubern, die vom Flugzeugträger *Nimitz* gestartet waren, technisch versagten – der eine fiel wegen eines Hydraulikfehlers aus, die anderen zeigten sich einem selbst relativ sanften Sandsturm über der Salzwüste nicht gewachsen – die auf ihre technische Vormachtstellung so stolz vertrauende Nation, der selbst die Mondlandung gelungen war, traf dies bis ins Mark. Bei einem Zusammenstoß mit einem Tankflugzeug gab es zudem acht Tote GIs, die Ruhollah Chomeini in Teheran triumphierend als Belege für den von Allah gottgewollten Sieg seiner Sache gleich mehrfach im Fernsehen präsentieren ließ.

Schon seit der Abdankung des Schahs im Januar 1979 hatte sich der Verlust des Iran, dieser den USA verbündeten und hochgerüsteten Regionalmacht am Golf, wie ein drohender Schatten auf den Außenpolitiker Carter gelegt. Glanz und Gloria des Friedensstifters von Camp David schmolzen dahin, zumal die Republikaner nicht müde wurden, ihn in seiner Bedeutung dem Verlust Chinas durch den Sieg Mao Zedongs über Chiang Kai-shek 1949 zu vergleichen. Amerika rüstete damals zum Vorwahlkampf, und nach der Geiselnahme riefen nicht wenige Republikaner nach der alten Kanonenbootdiplomatie, einige wollten ultimativ mit der Zerstörung der Ölfelder drohen. Sogar der spätere Präsident George H. W. Bush, damals im Vorwahlkampf wichtigster republikanischer Gegenkandidat zu Ronald Reagan, forderte eine paramilitärische Aktion zur Befreiung der Geiseln. Doch gerade Reagan, der später am Anfang seiner Präsidentschaft so martialische Reden halten sollte, warnte vor Abenteuern: Denn um die Geiseln zu befreien, sei eine regelrechte Invasion erforderlich, das Land müsse blitzartig okkupiert werden – doch stehe auch dann zu befürchten, dass die Menschen, die gerettet werden sollten, umgebracht würden, sobald der erste GI iranischen Boden betrete.

Die Warnung war berechtigt. Zwar kreuzte die U.S. Navy am Tag der Geiselnahme mit der stattlichen Streitmacht von 113 Schiffen mitsamt einem Flugzeugträger im Golf und im Arabischen Meer auf, aber die Geiselnehmer drohten, die Gefangenen sofort hinzurichten, falls auch nur ein Schuss aus amerikanischen Schiffskanonen abgefeuert werde. Die Weltmacht unter Carters Führung schien ratlos, gelähmt, ein hilfloser Riese. Ich vergesse nicht die verzweifelte Wut, die Bitterkeit, ja die mühsam zurückgestaute Aggressionslust, die selbst bei ganz normalen Bürgern damals um sich griff. Fernsehmoderatoren führten Buch über die iranische Gefangenschaft, sie verkündeten, patriotisches Pathos in der Stimme, jeweils am Schluss ihrer Nachrichtensendung: Dies war der 100. oder 250. Tag, den Amerikaner als Geiseln in Iran in Gefangenschaft verbringen. (Es sollten insgesamt 444 Tage werden.) Dass Carter, um ein Blutbad zu vermeiden, zunächst auf eine Mischung aus Diplomatie und Sanktionen setzte, die von vielen als Aussitzen der Krise gedeutet wurde, konnte den ohnmächtigen Zorn im Land nur steigern. Erst als auch ein Beschluss des Sicherheitsrats zur Freigabe der Geiseln nichts bewirkte, gab er schließlich grünes Licht für das Kommandounternehmen, dessen Desaster zum Sargnagel seiner Präsidentschaft wurde.

Die Journalisten in Washington stellten sich damals alle die Frage:
Wie konnte es passieren, dass eine so sicher geglaubte amerikanische
Bastion im Nahen Osten quasi über Nacht verloren ging? Der Fehl-
schlag von »Operation Eagle Claw« war allerdings nur der Höhepunkt
einer gegenüber dem Zerfall des Schah-Regimes insgesamt zögerlich,
rat- und glücklos taktierenden amerikanischen Politik. Eine gründliche
Analyse zeigte: Die Ursachen reichten weit zurück, und weder die CIA
noch die US-amerikanische Diplomatie hatten sich im Land aufstau-
ende Konflikte rechtzeitig erkannt. Richard Nixon und Henry Kissinger, vom Vietnamkrieg ernüchtert und der Errichtung von Stützpunk-
ten am Golf abgeneigt, hatten dem Schah die Rolle der Eindämmung
des Kommunismus wie einem regionalen Statthalter übertragen. Sie
rüsteten ihn mit modernsten Waffen aus, an der langen Grenze östlich
wie westlich des Kaspischen Meers zur Sowjetunion wurden US-Radar-
und elektronische Abhörstationen installiert, die jahrelang sowjetische
Raketenstarts beobachteten. Das Zusammenspiel der Geheimdienste
war so perfekt, dass sich die Amerikaner offenbar ganz auf die Ein-
schätzungen des iranischen SAVAK verließen. Dabei hätten sie spätestens 1975 ernste Spannungen erkennen müssen, die das Schah-Regime
innenpolitisch gefährdeten. Mohammad Reza Pahlavi, der die Rolle
einer Vormacht am Golf anstrebte, war nach innen ein konsequenter Reformer, eine Art persischer Kemal Atatürk, der sein Volk nach
westlichem Vorbild modernisieren wollte und dabei vor Gewalt nicht
zurückschreckte. Seine Politik der Säkularisierung von Erziehungswe-
sen und Justiz, vor allem aber eine Bodenreform brachte ihn in Konflikt mit den Großgrundbesitzern, zu denen auch die Ajatollahs als
Verwalter religiöser Stiftungen zählten. Die Scharia schützt ja das indi-
viduelle Eigentum, und so erklärte Chomeini, er sehe in des Schahs
Landreform ein gegen Gott gerichtetes Vorhaben. Die Spannung
wuchs, als er Frauen das aktive und passive Wahlrecht verlieh, was nach
Meinung der islamischen Geistlichkeit gegen den Koran verstieß. Mit

einer Kampagne gegen Profitgier brachte der Schah schließlich den Bazar gegen sich auf. Ladenbesitzer und Handwerker der iranischen Mittelklasse suchten nun das Bündnis mit den Mullahs. Zu diesen stießen dann Zehntausende von Wanderarbeitern, die durch die überstürzte Industrialisierung nach Teheran gelockt worden waren. In Armut vegetierten sie am Rande der großen Stadt dahin, sie waren es, die dem Aufstand schließlich die Massenbasis lieferte.

Der Schah reagierte mit einem verschärften Zugriff seines sowieso schon brutalen Geheimdiensts, seine Gegner bezifferten die Zahl der politischen Gefangenen Mitte der Siebzigerjahre auf zwanzigtausend. Doch als Jimmy Carter Anfang 1978 zum Staatsbesuch kam, entpuppte sich der Apostel der Menschenrechte plötzlich als Realpolitiker und pries den wichtigen Verbündeten als Säule der Stabilität. Noch 1978 erklärte die CIA, der Iran befinde sich »weder in einer revolutionären noch einer vorrevolutionären Situation«, und der militärische Nachrichtendienst DIA ging davon aus, Reza Pahlavi werde weitere zehn Jahre fest im Sattel sitzen. So kann sich eine Weltmacht trotz Tausender Geheimdienstmitarbeiter täuschen!

Als das Schah-Regime dann wider Erwarten ins Wanken geriet, konnte die Weltmacht USA unglücklicher nicht reagieren. Sie gab widersprüchliche Signale, empfahl mal Durchgreifen mithilfe des Militärs, dann wieder die Berufung eines liberalen Reformkabinetts. Doch kaum zu dessen Premierminister berufen, forderte Schapur Bachtiar den Schah auf, das Land zu verlassen. Mitte Januar ging Reza Pahlavi, der sich einst selbst zum Schah-in-Schah, zum König der Könige gekrönt hatte, ins Exil, und nur vierzehn Tage später kehrte Chomeini aus dem Pariser Exil zurück. In dieser Situation blieb Amerikas letzte Hoffnung das von den USA ausgerüstete iranische Militär mit seinem in Westpoint gedrillten Offizierskorps. War dies nicht ein innenpolitischer Machtfaktor, gegen den sich keine andere Kraft durchsetzen konnte? Doch nach der Abreise des Schahs stellte sich dessen gewaltige

Militärmaschine nicht wie erhofft gegen die Islamische Revolution, sie zerfiel. An die Stelle des aufgeklärten Despoten, der sein Land überstürzt in eine westliche Industrienation hatte umwandeln wollen, trat ein reaktionärer Theokrat, der von der heiligen Stadt Ghom den »Marsch zurück ins Mittelalter« predigte. Als Carter schließlich dem krebskranken, im Exil unstet mal in Ägypten, mal in Marokko, dann wieder in Mexiko herumirrenden Schah die Einreise in die USA zu einer operativen Krebsbehandlung in New York gestattete, besetzten wütende Chomeini-Anhänger die Botschaft des »großen Satans«, um die Auslieferung des verjagten Despoten zu erzwingen.

Der Verlust des Iran war nicht der einzige Schlag, den der Unglücksrabe Carter in der zweiten Hälfte seiner Amtszeit einstecken musste. Unvergessen ein Bild aus jenen dramatischen Tagen, das über Amerikas Fernsehschirme flimmerte und Carters Sicherheitsberater auf dem 1100 Meter hohen Khaiberpass an der Grenze zwischen Pakistan und Afghanistan zeigte. Behängt mit pakistanischen, traditionell-bunten Girlanden, hält er eine Maschinenpistole in der Hand, die er gen Norden richtet, in das von den Sowjets besetzte Afghanistan. Ob Brzeziński beim Blick in die Weite afghanischer Berge und Täler gerufen hat: »Dieses Land wird euer Vietnam werden, liebe Sowjets«, ist umstritten, nicht aber, dass die US-amerikanische Politik gezielt mitgeholfen hat, sie in einen Jahre währenden, aussichtslosen Kampf gegen die Islamisten zu verstricken.

Moskau hatte Weihnachten 1979 mit der Invasion in Afghanistan in einen Bürgerkrieg eingegriffen, der zwischen den islamischen Mudschahedin und der Regierung der kommunistischen Volkspartei entbrannte, kaum dass diese 1978 mit einem Staatsstreich die Macht in Kabul an sich gerissen hatte. Die islamischen Kämpfer setzten sich so erfolgreich gegen die von der Regierung vorangetriebene Säkularisierung zur Wehr, dass Moskau schließlich um Hilfe gebeten wurde.

Ob der Einmarsch sowjetischer Divisionen auf eine Ausweitung der Moskauer Machtbasis zielte, also offensiv gedacht war oder aber defensiv – nämlich um das Überspringen des islamistischen Funkenflugs in die angrenzenden, muslimisch geprägten Sowjetrepubliken zu verhindern –, wurde damals heftig diskutiert. Helmut Schmidt und der französische Präsident Valéry Giscard d'Estaing jedenfalls hielten die amerikanische Reaktion für übertrieben. Carter und Brzeziński hatten nämlich gemeint, die Sowjets strafen zu müssen, weil sie erstmals über die ihnen auf der Jalta-Konferenz 1945 gezogenen Grenzen hinausgriffen. Vor allem sahen sie die strategische Balance nach dem Verlust des Iran nun eindeutig zugunsten der Sowjetunion verändert. War jedem sowjetischen Ausgreifen nach dem Golf bislang ja ein Riegel vorgeschoben, der von der Türkei über den Iran bis nach Pakistan reichte, hatte sich Afghanistan aus dem bislang neutralen Pufferstaat nun zu einem bedrohlichen sowjetischen Sprungbrett nach Süden entwickelt. War ebenjener Khaiberpass, auf dem Brzeziński die Maschinenpistole drohend gen Norden gerichtet hatte, nicht das klassische Einfallstor nach Süden, über den schon die Hopliten Alexanders des Großen zum Indus gezogen waren, später dann die Turkomongolen, die in Nordindien das islamische Mogulreich errichteten? Ein Tor auch, von den Briten des Empire im Rahmen des »Great Game«, des britisch-russischen Gegensatzes in der zweiten Hälfte des 19. Jahrhunderts, eifersüchtig bewacht, weil sie das Ausgreifen der Zaren nach Süden befürchten mussten?

Es waren solch historische Reminiszenzen, die bei der Geburt der »Carter-Doktrin« Pate standen: »Jeder Versuch einer ausländischen Macht, Kontrolle über den Persischen Golf zu erringen«, so der Präsident vor beiden Häusern des Kongresses, »wird als Angriff auf die vitalen Interessen der Vereinigten Staaten betrachtet und zurückgewiesen werden, einschließlich militärischer Gewalt.« Da es keine regionalen Statthalter zur Eindämmung des Kommunismus mehr gab – Saudi-Arabien galt als viel zu schwach für eine solche Rolle –, wurden in aller

Eile Stützpunkte in Somalia und im Oman aufgebaut und dazu eine mobile Einsatzreserve gebildet, die im Konfliktfall die Ölfelder am Golf sichern sollte. Gleichzeitig kündigte das Weiße Haus ein riesiges Aufrüstungsprogramm an, das binnen fünf Jahren einen 200-Milliarden-US-Dollar-Etat erreichen sollte. Den SALT-II-Vertrag, dessen Ratifizierung im Kongress trotz dieser Steigerung der Militärausgaben keine Chance hatte, zog Carter zurück und legte ihn auf Eis. Seinem Nachfolger und dessen noch weitergehenden Aufrüstungsplänen besorgte er damit viele Weichenstellungen im Voraus. So fand jener Präsident, der mit dem Vorsatz begonnen hatte, Amerikas Außenpolitik aus dem alles überschattenden Ost-West-Konflikt zu lösen, am Ende seiner Amtszeit zum manichäischen Weltbild der Kalten Krieger zurück.

In einer Hinsicht machte die vor allem von Brzeziński empfohlene Strategie, die gegen die Sowjets kämpfende islamistische Allianz durch Waffenhilfe zu unterstützen, in der Tat aus Afghanistan eine Art russisches Vietnam: Die Sowjets, die sich zwar in städtischen Zentren behaupten konnten, nicht aber in den Tälern, Höhlen und entlegenen Gebirgen entlang der Grenzen, wurden in einen zehn Jahre währenden Kampf ohne Siegeschance verwickelt. Sie erlitten hohe Verluste, nicht zuletzt durch die modernen, von den Amerikanern gelieferten Stinger-Luftabwehrraketen, mit denen die Mudschahedin sowjetische Hubschrauber zum Absturz brachten. Als Gorbatschow an die Macht kam, zogen sie als Gedemütigte ab. Langfristig allerdings wurde diese Strategie für die USA zu einem Bumerang: Die CIA unterstützte ja auch einen Osama bin Laden, der sich dem Dschihad gegen die Sowjets angeschlossen hatte und ihn später gegen alle »Kreuzfahrer« ausweitete – bis hin zu den Anschlägen vom 11. September 2001. Diese wiederum führten zum Einmarsch US-amerikanischer Truppen in Afghanistan und zum Krieg gegen die früheren antisowjetischen Bundesgenossen, die Taliban. Afghanistan und kein Ende? Nach knapp zwei Jahrzehnten ist dieser Krieg, während ich dies schreibe, noch immer nicht beendet.

Ein Hubschrauber mit Suchscheinwerfer kreiste auf der Jagd nach illegalen Einwanderern nachts an der Grenze zu Mexiko – so manches,
was wir damals für den *Weltspiegel* filmten, hat heute – etwa mit Trumps
Forderung nach der großen Mauer, die Mexiko bitte auch noch bezah-
len soll – nur an Aktualität gewonnen. Natürlich beschäftigte uns im Studio in Washington nicht nur die große Politik, anhand von Beispielen
versuchten wir auch zu beschreiben, was die Menschen in diesem riesigen Kontinent zwischen Atlantik und Pazifik umtrieb. Und so spürten
wir selbstverständlich gesellschaftlich relevanten Entwicklungen nach.

Würden die USA im Süden und Südwesten des Landes eines Tages
zu einem zweisprachigen Land wie Kanada? In »Klein Kuba«, einem
Teil der Florida-Metropole in Miami, überwog, als wir dort drehten,
bei Weitem das spanische Idiom, Englisch war sehr selten zu hören.
Wir filmten auch in einer öffentlichen Grundschule in Los Angeles, in
der die Kinder in Spanisch unterrichtet wurden. Zu meiner Korrespondentenzeit lebten etwa fünfzehn Millionen Hispanics in den USA,
sie stellten die am schnellsten wachsende ethnische Gruppierung dar,
die heute mit 18 Prozent Bevölkerungsanteil den der Afroamerikaner
mit nur 13,3 Prozent weit überholt hat. Mitte des 21. Jahrhunderts
wird ihr Anteil wahrscheinlich auf ein gutes Drittel steigen. Wir brachten ein Porträt von Henry Cisneros, dem ersten hispanischen Bürgermeister der texanischen 1,5 Millionenstadt San Antonio – schon damals
stand begabten Hispanics der Aufstieg in wichtige politische Wahl-
ämter offen. Wie viele bedeutende Positionen in Politik und Gesellschaft werden sie erst in fünfundzwanzig Jahren innehaben?

Ein anderes Beispiel für den Aufstieg von Minderheiten fanden wir
ausgerechnet in Birmingham, jener Stadt in Alabama, die der schwarze
Bürgerrechtler Martin Luther King einst die Metropole der Rassentrennung genannt hatte. Dort wählten die 300 000 Einwohner mit
Richard Arrington 1979 erstmals einen Schwarzen zum Bürgermeister,
dem auch Weiße ihre Stimme gegeben hatten. Die Aufhebung der

Rassentrennung in allen öffentlichen Einrichtungen durch den Civil
Rights Act von 1964, dazu der Voting Rights Act im darauffolgenden
Jahr, der diskriminierende Maßnahmen verbot, die Schwarze von der
Wahlurne fernhalten sollten – beide vor allem für die Südstaaten revolutionären Gesetze hatten ihm, dem Sohn eines armen Baumwollpflü-
ckers, der sein Studium der Biologie mit einer Promotion abschloss,
den Weg nach oben möglich gemacht. »Der Rassismus«, sagte uns der
neue Bürgermeister nach seiner Wahl, »ist in Birmingham überall auf
dem Rückzug, aber es gibt ihn im Verborgenen, in Vereinen und privaten Clubs.« Sorge machte ihm allerdings die ihm unterstehende Polizei,
denn unter achthundert Polizeibeamten fanden sich lediglich vierund-
sechzig Schwarze, von denen es nur drei bis zum Sergeant gebracht
hatten. Es waren Sorgen, die ihre Aktualität über die Jahrzehnte behalten sollten. Noch heute dienen weit mehr Weiße als Schwarze in der
Polizei, und dass häufiger tödliche Schüsse auf schwarze als auf weiße
Tatverdächtige abgegeben werden, belegen zahlreiche Rassenkrawalle,
zu denen es nach rabiaten Polizeieinsätzen in den letzten Jahren gekommen ist.

Es ist dieser alltägliche Rassismus, der deutlich mit dem Aufstieg
Schwarzer in glanzvollen Spitzenpositionen kontrastiert, welche die
juristische Gleichstellung den Afroamerikanern ermöglicht hat: Andrew
Young, ein Mitstreiter Martin Luther Kings, wurde von Jimmy Carter
zum UN-Botschafter ernannt, Colin Powell, Sohn eines Lagerarbeiters
und einer Näherin, von Ronald Reagan zum Nationalen Sicherheitsberater, von George H. W. Bush zum Chef des Generalstabs und schließlich von dessen Sohn George W. Bush zum Außenminister. Condo-
leezza Rice, Tochter eines Baptistenpredigers aus der Rassistenhochburg
Alabama und promovierte Politikwissenschaftlerin, war erst Georg W.
Bushs Sicherheitsberaterin und rückte schließlich, wie zuvor Powell, an
die Spitze des State Department. Ein schwarzer, wortgewaltiger Bap-
tistenpastor Jesse Jackson, der als Bewerber um die demokratische

Präsidentschaftskandidatur 1988 nur knapp unterlag, ein Schwarzer namens Barack Obama Herr im Weißen Haus – all dies hat den alltäglichen Rassismus nicht ausrotten können, der bei der Basis von Donald Trump mit ihrer Sehnsucht nach dem von Weißen dominierten Amerika der Fünfzigerjahre noch spürbar und lebendig ist. Zudem hat die Sklaverei, die US-amerikanische Historiker heute die »Ursünde« ihrer Nation nennt, tiefe Wurzeln in der Geschichte des Landes.

Ursünder waren ja schon die Gründerväter. Thomas Jefferson, der in der Unabhängigkeitserklärung schrieb, alle Menschen seien gleich erschaffen, der Schöpfer habe allen das unveräußerliche Recht auf »Leben, Freiheit und Streben nach Glück« gegeben, hielt als Tabakpflanzer auf seinem Besitz Monticello in Virginia zweihundert Sklaven, denen er Gleichheit und Glück vorenthielt. Nur sechs davon entließ er am Ende in die Freiheit – darunter zwei Söhne, die er mit seiner Geliebten, der Sklavin Sally Hemings, hatte. Von Skrupeln geplagt, trat er zumindest in der Theorie für die Abschaffung der Sklaverei ein, schon weil sie Weiße zu »sträflichem Müßiggang« ermuntere. Aber an der Überlegenheit der Weißen gegenüber den aus seiner Sicht minder talentierten Schwarzen ließ er keinen Zweifel: Überzeugt davon, dass die beiden Rassen gleichberechtigt nicht in der neu gegründeten Union miteinander oder nebeneinander leben könnten, empfahl er die Ansiedelung befreiter Sklaven im Innern des Kontinents, in Gegenden, damals noch weit entfernt von der eindeutig weiß dominierten Zivilisation der Gründerstaaten.

Ein anderer Gründungsvater, James Madison, Tabakpflanzer und Sklavenhalter wie Jefferson und dessen Nachbar in Virginia, trat für die Aussiedlung der Schwarzen in Kolonien in der Karibik sowie in Afrika ein, ein Programm, für das dann eigens die American Colonization Society geschaffen wurde. Selbst der Befreier der Sklaven, der große Abraham Lincoln, zweifelte an der Ebenbürtigkeit der Rassen und der Möglichkeit eines gleichberechtigten Mit- und Nebeneinanders

in einem Staat. Auch er war ein überzeugter Anhänger der Kolonisie-
rungsidee und bat 1862 den Kongress sogar, für die Aussiedlung befreiter Sklaven Geld bereitzustellen. Noch Präsident Woodrow Wilson,
der große Missionar der Demokratie, zeigte sich von der Ursünde
geprägt. Nach seiner Wahl 1913 achtete er in den Bundesbehörden auf
Rassentrennung und entfernte alle Schwarzen aus Leitungspositionen
im Regierungsapparat. Der erste Präsident, der die schwierige Lage
der Schwarzen nicht auf rassisch bedingte Unterschiede und Fähigkeiten zurückführte, sondern auf die Folgen althergebrachter Brutalität,
früherer Ungerechtigkeit und gegenwärtiger Vorurteile war Lyndon B.
Johnson. Er, der den schon von Kennedy angedachten Civil Rights Act
schließlich durch den Kongress brachte, sprach offen von weißer
Schuld und wollte der Diskriminierung der Schwarzen durch sein Programm »Affirmative Action« entgegenwirken. Affirmative Action war
eine sozialpolitische Förderung, die darauf zielte, den Schwarzen Hilfe-
stellung bei der beschleunigten Eingliederung in den Arbeitsprozess
und bei der Zulassung an Universitäten zu leisten. Das Programm hat
viel dazu beigetragen, dass sich nach und nach ein schwarzer Mittel-
stand entwickeln konnte. Aber eine allzu bürokratische Umsetzung
führte zu seltsamen Blüten, sodass die Gegner bald Zulauf bekamen
und sie ehemalige Liberale in neue Konservative verwandelte.

Wir zeigten das im Wahljahr 1980 am Beispiel der zwölfjährigen
Elissa Fisher aus San Fernando Valley, das noch zu Los Angeles zählt.
Einst hatte Elissas Schule in der Nachbarschaft gelegen, zu Fuß war sie
in zwölf Minuten zu erreichen gewesen. Doch unter dem Druck der
Gerichte, die eine Frist für den Abbau von Rassenschranken setzten,
verlegte die Stadtverwaltung Elissas Klasse aus der überwiegend wei-
ßen Wohngegend in eine Mittelpunktschule mit vielen schwarzen
Schülern. Wir begleiteten Elissa auf ihrer Busfahrt hin und zurück zur
Schule – die Fahrt durch den Smog von L.A. dauerte für das Mädchen
etwa drei Stunden. Der Erfolg dieser vielfach praktizierten Aktion,

»mandatory busing« genannt: Nicht die Integration, wie intendiert, war die Folge, sondern die perfekte Separierung der Rassen durch beschleunigte Flucht der Weißen in die Vororte. Dort eröffneten sie private Schulen, die nicht der Jurisdiktion der Behörden unterstanden.

Ein anderes Beispiel für innenpolitischen Zündstoff lieferte auch ein Quotensystem an Colleges und Universitäten, das eine bestimmte Zahl von Studienplätzen für Schwarze und Angehörige von Minderheiten frei hielt, denen das Studium erlaubt wurde, selbst wenn ihre Testergebnisse deutlich hinter denen der Mehrheit der weißen Bewerber zurückblieb. »Reverse discrimination«, umgekehrte Diskriminierung bezeichneten dies abgelehnte weiße Studenten, allen voran Allan Bakke, der gegen die Nichtzulassung zum Medizinstudium vor Gericht klagte, denn er hatte bessere Noten als einige von der Universität akzeptierte schwarze Kandidaten vorzuweisen. Geradezu fieberhaft war die Anteilnahme der Öffentlichkeit an seinem Fall, als dieser 1978 schließlich vor dem Verfassungsgericht landete. Die Universitäten verteidigten sich mit dem Argument, die Quotierung diene ausschließlich wohltätigen sozialpolitischen Zielen. Doch die Richter urteilten zu Bakkes Gunsten, weil er sich auf den 14. Verfassungszusatz berufen konnte, der jedwede rechtliche Benachteiligung von Amerikanern aufgrund ihrer Rasse verbietet. In der Begründung hieß es, das Urteil verwerfe keinesfalls die »Affirmativ Action« in toto. Aber indem die Richter Bakke recht gaben, rügten sie doch das Quotensystem als grotesken bürokratischen Auswuchs einer im Prinzip ehrenwert-intendierten Politik. Und in der Öffentlichkeit stieß dieses bürokratische Verfahren immer häufiger auf Widerstand.

Intellektuelle Speerspitze dieses Widerstands war *Commentary*, ein vom American Jewish Committee begründetes ebenso einflussreiches wie kontroverses Monatsmagazin. Dass gerade Juden vehement für die Sache Bakkes stritten, war insofern verständlich, als sie bis in die Vierzigerjahre hinein selbst Opfer von Zulassungsquoten an vielen Universitäten waren. Als ich die Redaktion der Zeitschrift 1980 besuchte, um ein Feature über Amerikas Neokonservative zu drehen, sagte mir einer der wichtigsten *Commentary*-Autoren, Irving Kristol, auf die »Nürnberger Rassegesetze« anspielend: »Gerade ihr Deutschen müsstet doch verstehen, warum wir gegen ein Quotensystem sind. Zum Schluss entscheiden nämlich Bürokraten oder Gerichte über die Frage, wer ein Schwarzer, ein Viertelschwarzer oder ein halber Indianer ist.« Und er bemühte auch ein Argument, das heute von den Gegnern einer Frauenquote gern ins Feld geführt wird: Schwarze, die ihren Weg nach oben gemacht hätten, blieben stets unter dem Generalverdacht, »ob sie's denn auch wirklich aus eigener Kraft geschafft hätten«. Zu Kristols Lieblingssprüchen gehörte: »Ein heutiger Neokonservativer ist ein Liberaler, den die Wirklichkeit eingeholt hat.« In der Tat war *Commentary* unter seinem Chefredakteur Norman Podhoretz in den Sechzigerjahren ein linksliberales Blatt gewesen, das seine Spalten für Norman Mailer, für die Verteidigung der sexuellen Revolution und für die Ideen der Neuen Linken geöffnet hatte. Doch unter demselben Chefredakteur vollzog sich Anfang der Siebziger die radikale Kehrtwende: Konsequent verwarf Podhoretz jetzt, wofür er gestern noch vehement gestritten hatte: Entspannungspolitik wurde zum Symbol der Schwäche, SALT II galt als Zeichen der Auszehrung amerikanischer Kraft, und die einst von ihm hochgelobte Neue Linke wurde in einer Art Kulturkampf verdammt. Er habe mit der radikalen Bewegung gebrochen, so der *Commentary*-Chef, weil sie, die er einst als Instrument zur Verbesserung der Gesellschaft verstanden habe, »sich in der Praxis als ein Instrument der Zerstörung erwies«.

Waren die meisten dieser Neokonservativen nur enttäuschte Liberale, denen beim Anblick der Resultate der von ihnen geförderten Politik schlicht das kalte Grausen überkam? In der Homosexuellenbewegung entdeckten sie plötzlich eine radikale Nachhut der Neuen Linken und bekämpften sie als einen Teil jener Gegenkultur, die in ihren Augen die westliche Zivilisation zu unterminieren drohte. »Wir wollen keine Verfolgung der Homosexuellen, denn Sex ist Privatsache«, schrieb Irving Kristol einmal. Aber die Gay-Rights-Bewegung fordere inzwischen nicht nur öffentliche Legitimierung der Homosexualität, sondern in vielen Städten als Angehörige einer Minderheit sogar öffentliche Förderung. Dies aber dünke ihn absurd.

Der Einfluss von *Commentary* war schwerlich zu überschätzen. Etliche seiner Autoren sollten Karriere unter Ronald Reagan machen, so Eugene V. Rostow, der große Gegner von SALT II ausgerechnet als Chef der Abrüstungsbehörde, oder Jeane Kirkpatrick als UN-Botschafterin, die rechtsautoritäre Diktatoren als US-Bündnispartner pries. Aus diesem Dunstkreis kam nicht zuletzt Paul Wolfowitz, Anfang der Achtzigerjahre Planungschef im Außenministerium. Als Mitglied der neokonservativen Denkfabrik »Project for the New American Century« (PNAC) forderte er zusammen mit Donald Rumsfeld und Richard Perle schon 1988 den damals amtierenden Präsidenten Bill Clinton zu einer Militärintervention im Irak auf. Ziel sollte der Sturz von Saddam Hussein und ein Regimewechsel zu einer arabischen Demokratie sein. Unter George W. Bush dann stellvertretender Verteidigungsminister, trieb Wolfowitz zielstrebig die Pläne für die »Operation Desert Shield« voran und wurde damit zu einem wichtigen Inspirator des Irakkriegs 2003, der den Nahen Osten ins Chaos stürzen sollte.

Weil Amerika nicht das klassische Musterland von »one man, one vote« ist, rufen liberale Historiker heute (und sie taten es auch damals) immer wieder nach Reformen einer Verfassung, die föderale Strukturen betonen und auch einer Tyrannei der Mehrheit vorbeugen soll. Wie sehr jedoch die Betonung des föderalen Elements Mehrheitsverhältnisse verbiegen kann, zeigt sich schon im Senat, jener zweiten Kammer des Kongresses, die für die Ratifizierung außenpolitischer Verträge zuständig ist und ohne dessen Zustimmung Politiker nicht in hohe Ämter und Richter nicht an das Verfassungsgericht berufen werden können. Jeder Staat, ganz gleich ob bevölkerungsstark oder -arm, ist dort mit zwei Senatoren vertreten – Wyoming mit seinen knapp 570 000 Einwohnern wie Kalifornien mit seinen fast 40 Millionen. Und weil der Präsident nicht direkt vom Volk, sondern vom Electoral College gewählt wird, entzündet sich der Ruf nach einer Verfassungsreform immer wieder an der wichtigen Rolle, die dieses Wahlmännergremium spielt. Denn es entscheidet, wer ins Weiße Haus einzieht, und dies kann dann durchaus ein Präsidentschaftskandidat sein, der in freien Wahlen nicht die Stimmen der Mehrheit der US-Bürger erhalten hat.

Die Verfassungsväter, die oft aus der Pflanzeraristokratie der Neuen Welt kamen, fürchteten die diktatoriale Macht eines Despoten ebenso sehr wie die jakobinische radikaler Volksmehrheiten. Und so schufen sie als Sicherheitsventil das Electoral College, jenes Gremium unabhängiger Wahlmänner, dem die Pflicht oblag, die aus ihrer Sicht bestgeeigneten Kandidaten zum Präsidenten und Vizepräsidenten zu küren.

Wie sinnvoll und der Intention gerecht werdend sie verfuhren, zeigt ein Beispiel aus dem Jahr 1796. Da wählten sie John Adams, den Chef der Föderalistischen Partei zum Präsidenten, seinen Gegner Thomas Jefferson aber, den Anführer der Demokratisch-Republikanischen Partei, zu dessen Vizepräsidenten. Das Gremium unabhängiger Elektoren entschied ursprünglich also nicht parteipolitisch, sondern Pro und Kontra wohl abwägend für diejenigen, die sie nach Begabung und Qualifikation für besonders fähig hielten. Längst indes sind diese Wahlmänner an ein parteipolitisches imperatives Mandat gebunden – teils per Gesetz, teils per Gelöbnis – und gehalten, für jenen Kandidaten zu stimmen, der in dem Einzelstaat, der sie in das Wahlmännergremium delegierte, die Mehrheit der Stimmen auf sich vereinigen konnte. Hätte das Electoral College 2016 allerdings so funktioniert wie die Verfassungsväter es ursprünglich im Sinn hatten – nämlich als Sicherheitsventil gegen verantwortungslose Demagogen an der Spitze der Republik –, Donald Trump wäre wohl kaum als der bestgeeignete Kandidat zum

Präsidenten gekürt worden. Kein Wunder also, wenn die Debatte um das Electoral College immer wieder aufs Neue aufflammt.

Das erfreulichste Ereignis meiner amerikanischen Zeit – ich war dort vom Spätherbst 1977 bis Frühherbst 1982 – allerdings ist ein rein privates, und es hat bis heute Glück gebracht. Eines Tages erschien Sabine Brüning, eine schöne junge Kollegin in meinem Büro in Georgetown, geschickt vom Süddeutschen Rundfunk, um für ein Feature über Frauen in der U.S. Army zu recherchieren. Aus dem abendlichen Dinner in einem nahe unserem Studio gelegenen französischen Restaurant wurde eine lebenslange Freund- und Partnerschaft. Colette und ich hatten uns im letzten Jahr meiner Hamburger Zeit getrennt, aber wir beide halten bis heute guten Kontakt, auch über die Kinder. So taten sich zwei Geschiedene zusammen und feiern im Jahr, in dem ich dies schreibe, den vierzigsten Hochzeitstag. Getraut wurden wir von einem schwarzen Beamten vor einer riesigen US-amerikanischen Flagge im District Court von Washington, D. C. Und als wir danach vor dem Gebäude standen und aufbrechen wollten, packten unsere Trauzeugen, ein Freund aus der Deutschen Botschaft und seine Frau, an einem Parkometer vor dem Gerichtsgebäude plötzlich eine *brown bag* zum Vorschein, in der sich eine Flasche Champagner verbarg. Obschon Alkoholkonsum in der Öffentlichkeit verboten war, stießen wir fröhlich miteinander an. Ich vergesse nicht einen recht groß gewachsenen Schwarzen, der vorbeikam und uns fröhlich zurief: »You people know how to live – ihr versteht es zu leben.« Unsere drei Kinder – Sabine brachte einen zehnjährigen Sohn mit in unsere Ehe – entdeckten über Weihnachten New York und Washington, in ihren großen Ferien fuhren wir zusammen nach Florida, Hilton Head Island oder auf die Outer Banks von South Carolina.

Unsere erste gemeinsame Reise aber führte Sabine und mich in ein Hotel auf Grenada, das uns eine Bekannte als besonders ruhig und

Just married – und darauf Ende Oktober 1979 ein Glas Champagner vor dem District Court in Washington, wo wir – Sabine und ich, beide geschieden – vor einem schwarzen Standesbeamten die Ehe geschlossen hatten. Der Schnappschuss stammt von einem Freund und Trauzeugen aus der Deutschen Botschaft in Washington. Und entstand unter besonderen Bedingungen: Alkohol in der Öffentlichkeit zu trinken, war in der US-Hauptstadt nämlich illegal.

Stephan und Kathrin kamen in den Ferien von Hamburg meist zu uns. Gemeinsam machten wir Entdeckungsreisen durch das riesige Land. Für die Kinder waren echte Burger von McDonald's damals noch eine kleine Sensation, und natürlich führte eine der ersten Reisen nach Disneyland in Florida.

Sabines Sohn Laurenz gehörte selbstverständlich zur Familie. Hier zwischen uns bei einem Spaziergang durch einen Wald nahe Alexandria, Virginia.

einsam in einer kleinen Bucht gelegen empfohlen hatte. Schon der Flug dahin war abenteuerlich. Wir mussten in Barbados in eine winzige Maschine umsteigen, die den kleinen Flughafen auf der Antilleninsel praktisch im Sturzflug ansteuerte, aber die Landebahn im ersten Anflug verfehlte. Erst beim zweiten Mal gelang die Landung auf dem »Airport«, der, von Baracken gesäumt, eher einem Feldflughafen glich. Am Eingang prangte ein handgemaltes Schild: »Revolution! Unser Ziel: Mindestens ein Glas Milch für Jedes Kind am Tag.«

Was wir beim Abflug in Washington offenbar übersehen hatten: Im März 1979 hatte es eine, wenn auch unblutige Revolution auf Grenada gegeben – die der New Jewel Movement, welche mit ihrer im Geheimen aufgebauten revolutionären Volksarmee alle Polizei- und Radiostationen besetzte, die Verfassung aufhob und auf der 100 000 Einwohner zählenden Insel einen revolutionären Einparteienstaat begründete. Der Name dieser sozialistischen Bewegung hieß zu Deutsch so viel wie »Vereintes Bemühen um Wohlfahrt, Bildung und Befreiung«.

Der erste Anblick dieser Revolutionäre am Flughafen hatte etwas durchaus Rührendes an sich: bemühte Männer in Räuberzivil mit umgehängten Flinten. Aber nach genauem Studium meines Reisepasses baten sie mich zu einem stundenlangen Verhör. Sie hatten Stempel von einer Reise nach Griechenland entdeckt, einer nach Israel, dazu ein Visum für Südvietnam. In der Tat hatte ich auf einer Reise zu unserem Korrespondenten in Japan erst in Hongkong, dann zwei oder drei Tage in Saigon Station gemacht. Sie glaubten mich deshalb im Bunde mit der griechischen Junta, mit den Gegnern des Vietcong und behaupteten, auch wegen meines Israelaufenthalts, ich sei ein Agent des CIA. Wie ihnen erklären, dass dies alles ganz normale Reisen waren, ohne jeden *James-Bond*-Bezug?

Grenada, einst berühmte Gewürzinsel und britische Kolonie, war inzwischen unabhängiger Staat, aber mit seinen rund 100 000 Einwohnern, meist Abkömmlingen afrikanischer Sklaven, Mitglied des

Commonwealth. Der neue Premier Maurice Bishop hatte in England Jura studiert, war von den Idealen der Achtundsechziger begeistert und hatte versprochen, gute Beziehungen nach West wie nach Ost anzustreben. Er war alles andere als ein blutrünstiger Revolutionär. Aber kubanischer Einfluss war doch schon bei dieser ersten Begegnung mit den Revolutionären unverkennbar. Immer wieder wollten sie im Verhör wissen, was ich von Erich Honecker halte. Mit meiner Antwort, ich zöge Willy Brandt vor und begrüße seine Entspannungspolitik, konnten sie wenig anfangen. Nach vielleicht zwei Stunden ließen sie mich schließlich einreisen, wenn auch »auf Bewährung«: Ich sollte mich nicht von meinem Hotel entfernen.

Es wurde dennoch ein wunderbarer Urlaub: Das Hotel an der Horseshoe Bay lag direkt am Stand, das ruhige Wasser der Bucht lud zum Schwimmen ein, und von Überwachung war bald keine Spur. Zum Essen fuhren wir abends nach Georgetown, der kleinen Hafen- und Hauptstadt der Insel. Aber was mir damals als so karibisch leichtgewichtig und nicht ganz ernst zu nehmen erschien, sollte nur wenige Jahre später tragisch enden. Bishop, der charismatische Anführer, der eigentlich Blockfreiheit wollte, wurde 1983 von einer radikalen linken Gruppierung innerhalb seiner eigenen Bewegung ermordet. Der Bau eines modernen Flughafens im Süden der Insel lieferte schließlich den Vorwand für die Invasion durch US-amerikanische Truppen. Weil die Inselregierung über keine Luftwaffe verfügte, könne der Bau nur für kubanisches oder sowjetisches Militär gedacht sein – so folgerte Ronald Reagan und befahl den Sturm auf Grenada. Das »Vereinte Bemühen um Wohlfahrt, Bildung und Befreiung« zerstob wie ein kurzer Traum.

Auch meine eigene Zeit in Amerika ging Mitte 1982 zu Ende. Da NDR und WDR das Studio Washington gemeinsam unterhielten, rotierte der Posten des Studioleiters ungefähr alle fünf Jahre. Als Anschlussbeschäftigung bot mir der NDR-Intendant zwei Alternativen an: entweder Korrespondent in Japan zu werden oder das ARD-Studio in Ostberlin zu übernehmen. Da mir bekannt war, wie lange es dauert, Japanisch zu lernen, und ich nicht über ein Land berichten wollte, in dem ich selbst bei einfachsten Befragungen auf die Hilfe von Dolmetschern angewiesen wäre, fiel mir die Wahl nicht schwer. Ich entschied mich für Ostberlin, wohl wissend, welch journalistischen Klimasturz die Übersiedlung aus dem medial so offenen Amerika in eine Welt der Diktatur und der Zensur bedeuten würde. Aber ich habe diese Wahl nie bereut, denn ich wurde Zeuge all dessen, was sich in dieser Gesellschaft aufstaute und vorbereitete, auch wenn es sich erst 1989 mit den Massendemonstrationen in Leipzig entlud.

IX

OSTBERLIN UND LONDON: VON GEGNERN UND FREUNDEN DER EINHEIT UND WARUM DIE DANN DOCH GELANG

Der erste Eindruck konnte beklemmender kaum sein. Aus einer bunten, offenen Gesellschaft mit weißen, schwarzen, braunen, oft fröhlich lachenden Gesichtern auf den Straßen wechselte ich in die andere deutsche Republik – in eine Welt der Parteiendiktatur und der Zensur, vor allem aber in eine des alltäglichen grauen Einerlei, die homogen weißen Gesichter auf den Straßen weniger fröhlich denn angestrengt, erschöpft und nicht selten verbissen wirkend. In manchem schien die Zeit stehen geblieben, vieles erinnerte an die frühen Fünfzigerjahre. An bröckelnden Fassaden erhalten gebliebener Altbauten fanden sich noch Einschusslöcher, die von den Kämpfen der Schlacht um Berlin im April 1945 zeugten. Die Mauer, die ich in den frühen Sechzigern hatte wachsen sehen, war mit den Flächensperren im Hinterland noch undurchdringlicher und noch monströser geworden.

Die Eingangspforten zu diesem dunkelroten Preußen – de Gaulle hatte von der DDR stets als »la Prusse et la Saxe« gesprochen – glichen inzwischen Festungen. Auf der Zinne hoch über der Mauer der Wächter, der mit Zeiss-Jena-geschärftem Glas jede Bedrohung von Weitem erfassen und Alarm schlagen konnte. Im Vergleich zum Mittelalter fehlte nur der Wassergraben, und anstelle der Zugbrücke gab es eine Slalomstrecke von Betonklötzen gerahmt, zwischen denen sich – wer denn Einfahrt begehrte – Schlagbäume senkten oder hoben. Klotzige

Betonkästen mit bunten Blumen an der Einfahrt nahmen alledem
nichts von seinem Schrecken. Wer Einlass begehrte, während die Pri-
meln oder Stiefmütterchen gegossen wurden, sah hinter dem Mann
mit der Gießkanne stets einen Grenzpolizisten mit Maschinenpistole
Wache stehen. Der mit dem Wässern Beauftragte befand sich ja jenseits des Schlagbaums und hätte Westberliner Boden mit drei oder vier
Schritten erreichen können. Wer zu Fuß diese Grenze überqueren
wollte, dem wurde umständlich per Hand eine eiserne Drahttür aufgeschlossen, und den Weg dahin säumten Drahtlaufgitter, die mich an
Viehfarmen im amerikanischen Mittleren Westen erinnerten. Dass dieser Staat, der sich an seinen Einfahrtspforten so brutal präsentierte,
nur acht Jahre später auf eine »Fußnote der Geschichte« schrumpfen
würde – wer ahnte das damals schon? Heute jedenfalls beginnt der
DDR-Eintrag bei Wikipedia im märchenhaften Es-war-einmal-Stil,
wenn auch ganz unsentimental mit dem lakonischen Satz: »Die Deutsche Demokratische Republik war ein Staat in Mitteleuropa, der von
1949 bis 1990 existierte.«

Im Jahr 1982 aber gab sich das diktatorische Regime des »realen
Sozialismus«, das sich so gern als »Hort der Geborgenheit« pries, allerdings noch ganz martialisch und selbstbewusst: Am Jahrestag der
Republik paradierten Einheiten der Nationalen Volksarmee (NVA) mit
modernen, schweren Waffen vor der Tribüne des Politbüros, ihnen
folgten mit Sturmgewehren und Kalaschnikows bewaffnete Betriebs-
kampfgruppen, gegründet nach dem 17. Juni 1953, um jede mögliche
Wiederholung eines solchen Volksaufstands von vornherein im Keim
zu ersticken. Vor den führenden Genossen hoben sich die Beine der
Volksarmisten zum alten, kniehohen Paradeschritt, den die Zaren von
den Preußen, die Bolschewiken wiederum von den Zaren übernommen hatten und den die DDR nun dem Moskowiter Vorbild entlehnte –
ganz nach dem Motto: »Von der Sowjetunion lernen, heißt siegen lernen«, eine Parole, die nicht nur an roten Fest- und Feiertagen Plakate

und Transparente bei Aufmärschen zierte. Der hüfthohe Stechschritt preußischer und zaristischer Tradition blieb der Wache am Mahnmal für die Opfer des Faschismus Unter den Linden vorbehalten. Der sowjetische Generalstab schätzte die etwa 170 000 Mann starke DDR-Armee damals als einen innerhalb des Warschauer Pakts besonders kampfstarken und zuverlässigen Verbündeten. Und noch galt unangefochten Honeckers oft wiederholter Lieblingssatz, von dessen Wahrheit der Staatschef selbst offenbar fest überzeugt war und der angeblich von August Bebel stammt: »Den Sozialismus in seinem Lauf halten weder Ochs noch Esel auf.«

Prominente aus Wirtschaft und Politik aus dem Westen stellten sich regelmäßig zur Eröffnung der Leipziger Messe ein. Und nur zu gern rollte der auf die wachsende internationale Bedeutung der DDR erpichte Staatschef den roten Teppich vor seinem Staatsratsgebäude für westliche Besucher aus – 1984 für die Regierungschefs von Schweden, Kanada und Italien, Olof Palme, Pierre Trudeau und Bettino Craxi, 1985 für den britischen Außenminister Geoffrey Howe und den französischen Premier Laurent Fabius. Auch gab sich Westdeutschlands Politprominenz buchstäblich die Klinke des DDR-Staatsratsgebäudes in die Hand, darunter vornehmlich sozialdemokratische Ministerpräsidenten von Rhein, Saar oder Leine – Johannes Rau, Oskar Lafontaine oder Gerhard Schröder. Aber auch Christdemokraten wie der rheinland-pfälzische Landeschef Bernhard Vogel, nicht zu vergessen Lothar Späth aus dem Musterländle und der Bayer Strauß, der einst gegen die Brandt'sche Ostpolitik wütend Sturm gelaufen, inzwischen aber vom Saulus zum Paulus geworden war. Von seinem ganz speziellen Verhältnis zur DDR wird noch zu berichten sein. Visiten bei Honecker, so schien es, brachte den Besuchern aus der Bundesrepublik in ihren regionalen Gazetten Schlagzeilen ein, die sie vor Landtagswahlen wichtig dünkten.

Wie sah die politische Großwetterlage aus, die ich zu Beginn meiner Tätigkeit in Ostberlin vorfand? Es war die Zeit des NATO-Doppelbeschlusses, der Zweite Kalte Krieg strebte seinem Höhepunkt zu, und die Bonner wie die Ostberliner Politik suchte, den mit dem Grundlagenvertrag mühsam in Gang gekommenen Dialog zwischen den beiden deutschen Staaten über den Raketenzaun hinweg zu retten. Ziel war, inmitten der sich zwischen den Weltmächten zuspitzenden Konfrontation wenigstens eine deutsch-deutsche Eiszeit zu verhindern. So fehlte in keinem der Kommuniqués über die Treffen westdeutscher Politiker mit Honecker, seit der Entmachtung Walter Ulbrichts 1971 Chef von Partei und Staat, denn auch der Satz: »Beide Seiten seien sich einig, dass von deutschem Boden nie wieder Krieg ausgehen dürfe.« Er wurde zu einer Art Standardbeteuerung nach nahezu jedem Besuch. Hätte ich einen Textstempel zu bewegten Bildern gehabt – dieser Stempel hätte in keinem *Tagesschau*-Bericht über derartige Treffen gefehlt. In der Koalition mit Genscher führte Kanzler Kohl die Ostpolitik seiner sozialdemokratischen Amtsvorgänger fort; persönlich traf er den DDR-Chef erstmals anlässlich der Trauerfeier für den verstorbenen KPdSU-Generalsekretär Juri Andropow im Februar 1984 in Moskau. In einem längeren Gespräch einigten sich beide auf eine ähnliche Standardformel: Ein jeder werde sich bei seiner Vormacht dringlich für Abrüstungsgespräche einsetzen – Honecker in Moskau, Kohl bei der NATO in Brüssel und in Washington. Ganz gleich, wie weit der eine oder andere dies dann ernstlich anstrebte und, wenn ja, ob er damit Gehör finden und sein Drängen etwas bewirken würde – formell jedenfalls waren sich der Kanzler und der Staatsratsvorsitzende wenigstens darin einig.

Kaum angekommen, nebelte mich erst einmal ein unverwechselbares DDR-Odeur ein: Es roch schweflig nach verheizten Braunkohlebriketts, was in mir lebhafte Jugenderinnerungen wachrief; aber dazu kamen jetzt die dicken Abgasschwaden aus den Auspuffrohren der Trabis. Der DDR-Volkswagen verbrauchte als Zweitakter ein Benzin-Ölgemisch

und blies, da er nicht über einen Katalysator verfügte, seine Emissio-
nen mitsamt Ölpartikeln, krebserregendem Benzol und Kohlenwas-
serstoff ungefiltert in die Luft. Bei Hochnebel und Inversionslagen
verdichteten sich beides, Braunkohleabgase und Trabi-Emissionen in
den Straßen Ostberlins oder Leipzigs zu dickem Gestank, der Fußgänger von den Hauptstraßen in Nebengassen fliehen ließ. Aber wenn
es um die typischen Duftnoten der DDR geht, darf natürlich nicht
die eines Reinigungsmittels aus dem Chemiekombinat Bitterfeld fehlen. Es trug den Namen Wofasept und verbreitete süßlich-ätzende
Geruchswolken, die jedem entgegenschlugen, kaum hatte er ein amt-
liches Gebäude oder einen der hastig hochgezogenen Plattenbauten
betreten

Als in der DDR akkreditierter Korrespondent hatte ich Residenz-
pflicht, und so zogen wir in den dreizehnten Stock einer dieser »Platten« ein, die Walter Ulbricht in der Leipziger Straße hatte errichten lassen. Er wollte mit diesen Hochhäusern den Ostberlinern die Sicht auf
jenes Nachrichtenspruchband verbauen, das vom Dach des wenige
Meter westlich der Mauer gelegenen Springer-Hochhauses Meldungen
verbreitete – unzensierte natürlich, die noch gut auf dem Alexanderplatz zu lesen und den SED-Oberen deshalb ein steter Dorn im Auge
waren. Es handelte sich um eine für DDR-Verhältnisse komfortable
Neubauwohnung mit ineinander übergehendem Ess- und Wohnzim-
mer sowie vier kleineren Räumen, die als Arbeits-, Schlaf- und Gäste-
zimmer zu nutzen waren. Vom NDR als Dienstwohnung für ARD-
Studioleiter angemietet, hatten vor uns dort schon Lothar Loewe und
Fritz Pleitgen gewohnt. Der Blick nach Süden fiel auf die Leipziger
Straße und die Zufahrt zum Checkpoint Charlie, der nach Norden auf
den schönsten Platz Berlins, den Gendarmenmarkt. Dort waren Res-
taurationsarbeiten am Französischen Dom schon im Gange, an dem
uns sehr viel näher gelegenen zerbombten Deutschen Dom dagegen
geschah zu unserer Zeit nichts. Am Dachfirst der Ruine hatte sich

Gebüsch angesiedelt, aus dem ein recht stattlicher junger Baum auf-
ragte und morgens zu einem der Schlafzimmer herübergrüßte.

Sabines Sohn Laurenz, inzwischen fünfzehn Jahre alt, war in Washington auf die Deutsche Schule gegangen, ihn auf eine der Erweiterten
Oberschulen der DDR zu schicken, hätte zu unerhörten Anpassungs-
problemen geführt und ihn nicht weitergebracht. Zudem streikte er
gegen die Vorstellung, in der DDR leben zu müssen. Die bunte Szene
Westberlins war da für Jungen in seinem Alter viel zu verlockend. So
mieteten wir eine Wohnung nahe dem Charlottenburger Savignyplatz
an, die sich bald zu unserem Hauptwohnsitz entwickelte. Die »Residenz«
in der Ostberliner Platte nutzte ich zum Arbeiten oder für Gespräche mit DDR-Besuchern, wir übernachteten dort nach Ostberliner
Theaterabenden oder Einladungen und bewirteten in ihr auch häufig
Gäste aus der DDR – ich erinnere Abende mit Stephan Hermlin, Christa
und Gerhard Wolf, Rolf Schneider und seiner Frau Irene, mit Inge und
Stefan Heym, dem Regisseur Alexander Lang und seiner Gefährtin,
der Schauspielerin Katja Paryla.

Natürlich war dieser private Dienstsitz systematisch verwanzt, hatte
also Wände aus »russisch Beton«, wie der DDR-Volksmund sagte: einer
Mischung aus angeblich je einem Drittel Zement, Sand und Mikrofo-
nen. Als an einem dieser Abende, wir hatten Gäste aus dem Deutschen
Theater geladen, sich der Schauspieler Christian Grashof wie eine
klassische Rampensau in geradezu wüste Beschimpfungen der zen-
sierenden Kulturbürokratie im »Großen grauen Haus«, dem Sitz des
SED-Zentralkomitees (ZK), hineinsteigerte, deutete ich immer wieder
verzweifelt auf die Befestigung der Deckenlampe über dem Esstisch,
in der ich eine dieser Wanzen vermutete. Es fruchtete nichts. Als ob
er eine Szene auf offener Bühne zu spielen hatte, war Grashof einfach nicht aufzuhalten. Wir befürchteten danach Schlimmes, doch ging
der Stasi-Kelch, wohl mit Rücksicht auf seine Prominenz, an ihm
vorüber.

Das oft alltägliche Hin und Her zwischen Ost und West war für uns nahezu problemlos, zumal es nicht nur zwischen den zwei Wohnungen, sondern auch dienstlich nötig war. Bei der Endfertigung von Beiträgen blieben wir ja nicht auf die Hilfe des DDR-Fernsehens angewiesen, denn außer dem offiziellen ARD-Studio in der Schadowstraße nahe dem Boulevard Unter den Linden verfügten wir über ein kleines Büro mit Sekretärin, Cutterin und Schneideraum beim SFB in Westberlin, wo die Endfertigung, frei von allen denkbaren Zensurversuchen, erfolgte und von wo unsere Beiträge etwa für die *Tagesthemen* oder die *Tagesschau* direkt nach Hamburg überspielt werden konnten.

So wurde das Passieren der Grenze bald zur Routine, auch wenn ich bei der Durchfahrt durch den so fest verbarrikadierten Übergang ihn jedes Mal fortgewünscht hätte. Westliche Korrespondenten und ihre Ehefrauen erhielten jeweils ein Jahresvisum für unbegrenzte Ein- und Ausreisen, dazu eine Grenzempfehlung, die eine schnelle Abfertigung durch die kontrollierenden Grenzpolizisten garantierte. Abgesehen von sehr, sehr seltenen Ausnahmen, entfiel damit das sonst bei der Ein- oder Ausreise obligate Öffnen des Kofferraums. Der Tank wurde nicht umständlich mit einem Messstab ausgelotet, um Umbauten (da könnte ja etwas oder gar einer versteckt sein!) zu entdecken. Zeitungen und Bücher wurden nicht als ideologische Konterbande konfisziert, sondern konnten als Arbeitsmaterial mitgeführt werden. Auch gab es nicht die sorgfältige Inspektion der Hintersitze, bei der die Grenzer in den Wagen krochen und dabei respektlos-ungeniert aller Welt ihr real-sozialistisches Hinterteil entgegenstreckten. In seinem Hauptquartier, der Normannenstraße, wusste der »Große Bruder« jedoch jederzeit, wo wir uns gerade aufhielten oder wohin wir unsere Wagen steuerten, denn sie waren mit blauen Nummernschildern versehen, die alle mit QA begannen und deren folgende zwei Ziffern für das Land standen, aus dem der jeweilige Korrespondent kam – der Bundesrepublik war die Nummer 57 zugeteilt. Mithin konnte, wann immer wir in der DDR unterwegs waren, uns jeder Volkspolizist auch ohne Prüfung unserer Papiere als Klassenfeinde identifizieren, als »Störenfriede«, wie mein Kollege Peter Pragal uns Westkorrespondenten im Rückblick einmal treffend bezeichnet hat. Wenn ich später zu Aufnahmen mit einem Team nach Leipzig, Dresden, Erfurt oder ins Erzgebirge fuhr, sahen wir nicht selten an Kreuzungen von Landstraßen oder an Autobahnabfahrten einen parkenden Wagen der Volkspolizei, dessen Insassen offenbar nur auf unser Erscheinen gewartet hatten und nun überprüften, ob wir uns an die angemeldete Route hielten.

Auch unser Studio in der Schadowstraße stand unter Dauerbeobachtung. Dass die Wände verwanzt waren und die Telefone überwacht wurden – davon gingen wir selbstverständlich aus. Auf dem Parkplatz vor dem Studio gab es ein Wachhäuschen, und ein darin sitzender Volkspolizist registrierte alle Bewegungen, jede Ankunft oder Abfahrt eines der Dienst- oder Filmwagen, und natürlich auch die Besucher, die zu uns kamen. Ging es um heikle Themen, etwa die Zuflucht, die DDR-Bürger in der westdeutschen oder auch der US-amerikanischen Vertretung gesucht hatten, wurde dies mit Eberhard Grashoff, dem Pressechef der Ständigen Vertretung, nur auf langen, abhörsicheren Spaziergängen rund ums Eck erörtert. Und wenn es Zuspitzungen im Verhältnis der zwei deutschen Staaten zueinander gab – etwa im Fall der Erhöhung des Zwangsumtauschs, den westliche Besucher quasi als Eintrittsgeld an der Grenze zu entrichten hatten –, lud Hans Otto Bräutigam, der jahrelange Ständige Vertreter Bonns in Ostberlin, uns westdeutsche Korrespondenten in die »Laube« – einen abhörsicheren Raum innerhalb des Vertretungsgebäudes. Da gab es, auch wenn sich das ein Funktionär im ZK der SED nicht vorstellen konnte, nicht etwa Anweisungen für unsere Berichterstattung, sondern abhörsicher Lageanalysen, offene Diskussionen und vor allem einen informellen Gedankenaustausch.

Basis unserer Tätigkeit in der anderen deutschen Republik war eine Anlage zum Grundlagenvertrag, ein rechtsverbindlicher Briefwechsel, in dem die DDR sich bereit erklärt hatte, westdeutschen Journalisten »Arbeits- und Bewegungsmöglichkeiten in der DDR einschließlich der unverzüglichen Übermittlung von Nachrichten, Meinungen und Kommentaren« zuzugestehen. Allerdings im Rahmen ihrer eigenen Rechtsordnung, und das sollte sich bald als Pferdefuß erweisen. So verpflichteten betont vage gehaltene Durchführungsbestimmungen die Korrespondenten, »Verleumdungen oder Diffamierungen der DDR, ihrer staatlichen Organe und ihrer führenden Persönlichkeiten zu unterlassen«, auch »wahrheitsgetreu sachbezogen und korrekt zu berichten und keine böswilligen Verfälschungen von Tatsachen zuzulassen«. Fairer Journalismus also? Das klang so schlecht nicht, nur war es leider auslegungsfähig, wie sich bald zeigen sollte: Was Westkorrespondenten als berechtigte Kritik an einer Maßnahme der DDR betrachteten, wurde von den Kritisierten nicht selten als böswillige Verleumdung gewertet.

Nach etlichen Eklats der ersten Jahre – dem Herauswurf eines *Spiegel*-Korrespondenten, der Ausweisung meines ersten ARD-Vorgängers Lothar Loewe, der in einem Kommentar gesagt hatte, die Grenzpolizisten an der Mauer hätten den Befehl, auf flüchtende Menschen zu schießen wie auf Hasen. Auch die Veröffentlichung des »Manifests des Bundes Demokratischer Kommunisten Deutschlands« in der DDR durch den *Spiegel* hatte dazu beigetragen, dass die Deutsche Demokratische Republik 1978 die Durchführungsbestimmungen ihrer Journalistenverordnung verschärfte und der Berichterstattung damit engste Grenzen zog. So fand ich Arbeitsbedingungen vor, die mich ebenso neidisch wie nostalgisch auf die Freiheiten meiner *Spiegel*- und *Panorama*-Zeit, vor allem aber auf die zurückliegenden amerikanischen Jahre blicken ließen. Hatte es dort Zutritt zum Weißen Haus mit Briefings gegeben, bei denen selbst der Präsident Fragen beantwortete, blieben in Ostberlin die Türen zum »Großen grauen Haus« hermetisch verschlossen. Es war einst eine Zentrale des Klassenfeinds, der früheren

Reichsbank, das – welch symbolischer Akt! – nun die Führung der Partei der Arbeiterklasse zu ihrem Sitz erkoren hatte.

Zwar gab es die Volkskammer, eine Art Parlament der DDR, aber was seine Abgeordneten an Gesetzen verabschiedeten, waren im Grunde Ausführungsbestimmungen zu Beschlüssen, welche im »Großen grauen Haus« gefasst worden waren. Hier tagte das Politbüro, hier kam das Zentralkomitee zu seinen Sitzungen zusammen, hier fielen die Entscheidungen über den künftigen Kurs von Politik und Wirtschaft der DDR. Aber das ZK, eine Art Parlament der Partei, tagte nicht öffentlich. Wenn es in Diskussionen einmal abweichende Meinungen zum Kurs der Führung gab – es sollte, wenn auch selten, ja solch Unerhörtes geben –, so blieben wir auf spätere Gerüchte angewiesen. Keiner der führenden Genossen, auch keine ihrer engeren Mitarbeiter oder Berater waren zu Interviews bereit, in denen sie über Ziele und Motive der beschlossenen Maßnahmen hätten Auskunft geben können. Nicht selten erfuhren wir von wichtigen Entscheidungen erst, als im Büro der Fernschreiber zu rattern begann und ADN, der DDR-offizielle Allgemeine Deutsche Nachrichtendienst, ein trockenes Kommuniqué verbreitete.

Jedes Interview, sei es mit einem Museumsdirektor, Schriftsteller, HO-Betriebsleiter, einem Werftarbeiter oder einem Angehörigen »gesellschaftlicher Einrichtungen« war genehmigungspflichtig. Selbst Straßeninterviews mit Passanten in Ostberlin, die noch Lothar Loewe und Fritz Pleitgen ohne Genehmigung führen konnten und die ihnen oft als Stimmungsbarometer gedient hatten, waren inzwischen ohne Zustimmung der Obrigkeit untersagt. Wollten wir außerhalb der Hauptstadt, also Ostberlins, Außenaufnahmen machen, und sei es nur von irgendeiner Goethe'schen Idylle im Thüringer Wald, hatten wir vierundzwanzig Stunden vorher das Außenministerium zu informieren. Vorgeschrieben war auch, Reiseziel und Zweck der Dreharbeiten anzugeben. Filmten wir dann vor Ort – selbst in der Dübener Heide nahe

Bitterfeld, wo man mit dem Verstreuen von Kalk die Bäume widerstandsfähiger machen wollte –, war uns stets ein Aufpasser der örtlichen »Organe« zugeteilt. Bei denen handelte es sich meistens, wie ich bei Durchsicht meiner Stasi-Akten später feststellen konnte, um »OibE« – also »Offiziere der Staatssicherheit im besonderen Einsatz«. Um DDR-Bürger von möglichen Kontakten zu Vertretern der westlichen Medien abzuschrecken, verschärfte die DDR-Justiz zudem den Landesverratsparagrafen. Danach waren selbst für die Weitergabe von Informationen, die zwar nicht der Geheimhaltung unterlagen, aber dem Ruf der DDR hätten abträglich sein können, Freiheitsstrafen von zwei bis zwölf Jahren angedroht.

Und doch gab es nicht wenige verzweifelte DDR-Bürger, die sich an westliche Korrespondenten wendeten und um Hilfe bei Ausreiseanträgen baten. Bei Drehaufnahmen zeigten sie sich oft hilfreich, so etwa in Bautzen. Wir drehten dort anlässlich eines Fests der sorbischen Minderheit, die, in Nachahmung der Stalin'schen Nationalitätenpolitik, von der SED-Führung in Watte gepackt wurde. Die Fassaden in der Innenstadt hatten deshalb einen neuen Anstrich erhalten, aber kaum hatten wir unsere Kameras aufgebaut raunten uns etliche Bautzener zu: »Schaut doch mal in die Hinterhöfe« – und da bröckelte in der Tat der Putz, sie boten das Bild beginnenden Ruins. Viele kamen auch und erbaten Unterstützung bei der Ausreise, die sie beantragt hatten und die ihnen seit Monaten, wenn nicht Jahren verweigert wurde. Ich notierte mir dann Namen und Daten, mied aber, schon um den Ausreisewilligen nicht zu gefährden, jede Öffentlichkeit. Stattdessen suchte ich den Rechtsanwalt Wolfgang Vogel in seinem Büro in der Reiler Straße Nr. 4 im Bezirk Marzahn auf und übergab sie ihm. Sicherheitshalber informierte ich parallel dazu auch einen Beamten in der Außenstelle des Gesamtdeutschen Ministeriums in Berlin.

Wenn in kniffligen deutsch-deutschen Situationen einer helfen konnte, dann war es unstreitig Wolfgang Vogel. Als der humanitäre Beauftragte

Unser Studio-Team nach dem Dreh im größten Tagebau des Braunkohlekombinats Bitterfeld. In unserer *Sendung Deutsches aus der anderen Republik* suchten wir ja den so andersartigen Alltag in der DDR zu schildern. Und in der Tat wurde das Braunkohlekombinat mit seinen 51 000 Werktätigen von einer Generaldirektorin geleitet, die die ihren Weg von der rauen Welt des Bergbaus und der schwelenden Brikettpressen von der Maschinenschlosserin – selbstverständlich als treue SED-Genossin – an die Spitze gemacht hatte.

Erich Honeckers führte er eine Liste über Ausreisewillige, zudem verhandelte er über Freikäufe von Häftlingen mit einem Gegenüber im
Gesamtdeutschen Ministerium in Bonn und hatte die Möglichkeit, diesen oder jenen auf seiner stets langen Liste vorzuziehen. Vogel stand im
Zentrum jenes deutsch-deutschen Menschenhandels, der 1962 begonnen und die Linderung der Leiden Oppositioneller in den Gefängnis-
sen der DDR zum Ziel hatte. In der Praxis lief das darauf hinaus, dass
Bonn für jeden vorzeitig entlassenen Häftling eine stolze Summe auf
den Verhandlungstisch legen musste. Die stets an Devisenmangel
krankende DDR erhöhte den Preis pro Häftling im Lauf der Jahre von
40 000 D-Mark auf 95 000 D-Mark, sodass die Bundesrepublik zwischen
1962 und 1989 insgesamt rund 3,4 Milliarden D-Mark zu berappen
hatte. Jahrelang war Vogels westdeutsches Gegenüber kein anderer als
Herbert Wehner, der über den DDR-Anwalt dann – an den Kanzlern
Brandt und Schmidt vorbei – seinen besonderen persönlich-politischen
Draht zu Erich Honecker spann.

Der DDR-Staatsratsvorsitzende und der alte Zuchtmeister der SPD
kannten sich aus der Zeit des Saarkampfes 1934/1935. Damals waren
beide Mitglieder der Kommunistischen Partei und gehörten einer linken Volksfront an, die den Wiederanschluss des Saargebiets an das
inzwischen NS-regierte Reich vergebens zu verhindern suchte.

Ich habe Vogel, dem im Frühjahr 1962 der sensationelle Austausch
des über der Sowjetunion abgeschossenen US-amerikanischen U-2-
Piloten Gary Powers gegen den sowjetischen Topspion Rudolf Abel
auf der Glienicker Brücke zwischen Berlin und Potsdam gelungen war,
als durch und durch seriösen, von seiner Aufgabe als humanitärer
Beauftragter Honeckers durchdrungenen Anwalt in Erinnerung. Wann
immer sich frustrierte Ausreisewillige, die vergeblich auf die Genehmigung ihres Ausreiseantrags warteten, sich in Bonns Ständige Vertretung oder in die Botschaft der Amerikaner flüchteten, um sie zu erzwingen, stets wurde er als Vermittler gerufen. Besonders der Ständige

Vertreter Bonns befand sich in solchen Fällen in einer äußerst heiklen diplomatischen Position. Den Zugang zur Vertretung wollte Hans Otto Bräutigam den DDR-Bürgern nicht verwehren, sie aber hinauswerfen und der Willkür der DDR-Organe überlassen, konnte er ebenso wenig. Nach Bonner Rechtsverständnis, das eine DDR-Staatsbürgerschaft nicht anerkannte, waren es, sobald sie die Vertretung betraten hatten, Deutsche im Sinne des Grundgesetzes. Vogel gelang es dann meist, gegen Zusicherung der Ausreise in absehbarer Zeit, die Geflüchteten zum Verlassen der Vertretung und damit zur zeitweiligen Rückkehr in den DDR-Alltag zu bewegen. Seine Zusagen, die auf eine Übergangs- oder Wartezeit von mehreren Wochen oder wenigen Monaten bis zur Ausreisegenehmigung hinausliefen, waren von höchster DDR-Stelle genehmigt und stellten sich als zuverlässig heraus. Bedingung: Über den Deal musste strengstes Stillschweigen gewahrt werden. Es gab damals keinen Zweifel für mich, dass Vogel an diesen inoffiziell-offiziellen Geschäften, deren konkrete Details erst nach der Wende offengelegt wurden, sehr gut verdiente. Er fuhr einen goldfarbenen Mercedes, machte regelmäßig Skiurlaub in Österreich und wohnte in einer stolzen Villa am Teupitzer See. Dass er nur im engsten Einvernehmen mit der SED-Führung und der Staatssicherheit handeln konnte, lag auf der Hand. Kontakte zum diplomatischen Korps und zu westlichen Journalisten pflegte er sehr bewusst. Gegen Weihnachten gab er stets ein Gänseessen in einem privat betriebenen Restaurant am See. Die knusprig gebratenen ungarischen Gänse, die dort serviert wurden, habe ich in bester Erinnerung.

Was die Wahl der Themen und die Arbeit vor Ort in der »größten DDR der Welt« anging, als die manche DDR-Bürger die agitatorische Selbstbeweihräucherung ihres Staats durch die SED verspotteten, blieben wir gnadenlos an die Vorzensur gekettet. Jedes unserer Drehvorhaben musste fernschriftlich beim Außenministerium beantragt werden. Die dort zuständigen Funktionäre zeigten sich persönlich höflich, freundlich, seltener sogar entgegenkommend – aber zu entscheiden hatten sie nichts. Alle Korrespondentenanträge mussten von ihnen an die »Abteilung Agitation« des Zentralkomitees weitergeleitet werden, die sich ein Ja oder Nein vorbehielt. Wenn es um größere Vorhaben ging, verstrichen bis zu einer Antwort aus dem »Großen grauen Haus« nicht selten Monate. Als ich einmal eine Dokumentation über Sachsen als historische Kulturlandschaft beantragte, musste ich nahezu ein Jahr warten, bis ich endlich grünes Licht erhielt. Das Thema Sachsen war offenbar ein heißes Eisen für die SED. Wie alle Länder der DDR war das Land Sachsen 1952 ja aufgelöst und in die drei Bezirke Dresden, Leipzig und Karl-Marx-Stadt (Chemnitz) zerlegt worden – Bezirke, die im Gegensatz zum früheren Land über keinerlei Selbstverwaltungsrechte verfügten. Von der langen historischen Rivalität Dresden-Berlin beziehungsweise Sachsen-Preußen schien dennoch Etliches geblieben. Die Sachsen fühlten sich von Berlin geschurigelt und im Stich gelassen, denn die heimischen Baubrigaden wurden zum Ausbau der DDR-Hauptstadt nach Berlin dirigiert, indes man die Altstadt Leipzigs dem Verfall überließ. Zudem glaubten sich die Sachsen bei der Versorgung mit Lebensmitteln und knappen Gütern benachteiligt, weil Ostberlin als Hauptstadt bevorzugt beliefert wurde.

Was macht ein Journalist, wenn seine Möglichkeiten zu recherchieren, Interviews zu führen und Themen aufzugreifen, die er für wichtig hält, derart eingeschränkt waren wie in der DDR? Er versteht Zensur als Herausforderung und setzt alles daran, sie zu unterlaufen. Seine Waffe wird die List. Als ich einmal vor Weihnachten einen Dreh im damals größten Kaufhaus Ostberlins beantragte, um zu zeigen, was, wie und zu welchen Preisen die DDR-Bürger zum Fest einkaufen können, erhielt ich eine Absage. Offenbar war das Thema wegen der damals angespannten Versorgungslage den Zuständigen im ZK der Partei nicht genehm. Wir – Korrespondent, Kameramänner, Toningenieure und Sekretärin – griffen daraufhin in die Studiokasse, die mit legal eins

zu eins über die Bank getauschten Ostmark gefüllt war, und zogen nun
als normale Einzelkäufer in das Kaufhaus am Alexanderplatz, wo man
uns den Dreh versagt hatte. Wir erwarben, was den DDR-Bürgern für
ein weihnachtliches Festessen angeboten wurde, und notierten die
Preise. Auf einem mit einer Adventskerze dekorierten Tisch bauten wir
dann im Studio die Schätze auf, die wir zusammengekauft hatten – eine
gefrorene Gans, Weihnachtsgebäck, Butter, ein Glas Kirschkompott,
eine Packung gefrorenen Spinat, nicht zu vergessen eine Flasche Rot-
wein namens »Stierblut«, damals viel getrunken und extrem kopf-
schmerzverdächtig, dazu eine Flasche des in Freyburg an der Unstrut
hergestellten Rotkäppchen-Sekts. Wir verglichen die Preise mit denen
in Westberlin (dort war es billiger), und die abgelehnte Story war perfekt – vor allem mit dem Hinweis auf den uns untersagten Kaufhaus-
Dreh. Der Spinat war übrigens schlecht verpackt, die Plastikhülle, in
den man ihn gepresst hatte, an zwei Ecken aufgeplatzt. Zwei Tage
nach der Sendung hatte ich im Zeughaus, damals wie heute als Museum
benutzt, zu tun. Auf einem der Flure begegnete ich einer offenbar
durch und durch parteigetreuen älteren Mitarbeiterin, die mich mit
den Worten ansprach: »Ach, da kommt ja der Klassenfeind. Der Spinat,
merken Sie sich das, ist von hervorragender Qualität.«

Als mir ein Bericht über das Waldsterben mit der Bemerkung abgelehnt wurde, so etwas gebe es nicht in der DDR, meldeten wir uns zu
Landschaftsaufnahmen im Erzgebirge an, fuhren auf den Kamm nahe
der tschechischen Grenze und filmten Waldreviere, die nur noch aus
kahlen Baumstrünken bestanden und eher Mondlandschaften glichen.
Fairerweise sei angemerkt, dass die Ursachen keineswegs ausschließlich
DDR-hausgemacht waren, denn zu ihnen zählten auch Schwefeldioxid-
abgase aus nahe gelegenen tschechischen Braunkohlekraftwerken, die oft
als saurer Regen niedergingen. Gab es für die Offiziellen das Waldsterben nicht, weil nicht sein kann, was nicht sein darf? Die DDR stellte den
industriellen Output stets über ökologische Bedenken. Weder die Braun-

kohlekraftwerke der DDR noch die in der Tschechoslowakei verfügten über die nötigen Filter zur Abgasreinigung, und so wurden im Bereich der Kammlagen mehr als 10 000 Hektar Wald im Erzgebirge verwüstet.

Wie schwierig es bei der uns auferlegten Anmelde- und Genehmigungspflicht für Drehs war, topaktuell auf eine Nachricht zu reagieren, zeigte sich Mitte Januar 1983, als westliche Medien die Vorabmeldung über einen sensationellen Bericht des *Stern* von einem Attentat auf Erich Honecker brachten. Laut der Illustrierten hatte ein vom Hass auf die Parteibonzen erfüllter DDR-Bürger versucht, Schüsse auf den DDR-Staatschef abzugeben, als dieser am Silvestertag 1982 in einer Autokolonne auf dem Weg zu seiner komfortablen Jagdhütte Wildfang in der Schorfheide gewesen sei. Ort der Handlung: Klosterfelde, ein verschlafenes märkisches 3000-Seelen-Städtchen nahe dem Prominentenghetto der SED-Führung in Wandlitz gelegen, den der passionierte Waidmann Erich Honecker auf dem Weg zu seinen Jagdvergnügungen regelmäßig passieren musste. Die offizielle Nachrichtenagentur der DDR reagierte sofort mit einem Dementi, sprach allerdings von einem »Verkehrszwischenfall« und von »Selbstmord nach Fahrerflucht«. Laut ADN hatte der Fahrer eines Pkw vom Typ Lada nach einer »schweren Verkehrsgefährdung« die Aufforderung der Volkspolizei zu stoppen missachtet, als er schließlich gestellt wurde, das Feuer eröffnet und sich dann mit seiner Pistole selbst umgebracht. Auch wenn dieses Dementi Honecker und dessen Konvoi mit keinem Wort erwähnte, bestätigte es doch den Bericht des *Stern* zumindest in einem Punkt: Am Silvestertag 1982 war es in Klosterfelde zu einer von den DDR-Medien verschwiegenen Schießerei und zum Tod eines DDR-Bürgers gekommen. Natürlich wünschte die *Tagesschau* am Abend der Vorabmeldung einen Bericht von uns. Was also tun?

Ich missachtete bewusst die Vierundzwanzigstundenregel für Außenaufnahmen außerhalb Berlins, teilte dem Außenministerium lediglich

mit, dass wir uns umgehend zu Aufnahmen entlang der Fernverkehrs-
straße 109 abmeldeten, und fuhren nach Klosterfelde. Die Darstellung
des *Stern* ließ ja viele Fragen offen, beispielsweise, wie ein Handwerks-
meister – laut dem Magazin der »Attentäter« – in Erfahrung gebracht
haben sollte, wann der Staatsratsvorsitzende zum Neujahrsurlaub in
die Schorfheide aufbricht, damit er für sein Vorhaben auch rechtzeitig
zur Stelle sei. In dem Dementi vom ADN wiederum, das die DDR-
Presse am nächsten Tag im Wortlaut veröffentlichte, wurde der staunenden Bevölkerung mit keiner Zeile erklärt, warum ein normaler
DDR-Bürger mit einer Pistole bewaffnet spazieren fuhr, und schon gar
nicht, wie ein Handwerker in der DDR, die persönlichen Waffenbesitz
strengstens untersagt, überhaupt in den Besitz einer solchen kommen
konnte.

Wir drehten gerade das Ortsschild von Klosterfelde, da stiefelte ein
Mann vom Acker, überzeugte sich, dass wir vom Westfernsehen seien,
vergewisserte sich, dass er nicht beobachtet würde, und sagte: »Dahin-
ten, bei dem Haus an der Ecke, ist alles passiert – da müsst ihr drehen.«
Er war nicht der Einzige, der uns ansprach, und durch die unaufgefor-
derte Mithilfe der Bürger von Klosterfelde rundete sich für mich das
Bild. Der Täter stammte aus dem Ort, war Ofensetzer von Beruf und –
wie viele der selbstständig gebliebenen Handwerker in der DDR –
relativ wohlhabend: Er besaß ein Haus auf großem Grundstück, hatte
einen Karpfenteich angelegt und hielt sich ein Pferd. Anwohner bezeichneten ihn – natürlich nur vor ausgeschalteter Kamera – als labilen
Charakter, jähzornig und unberechenbar. Er hatte eine schwierige Schei-
dung hinter sich und war mit seiner neuen Freundin offenbar zerstritten. Nach Reparaturen am Kamin eines Politbüromitglieds in Wandlitz,
so einige Klosterfelder, die ihn gut kannten, habe er maßlos über den –
im westlichen Vergleich eher bescheidenen, nach DDR-Maßstäben
jedoch unerhörten – Luxus geschimpft, in dem die DDR-Führungs-
spitze in ihrem hermetisch abgeriegelten Prominentenghetto Wandlitz

lebte. Offenbar beachtete er am Silvestertag die Vorfahrt nicht, drängte sich bei einem waghalsigen Überholmanöver in den Konvoi des DDR-Chefs ein, widersetzte sich Stoppsignalen der Volkspolizei und wurde auf eine Wiese abgedrängt, auf der dann der Schusswechsel erfolgte. Richtig aufklären konnten wir den Fall natürlich nicht, aber immerhin erfuhren wir genug, um den Bericht des *Stern* wenigstens in Teilen zu bestätigen, auch wenn die Behauptung von einem versuchten Attentat bestenfalls bloße Hypothese blieb, die mit nichts zu belegen war. Dass es sich dabei um eine Mär handelte und der Ofensetzer Paul Eßling – mit 2,5 Promille Alkohol im Blut – als Erster zur Pistole griff, sich nach kurzem Schusswechsel mit der Polizei höchstwahrscheinlich aus Verzweiflung über den Streit mit seiner neuen Freundin selbst erschoss – zu diesem Ergebnis kamen nach der Wende die Justizbehörden in Neuruppin, als der Fall neu aufgerollt wurde.

Den *Stern*-Korrespondenten Dieter Bub, dessen Story über einen Klosterfelder Handwerker und dessen Lebenskrise die Chefredaktion seines Blatts, ohne ihn zu fragen, zum sensationellen Attentatsversuch umgeschrieben hatte, wies die DDR nach der Veröffentlichung wegen nicht genehmigter Nachforschungen aus. Damit griff sie zur zweithöchsten Sanktion, die unliebsamen »Störenfriede« wie uns bei Verstößen gegen die Journalistenverordnung treffen sollte. Die niedrigste Stufe war eine Vorladung ins Außenministerium zu einer förmlichen Verwarnung, die nächsthöhere die Ausweisung, darauf folgte dann die Schließung des Büros. Mit dieser schärfsten Sanktion wurde beispielsweise der *Spiegel* 1978 nach der Veröffentlichung des »Manifests« belegt. Das Nachrichtenmagazin hatte ihm den Titel »Wir sind gegen die Einparteien-Diktatur« gegeben.

Auch ich wurde nicht nur einmal verwarnt, doch seltsamerweise nicht wegen Missachtung der Abmeldevorschriften im »Attentats«-Fall. Aber je öfter mir die Allgegenwart der Staatssicherheit bewusst wurde, die sich im Rückspiegel unübersehbar hinter meinen Wagen setzte, wann immer ich zu einem Gesprächspartner fuhr, desto entschlossener wurde ich, den Versuch zu wagen, Aufnahmen über Stasi-Aktivitäten zu machen. Offiziell war dies natürlich unmöglich, aber gelegentlich gelangen uns doch einige Schnappschüsse, wobei meist der Zufall eine Rolle spielte. So einmal auf dem Weg nach Leipzig, wo wir die Eröffnung der Herbstmesse drehen wollten und uns die Volkspolizei die Autobahn sperrte und uns auf einen Parkplatz einwies. Auch die »Nr. 1«, so Honeckers Spitzname, befand sich auf dem Weg dahin, und mitten im Land des sozialistischen Realismus fühlte ich mich plötzlich in alte feudale Zeiten zurückversetzt. Nur für den Fürsten gab es freie Fahrt. Eine knappe halbe Stunde mussten wir bis zur Freigabe der Weiterreise warten. Aber aus unserem Teamwagen heraus konnten wir drehen, wie Stasi-Mitarbeiter aus einem Bus kletterten, im Wald hinter Büschen Posten entlang der Autobahn bezogen und das von keinerlei Verkehr behinderte Durchrauschen des Honecker'schen Staatskonvoi absicherten – und danach wieder in ihren Bus kletterten.

Ein andermal gelangen uns vor dem Gebäude der Ständigen Vertretung Aufnahmen von zivil gekleideten Männern der Firma »Horch und Guck«, die durch Ausweiskontrollen selbst bei alten Mütterchen jeden davon abhalten wollten, den Sitz des Klassenfeinds zu betreten. So schnell werde ich auch das Kameraduell nicht vergessen, zu dem es kam, als wir Außenaufnahmen vom Hauptquartier des »Großen Bruders« Mielke in Berlin-Lichtenberg machten. Plötzlich entdeckten wir, dass eine am First des Gebäudes angebrachte Überwachungskamera sich drehte und begann, uns ins Visier zu nehmen. Unser Kameramann machte sich daraufhin den Spaß, mit Teleskopeinstellung die uns überwachende Kamera groß ins Bild zu nehmen. Das Spiel »Kamera gegen Kamera« währte vielleicht knappe fünf Minuten, bis wir unsere Geräte einpackten, um den Dreh an anderer Stelle fortzusetzen.

Nun waren Außenaufnahmen innerhalb Berlins für uns nicht genehmigungspflichtig, ausgenommen militärische Anlagen. Nur: Konnte das bloße Stasi-Gebäude als militärische Anlage gelten? Zugegeben: Das Unternehmen war gewagt.

Die Aufnahmen wurden mir prompt als Missachtung der DDR-Journalistenverordnung angekreidet. So las ich später in den Akten: »Block«, so der Deckname, unter dem ich bei Anordnung operativer Überwachung geführt wurde: »verstößt wiederholt gegen die Journalistenverordnung und die Durchführungsbestimmungen, er missbraucht gewährte Arbeitsmöglichkeiten zur Materialeinschleusung für feindliche negative Kräfte in der DDR.« Der Vermerk über »Materialeinschleusung« wird nicht nur auf mich, sondern auf viele meiner damaligen Kollegen »Störenfriede« zutreffen. Natürlich führte ich damals wichtige Bücher aus Westberlin mit und verteilte sie – etwa Fritjof Meyers 1984 erschienenes *Weltmacht im Abstieg. Der Niedergang der Sowjetunion*, in dem alle Gründe für die spätere Implosion der Vormacht des Ostens plausibel und hellsichtig dargelegt wurden. Natürlich übergab ich solch ein Buch nur persönlich wichtigen Informanten. Sicher, dass sein Büro »russische Wände« hatte, legte ich Meyers beinahe prophetische Analyse dem Konsistorialrat Manfred Stolpe (dem ich den Tipp zu mancher guten Geschichte verdanke) am Schluss meines Besuchs einfach auf seinen Schreibtisch. Über Autor, Titel oder Thema wechselten wir sicherheitshalber kein Wort.

Es war der leicht übergewichtige Genosse Wolfgang Meyer, seines Zeichens Pressechef des Außenministeriums, der Korrespondenten, die nach Meinung der SED gegen die Journalistenverordnung verstoßen hatten, vorlud, sie mit ernster Miene belehrte und in strengem Ton offizielle Verwarnungen aussprach. Aber großen Eindruck hinterließen solche Vorladungen bei mir schon deshalb nicht, weil ich die vorgesehene nächsthöhere Sanktion, eine Ausweisung, nicht fürchtete. In der grauen Welt des »realen Sozialismus« nicht mehr geduldet zu sein, kam schließlich nicht der Verstoßung aus dem Paradies gleich. Zumal ich mir immer ziemlich sicher war, auch nach einem solchen Fall der Fälle einen anderen journalistischen Job, dazu einen interessanten mit weit freieren Arbeitsbedingungen, zu finden. Das hinderte mich allerdings nicht an einer engagierten Berichterstattung, die, wo immer möglich, das gemeinsame nationale Erbe betonte – sei es bei Berichten über die Lutherstätten in Wittenberg, die Wartburg oder den Erfurter Dom, wo der Reformator einst zum Priester geweiht wurde, sei es in einer Reportage über ein Museum in Stendal mit seiner marxistischen Sicht auf Johann Winckelmann, der ja aus Stendal stammte und den Deutschen das Schönheitsideal der griechischen Antike nahebrachte.

Engagiert war ich, weil ich die Geburtsfehler dieses Systems sehr genau aus seinen ersten Anfängen in der zweiten Hälfte der Vierzigerjahre kannte, als es nur eine sowjetische Besatzungszone gab, die sich im Herbst 1949 dann zur DDR mauserte. Für mich waren die Bürger der DDR, immer ausgenommen die begeisterten Anhänger des Regimes, Deutsche, die nach dem Krieg das Pech hatten, von den Sowjets besetzt zu werden, deshalb unter den Folgelasten weitaus mehr zu leiden hatten als die Westdeutschen und schon deshalb unsere Empathie verdienten. Ich fragte mich auch oft, wie stabil diese DDR, deren Regierende sich inzwischen so selbstbewusst gaben, Mitte der Achtzigerjahre denn realiter sei. Wie viele DDR-Bürger waren wirklich Parteigänger, wie viele passten sich den von der SED aufgezwungenen neuen Konventionen nur an, hielten aber innerlich Abstand? Schließlich: Welchen Einfluss hatte die winzige Zahl konsequenter Dissidenten oder Oppositioneller? Es dauerte nicht lange, und ich entdeckte etliche Risse in dem vermeintlich so geschlossenen System.

Wie in fast allen Industrieländern waren auch in der DDR die Arbeiter längst zu Kleinbürgern geworden. Günter Gaus, Bonns erster Ständiger Vertreter in der DDR, hatte von den Bürgern der anderen deutschen

Republik beinahe liebevoll als dem »Staatsvolk der kleinen Leute« gesprochen und hinzugesetzt: in westdeutschen Augen »spießiges Kleinbürgertum pur«. Nach Vertreibung des gehobenen und mittleren Bürgertums und seiner Massenabwanderung, die bis zum Bau der Mauer 1961 währte, fehlte eine Oberschicht, an der sich der Massengeschmack hätte orientieren und heben lassen können. Der Aufstieg in leitende Positionen von Wirtschaft und Gesellschaft war nur Mitgliedern der SED möglich, dafür gab es für die Masse der Arbeiter und Angestellten – im Gegensatz zur Bundesrepublik – in dieser Planwirtschaft weder Abstiegsängste noch Sorgen um den Verlust des Arbeitsplatzes. Der Schriftsteller Heiner Müller merkte einmal an: »Im Westen muss man viel härter arbeiten. Hier ist der ganze Lebensrhythmus viel langsamer, viel bequemer.«[56] Derlei soziale Absicherung, wenn auch auf niedrigem Niveau, vor allem das Fehlen beruflicher Konkurrenz mag erklären, worüber Honecker in den Achtzigerjahren mehrfach klagte: dass die Arbeitsproduktivität in der von ihm und seiner Partei diktatorisch regierten DDR rund 30 Prozent unter jener der kapitalistischen Bundesrepublik lag – eine Tatsache, die zum Teil auch auf den Mangel an Investitionen in veraltete Industrieanlagen zurückzuführen war. Viele westliche Experten schätzten den Unterschied übrigens weit höher ein. Nun haben Witze in diktatorischen Regimen ohne Meinungsfreiheit meist eine Ventilfunktion. Der folgende Witz zeigt, dass sich die DDR-Bürger über das Problem durchaus im Klaren waren: Da reist eine japanische Gewerkschaftsdelegation durch die DDR, besichtigt Volkseigene Betriebe (VEB), studiert die dort herrschende Arbeitsmoral und sagt anschließend den Funktionären des DDR-Gewerkschaftsbunds FDGB: »Bitte versteht, liebe Kollegen, dass wir uns eurem Bummelstreik nicht anschließen können. Wir gehören eben einer anderen Gewerkschaft an.«

Kennzeichnend für die DDR-Gesellschaft schien für mich vor allem eine Egalität des Mangels zu sein, die zwar viele durch Tauschhandel mit begehrten knappen Waren zu unterlaufen suchten, die jedoch, da sie für die breite Masse galt, auch eine Art Zusammengehörigkeitsgefühl entwickeln half. Bestes Beispiel für diese Gesellschaft des Mangels war der Zeitraum, der zwischen Bestellung und Auslieferung eines Trabants verstrich. Ein Taxifahrer in Leipzig gab mir einmal einen jener Zehnmarkscheine der DDR als Wechselgeld heraus, der auf der einen Seite eine betont junge Chemikerin in einem Labor, auf der anderen das Porträt des Parteiidols Clara Zetkin in unverkennbar reifen Jahren zeigte. Er deutete auf die Seite mit der jungen Frau und sagte: »So sieht man aus, wenn man bei uns einen Trabant bestellt«, drehte den Schein um, tippte auf Clara Zetkin und meinte dann: »So grau ist man, wenn er endlich geliefert wird.« In der Tat betrug die durchschnittliche Wartezeit zehn bis dreizehn Jahre. Ich fand auch den bereits zitierten Heiner Müller bestätigt, der jedes Mal, wenn er vom Übergang Friedrichstraße zum Bahnhof Zoo fuhr, der Ansicht war, eine Zeitmauer zu passieren – er spürte da »einen Unterschied von Zivilisationen, von Epochen«. Der west-östliche Unterschied von Zeit und Zeitgefühl wurde besonders deutlich bei Reisen in die Provinz: Da gab es noch schöne alte Chausseen über Land, deren Ahorn-, Eichen-, Apfel- oder Pflaumenbäume nicht Opfer wachsenden Verkehrs geworden waren. Abgesehen von den meist hässlichen Betonbauten der neuen Landwirtschaftlichen Produktionsgenossenschaften (LPG), meist am Rande der Dörfer gelegen, schien die Zeit wie eingefroren, stehen geblieben auf dem Stand der Vierziger- und Fünfzigerjahre. Für manche westdeutschen Besucher war die DDR eine Art Geschichtsmuseum, das zeigte, wie es vor der Amerikanisierung und Modernisierung des westdeutschen Lebensstils auch in der Bundesrepublik einmal ausgesehen hatte. Günter Gaus brachte das auf die Formel, die DDR sei der Teil des gespaltenen Deutschland, der »deutscher« geblieben sei.

Die Egalität des Mangels hatte schließlich dazu geführt, dass die DDR-Staatsführung die D-Mark sogar als eine Art Zweitwährung duldete. Begonnen hatte das mit Intershops, die seit Anfang der Sechziger auf Raststätten entlang der Autobahn entstanden und westlichen Interzonenreisenden Zigaretten und Alkohol unverzollt, unversteuert und deshalb billiger als in der Bundesrepublik anboten. Der Zugang zu diesen Shops war DDR-Bürgern verwehrt. Als jedoch im Zuge der erfolgreichen Brandt'schen Ostpolitik immer mehr Besucher aus Westdeutschland zu Freunden und Verwandten reisen konnten und ihnen oft westliches Geld zusteckten, hob die DDR das Verbot für ihre Bürger auf, westliche Währungen zu besitzen. Parallel dazu eröffnete sie, die stets von Devisennöten geplagt war, Intershops in allen größeren Städten zum Zweck der »Valuta-Abschöpfung«. DDR-Bürger, die über Westgeld verfügten, stand es jetzt frei, westliche Waren bar, später gegen Forumschecks einzukaufen, die bei Filialen der DDR-Staatsbank gegen harte D-Mark zu erwerben waren. Ich sah darin einen wichtigen Riss im vermeintlich so fest gefügten, geschlossenen realsozialistischen System: Es gab offiziell geförderte Läden mit begehrten Waren auch für DDR-Bürger, in denen die eigene Währung nicht galt.

Der zweite, nicht minder bedeutende Riss: Die Mehrheit dieses Staatsvolks der kleinen Leute wurde ihrer Arbeiter- und Bauernrepublik abends untreu und wanderte, wenn auch in ihren Wohnstuben sitzend, gen Westen zu ARD oder ZDF aus. Dies galt nur für zwei kleine Regionen nicht – für den äußersten Nordosten und für den Raum um Dresden, das »Tal der Ahnungslosen«. Die allabendlich virtuell Auswandernden wurden damit zu Zeugen der Debatten der westdeutschen Politik und natürlich auch ihrer Dramen. Manchmal nahmen sie daran nicht nur als Zuschauer Teil, sondern ergriffen auch offen Partei – so nach dem Misstrauensvotum gegen Schmidt, dem sie großen Respekt entgegenbrachten, und dem Amtsantritt des Kanzlers Kohl, dem sie anfangs noch misstrauten. In einer mir genehmigten Umfrage am Tag des Kanzlerwechsels Anfang Oktober 1982 fand ich keinen Ostberliner, der dafür Verständnis zeigte: Schmidt war für sie der vom

Volk gewählte Kanzler, ihn derart abzuservieren, sei doch kein Zeichen von Demokratie, sondern eher das Ergebnis einer üblen Intrige, wenn nicht gar Verschwörung. Die feineren Regeln unseres parlamentarischen Prozesses – dass unser Grundgesetz den Kanzlerwechsel per konstruktivem Misstrauensvotum als völlig legitime Möglichkeit vorsieht – war den meisten Befragten nicht bekannt. Zu fragen wäre ohnehin: War der in seiner Wirkung vielleicht viel wichtigere Teil der westlichen Sendungen das Werbefernsehen? Es schuf Begehren und bestimmte westliche Träume. Unsere Putzhilfe in der Leipziger Straße jedenfalls sah es regelmäßig, und als sie einmal ein von der Werbung als besonders effektiv angepriesenes Reinigungsmittel nicht vorfand, bestand sie darauf, dass wir es möglichst schnell beschafften.

Dass mindestens die halbe DDR Westfernsehen sah, konnte nicht wundern, der die offiziell gesteuerte Presse mit ihren monotonen Agitprop-Schlagzeilen las oder die gravitätisch gestelzten, der SED-Führung blind ergebenen Nachrichten des DDR-Fernsehens anschaute. Was vor allem die *Aktuelle Kamera* so ungenießbar machte, war das geradezu byzantinische Protokoll, an dem die SED und ihre Bruderparteien festhielten. Wenn wichtige Führungsfiguren wie Honecker, Stoph und Horst Sindermann gemeinsam auftraten, wurden sie unter Nennung aller Titel aufgeführt – allein dafür gingen kostbare Sekunden, wenn nicht gar Minuten für die eigentliche Meldung verloren. Bei Honecker mussten mindestens zwei Titel – Generalsekretär der SED und Vorsitzender des Ministerrats – heruntergebetet werden, ging es um Militärisches, kam noch Vorsitzender des Nationalen Verteidigungsrats dazu. Vollends unerträglich wurde dieses bei Gipfelkonferenzen des Ostblocks: Da kamen die Generalsekretäre und Regierungschefs, die Außen- und Verteidigungsminister sowie die Oberkommandierenden der Streitkräfte von gleich sieben Staaten zusammen, und so waren fünfunddreißig Namen mitsamt ihren Ämtern und Titeln zu nennen, ehe die eigentliche Nachricht über die Themen oder die Ergebnisse der Konferenz gebracht werden konnte. Als »Rekordleistung« notierte der Schriftsteller Stefan Heym in einer Analyse der *Aktuellen Kamera* voll bösem Spott den Bericht über eine Ordensverleihung an die sowjetischen Kosmonauten Waleri Bykowski und Wladimir Axjonow in Berlin, als der Sprecher die Namen von dreiundvierzig bei dem Festakt anwesenden Würdenträgern samt ihren akademischen, Regierungs- oder Parteititeln verlas, und dies, so Heym voller Spott, »in 108 Sekunden bei fünfmaligem Atemholen«.[57] Heym schrieb dies 1971, aber das ermüdende, einschläfernde Ritual am realsozialistischen Hofe blieb sich bis tief in die Achtzigerjahre gleich.

War die DDR ein totalitärer Staat? Nach dem Totalitarismuskonzept des Politologen Carl Joachim Friedrich und Zbigniew Brzeziński ist eines der Kennzeichen des totalitären Staates, dass er über das vollständige Monopol der Massenkommunikationsmittel verfügt. Das traf zweifellos auf die sozialistischen Bruderländer zu, galt für die DDR dagegen nur bedingt – nämlich nur für die eigenen, von ihr dirigierten und strengstens kontrollierten Medien. Unzensierte Nachrichten, die über die Ätherwellen kamen, ließen sich dagegen nicht aussperren und nicht unterdrücken – westliche Rundfunksender, vor allem der RIAS Berlin, waren von Anfang an in nahezu allen Teilen ihres Territoriums zu hören, später kam noch der Deutschlandfunk (DLF) hinzu. Frühe Versuche, ihren Empfang durch Störsender zu verhindern, blieben meist vergeblich. Nicht viel anders war es, als die Partei beschloss, gegen die allabendliche Auswanderung zum »Westfernsehen« vorzugehen. So suchte Anfang der Sechzigerjahre ihre Parteijugend FDJ mit der Aktion »Ochsenkopf« den Abbau gen Westen gerichteter Antennen durchzusetzen. Auch dieser Demontageakt verlief letztlich im Sande. Findige DDR-Bürger versahen ihre Empfangsgeräte mit Verstärkern und fuhren ihre Antennen nur bei Dunkelheit aus, und so wurde die mediale Konkurrenz aus dem Westen schließlich hingenommen. Als

sich nach dem Abschluss des Grundlagenvertrags 1972 die DDR für
westliche Journalisten öffnen musste, war es dann die bornierte offizielle Kommunikationspolitik der regierenden Kommunisten, die uns
in ihrer Republik akkreditierten Westkorrespondenten in eine Doppel-
rolle hineinwachsen ließ: Weil die DDR-Medien alles unterschlugen,
was dem »Sozialismus« in den Augen des ZK hätte abträglich sein können, sei es nun eine Schlägerei zwischen Jugendlichen und der Polizei
in Wittenberge, das Waldsterben oder der aus Protest gegen Unterdrückung und aufgezwungene atheistische Erziehung selbst gewählte
Feuertod des Pfarrers Oskar Brüsewitz in Zeitz: Systemkritische Nachrichten gab es weder in der *Aktuellen Kamera* noch im SED-Parteiblatt
Neues Deutschland, weil es sie nicht geben durfte. So wurden wir, die wir
in erster Linie akkreditiert worden waren, um aus der DDR für unsere
Medien in der Bundesrepublik zu berichten, zugleich zu Korrespondenten für das »Staatsvolk der kleinen Leute« in der DDR. Beispiel:
Der Fall Brüsewitz wurde von den DDR-Medien unterschlagen und –
als Aktion eines angeblich wahnhaften und psychisch Kranken – erst
zur Kenntnis genommen, als ARD und ZDF, durch einen protestantischen Pfarrer informiert, im Fernsehen darüber ausführlich berichtet
hatten.

Privat wie bei Dreharbeiten traf ich auf Überzeugte, auf Angepasste
und auf Oppositionelle. Zu den Überzeugten zählten zweifellos Angehörige der DDR-Aufbaugeneration wie etwa der Kapitän Gerd Peters,
Jahrgang 1934, den ich bei einem Bericht über das damalige DDR-Tor
zur Welt, den Hafen Rostock, traf. Die DDR hatte ihn buchstäblich
aus dem Marschland gestampft, auf dem 1957 noch Lämmer weide-
ten. Inzwischen wurden dort so viele Güter umgeschlagen wie in den
Häfen von Antwerpen oder Lissabon. Darauf und auf den Aufbau
einer Handelsflotte, die 1985 inzwischen 171 Schiffe umfasste, war der
Kapitän ohne jeden Zweifel stolz. Er zählte zu denen, die offensicht-

lich in ihrer Grundüberzeugung nie irrewurden, der zufolge dieser Staat der ihre und die ihn regierende Partei die einzig richtige sei. Neben der christlichen Seefahrt, sagte er, gebe es auch eine sozialistische: Der Kapitän eines DDR-eigenen Schiffs habe zwar das Kommando, aber nicht das alleinige Sagen. Partei, Gewerkschaft und FDJ seien stets mit an Bord, und der Kapitän habe vor ihnen während der Fahrt Rechenschaft abzulegen.

Zur Aufbaugeneration zählten auch die Chefs der großen Industriekombinate. Unter ihnen war Wolfgang Biermann vielleicht der wichtigste. Er leitete Carl Zeiss Jena, einen der wenigen DDR-Betriebe, die mit ihrer Produktion hochwertiger optischer Geräte und Messinstrumente auf dem Weltmarkt mithalten konnten. In den Leitungsfunktionen seines Kombinats saßen ausschließlich SED-Mitglieder. Biermann, selbst Angehöriger des SED-Zentralkomitees, fand dies selbstverständlich. Die Partei, begründete er, sei schließlich die Beauftragte der Arbeiterklasse und der Werktätigen und gründe darauf ihren Führungsanspruch. Für die DDR war dies ganz offensichtlich Norm: Als wir bei den Leuna-Werken, dem größten geschlossenen Industrieareal der anderen deutschen Republik, eine Besprechung ihres Chefs mit seinen Mitarbeitern drehten, gab es keinen unter den VEB-Direktoren, der nicht das Abzeichen der Partei in seinem linken Knopfloch trug.

Was die Gleichberechtigung der Frauen im Beruf anging, die die SED durch Ausbau einer sozialen Infrastruktur mit Krippen und Ganztagsschulen gezielt unterstützte, war die DDR damals der Bundesrepublik weit voraus. Es fanden sich sehr viel mehr Frauen als im Westen in leitenden Positionen, und zwei Frauen führten sogar das Braunkohlekombinat in Bitterfeld sowie das Chemiekombinat Wolfen (Filmfabrik ORWO) nebenan. Beim Braunkohlekombinat war es Helge Häger, die ihren Weg als treue, überzeugte Genossin von der Maschinenschlosserin zur Generaldirektorin gemacht hatte. Und dennoch waren dem femininen Aufstieg offenbar Grenzen gezogen – jedenfalls

dem an die Spitze von Staat und Partei: Unter den vierzig Ministern der
DDR-Regierung gab es, als ich Helge Häger interviewte, nur eine Frau:
Margot Honecker. Und die stimmberechtigten Mitglieder des SED-
Politbüros, des Sitzes der wahren Macht in der DDR, bildeten einen
reinen Männerverein.

Natürlich gab es die Angepassten – vor allem Karrieristen, die mit-
machten, die beruflich vorankommen wollten, weil es beruflich keine
andere Aufstiegsmöglichkeit gab. Aus der Sicht derer, die sich mit dem
System nie einlassen wollten, waren es »Heuchler, die es um des Geldes
willen taten«. Aber wer wollte den Stab über sie brechen? Sie mussten
in einer Republik leben, aus der es legal kein Entrinnen gab, zumal
Bonn sie anerkannt hatte und die deutsche Zweistaatlichkeit auf Dauer
angelegt schien. Ich traf aber auch auf Reste eines Bürgertums, das
geblieben war. Beispiel: ein Kürschnermeister aus dem Vogtland, der
noch ein privates Pelzgeschäft betreiben konnte. »Wir haben nun einmal das Pech, hier zu leben, und wer nicht mit den Wölfen heult, der
wird getreten«, sagte er mir. Seine Haltung war typisch für viele, die
die ungeliebten, ja gehassten gesellschaftlichen Rahmenbedingungen
murrend akzeptierten, um für sich das Beste daraus zu machen. Die
SED hatte Macht über nahezu alle Lebensbereiche. Und doch war es
möglich, in Nischen zu flüchten, seine privaten Hobbys zu pflegen
und dort dem alltäglichen ideologisch-agitatorischen Druck zu entgehen.

Der Pelzfachmann aus dem Vogtland hatte eine solche Nische
gefunden, denn ich traf ihn auf einer »Schnauferl Rallye« in Dresden,
veranstaltet von einer Gruppe Oldtimer-Liebhaber, die sich innerhalb
des Allgemeinen Deutschen Motorsport Verbands (ADMV), dem
ADAC der DDR, zusammengeschlossen hatten. Mitglieder waren meist
Handwerker, auch Kfz-Mechaniker, sehr viel seltener Akademiker –
alle innerlich politisch abseitsstehend, wenn nicht gar insgeheim ketze-
rische Geister, die ganz darin aufgingen, ihre Oldtimer liebevoll zu

pflegen und auch selbst zu reparieren, um sie intakt zu halten. Der Pelzkaufmann fuhr ein stolzes Elite S 18-Cabrio mit 100 PS, Baujahr 1925, hergestellt im sächsischen Brand-Erbisdorf. In der Rallye war es nur ein Wagen unter vielen, die einst hohes Prestige genossen hatten und an eine Zeit erinnerten, in der in Zwickau nicht die »Rennpappe« vom Band lief, wie viele DDR-Bürger ihren Trabant mit der Duroplast-Karosserie nannten, sondern stattliche Automobile wie der Horch, der sich mit Mercedes durchaus messen konnte. Die berühmten Silber-pfeile der sächsischen Auto Union, von Porsche entwickelt und vom legendären Bernd Rosemeyer gesteuert, fuhren bei den großen Ren-nen der Dreißigerjahre nicht selten Siege ein. Dass nahezu alle Teilneh-mer der Dresdner Veteranen-Rallye, diese Liebhaber alter Edelmarken, mit denen ich sprechen konnte, innerlich nur größte Bedenken gegen-über einem System haben konnten, das nun Wagen des aus ihrer Sicht armseligen Typs Trabant herstellte, versteht sich eigentlich von selbst.

Mein Respekt und meine besondere Hochachtung aber galten jenem kleinen Kreis von Protestanten, Pfarrern und Theologen, die allem Druck widerstanden und, zunächst auf ihre Gemeinden begrenzt, mutig gegen das ankämpften, was sie die »Militarisierung der DDR« nannten. Auf die Einführung der allgemeinen Wehrpflicht 1962, die alle Männer im Alter von achtzehn bis sechsundzwanzig zu einem achtzehnmona-tigen Grundwehrdienst verpflichtete, war 1978 die Einführung eines obligatorischen Wehrkundeunterrichts an den Oberschulen ab der neunten und zehnten Klasse gefolgt, zu dem in den Schulferien ein obligatorisches zweiwöchiges Wehrlager gehörte. In Uniformen der Gesellschaft für Sport und Technik (GST) gekleidet und mit Gasmas-ken ausgerüstet, absolvierten die Schüler unter Anleitung von Offizieren der NVA eine nicht minder obligatorische, vormilitärische Ausbildung, übten das Werfen von Handgranaten und die Orientierung im Gelände. Die DDR feierte sich selbst als Friedensstaat, doch musste der Frie-den, für den sie eintrat, nach der Parole der Partei stets »bewaffnet« sein.

Vertreter der evangelischen Kirche protestierten vergeblich gegen diese vormilitärische Schulung und forderten einen zweijährigen sozialen Friedensdienst als Alternative zum gesetzlich verordneten Wehrdienst.

Es war der Pfarrer der Ostberliner Samariterkirche, Rainer Eppelmann, der mit seinem »Berliner Appell« gegen die These: »Der Frieden muss bewaffnet sein« die christliche Parole »Frieden schaffen ohne Waffen« setzte. Unterstützt von Robert Havemann, dem NS-Widerständler, ehemaligen Kommunisten und SED-Dissidenten, forderte er in diesem Appell den Abzug aller Atomwaffen aus Deutschland und schloss damit das Ende der Stationierung der sowjetischen SS-20 ausdrücklich ein. Zudem schlug er eine in einer Atmosphäre der Toleranz und der Meinungsfreiheit geführte große Aussprache zur Friedenssicherung vor. Als besonders diskussionswürdiger Punkt wurde Kriegsspielzeug erwähnt, dessen Produktion und Verkauf eingestellt werden sollte. Auch wurden die Verantwortlichen gefragt, ob der Staat nicht besser auf alle Demonstrationen militärischer Machtmittel in der Öffentlichkeit verzichten sollte, um so – auch an Festtagen der Republik – den Friedenswillen des Volkes zu bekunden.

Eppelmanns Blues-Messen in der Samariterkirche wurden Anziehungspunkt für oppositionelle Jugendliche aus der gesamten DDR, und ich vergesse nicht die vielen Veranstaltungen während christlicher Friedensdekaden, in denen er die Türen seiner Kirche für Bürgerrechtler wie Bärbel Bohley, Ulrike Poppe, Ralf Hirsch, ebenso für Stephan Krawczyk und Freya Klier öffnete, beide offiziell verfemt, der Liedermacher nicht minder als die Schauspielerin und Regisseurin. Auch Verse von dem mit Veröffentlichungsverbot belegten und mehrfach verhafteten Lyriker und Satiriker Lutz Rathenow waren anstößig, hatte er sich doch mit seiner Satire *Im Land des Kohls*, erschienen 1982 in einem Handdruck in Westberlin, den besonderen Zorn der Staatssicherheit auf sich gezogen. Rathenows Spott traf ja nicht nur die DDR als Land der Braunkohle, sondern ebenfalls die ärmlich bestückten Gemüseabteilungen ihrer Konsumläden, die ihren Kunden außer Kartoffeln meist nur Rot- oder Weißkohl feilbot.

Ich lernte Eppelmann als einen Mann schätzen, der sich unbeirrbar und aufrecht einer alle Lebensbereiche durchdringenden SED-Diktatur widersetzte und damit auch seinen Kirchenoberen nicht selten Probleme bereitete. Die hatten sich mit dem Bekenntnis zur »Kirche im Sozialismus« bei der Begegnung zwischen Bischof Schönherr und Erich Honecker 1978 einige bescheidene, wenn auch nicht gering zu schätzende Freiheiten erkämpft – jedoch gegen die Beteuerung, keinesfalls eine politische Opposition im Staat zu sein. Da die Kirche seither als eigenständige Institution den Anspruch erhob, allein darüber zu entscheiden, wem sie ihre Türen öffnete, konnte ich mehrfach bei Eppelmann drehen, ohne zuvor das Außenministerium um Genehmigung zu bitten – die wohl meist verweigert worden wäre.

Rückblickend besteht für mich kein Zweifel, dass es Pastoren wie Rainer Eppelmann, wie der Berliner Stadtjugendpfarrer Martin-Michael Passauer oder der Erfurter Propst Heino Falcke waren, die mit ihrer »offenen Jugendarbeit« den Kern schufen, um den sich nach und nach eine zunächst kleine, aber doch wachsende Schar junger, durchaus nicht immer christlich motivierter DDR-Bürger sammelte, die erstaunliche Zivilcourage zeigten. Und selbstverständlich gehört ein Mann wie Friedrich Schorlemmer dazu, der anlässlich des Kirchentags 1983 auf dem Lutherhof zu Wittenberg ein Schwert in eine Pflugschar umschmieden ließ – ein Fanal, das von Peter Wensierski, dem Berichterstatter des Evangelischen Presseverbands für Deutschland, mit einem kleinen Kamerateam festgehalten wurde und schließlich den Weg in die wichtigsten Medien fand. Offene Jugendarbeit, die diese kritischen Pastoren leisteten, wurde von ihnen als missionarischer Auftrag verstanden: Die Kirche öffnete sich für all jene, die in den staatlichen Institutionen keine Heimat finden konnten oder wollten, und setzte dafür keinerlei konfessionelle Bindung voraus. Die Bischöfe verteidigten dies gegenüber Staat und Partei, indem sie auf das Recht und die Pflicht von Christen verwiesen, eigenständig über gesellschaftliche Probleme, aber auch über Beiträge zum Frieden nachzudenken.

Waren dies noch Konflikte zwischen Staat und Kirche, die eher unter der Decke schwelten, kam es zu offenen Auseinandersetzungen, als die christliche Friedensbewegung unter dem Zeichen »Schwerter zu Pflugscharen« mehr und mehr Zulauf bekam und der Staat, der sich selbst als Friedensbewegung verstand – wenn auch eine, die einseitig auf westliche Abrüstung zielte –, sein Monopol plötzlich infrage gestellt sah. Als immer mehr Jugendliche sich das von der Herrnhuter Brüdergemeine aus Vliesstoff hergestellte Zeichen an ihre Jacken hefteten, durften diese Aufnäher in Schule und Öffentlichkeit nicht mehr getragen werden. Begründung: Der mit ihm zum Ausdruck kommende undifferenzierte Pazifismus sei friedensfeindlich, seine Träger betrieben Wehrkraftzersetzung, und so könne diese vom Parteistaat unabhängige, autonome Friedensbewegung nicht geduldet werden. Da halfen auch Hinweise der Bischöfe nicht, es handele sich ja bei dem hämmernden Mann um die Zeichnung einer sowjetischen Skulptur. In der Tat hatte Moskau diese 1959 der UNO geschenkt, und sie wurde im Garten ihres New Yorker Hauptquartiers aufgestellt. Motiv ist das Wort des biblischen Propheten Micha – »Sie werden ihre Schwerter zu Pflugscharen machen und ihre Spieße zu Sicheln. Es wird kein Volk wider das andere das Schwert erheben …« –, Worte, die offenbar früher allerhöchsten kommunistischen Segen hatten, nämlich den des Kremls, der inzwischen davon abrückte. So blieb das Zeichen verboten, und aus Protest trugen viele Jugendliche fortan runde weiße Kreise am Ärmel ihrer Jacke.

Natürlich muss man sich hüten, den Beitrag zu überschätzen, den die christliche Friedensbewegung zum Ende der DDR beigetragen hat. Aber es waren zweifellos mutige Pastoren, die Bürgerrechts-, Menschenrechts-, ja auch den ersten Umweltgruppen in der DDR eine Art

Zuflucht unter dem Dach der Kirche boten. Und es war, ich habe das nach dem Ende meiner DDR-Zeit dann aus der Londoner Distanz verfolgen können, Rainer Eppelmann, der bei den Kommunalwahlen im Mai 1989 mit seinen Freunden in seinem Berliner Bezirk Friedrichshain das offiziell angegebene Wahlergebnis als Fälschung entlarvte. Erstmals waren ja unabhängige Wahlbeobachter zugelassen. Er und seine Freunde entdeckten, dass die im Parteiorgan *Neues Deutschland* veröffentlichten Zahlen der Zustimmung nach oben geschönt waren und von den Ergebnissen der von ihnen verfolgten Stimmauszählung erheblich abwichen. Als Eppelmann Anzeige wegen Betrugs erstattete, stellte der ihn vorladende Staatsanwalt die Gegenfrage, ob der Gottesmann denn wirklich riskieren wolle, wegen »Verleumdung« der DDR vor Gericht zu landen. Dazu kam es schließlich nicht. Die Nachricht von der Wahlfälschung durch Honeckers Kronprinz aber stürzte selbst gläubige SED-Mitglieder in Zweifel am System, auch hat sich der Ruf Egon Krenz' von diesem Makel nie erholt. Aus meiner Sicht hat die Aufdeckung der Fälschung der Kommunalwahlen vom 4. Mai 1989 jenen Prozess des Niedergangs der DDR beschleunigt, in dem schon alle Gründe für die spätere Implosion des SED-Staats zu finden waren.

Hatten Zensur und eine borniert parteiische Kulturpolitik zur Abwanderung von Schriftstellern wie Jurek Becker, Sarah Kirsch, Günter Kunert und Reiner Kunze geführt, gab es doch Schriftsteller von Rang wie Heiner Müller, Christa Wolf oder Volker Braun, die – allen Einschränkungen und aller Bevormundung zum Trotz – der DDR die Treue hielten. Heiner Müller etwa, dessen Stück *Die Umsiedlerin* ein deftig gezeichnetes Bild vom Leben auf dem Lande bot, etliche Mängel der DDR-Landwirtschaftspolitik an praktischen Beispielen – etwa verzweifelten Kleinbauern und einem unfähigen SED-Bürgermeister – aufspießte, wurde 1961 als »konterrevolutionär« bezeichnet, der Autor aus dem Schriftstellerverband ausgeschlossen. Die schriftliche

Ausschlussmitteilung endet mit der Empfehlung des Vorstands, er möge doch »kontinuierlich dort … arbeiten, wo Sie die *Umsiedlerin* angesiedelt haben, damit Sie das echte Leben auf dem Lande in unserer Republik kennen und erkennen lernen«.[58] Sein Regisseur Bernhard Klaus Tragelehn wurde umgehend aus der Partei verstoßen und mit fristloser Entlassung sowie Versetzung in die Produktion gestraft, was einem Berufsverbot gleichkam. Immer wieder hatte Müller Probleme mit der Zensur, sein Drama *Germania. Tod in Berlin* durfte bis 1988 nicht gespielt werden. Auch sein Lehrstück *Mauser* fiel als »konterrevolutionär« der Zensur zum Opfer, handelte es doch von einem braven Parteisoldaten, der in der Frühphase der Sowjetunion als Henker von Feinden der Revolution gewütet hatte, Lust am Hinrichten gewann und sich vor einem Parteitribunal verantworten sollte.

In den Westen zu gehen, war für Heiner Müller jedoch nie Verlockung – zumal er ihn gut zu kennen meinte, weil er später reisen durfte: Der Westen war für ihn eine glitzernde Warenwelt, in voller Blüte und sich selbst genug, ihre Identität fänden die Westdeutschen einzig in der D-Mark. In der DDR dagegen, die er einmal eine »Misere, die Geburt der Karikatur ›real existierender Sozialismus‹« nannte, überlebe aller Repression zum Trotz zumindest »eine Hoffnung auf eine andere Gesellschaft, ein anderes Leben«. Man konnte ihn als einen Kritiker von links verstehen, wie auch Volker Braun, einer jener überzeugten Sozialisten, die mit der Elle der Idee Maß nahmen an der unvollkommenen Wirklichkeit des »realen Sozialismus«, in dem sie lebten. Als Legitimation ihrer Kritik versuchten sie, die Gemeinsamkeit einer Grundüberzeugung gegenüber den Regierenden ins Feld zu führen. Doch half dies nur selten. Brauns Essays und Gedichte, mit unbotmäßigen Gedanken gespickt, blieben oft Jahre ungedruckt, ehe sie in der DDR erscheinen konnten. Wie Heiner Müller mit seiner *Umsiedlerin* hatte auch er sich den Zorn der Partei mit einem Drama aus der Arbeitswelt der DDR-Wirklichkeit zugezogen. Sein Schauspiel

Die Kipper kam erst nach fünfjähriger Sperre 1972 zur Uraufführung. Honecker persönlich monierte, die Aufbauwelt der DDR-Bürger werde darin herabgewürdigt. Den darin enthaltenen, aus meiner Sicht treffend formulierten Satz: Die DDR »ist das langweiligste Land der Welt«, fand er besonders skandalös.

Braun hatte immer wieder mit der Zensur zu kämpfen, aber er sah in diesem zähen, oft sich über Jahre hinziehenden Kampf vor allem den höheren Stellenwert, den Literatur in der DDR im Gegensatz zur Bundesrepublik besitze. »Literatur bei uns ist eben kein Gemurmel«, sagte er mir einmal, als ich ein Porträt über ihn drehte. Damit argumentierte er ganz auf der Linie seines Leipziger Lehrers Hans Mayer, der 1961 nach einer genehmigten Reise in die Bundesrepublik im Westen blieb und in seinen Erinnerungen *Ein Deutscher auf Widerruf* schrieb: »In Leipzig hatte die Literatur mitsamt ihren Literaten als Politik zu gelten. In Westdeutschland jedoch nahmen die Mächtigen in Bund und Ländern die Literatur nicht ernst: Schon gar nicht in ihrem eigenen politischen Bereich.«

Besonderen Ärger zog sich Braun mit seinem *Hinze-Kunze-Roman* zu, der von Dialogen zwischen einem Fahrer, Hinze, und seinem Chef Kunze handelte, einem DDR-Funktionär, der besondere Privilegien genoss. Es war ein satirischer Roman über Führer und Geführte, über »Herr und Knecht«, wie Braun einmal formulierte, mithin gewiss kein Kunstwerk, das die »Größe und Schönheit des oft nur unter Schwierigkeiten Erreichten« besang, wie es Erich Honecker einmal von sozialistischer Literatur verlangte. Im Gegenteil: Braun nannte die DDR ein »aschgraues, mit Grünpflanzen getarntes Schlachtfeld«. Die Parteizeitung *Neues Deutschland* verriss den Roman als »Farce« und bezichtigte den Autor verdammenswert »anarchistischer Tendenzen«.

Auch Christa Wolf widerstand der Versuchung, in den Westen zu gehen, nachdem sie als eine Erstunterzeichnerin des Protestbriefs gegen die Biermann-Ausweisung aus dem Vorstand des Schriftstellerverbands ausgeschlossen wurde. Probleme der Zensur hatte sie schon vor der Veröffentlichung ihres Romans *Nachdenken über Christa T.* erlebt, denn die Titelfigur des Buchs, die einst begeistert am Aufbau des Sozialismus und der Erschaffung einer neuen Welt teilgenommen hatte, scheitert letztlich am Widerspruch von Utopie und Wirklichkeit. Der Roman erschien 1968, im Jahr der Zäsuren. Stand die Bundesrepublik damals ganz im Zeichen der Studentenrevolte, die den Anstoß zu einem umfassenden gesellschaftlichen Demokratisierungsschub gab, endete mit dem »Prager Frühling« auch der Traum von einem besseren, demokratischeren Sozialismus, der Traum von einem Sozialismus mit menschlichem Antlitz, den viele Schriftsteller, darunter vor allem jene Kritiker von links, geträumt hatten. Zwar spielt der sowjetische Einmarsch in die ČSSR in *Nachdenken über Christa T.* noch keine Rolle, aber der Roman markiert den beginnenden Prozess wachsender skeptischer Distanz zwischen Partei und Autorin.

Christa und ihr ebenfalls schreibender Mann Gerhard Wolf wurden nach dem Ende des »Prager Frühlings« von der Stasi einem Kreis gefährlicher Dissidenten zugeordnet und im Rahmen des Operativen Vorgangs »Doppelzüngler« systematisch überwacht. Sie waren sich bewusst, dass ihr Telefon dauernd abgehört wurde und sie beide unter Beobachtung standen. Christa Wolf gestand später ihrer Enkelin, sie habe damals oft nicht gewusst, wo sie eigentlich hingehörte und nach der Biermann-Affäre zumindest darüber nachgedacht, die DDR zu verlassen. Nur: wohin gehen? Die Autorin suchte nach einem Ort, an dem man auch Deutsch sprach und sie weiter Deutsch schreiben konnte. Westdeutschland kam überhaupt nicht infrage, für Gerhard Wolf war da zu viel »Faschistisches geblieben«, auch hätten die Vertriebenenverbände revanchistische Vorstellungen und zu großen Einfluss. Was das Aufräumen mit der deutschen Vergangenheit anging, stellte für ihn wie für viele seiner Kollegen die DDR den besseren Teil des gespaltenen Deutschland dar. Das Elsass und Straßburg seien ihnen in den

Sinn gekommen – aber es blieb beim Gedankenspiel. Wenn sie weiter schreiben könne, und zwar »ernsthaft« und ohne sich zu verbiegen, könne sie bleiben, wenn nicht, müsse sie gehen, meinte die Autorin damals. Sie schrieb *Kassandra*, ein international beachtetes Werk, und spürte, dies gebe ihr das »Recht zu bleiben«. Ihre Erzählung ist ja eine moderne Deutung der antiken Seherin, die großes Unheil prophezeit, vor tragischen Fehlern warnt, auf die aber keiner hören will. Sie legte das Buch auf dem Höhepunkt der Auseinandersetzung um die Nachrüstung vor – und so ist das Unheil, vor dem gewarnt wird, ein drohender Nuklearkrieg, der die Welt nur in den Untergang treiben kann.

In den erläuternden Frankfurter Poetik-Vorlesungen zur Erzählung zeigt die Autorin ganz bewusst eine kritische Haltung gegenüber beiden Großmächten: »Die Nachrichten beider Seiten bombardieren uns mit der Notwendigkeit von Kriegsvorbereitungen, die auf beiden Seiten Verteidigungsvorbereitungen heißen.« Diese Vorlesungen gingen im Ostberliner Aufbau-Verlag erst nach einigen Streichungen in den Druck. So fiel auch der Satz von den beiderseitigen Kriegsvorbereitungen dem Zensor zum Opfer. Grund: unerlaubte Gleichsetzung der Systeme, wo doch der Osten friedfertiger, besser und moralisch überlegen sei. Gestrichen auch die Überlegung der Autorin, ob nicht das vielleicht ganz und gar Aussichtslose vernünftig sei: »Einseitig abzurüsten (ich zögere: Trotz der Reagan-Administration? Da ich keinen anderen Ausweg sehe: Trotz ihrer!) und damit die andere Seite unter den moralischen Druck der Weltöffentlichkeit stellen.« Vom Zensor als pazifistisch gestrichen, denn der Friede, so die Partei, muss ja bewaffnet sein.

Christa Wolf konnte durchsetzen, dass die gestrichenen Zeilen in der DDR-Ausgabe durch in Klammern gesetzte Punkte gekennzeichnet wurden – wohl vertrauend darauf, dass sich die Leser in der DDR die im Westen veröffentlichten Auslassungen schon beschaffen würden. Wir jedenfalls trugen unseren Teil zur Aufklärung bei – mit einem

Bericht über eine Zensur, die sich wieder einmal der Lächerlichkeit
preisgegeben hatte. Schwerer wog da, dass streng marxistische Kritiker
sie der Sünde des Feminismus bezichtigten. Verantwortlich dafür, dass
die Welt dem Untergang entgegentrieb, war für Christa Wolf ein
aggressives Besitzdenken, das in einem jahrtausendealten, auf Wettbewerb ausgerichteten und betont maskulin geprägten Verhalten seinen
Ursprung hat. Orthodox-marxistische Kritiker wie Wilhelm Girnus
sahen darin einen naiven und unerlaubten, weil feministisch inspirier-
ten Interpretationsversuch von Historie: Nicht vom Gegensatz zwischen Mann und Frau, sondern von Klassenkämpfen sei die Geschichte
geprägt. Er könne nicht verstehen, dass solch »blühender Unsinn« in
einem sozialistischen Land das Licht der Welt erblickt.[59]

Dass die Träume von einem besserungs-, reformfähigen Sozialismus,
einem mit »menschlichem Antlitz«, siebzehn Jahre nach dem Ende des
»Prager Frühlings« Wiederauferstehung feierten, hatte mit dem Amtsantritt Michail Gorbatschows als Generalsekretär der KPdSU zu tun.
Ich erinnere mich gut, dass wir innerhalb von nur drei Jahren gleich
dreimal in die Sowjetbotschaft unter den Linden eilen mussten, um
die Beileidsbezeugungen der DDR zum Tod Breschnews (November
1982), seines Nachfolgers Andropow (Februar 1984) und dreizehn
Monate später auch dessen Nachfolgers Konstantin Tschernenko
(März 1985) zu drehen. Die Szenen in dem in ausladend stalinistischem
Stil gehaltenen Foyer waren jeweils austauschbar, nur die plakativen
Bilder der drei Verstorbenen nicht: vor dem Kondolenzbuch stets
die lange Schlange der SED-Führung, an ihrer Spitze natürlich Erich
Honecker, gefolgt von allen Mitgliedern des Politbüros, dazu leise
Trauermusik. Es war jedes Mal das gleiche, gruselig wirkende Spektakel,
und nicht nur ich stellte mir die Frage: War die öffentlich vorgezeigte
Trauer wirklich echt? Der Abschied von drei kranken Kreml-Geronto-
kraten, die alle nur bedingt regierungsfähig waren – der sechsundsieb-

zigjährige Breschnew nach Schlaganfällen und Herzinfarkten nahezu bewegungsunfähig, der siebzigjährige Andropow geplagt von einem unheilbaren Nierenleiden, der vierundsiebzigjährige Tschernenko an Leberzirrhose und einem Lungenemphysem erkrankt: Konnte dieser Abschied von ihnen nicht auch befreiend wirken?

Zwar war der Abstand zur Bundesrepublik weiterhin riesig, doch immerhin hatte die DDR mit dem höchsten Lebensstandard und der effizientesten Produktivität eine Spitzenstellung innerhalb des Ostblocks erreicht, worauf die SED unverkennbar stolz war. Schon Walter Ulbricht hatte einst – sehr zum Ärger der Sowjets – versucht, Breschnew zu belehren, wie sich ertragreicher wirtschaften lasse. Ich traf in der DDR häufig auf ein ostdeutsches Überlegenheitsgefühl gegenüber den sozialistischen Bruderländern, für das zwei Witze stehen mögen, die damals die Runde machten. In dem einen wurde gefragt: »Wie wird der Sozialismus siegen?« Die Antwort: »Mit polnischem Fleiß, sowjetischer Gründlichkeit und mongolischer Mikroelektronik.« Der zweite handelte von einem großen Erfolg sowjetischer Biologen, denen es gelungen sei, eine Kreuzung zwischen Erdbeere und Kürbis zu züchten. Frage: »Wie sah die Frucht aus, die am Ende dieser Züchtungserfolge stand?« Antwort: »Sie hat die Größe einer Erdbeere und den Geschmack eines Kürbisses.«

Den Wirtschaftsexperten der DDR waren die Probleme sehr wohl bewusst, unter denen die UdSSR litt, und so begrüßte die DDR zunächst den Antritt des Reformers Gorbatschow in der Hoffnung, er werde die lähmende Stagnation der Breschnew-Andropow-Tschernenko-Ära beenden und mit seiner Perestroika, die auf Umbau und Modernisierung zielte, die Sowjetwirtschaft auf Trab bringen. Schließlich durften sie sich selbst als Opfer sowjetischer ökonomischer Ineffizienz fühlen. Weil der Rüstungswettlauf mit den USA zu kostspielig geworden war, hatte die Sowjetunion Anfang der Achzigerjahre dem Brudervolk der DDR kurzerhand die Erdöllieferungen gekürzt, die von Ostberlin bislang mit

Transferrubeln bezahlt wurden. Um die entstandene Lücke zu füllen, wurden Ölimporte aus dem nichtsozialistischen Ausland notwendig, die sowohl den chronischen Devisenmangel als auch die Verschuldung der DDR gefährlich ansteigen ließen. Eingefädelt von Strauß, aber gedeckt durch eine Bürgschaft der Regierung Kohl, kam es schließlich zu jenem Milliardenkredit, welcher der DDR aus der Patsche half – und ich wurde Zeuge, wie ein bislang als Fürst der Finsternis verteufelter Kalter Krieger plötzlich von Honecker als bevorzugter Staatsgast behandelt wurde. Nicht nur, dass ihn der Kreditunterhändler und Staatssekretär im Außenministerium, Alexander Schalck-Golodkowski, an der Staatsgrenze persönlich begrüßte, Honecker ließ ihm eine dunkelblaue Staatskarosse der Marke Volvo zur Verfügung stellen und lud gleich die ganze Familie Strauß in sein Jagdschloss Hubertusstock zum Mittagessen ein.

Welch ein Kontrast zum Besuch Helmut Schmidts im Dezember 1981! Als Barlach-Verehrer war Schmidt nach Güstrow gekommen, um im Dom den Schwebenden Engel des Künstlers zu besichtigen. Aber die Straßen, durch die er an der Seite Honeckers schritt, waren von Polizeikordons und Spalieren in Kunstleder gekleideter Stasi-Mitarbeiter gesäumt. Um jeden spontanen Kontakt mit den Bürgern zu unterbinden, hatte Stasi-Chef Mielke insgesamt 35 000 Volkspolizisten und Angehörige der Staatssicherheit nach Güstrow beordert – etwa so viel, wie die Stadt damals Einwohner zählte. Strauß dagegen durfte auf seiner Reise durch die DDR in Dresden und Erfurt ein »Bad in der Menge« nehmen und Hände schütteln. Und am Ende ward ihm gar die besondere Gunst gewährt, von Erfurt aus mit einem aus München eingeflogenen Privatflugzeug in die bayerische Heimat zurückzufliegen – mit Strauß persönlich am Steuerknüppel und »via direttissima«, wie seine Umgebung stolz verlauten ließ.

Ein erstaunliches Übermaß an Sympathiebekundungen? Bei genauerem Hinsehen hatte die DDR nicht nur Grund, einen großzügigen Kreditgeber freundlich zu empfangen, sie durfte mit diesem auch

einen Saulus begrüßen, der zum Paulus geworden war. Mit der Einfä-
delung des Milliardenkredits durch ihn hatte die Ostpolitik Brandts
und Genschers ihren letzten ernst zu nehmenden Gegner in der Bundesrepublik verloren. Der jähe Kurswechsel des realpolitisch-konser-
vativen Populisten, von Kritikern als Beitrag zur Stabilisierung des verhassten DDR-Regimes gedeutet, machte ihm bei Versammlungen an
der CSU-Basis einige Monate schwer zu schaffen. Allerdings hatte er
auch einiges eingehandelt. Die Selbstschussanlagen entlang der DDR-
Grenze zur Bundesrepublik wurden abgebaut, und wenn sich in den
Einreisefestungen auch nichts an den üblichen Routinekontrollen
änderte, wurde wenigstens der Umgangston zwischen Transitreisen-
den und Grenzpolizisten entspannter.

»Wissn Sie, dies alles war nötig, damit es den Menschen drüben
nicht schlechter geht«, so Strauß in einem Gespräch, das ich 1983 auf
einer Messe in Leipzig mit ihm führte und in dem er sich um den
Lebensstandard der Landsleute in der DDR äußerst besorgt zeigte.
Doch wirkte sein Milliardenkredit, auf den bald ein zweiter folgte, nur
kurzfristig. Die chronische Verschuldung im Ausland blieb, zumal die
UdSSR, die selbst in einer Wirtschaftskrise steckte, sich außerstande
zeigte, seinem westlichsten Satellitenstaat hilfreich unter die Arme
zu greifen. Um Kredite abzubauen oder sie zu bedienen, steigerte
die DDR den Export von Konsumgütern in »nichtsozialistische Wirt-
schaftsgebiete«, was wiederum nur zu einer weiteren Verschlechterung
der Versorgungslage und zu spürbarerer Verärgerung im eigenen Land
führen musste.

Mit besonderer Aufmerksamkeit verfolgten wir »Störenfriede«
natürlich die Haltung der DDR zu dem sowjetischen Reformer Gorbatschow. Und da war das Urteil nicht nur in der Hoffnung auf mehr
wirtschaftliche Effizienz der Sowjets zunächst positiv, vor allem seine
Politik des Neuen Denkens stieß auf die Zustimmung der Politstrate-
gen im »Großen grauen Haus«. Dieses Neue Denken entwickelte sich

aus der Logik des Atomzeitalters und räumte einer Politik des gemeinsamen Überlebens Priorität vor dem Klassenkampf ein. Waren die
Gegensätze zwischen den Lagern bisher stets als »unüberbrückbar«
und »unversöhnlich« bezeichnet worden, ging es jetzt um einen Dialog
zwischen beiden, um Lösungen für die Verhinderung eines Atomkriegs
zu finden. Honecker, der das Gespräch mit Bonn über den Raketenzaun hinweg weiterführte, war mit dieser Politik bei Breschnew und
auch bei dessen Nachfolgern auf Misstrauen und Ablehnung gestoßen. Mit Gorbatschow konnte er sich endlich bestätigt finden.

Doch die positive Haltung der DDR änderte sich schlagartig, als
Gorbatschow Glasnost forderte und damit die Schleusen öffnete für
freie Diskussionen über die Frage, wie welche Missstände im Zuge der
Perestroika, dem von ihm angestrebten Umbau von Wirtschaft und
Gesellschaft, beseitigt werden könnten. In Moskau brachte Glasnost
Rede- und Meinungsfreiheit sowie das Ende der Pressezensur. In der
DDR dagegen, deren Führung eh überzeugt war, die DDR wirtschafte
klüger und habe Perestroika nicht nötig, war von Glasnost keine Spur.
Die SED-Führung fürchtete, ein freier Dialog mit den kritischer wer-
denden DDR-Bürgern könnte innenpolitisch destabilisierend wirken,
gegenüber Gorbatschow verteidigte sie ihre ablehnende Politik mit
dem Argument, die durch die Einstrahlung westlicher Medien ohnehin
besonders gefährdete Westflanke des sowjetischen Imperiums müsse
gesichert bleiben. In einem berühmt gewordenen Interview mit meinem Kollegen Peter Pragal vom *Stern* brachte Hager dies im Frühjahr
1987 auf die Formel: Die Achtung vor dem Lande Lenins bedeute
nicht, dass die SED alles, was in der Sowjetunion geschehe, auch
kopiere. Und darauf folgte dann der Satz: »Würden Sie, nebenbei gesagt,
wenn der Nachbar seine Wohnung neu tapeziert, sich verpflichtet fühlen, ebenfalls neu zu tapezieren?« Diese Worte kamen einer Sensation
gleich, legten sie doch erstmals einen bedeutenden Riss zwischen Moskau und Ostberlin bloß, an dessen Authentizität es keinen Zweifel

geben konnte. Das Interview war in schriftlicher Form geführt worden, und Kurt Hager höchstpersönlich hatte diese beiden Sätze in die ansonsten von einem seiner Referenten konzipierten, papieren und langweilig wirkenden, im üblichen Agitationsstil gehaltenen Antworten hineinredigiert.

Doch die Glasnost-Verweigerung, mit der die SED meinte, die innere Stabilität zu sichern, erreichte genau das Gegenteil. Gorbatschow war nicht nur Vorbild für jene Genossen in der SED, die auf Reformen drängten, weil sie erkannten, wie sehr der Unmut über die Repressionen des Systems um sich griff. Vor allem die Jugend sah in dem sowjetischen Reformer eine Projektionsfläche für all ihre Sehnsüchte nach mehr Freiheit. Eine handgreifliche Lektion, was dies bedeuten und wohin es führen konnte, erhielt ich Pfingsten 1987. Da gab es in Westberlin auf der Wiese vor dem Reichstag ein dreitägiges Rockfestival, das vom RIAS nicht nur live übertragen wurde, mittels gen Osten gerichteter Lautsprecher war das Konzert live bis weit in den Ostsektor hinein zu hören. Bands wie Genesis mit Phil Collins oder die Eurythmics spielten auf, David Bowie sang »Heroes«, einen Popsong aus seiner Berliner Zeit, der von zwei Liebenden und der Mauer handelt: »Ich erinnere mich,/Wie wir an der Mauer standen,/ Und die Pistolen, sie schossen über unsere Köpfe,/Und wir küssten uns, als ob nichts fallen könnte ...«

Gleich mehrfach schickte Bowie in gebrochenem Deutsch über Lautsprecher »Beste Grüße zu unseren Freunden auf der anderen Seite« der Mauer. Am Pfingstsamstag waren es zunächst nur ein paar Hundert Fans, die sich Unter den Linden unweit des Brandenburger Tors versammelt hatten, wo das Rockkonzert vor dem Reichstag gut zu hören war. Volkspolizei hatte das Ende des Boulevards vor dem Pariser Platz abgesperrt, forderte die Fans auf zu gehen und nahm die Personalien derer auf, die sich weigerten. Am Tag darauf waren es schon mehr Ostberliner, und als schließlich am Pfingstmontag nahezu fünftausend junge, friedfertige DDR-Bürger zusammenströmten, um dem Konzert zu lauschen, parkten in den Seitenstraßen, bedrohlich und für jeden unübersehbar, Wasserwerfer und Lkws der Volkspolizei, mit denen Verhaftete in die Polizeireviere gekarrt und »zugeführt« werden sollten, wie dies in der Sprache der »Organe« hieß. Als die Dunkelheit einbrach, kam es zu gespenstischen Szenen. Über Lautsprecher forderte die Volkspolizei auf: »Verlassen Sie unverzüglich das Gebiet und begeben Sie sich nach Hause.« Doch statt dem Aufruf der Polizei zu folgen, rief es aus der dicht an dicht gedrängten Menge immer wieder: »Die Mauer muss weg!« Einige Fans sangen aus dem alten Kampflied der Arbeiterklasse: »Die Internationale erkämpft das Menschenrecht.« Als die Stasi Stoßtrupps einsetzte, die einzelne Jugendliche überfallartig festnahmen und abführten, wuchs der Wille zum Widerstand. Die Aktionen wurden mit Pfiffen, Buhrufen und Parolen wie »Bullen raus!« quittiert. Und vor der wenige Meter entfernten Sowjetbotschaft skandierten Sprechchöre unentwegt den Namen des neuen Hoffnungsträgers für einen Sozialismus mit mehr Freiheiten: »Gorbatschow! Gorbatschow!« Gegen Mitternacht, als die Menge zu brodeln begann, kam es dann zu gezielten Angriffen der Stasi auf westliche Korrespondenten. Einem Hörfunkkollegen wurde das Tonband entwendet, einem anderen das Mikrofon abgerissen. Wir drehten vom Dach eines unserer Filmwagen, als plötzlich Zivilisten in Lederjacken, unverkennbar Angehörige der Staatssicherheit, uns überrannten. Der Kameramann wurde niedergerissen, in einen Lada gezerrt und während der Fahrt zur Gefangenensammelstelle im Hof des Außenhandelsministeriums durch zahlreiche Schläge in die Nierengegend misshandelt. Wie die anderen Festgenommenen musste er stundenlang – die Hände erhoben und das Gesicht zur Wand – im Hof stehen. Erst als man bei einer Durchsuchung seinen Presseausweis in einer seiner Hosentaschen entdeckte, kam er wieder frei.

Es war, wenn ich mich recht erinnere, mein letzter Dreh in der DDR,

denn ich sollte im Spätsommer das NDR-Studio in London überneh-
men. Fünf Jahre DDR, fünf Jahre Leben im realen Sozialismus, fünf
Jahre ständiger politischer Überwachung, fünf Jahre auch eines Jour-
nalismus, dem der Zwang zu Dreherlaubnissen behördlich meist enge
Grenzen zog – das war wahrlich genug. Aber ich schied nach diesem
Pfingsterlebnis in dem Bewusstsein, dass auf die innere Stabilität der
DDR nicht mehr Verlass sei.

Mit einigem Abstand sieht man die Dinge oft klarer denn aus nächster Nähe oder gar als Beteiligter – und so verfolgte ich aus Londoner
Distanz nicht ohne Genugtuung, wie der Gorbatschow-Bazillus das
repressive DDR-System infizierte und Schritt für Schritt unterminierte.
Auf dem XI. Parteitag der SED im April 1986 hatte ich noch selbst ver-
nommen, wie der Ehrengast Gorbatschow Selbstkritik auch der SED
forderte, weil die kritische Einschätzung der eigenen Tätigkeit eine
unerlässliche Bedingung für den Erfolg jeder revolutionären Partei sei.
Der stolzgeschwellte Gastgeber Honecker antwortete, er habe nicht
den geringsten Grund zu verschweigen, wie richtig der von ihm einge-
schlagene wirtschaftliche Kurs doch sei und wie sehr er sich bewährt
habe. Statt Selbstkritik zu üben, überschüttete seine Agitprop-Abtei-
lung die DDR-Medien seither mit Äußerungen des Eigenlobs.

Welch tiefer Riss sich durch den einst »unverbrüchlichen Bruder-
bund« zog, wurde spätestens 1988 sichtbar, als die SED die Verbreitung
der deutschen Ausgabe des *Sputnik*, einer Art sowjetischen *Reader's
Digest*, mit der Dezemberausgabe verbot. Das Monatsmagazin hatte
einen kritischen Artikel über den Hitler-Stalin-Pakt und die Aufteilung
Polens 1939 gebracht, der zwar den Tatsachen, nicht aber dem orthodoxen DDR-Geschichtsbild entsprach. Die Reaktion darauf war für
DDR-Verhältnisse geradezu wütend, die Beschwerdebriefe beim Zentralkomitee stapelten sich. Das Magazin war nicht nur bei der Jugend
beliebt, auch untere Funktionäre lasen es gern, brachte es doch immer
wieder authentische Artikel über den neuen Reformkurs in der UdSSR.

Mit dem Zensurakt erreichte die SED-Führung ein weiteres Mal das Gegenteil dessen, was sie eigentlich hatte verhindern wollen: Mehr denn je wurde nun über Gorbatschow, seine Perestroika und Glasnost diskutiert. Der Gleichschritt mit Moskau ging verloren, spätestens jetzt wurde jedem DDR-Bürger klar, dass ideologisch beide Parteien verschiedene Wege eingeschlagen hatten. Nicht wenige Kenner der DDR sprechen, wenn nicht von dem, dann doch von einem wichtigen unter mehreren Sargnägeln des SED-Regimes. Als Revanche kürzte Moskau übrigens Anfang 1989 die Einfuhr von DDR-Druckerzeugnissen, darunter nahezu aller ostdeutschen Kulturzeitschriften.

Ich möchte die Jahre in London nicht missen – nicht nur, weil ich als Journalist nach fünf Jahren DDR endlich wieder freie Luft atmen konnte. Das Haus, in dem wir in St. John's Wood wohnten, war in den Dreißigerjahren erbaut worden, aus unserem Apartment blickten wir auf den Regent's Park. Als Studio hatte der NDR schon vor Jahren ein Haus erworben und für Hörfunk- wie Fernsehzwecke ausgebaut, gelegen in einer kleinen Seitenstraße Sohos, jenes Teils des Londoner Westend, der im 17. Jahrhundert zu den elegantesten Vierteln der Stadt gehörte und sich inzwischen zu einem multikulturellen »Bohemian Quarter« gemausert hatte. Künstler wohnten hier, Galerien lockten zur Besichtigung ihrer Werke, Filmfirmen hatten sich neben Modeboutiquen, Designer- und Architektenbüros niedergelassen, klassische Pubs im Souterrain fanden sich neben Rock- und Underground-Music-Bars, Theater neben Erotikshops. Wer durch die Dean Street flanierte, stand plötzlich vor einem Haus, in dem Karl Marx etliche Jahre wohnte, in einem nicht weit davon entfernten Theater hatte sich einst der junge Charles Dickens – vergebens übrigens – als Schauspieler versucht. Es wimmelte buchstäblich von Restaurants, die Spezialitäten aus wirklich aller Welt boten – neben den gängigen italienischen, griechischen, spanischen oder chinesischen auch afghanische, marokkanische, indische, koschere, iranische oder lateinamerikanische. Soho – das war der Charme eines vergangenen Empire mit Entertainmentqualität, gemischt allerdings mit purem Old England: den Cockney-Lauten der ihre Ware schreiend anpreisenden Verkäufer auf dem Berwick Street Market.

Beeindruckend für mich nach der spießigen Provinzialität der DDR-Hauptstadt Ostberlin die internationale Vielfalt einer wahrhaft globalen Metropole, neben der sich selbst Paris sehr europäisch-kontinental ausnahm. Beeindruckend auch, wie Demokratie im Mutterland des Parlamentarismus funktionierte, vor allem die Debattenkultur, die im Unterhaus vorherrschte, schon von Studenten in Oxford geübt wurde und die man bis heute vergebens in unserem Bundestag sucht. Ich bewunderte auch die Präzision und die Konzentration auf das Sachliche vieler dieser Debatten: So gab es in Chatham House, dem Royal Institute of International Affairs, meist mittags geradezu vorbildliche Diskussionen, die auf die Sekunde genau nie länger als eine Stunde dauerten. Und das, obschon stets mehrere Redner zu Wort kamen – aber jeder von ihnen sprach umgehend zur Sache und hielt sich peinlich genau an die ihm zugewiesene Redezeit. Erstaunlich fremd für mich Deutschen natürlich das völlig ungebrochene Verhältnis der Briten zu ihrer nationalen Tradition. Als wir, es handelte sich wohl um einen nationalen Feiertag, einmal in der ältesten mittelalterlichen Kathedrale des Landes, im York Minster, drehen wollten – ein Anruf im Sekretariat des Deans hatte für die Genehmigung genügt –, fanden wir ein Meer von Fahnen vor, die an den Seiten des majestätischen, hundert und etliche Meter langen gotischen Kirchenschiffs hingen. Es handelte sich um die Feldzeichen all jener Regimenter, die aus der Region Yorkshire stammten und früher einmal gegen Napoleon, gegen die Deutschen oder aber gegen Feinde in irgendeiner Ecke des riesigen Empire in den Krieg gezogen waren.

Die politische Agenda jener Londoner Zeit war von Mrs Thatcher

bestimmt, die 1987 schon acht Jahre regierte, sich nach der Wieder-
eroberung der gut 12 000 Kilometer entfernten Falklandinseln auf der
Höhe ihrer Macht befand und diese – jeder Premierminister oder
Regierungschef Ihrer Majestät ist ja ein Diktator auf Zeit – äußerst
zielbewusst für ihr politisches Programm zu nutzen wusste. Zusammen mit Ronald Reagan stand sie für den Anbruch einer neoliberalen
Ära, und es war ihr tatsächlich gelungen, die Wirtschaft Großbritanniens, das zur Zeit ihres Amtsantritts 1979 als kranker Mann Europas
galt, zu kurieren. Sie brach nicht nur die Macht der zahllosen Einzel-
gewerkschaften, ihre Politik der Förderung des Finanzsektors hatte
London zu einem globalen Finanzplatz erster Ordnung werden lassen.
Aber die von ihr durchgesetzte Deregulierung und die radikale Privati-
sierung von verstaatlichten Betrieben führten gleichzeitig zum Zusammenbruch und zur Verarmung des klassischen Industriegürtels im
Norden des Landes. Im Rückblick auf die Thatcher-Zeit bin ich versucht, an ein ungeschriebenes Gesetz in der Politik zu glauben: Auch
erfolgreich Regierende sollten länger als zehn Jahre besser nicht in
Amt und Würden bleiben. Kaum hatte man 1989 in London zehn Jahre
Margaret Thatcher nahezu festlich begangen, wurde ich im November
des folgenden Jahres Zeuge ihres Niedergangs. Weil ihre eigenen Konservativen im Unterhaus ihres herrschaftlich-arroganten Regierungs-
stils überdrüssig waren und meinten, sie könnten mit ihr an der Spitze
den nächsten Wahlkampf nicht siegreich bestehen, wurde die »Eiserne
Lady« 1990 schnöde gestürzt.

Eine Freundin der Deutschen war sie nie. Als Kohl sie mit pfälzi-
schem Saumagen und edlem Riesling in Deidesheim an der Weinstraße
bewirtet hatte, stöhnte sie auf dem Rückflug: »Der Mann ist so schreck-
lich deutsch.« Sie verachtete seinen Hang zu Süßigkeiten. Wenn er zu
Besuch über den Kanal kam, schickte sie einen Suchtrupp aus 10 Downing Street los, der Torten und Kuchen nach deutscher Konditorenart
aufzutreiben hatte. Dass die Chemie zwischen Kanzler und Premier-

ministerin nicht stimmte, betonte Kohl nach Gesprächen mit ihr mehrfach in kleinem Kreise vor deutschen Journalisten: Ein solch brutaler Marktradikalismus wie der ihre sei seine Sache nicht, er bleibe weiter der sozialen Marktwirtschaft verpflichtet. Die deutsche Einheit versuchte sie nahezu verzweifelt zu verhindern. »Zweimal haben wir sie geschlagen, jetzt sind sie wieder da«, soll sie gegenüber François Mitterrand im Dezember 1989 in Straßburg geklagt haben. Zwei Monate zuvor, bei einem Besuch in Moskau, hatte sie Gorbatschow versichert, weder sie selbst noch ein anderer westeuropäischer Regierungschef wolle die deutsche Einheit und riet ihm, die sowjetischen Truppen möglichst lange in Ostdeutschland stehen zu lassen: »Vielleicht brauchen wir sie noch eines Tages, um ein vereintes Deutschland in Schach zu halten.« Auf Chequers, dem Landsitz der britischen Premierminister, versammelte sie im März 1990 renommierte Historiker und Deutschlandkenner wie Gordon A. Craig, Fritz Stern, Hugh Trevor-Roper, Norman Stone oder Timothy Garton Ash zu einem Colloquium über die Frage, ob es denn einen typisch deutschen Nationalcharakter gebe, der möglicherweise das Verhalten eines wiedervereinigten Deutschland in Europa negativ bestimmen würde. Ich erinnere die stürmischen Wellen, die ein die Diskussion zusammenfassendes Memorandum schlug, das drei Monate später veröffentlicht wurde. Thatchers persönlicher Sekretär Charles Powell hatte es verfasst und darin eingangs wohl auch die Vorurteile seiner Herrin in 10 Downing Street wiedergegeben: Angst und Eigendünkel, las man da, dazu Maßlosigkeit, Minderwertigkeitskomplexe und Sentimentalität, vor allem aber Rücksichtslosigkeit und Aggressivität seien die typisch deutschen Eigenschaften. Ein Leitartikler der *FAZ* verglich das »Seminar« von Chequers mit dem Versuch, eine »Expedition zu einem wilden Bergstamm im Hindukusch« zu planen. Für die *Tagesthemen* kommentierte ich den Befund drohender deutscher Aggressivität, den vor allem die britische Boulevardpresse hochspielte, damals eher ironisch: Das Studio besorgte bei

Mrs Thatcher in London war die heftigste Gegnerin der deutschen Einheit. Die Deutschen bezichtigte sie, einen angeborenen Hang zu Aggression und Brutalität zu haben. Für einen ironischen Kommentar über ihre Deutschfeindlichkeit besorgte das Studio bei einem Kostümverleiher einen alten Wehrmachtshelm, den ich mir demonstrativ überstülpte.

Bei einem Dreh über Schottland durfte der Dudelsackspieler am Ufer von Loch Ness, dem berühmtesten Ausflugsziel, nicht fehlen.

einem Kostümverleiher einen alten deutschen Stahlhelm, den ich mir aufsetzte, um vor dem Buckingham Palace meine Einschätzung der Affäre um die aggressiven Deutschen vor laufender Kamera zu geben. Der US-Amerikaner Gordon A. Craig bemängelte später, in dem veröffentlichten Memorandum seien viele Zitate aus dem Kontext gerissen worden, und Fritz Stern schrieb in der *FAZ*, die Versammlung der nach Chequers geladenen hochkarätigen Deutschlandkenner hätte eine eher optimistische Prognose für das deutsche Verhalten nach der Wiedervereinigung gegeben. Aber Thatchers Furcht vor einer deutschen Dominanz in Europa wurde dadurch nicht geringer. Noch in buchstäblich letzter Minute, im September 1990, suchte sie kurz vor der Unterzeichnung des Zwei-plus-Vier-Vertrags, der praktisch einem formellen Friedensschluss zwischen den im Krieg alliierten vier Mächten und den beiden deutschen Staaten gleichkam, die Einheit zu verhindern, indem sie plötzlich darauf bestand, englische Truppen müssten nach einer Wiedervereinigung auf dem Territorium der ehemaligen DDR Manöver abhalten können. Dabei war den Sowjets in den Verhandlungen zu diesem Vertrag ausdrücklich versichert worden, das Gebiet der ehemaligen DDR werde frei von NATO-Truppen bleiben, damit die Grenzen des westlichen Bündnisses nicht nach Osten vorgeschoben würden. Die Außenminister der vertragschließenden Parteien befanden sich bereits in Moskau, als die Sowjets von der Bedingung Thatchers erfuhren und die Unterzeichnung daraufhin absagen wollten. Als Hans-Dietrich Genscher davon hörte, kam es deshalb im nächtlichen Moskau zur sogenannten Bademantel-Konferenz: Er weckte umgehend James Baker, sein amerikanisches Gegenüber, aus dem Schlaf, fuhr zu ihm, wurde von diesem im Pyjama und hoteleigenen Bademantel empfangen. Es war Baker, der die Briten unter Druck setzte, das Veto der »Eisernen Lady« mit der Handtasche zurückzunehmen. Seinem Einfluss ist es zu verdanken, dass der Vertrag am nächsten Tag, wie ursprünglich vorgesehen, unterzeichnet werden konnte.

Kein Zweifel: Die Frage, wie es mit Deutschland weitergehen sollte, bestimmte die letzten Jahre der Regierungszeit Thatchers, und ihre Furcht vor einer deutschen Dominanz hatte schließlich auch Einfluss auf ihre Europapolitik. Europa als großer Binnenmarkt – dreimal yes, Europa als integriertes politisches Gebilde, in dem aus ihrer Sicht machthungrige, demokratisch nicht legitimierte und kaum zu kontrollierende Brüsseler Eurokraten diktieren: dreimal no. Das war schon der Kern ihrer Rede vor dem Europakolleg in Brügge 1988 gewesen, in der sie alle Pläne zur weiteren Integration zurückwies: Sie habe Großbritannien nicht von der Vorherrschaft der Labour Party befreit, um den Sozialismus durch ein »soziales Europa« – eines der Lieblingsprojekte des französischen Kommissionspräsidenten Jacques Delors – schließlich wieder ins Land zu lassen. Als im Zuge der Integrationspläne von Delors die Möglichkeit einer Wirtschafts- und Währungsunion am Horizont auftauchte, schlug Thatchers Industrie- und Handelsminister Nicholas Ridley Alarm: Die Währungsunion sei nichts als eine »deutsche Finte« (»a German racket«), um ganz Europa zu dominieren. Eines Tags werde Kanzler Kohl über den Kanal kommen und den Briten vorschreiben, was sie an der Bankenfront zu tun und wie hoch ihre Steuersätze zu sein hätten. Weil sein Interview Empörung erregte, musste Ridley zwar den Hut nehmen – aber hatte er nicht nur jene Ängste offen angesprochen, die seine Premierministerin vor dem Zwei-plus-Vier-Vertrag zunehmend umtrieben: Angst vor einem Wiedererstehen eines deutschen Kolosses, der die bisher existierende europäische Machtbalance infrage stellte?

Eine fatale Überschätzung der DDR, die trotz ihrer maroden Industrieanlagen in etlichen internationalen Statistiken als zehnt- oder elftgrößter Industriestaat der Welt geführt wurde, trug sicher zu diesen Ängsten bei wie später zu verhängnisvollen Fehlern der deutschen Vereinigungspolitik. Mit ihrer Rede in Brügge aber legte Mrs Thatcher, von Europafreunden nicht mehr die »Eiserne Lady«, sondern jetzt spöttisch »Lady no no!« genannt, die Grundlinien einer britischen Europapolitik, der sich spätere Premierminister, mit Ausnahme vielleicht Tony Blairs, bis heute verpflichtet fühlten. Ihr konservativer Nachfolger John Major, obschon weniger europafeindlich eingestellt als sie, setzte bei den Verhandlungen zum Maastricht-Vertrag Ausstiegsklauseln für Großbritannien sowohl aus der für 1999 vereinbarten Währungsunion als auch aus einer geplanten europäischen Sozialpolitik durch – ein Beharren auf einer britischen Sonderstellung, das gut zweieinhalb Jahrzehnte später in den Brexit münden sollte. Auf eine Art war britisches insulares Sonderbewusstsein damals auch im Gebrauch der Alltagssprache zu finden. Wenn ein Brite die Fähre von Dover nach Calais betrat, sprach er nicht davon, nach Frankreich zu fahren, nein – he was going to Europe, ganz so, als ob Großbritannien kein Teil davon sei.

Je mehr es in der DDR kriselte, desto intensiver beschäftigte sich die britische Öffentlichkeit mit der drohenden Gefahr eines geeinten, übermächtigen, die Europäische Union dominierenden Achtzig-Millionen-Deutschland. Ich dagegen, der frühere DDR-»Störenfried«, verfolgte nicht ohne Genugtuung einen Prozess, der für mich der schrittweisen Destabilisierung der DDR durch die eigene, sie führende Staatspartei gleichkam. Je mehr sich die SED weigerte, den Weg Gorbatschows einzuschlagen und Reformen in Politik und Gesellschaft einzuführen, je mehr sie in »realitätsblinder Selbstgefälligkeit« (Erhard Eppler) verharrte und je mehr sie auf Repression setzte, desto mehr stärkte sie die anfänglich doch so bescheidene Opposition. Als Friedens- und Bürgerrechtsgruppen sich im Januar der SED-Kampfdemonstration zum Gedenken an Rosa Luxemburg und Karl Liebknecht anschlossen und Transparente aus Bettlaken mit dem berühmten Luxemburg-Satz: »Freiheit ist immer Freiheit der Andersdenkenden« hochhielten, wurden hundertsieben Bürgerrechtler verhaftet, die führenden

Köpfe, unter ihnen Bärbel Bohley, vor die Wahl gestellt: zehn Jahre Gefängnis oder Abschiebung in den Westen. In vielen Städten der DDR fanden daraufhin Informationsveranstaltungen von kirchlichen oder Bürgerrechtsgruppen statt, an einigen Orten wurden Flugblätter verteilt, an Hauswänden fand sich die Losung: »Bleibe im Lande und wehre dich täglich.«

Es ist hier nicht der Ort, die einzelnen Stationen jener Spirale von freiheitlichem Aufbegehren und Repression mittels Stasi- und Polizeigewalt aufzuzählen, die mit den Leipziger Montagsdemonstrationen und dem, was sie bewirkten, der Implosion der DDR, schließlich doch ein gutes Ende fand. Als Honecker schon gestürzt und Egon Krenz, der für die gefälschten Wahlen vom Mai formell verantwortliche Wahlleiter, an seine Stelle getreten war, sah ich in London die Bilder von der Demonstration der Hunderttausenden am 4. November auf dem Alexanderplatz. Sie galt, so mein Eindruck, noch ganz Reformen zur Demokratisierung einer DDR, deren Weiterexistenz von keinem Redner infrage gestellt wurde. Stefan Heym, der sich in Interviews immer wieder als Kritiker des realen Sozialismus hervorgetan hatte, wurde als »Nestor dieser Bewegung« vorgestellt und mit dem meisten Applaus bedacht, sprach, wenn nicht für alle, dann doch für die vielen: Nach Jahren des Miefs, der Dumpfheit, des Phrasengewäschs und der Willkür sei endlich das Fenster aufgestoßen worden. Nun komme die Zeit, den richtigen Sozialismus aufzubauen, nicht den Stalin'schen, denn dieser »richtige« sei nicht denkbar ohne Demokratie.

Von deutscher Einheit war auf dem Alexanderplatz nicht die Rede, wohl aber war die Forderung von endlich mehr Freiheit in dem östlich von Werra und Elbe gelegenen zweiten deutschen Staat unüberhörbar. Kein Wunder, denn die Redner kamen überwiegend aus dem Kreis jener »Kritiker des DDR-Systems von links«, die der Bundesrepublik mit größter Skepsis gegenüberstanden – es waren Schauspieler wie Steffie Spira, Schriftsteller wie Christa Wolf und Christoph Hein, Wissen-

schaftler wie Jens Reich, Theologen wie Friedrich Schorlemmer oder
Bürgerrechtler wie Marianne Birthler. Von Heiner Müller allerdings
kam ein Satz, der mich sofort aufhorchen ließ: Ein Ergebnis der bisherigen DDR-Politik, so der Dramatiker auf dem Alexanderplatz, sei die
Trennung der Künstler von der Bevölkerung durch Privilegien gewesen, die jetzt endlich gemeinsamer Solidarität weichen müsse. Zu den
Privilegien hatten unter anderem die Genehmigungen von Westreisen
für anerkannte Künstler gehört. Es zeigte sich bald, dass diese Trennung, von der Müller gesprochen hatte, nicht plötzlich in Luft aufzu-
lösen war, sie dominierte vielmehr die künftige Politik in der DDR.
Denn war das Zukunftsbild einer reformierten, aber eigenständigen
und sozialistischen DDR, das vielen Rednern dieser großen Freiheits-
kundgebung vorschwebte, auch eines, das die Mehrheit der DDR-
Bevölkerung erstrebte? In einem Aufruf »Für unser Land«, redigiert
von Christa Wolf und vorgestellt von Stefan Heym auf einer Pressekonferenz in Ostberlin, wurde behauptet, es gebe jetzt nur ein krasses
Entweder-oder. *Entweder* man bestehe auf der DDR als eigenständi-
gem Staat, besinne sich auf die antifaschistischen und humanistischen
Ideale der Anfangszeit, baue eine Gesellschaft der sozialen Gerechtig-
keit mit »Freiheit des Einzelnen und Freizügigkeit aller« auf und entwickele so eine »sozialistische Alternative« zur Bundesrepublik. *Oder*
man nehme, »veranlasst durch starke ökonomische Zwänge und durch
unzumutbare Bedingungen«, eine Vereinnahmung durch die Bundesrepublik hin, die einem Ausverkauf »unserer materiellen und moralischen Werte« gleichkomme.

Da war sie wieder, die Vorstellung vom besseren deutschen Staat,
wenn auch nur als Wunschtraum oder zukunftsweisendes Programm.
Aber die Autoren scheiterten mit ihren Zielen an ebenjener Trennung
zwischen Künstlern und Bevölkerung, von der Müller auf dem Alexanderplatz gesprochen hatte und die aus meiner Sicht realiter einem
Riss zwischen einer der Eigenständigkeit der DDR verpflichteten

intellektuellen Elite mit betont linkem Bewusstsein und der Mehrheit der Bevölkerung gleichkam. Ich hatte in meiner DDR-Zeit den Eindruck gewonnen, dass die meisten der DDR-Bürger allen Versuchen der SED widerstanden, die Begriffe »national« und »deutsch« aus dem Bewusstsein zu tilgen und ein besonderes DDR-Staatsbewusstsein heranzuzüchten. Die große Mehrheit hatte nicht vergessen, wie national-patriotisch sich die SED zu Beginn der DDR einmal gegeben hatte: Ihr vorrangiges Ziel war damals die Wiederherstellung der deutschen Einheit. Hieß es in der ersten Verfassung er DDR von 1949 noch, Deutschland sei eine unteilbare demokratische Republik, sprach die zweite, die sich die DDR 1968 gab, von sich selbst noch als einem »sozialistischen Staat deutscher Nation«. Aber schon 1972 bezeichnete Honecker die Bundesrepublik vor Soldaten der Volksarmee als »imperialistisches Ausland«. Und in ihrer dritten Verfassung aus dem Jahr 1974 hieß die DDR nur mehr ein »sozialistischer Staat der Arbeiter und Bauern«, der für immer und unwiderruflich mit der Union der Sozialistischen Sowjetrepubliken verbündet sei.

Jeder Bezug auf Nation oder deutsche Nationalität war getilgt. Der Text der Nationalhymne Johannes R. Bechers »Auferstanden aus Ruinen … Deutschland, einig Vaterland« durfte nicht mehr gesungen werden, bei offiziellen Anlässen erklang nur die Musik von Hanns Eisler. Der Deutschlandsender, das Sprachrohr der DDR nach Westen, wurde in »Stimme der DDR« umbenannt, die Deutsche Akademie der Wissenschaften firmierte nun als »Akademie der Wissenschaften der DDR«. Die Herrscher des SED-Regimes versuchten alles, den Beherrschten beizubringen, dass sie sich nicht mehr als Deutsche, sondern nun ganz als Staatsbürger der sozialistischen DDR verstehen sollten, die wiederum nur Teil eines großen sozialistischen Lagers sei. Und doch blieb »Deutschland, einig Vaterland« im Bewusstsein vieler DDR-Bürger lebendig, und dies vor allem bei den Arbeitern und Bauern, in deren Auftrag die SED diesen Staat des »real existierenden Sozialismus« ja angeblich führte.

Jens Reich, Mitbegründer und Sprecher des Neuen Forums auf dem Alexanderplatz, hatte im Rückblick auf die »gewaltfreie Umwälzung« – er scheut zu Recht den Begriff »Revolution« – einmal von Ambivalenz oder Doppeldeutigkeit geschrieben, die für das demokratische Aufbegehren der Bevölkerung von Anfang an charakteristisch gewesen sei. Aus dem anfänglichen »Wir sind das Volk« der Leipziger Demonstranten sei nach wenigen Wochen »Wir sind *ein* Volk« geworden. Und in der Tat erschallten in Leipzig wohl schon auf der zweiten Demonstration mehrere Rufe nach Bechers »einig Vaterland«. Es gab, so Reich, bereits damals die tendenzielle Spaltung zwischen denen »im einigen Volk«, die den Beitritt sofort und bedingungslos wollten, und den anderen, die sich ihm gegenüber zögernd oder sogar ablehnend verhielten.

In den Wochen nach der Öffnung der tschechischen Grenze zur Bundesrepublik am 3. November 1989 und nach dem Fall der Mauer hatten Millionen von DDR-Bürgern Westberlin oder die Bundesrepublik besucht, das von der DDR-Propaganda verzerrte Bild vom asozialen kapitalistischen Westen für sich zurechtrücken können und waren als überzeugte Anhänger der Einheit zurückgekommen. Die ersten freien Volkskammerwahlen vom 18. März wurden schließlich zum Plebiszit für den möglichst schnellen Beitritt der DDR nach Artikel 23 des Grundgesetzes. Dass die CDU selbst in jenen Regionen hohe Wahlsiege einfuhr, die in der Weimarer Zeit zu den klassischen Bastionen der SPD gezählt hatten, überraschte mich nicht. Aus London kommend, hatte ich für eine Sondersendung des NDR alte Freunde und Informanten aufgesucht und dabei feststellen können, wie sehr und wie eindeutig der Begriff »Sozialismus«, verursacht vor allem durch die zunehmende wirtschaftliche Misere der DDR, in Misskredit geraten war. Die Ablehnung erstreckte sich selbst auf die von Christa Wolf und Stefan Heym angepriesene Form eines reformierten demokratischen Sozialismus mit menschlichem Antlitz. Wolfgang Mattheuer, ein Mann aus ursozialdemokratischem Haus, einer der bedeutendsten

Maler der DDR, der in seinem Spätwerk vor allem die Umweltsünden
der DDR thematisierte, erklärte mir in Leipzig, wenige Wochen vor
den ersten freien Wahlen zur Volkskammer im März 1990, es solle endlich Schluss mit dem Sozialismus sein. Einmal in seinem Leben wolle
er mit seinen Bildern Geld verdienen, für das man sich dann auch
etwas Anständiges kaufen könne.

Das klang für mich, den jahrelangen DDR-Beobachter, nicht sehr
überraschend. Aber umso erstaunter, um nicht zu sagen voller Erschrecken verfolgte ich aus Londoner Distanz, dass die junge Generation
der westdeutschen Sozialdemokraten die Vereinigung der beiden deutschen Staaten am liebsten verhindern wollte. Natürlich hatte auch dies
seine Vorgeschichte, denn galt nicht der Wettbewerb der beiden deutschen Staaten spätestens seit den Sechziger- und Siebzigerjahren auch
der Bildung eines beiderseitigen Sonder- oder Staatsbewusstseins?
Man konnte die Änderung der DDR-Verfassung von 1974, in der alles
»Deutsche« getilgt wurde, auch als Antwort auf das Festhalten der
Brandt-Regierung am Begriff der »Nation« verstehen, der in der Präambel des Grundlagenvertrags festgeschrieben war. Aber gut zehn
Jahre zuvor schon hatten renommierte Historiker in der Bundesrepublik die Frage gestellt, ob es nicht Zeit sei, auf die Idee vom Provisorium der Bonner Republik zu verzichten. So forderte Waldemar Besson, Historiker in Konstanz und Mitglied der CDU, im Jahr 1963, die
Westdeutschen müssten ihren Staat als Definitivum anerkennen und
ein positives Staatsbewusstsein bilden, denn die »neuen Tatbestände«
staatlicher Existenz seien nicht mehr revidierbar. Die politische, wirtschaftliche und militärische Konsolidierung der Bundesrepublik sei
ein großer Erfolg, zu dem sich die Bevölkerung auch bekennen solle.
Der Historiker Hans Mommsen meinte zu Beginn der Achtzigerjahre,
das Festhalten am politischen Leitbild der einen Nation entspreche
nicht länger dem »historisch-politischen Bewusstsein der mittleren und
jüngeren Generation der Bundesrepublik«, denn die habe bereits ein

nationales (bundesrepublikanisches) Identitätsbewusstsein entwickelt. Der Politologe und Publizist Dolf Sternberger, der 1970 den Begriff »Verfassungspatriotismus« in die Debatte warf, fragte:»... welches ist unsere Patria in diesem geteilten Land und Volk?« Seine Antwort: Die Bürger der Bundesrepublik schuldeten ihr als dem Verfassungsstaat des Grundgesetzes Loyalität. Auch wenn der von ihm geprägte Begriff »Verfassungspatriotismus« sofort als dünnblütig und emotionsarm kritisiert wurde, steht er doch deutlich für den Versuch, eine der Bundesrepublik eigene, gesonderte Staatsgesinnung zu schaffen – ein Versuch, den kein Geringerer als der 1969 zum Bundespräsidenten gewählte Gustav Heinemann befürwortete. Die Konsequenz der Anerkennung der DDR mit dem Grundlagenvertrag war für ihn die parallel dazu nötige Anerkennung der Bundesrepublik, und zwar im Besson'schen Sinn als Definitivum. Einst hatte er heftig gegen den außenpolitischen Westkurs Adenauers opponiert, weil dieser zur Spaltung Deutschlands beitrage, jetzt aber sagte er:»Wir sind, wenn auch lange widerwillig, ein Staat im vollen Sinne geworden. Das aber gibt uns auch unseren Platz in der Geschichte zurück.«

Was Heinemann forderte, nannte Willy Brandt in einem Gespräch mir gegenüber einmal begrifflich klarer »Selbstanerkennung der Bundesrepublik« – aber war sie nicht längst im Gange? Am Ende der deutschen Spaltung stand das Paradox, dass in demjenigen deutschen Staat, dem realsozialistischen, in dem die Führung ihren Bürgern alles Deutsche mitsamt dem Begriff der »Nation« hatte austreiben wollen, bei den Massen der Gedanke der einen Nation dennoch lebendig blieb. Im Staat des Grundgesetzes dagegen, der sich mit Blick auf eine mögliche Wiedervereinigung so lange als Provisorium verstand, hatte bei vielen Bürgern vor allem der jüngeren Generation der Gedanke an die eine Nation kaum mehr Bedeutung. War dieser so freiheitliche Bonner Rechtsstaat, reich geworden, international verflochten, wirtschaftlich mächtig und eine Art Stabilitätsfaktor in einem (West)Europa ohne

Grenzen, für die jüngere Generation nicht eine der besten Welten, in denen man leben konnte?

Der Ruf nach Wiedervereinigung erschall aus dem Osten, und im fernen London verfolgte ich mit einigem Entsetzen, dass er vor allem bei Willy Brandts Enkelgeneration auf wenig Gegenliebe oder klare Ablehnung stieß. Oskar Lafontaine, einst Lieblingsenkel Brandts, Ministerpräsident des Saarlands und stellvertretender SPD-Vorsitzender, forderte ausgerechnet auf dem Höhepunkt der Krise die Aufkündigung der in der Bundesrepublik gültigen einheitlichen deutschen Staatsbürgerschaft, damit übersiedelnde Ostdeutsche nicht länger das westdeutsche soziale Sicherungssystem unterwandern könnten und künftig keinen Anspruch mehr auf Arbeitslosenunterstützung oder Kindergeld hätten. Wo blieb da die Solidarität der von der Nachkriegsentwicklung begünstigten Westdeutschen gegenüber jenen in der DDR, die unter den Folgelasten des gemeinsam verlorenen Krieges weit mehr als sie selbst hatten leiden müssen? Von Linda Reisch, der blitzgescheiten Frankfurter Kulturdezernentin, stammte der Satz, der typisch für viele ihrer Generation stehen mag: »Mit Leipzig verbindet mich nichts, mit der Toskana dagegen sehr viel.« Es gab unter jüngeren Sozialdemokraten inzwischen offenbar eine Art Adenauer'sche Linke, dank Linda Reisch prompt »Toskana-Fraktion« genannt, die eindeutig gegen die deutsche Vereinigung Front machte. Lafontaine jedenfalls wollte sie nicht, schon weil er den Nationalstaat grundsätzlich als überholt betrachtete und die Zukunft allein in einem Europa der Regionen sah, an das die Nationalstaaten schrittweise ihre Souveränität abgeben würden. In einem solchen Europa würden die Deutschen automatisch zueinanderkommen. Aus Londoner Distanz erschien mir dies als Utopie, weil außer den postnational orientierten Deutschen, die sich ihrer historischen nationalen Misere durch Flucht nach Europa hatten entziehen wollen, weder Briten noch Franzosen bereit waren, ihren Nationalstaat aufzugeben. Im Gegenteil, sie fühlten sich durchaus wohl in ihren nationalen staatlichen Gehäusen.

In der Frage der Einheit zeigte sich die SPD als janusköpfige Partei – auf der Seite der Befürworter der Ehrenvorsitzende Willy Brandt, Anführer der Gegner, der »Toskana-Fraktion«, Oskar Lafontaine, der als Kanzlerkandidat zu den Bundestagswahlen antreten sollte. Gelegentlich drangen sogar Töne aus Deutschland über den Kanal, die mich lebhaft an Thatcher und jene Briten erinnerte, die vor der Auferstehung eines »Vierten Reichs« warnten – so, wenn Günter Grass im Dezember 1989 auf dem SPD-Parteitag in Berlin erklärte: »Niemand, der bei Verstand und mit Gedächtnis geschlagen sei, könne zulassen, dass es abermals zu einer Machtballung in der Mitte Europas komme – die Großmächte nicht, aber auch wir Deutsche nicht.« Denn der Einheitsstaat, der in knappen fünfundsiebzig Jahren Millionen Tote und die Last nicht zu bewältigender Verbrechen ins Geschichtsbuch geschrieben habe, verlange nach »keiner Neuauflage«.

Zwar stimmte die SPD-Fraktion im Bundestag – gegen den Willen Lafontaines – für die Währungsunion und am Ende auch für den Einigungsvertrag, aber der Riss, der durch die Partei ging, brach mit der Hauptstadtdebatte wieder auf. Wo sollte der Sitz der Regierung und des gesamtdeutschen Parlaments sein – in Bonn oder in Berlin? Die Frage stellte sich im Juni 1991, und in der Diskussion prallten die Fronten von Einheitsbefürwortern und -gegnern wieder heftig aufeinander. Bei den Sozialdemokraten hatten die Bonn-Freunde mit 126 zu 110 Stimmen die Mehrheit. Brandt, der Jahrzehnte der Versprechungen und Erinnerungen, vor allem Berlin als Frontstadt, Vorposten der Freiheit und Wiege der deutsch-amerikanischen Freundschaft beschwor, vermochte sich gegen einen seiner engsten früheren Mitarbeiter, den ehemaligen SPD-Geschäftsführer Peter Glotz, nicht durchzusetzen. Es tat mir beinahe weh zu hören, wie gescheit Glotz, ein Vor- und Querdenker seiner Partei und ein guter Freund von mir, es verstand, für Bonn als Symbol des deutschen Neuanfangs zu werben. Allerdings konnte ich, der die beiden Hälften der zerstörten einstigen Hauptstadt kannte, ihm nicht folgen, wenn er fürchtete, Berlin werde, auch noch mit Regierungs- und Parlamentssitz ausgestattet, als Metropole so attraktiv und besitzergreifend werden wie London, Paris oder Rom. Er wolle kein deutsches Paris, weil es die regionale Gewaltenteilung in unserem Land zerstören werde.

Der Riss in der Hauptstadtfrage ging übrigens durch nahezu alle Parteien und hatte zum Teil auch regionale Gründe: So stimmten die nordrhein-westfälischen Abgeordneten von CDU und SPD nahezu unisono gegen Berlin, weil sie meinten, ihr Land solle auf den Regierungssitz nicht verzichten. Nur dank der Stimmen der PDS obsiegte Berlin schließlich knapp mit 338 gegen 320 Stimmen. Aus meiner Londoner Sicht war dies so gut wie selbstverständlich, eine Entscheidung zugunsten Bonns wäre international wohl nahezu als widernatürlich aufgefasst worden. Ich wertete die Wahl Berlins als einen Schritt zugunsten einer deutschen Normalität in einem Europa, das letztlich immer noch ein Zusammenschluss von Staaten war (und es bis heute geblieben ist). Wuchs jetzt zusammen, was zusammengehörte, wie Willy Brandt meinte, und wurde dieses Zusammenwachsen in Berlin nicht direkt vor Ort erprobt? Dass dieser Prozess nicht reibungslos verlaufen, sondern mit Problemen und Krisen belastet sein würde, dessen war ich mir von Anfang an bewusst. Ein knappes halbes Jahrhundert Sozialisation und Indoktrination in der SED-Diktatur *musste* mental Spuren hinterlassen. Zudem gab es beim Vollzug der Einigung manche gravierenden Fehlentscheidungen, die dazu führten, dass viele DDR-Bürger sich in der neuen, westlich grundierten Ordnung, die ihnen mit dem Beitrittsbeschluss ihres ersten frei gewählten Parlaments, der Volkskammer, praktisch über Nacht übergestülpt worden war, nur schwer zurechtfanden und fremd fühlten.

Aber ehemalige DDR-Bürger sollten nicht vergessen, dass sie selbst zu einigen Kardinalfehlern der Einigung nach Kräften beigetragen haben. Der Schlachtruf, der schließlich auf den Leipziger Demonstrationen ertönte: »Kommt die D-Mark, bleiben wir, kommt sie nicht, geh'n wir zu ihr«, drohte offen mit einer anhaltenden Massenabwanderung gen Westen und förderte damit eine beschleunigte Währungsunion. Und als diese dann Gestalt annahm, sorgte der zweite Schlachtruf, den die Bürger skandierten: »Eins zu eins, oder wir werden niemals eins« für einen Umtauschkurs, der ihnen zwar harte, kaufkräftige D-Mark und die Sicherung des großen Teils ihrer Ersparnisse brachte, zugleich aber den Niedergang der DDR-Industrie beschleunigte. Diese verlor mit der Währungsumstellung jede Wettbewerbsfähigkeit, vor allem auf ihren klassischen Absatzmärkten im Ostblock, und musste Tausende in die Arbeitslosigkeit entlassen. Dass sich die Demonstranten, jedes Studiums der Volkswirtschaft unverdächtig und bar aller Kenntnis der Mechanismen kapitalistischer Märkte, der Folgen ihrer Forderung damals nicht bewusst waren, steht wohl außer Frage. Aber was sie verlangten, baute psychologischen Druck auf die Bonner Regierenden auf, Druck, der schließlich dazu führte, dass die berechtigten Einwände ökonomischer Experten, die eben diese Folgen befürchteten, von der Politik in den Wind geschlagen wurden. Kanzler Helmut Kohl ging es einerseits darum, die DDR-Bürger nicht zu demütigen, wichtiger aber war ihm, möglichst keine Zeit zu verlieren, um jenes »Window of Opportunity« zu nutzen, das sich mit Gorbatschow bot und, so die Befürchtungen, wegen der Opposition der sowjetischen Militärs und einflussreicher ZK-Sekretäre bald wieder zu schließen drohte. Deshalb schien Eile geboten.

Aus meiner Londoner Sicht war mir diese Eile damals nicht nur verständlich, sondern auch geboten, denn die Frage, wie lange sich Michail Gorbatschow mit seiner Politik werde halten können, war ein Dauerthema der Diplomaten im Foreign Office wie der gewöhnlich gut informierten Korrespondenten und Kolumnisten der großen britischen und US-amerikanischen Blätter und TV-Networks. Der Putsch gegen den KPdSU-Chef Gorbatschow im August 1991 zeigt nur, wie berechtigt ihre Spekulationen damals waren.

Von London aus hatten wir uns Ende der Achtziger eine kleine
Bleibe in Südfrankreich zugelegt, in der wir seit Beginn meines Ruhe-
stands im Januar 1992 jeweils im Frühjahr, im Herbst und meist auch
über Weihnachten und Sylvester, in Etappen also, insgesamt gut sechs
Monate im Jahr verbrachten. Seit wir diese »résidence secondaire«, wie
unsere Bleibe auf Französisch hieß, aus Altersgründen 2013 aufgeben
mussten, weil die Arbeit auf dem Terrain zu beschwerlich geworden
war, vermisse ich das Immergrün der Korkeichen und des Oleanders,
den weiten Blick auf die Hügel der Provence, fehlen mir die französische Lebensart, die Dorfmärkte mit ihrem überquellenden Angebot
von Früchten und Spezialitäten, nicht zuletzt die Weingüter, bei denen
wir uns von Zeit zu Zeit einige Kisten des typisch provenzalischen
Rosé holten. Unser Dorf, wenige Kilometer oberhalb Grimauds gelegen, war vom Tourismus noch nicht zerstört und ein Teil jenes France
profonde, also der Provinz, die bis heute den größeren Teil Frankreichs ausmacht. Und so vergesse ich den Hass all der einfachen Leute
und der Handwerker nicht, die wir von Zeit zu Zeit beschäftigten,
nicht ihre Wut auf *les fonctionnaires,* die Angestellten des öffentlichen
Diensts, die ohne Risiko lebten und für kürzere Arbeitszeiten foch-
ten – Wut, die mir bei den Protesten der Gelbwesten gegen die Politik
Emmanuel Macrons dann sehr bekannt vorkam.

Als die Jahre in London sich dem Ende zuneigten, suchten Sabine
und ich auch eine Bleibe in Deutschland. Aber wo sonst, als in diesem,
damals als mögliche Hauptstadt umstrittenen Berlin? Hier hatte ich im
Frühjahr 1948 den wortgewaltigen Volkstribun Ernst Reuter vor einem
Reichstag erlebt, der damals in Ruinen lag, hier die Mauer entstehen
und wachsen sehen, hier schließlich in den Achtzigern die andere deutsche Republik erkundet – gab es einen idealeren Platz für den Ruhestand? Der entpuppte sich allerdings bald als Unruhestand.

Wieder in Deutschland, arbeitete ich zusammen mit Sabine an einer
Fernsehdokumentation über das janusgesichtige Weimar, ein Thema,

Auf dem Weg zum Ferienhaus in Südfrankreich, das wir uns von London aus zugelegt hatten, in dem ich mehrere Biografien schrieb und wo wir Leben und Klima in la *France profonde* schätzen lernten.

das schon der Germanist Richard Alewyn in meinen Studientagen auf
die Formel gebrachte hatte: »Zwischen uns und Weimar liegt Buchenwald.« Es gelang uns, den spanischen Schriftseller Jorge Semprún für
unser Vorhaben zu gewinnen, obwohl dieser nach seiner Befreiung
1945 einst geschworen hatte, den Boden Buchenwalds nie wieder zu
betreten. *Klassik, Kult und Stacheldraht* nannten wir unser Projekt, und es
geriet zur Studie über den Missbrauch, den autoritäre Regime mit dem
Mythos der Klassik getrieben hatten – nach den Nazis auch die DDR,
nicht zu vergessen die Sowjets, deren NKWD das Lager bis 1952 weiterführte und zu deren Häftlingen seinerzeit nicht nur ehemalige Nationalsozialisten, sondern auch Missliebige zählten, die sich nicht füg-
ten – unter ihnen Sozialdemokraten, die sich der Zwangsvereinigung
1946 widersetzt hatten. Das Thema Weimar hatte mich seit Studenten-
tagen nicht losgelassen, und so schrieb ich schließlich *Mythos Weimar.*
Zwischen Geist und Macht – ein Buch über deutsche Geschichtspolitik mit
den Begriffen »Weimar« und »Klassik«.

Ausgenommen eine Dokumentation über Willy Brandt für Arte und
eine Diskussionsrunde namens *Deutschland-Gespräche*, die ich anderthalb Jahre im Dritten Programm des NDR leitete, hielt ich mich vom
Fernsehen fern – das Kommentieren sollten die Jüngeren übernehmen.
Aber ich gebe zu, dass mir die Berichterstattung über das Aktuell-Poli-
tische inzwischen an, wenn auch von Notwendigkeiten diktierter
Kurzatmigkeit zu leiden schien. Die Haltung der jüngeren Generation
der Sozialdemokraten in der Einheitsfrage und im Streit Bonn/Berlin
um den Regierungssitz hatte mich dazu gebracht, eine Zweit- und
Alterskarriere als Buchautor mit einer Biografie über Kurt Schumacher
zu beginnen. Ich schrieb sie nicht, um seine überholten, orthodox-
sozialistischen Vorstellungen von Planwirtschaft und Verstaatlichung
heraufzubeschwören. Es dünkte mich vielmehr, es sei an der Zeit, den
Volkstribun der jüngsten Nachkriegszeit und Wiederbegründer der
SPD in Erinnerung zu rufen, dessen vorrangiges Ziel, die Wiederher-

stellung der deutschen Einheit, bei seinen Urenkeln offenbar in Vergessenheit geraten war. Die Biografie sollte ein Weckruf sein, und es traf sich gut, dass ich sie in Berlin schreiben konnte, wo das mühsame Zusammenwachsen begann, kaum dass Schumachers Traum von der Einheit endlich wahr geworden war.

DANK

Mein Dank gilt zunächst allen, die mit geholfen haben, meine Erinnerungen aufzufrischen – vor allem meiner drei Jahre älteren Schwester Hella in Bern, die mir manches wieder klarer zu Bewusstsein brachte und ihr Familienalbum für die Bilder öffnete. Es gibt viele Zitate von Zeitzeugen und Weggefährten, die leider nicht mehr am Leben sind – etwa von Rüdiger Altmann, Klaus Harpprecht, Klaus Bölling, Heinrich Albertz oder Egon Bahr, Peter Glotz oder Horst Ehmke, deren Äußerungen sich aber bereits in mehreren Biografien finden, die ich schrieb. Von dem ehemaligen »Mithelfer« Horst Wohlfahrt (Zeitz) kamen wichtige Hinweise zu unserer gemeinsamen Zeit als Schüler-Soldaten oder Luftwaffenhelfer, Prof. Jörg Jochen Berns, Helmut Renner (Idar-Obesrtein) und Ursula Jahn halfen, die Marburger Zeit wieder lebendig zu machen. Dank gesagt sei vor allem dem Verleger, Thomas Rathnow, der das Projekt verwirklichen half, sowie den beiden Lektorinnen Christiane Naumann und Regina Carstensen für Geduld, Verständnis und Gründlichkeit bei der Bearbeitung des Manuskripts. Ganz besonderer Dank geht an Petra Hardt, die mich immer wieder, wenn mich Zweifel an diesem Projekt überkamen, ermunterte, weiter zu schreiben und ohne deren kluge, freundschaftliche Ratschläge diese Erinnerungen wohl nie zustande gekommen wären.

ANMERKUNGEN

1   Imre Kertész: Roman eines Schicksallosen. Berlin 1996, S. 162

2   Rolf Schnörken: Jugend 1945. Politisches Denken und Lebensgeschichte. Frankfurt am Main 2005

3   Joachim Kaiser: »Wieviel gelogen wird«. *Süddeutsche Zeitung*, 28./29. April 1979

4   Befehl Nr. 2 von MA-Chef Marschall Schukow vom 10. Juni 1945

5   Auf der Reichskonferenz in Wennigsen bei Hannover vom 5. bis 7. Oktober 1945

6   Werner Conze: Jakob Kaiser. Politiker zwischen Ost und West 1945–1949. Stuttgart 1969, S. 103

7   Ebenda, S. 68

8   Jürgen John und Elke Scherstjanoi: »Perestrojka« in der sowjetischen Besatzungs-politik 1947. Schlüsseldokumente zum Umbau der Militäradministration. In: *Vierteljahreshefte für Zeitgeschichte*, Heft 3, Juli 2017

9   Ernst Reuter: Aus Reden und Schriften. Hrsg. von Hans E. Hirschfeld und Hans J. Reichardt. Berlin 1963

10 Churchill-Rede vom 5. März 1946 in Fulton, Ohio. Siehe: https://www.chronik-der-mauer.de/180128/rede-von-winston-churchill-in-fulton-usa-5-maerz-1946

11 Kurt Schumacher vor Funktionären im Mai 1945 in Hannover. Vgl. Peter Merseburger: Der schwierige Deutsche. Kurt Schumacher. Eine Biographie. Stuttgart 1995, S. 244

12 Ebenda, S. 306 f.

13 Tilman P. Fichter und Siegward Lönnendonker: Geschichte des SDS 1946–1970. Bielefeld 2018, S. 47

14 Ansprache Kurt Schumachers am 20. April 1949. Vgl. Peter Merseburger: Der schwierige Deutsche, a. a. O., S. 423 f.

15 Henning Köhler: Adenauer. Frankfurt am Main/Berlin 1994, S. 489

16 Die Zitate von Kurt Tucholsky finden sich in der *Weltbühne*, Nr. 37, 1930; zum leicht besoffenen Herrn und »kille … kille« in: Kurt Tucholsky: Panther, Tiger & Co. Reinbek 1960

17 Julius Ebbinghaus: Zu Deutschlands Schicksalswende. Frankfurt am Main 1947

18 Ebenda, S. 101

19   Werner Krauss: Marburg unter dem Naziregime. In: *Sinn und Form*, Heft 5/1983

20   Karl Barth: »Der deutsche Student«. In: *Neue Zeitung*, 16. Mai 1947

21   Kai Köhler: Johannes Klein. Germanistik und Kunstwissenschaft im »Dritten Reich«.
     Marburger Entwicklungen 1920–1950. München 2005

22   Hans-Joachim Schoeps: Preußen. Geschichte eines Staates. Berlin 1966

23   Hermann-Josef Rupieper: Die Wurzeln der westdeutschen Nachkriegsdemokratie.
     Der amerikanische Beitrag 1945–1952. Wiesbaden 1993

24   Stephan Malinowski: »Alle berühmten Familien waren dabei«. *Spiegel Geschichte*,
     Heft 1, 2008

25   Wolfgang Emmerich: Gottfried Benn. Reinbek 2006, S. 289

26   Kurt Klotzbach: Der Weg zur Staatspartei. Programmatik, praktische Politik und
     Organisation der deutschen Sozialdemokratie 1945–1965. Bonn 1996, S. 289

27   Sebastian Haffner: Anmerkungen zu Hitler. München 1978, S. 158

28   Norbert Frei: 1945 und wir. Das Dritte Reich im Bewußtsein der Deutschen.
     München 2005

29   Hermann Lübbe: Der Nationalsozialismus im politischen Bewusstsein der Gegen-
     wart. In: Ders.: Vom Parteigenossen zum Bundesbürger. Über beschwiegene und
     historisierte Vergangenheiten. München 2007, S. 11–38

30   Kurt Schumacher: Alliierter Wall an Elbe und Vorwärtsverteidigung an Njemen
     und Weichsel. In: Gerhard Wettig: Entmilitarisierung und Wiederbewaffnung
     Deutschlands 1943–1955. München 1967, S. 323

31   Leitartikel der *Hannoverschen Presse* vom 20. Juni 1953

32   *Der Spiegel*, 30/1990

33   Hildegard Knef zit. nach: »Heimweh nach den falschen Fünfzigern«. *Der Spiegel*,
     14/1978

34   Vgl. Edgar Wulfrum: Geschichtspolitik in der Bundesrepublik Deutschland.
     Der Weg zur bundesrepublikanischen Erinnerung 1948–1990. Darmstadt 1999

35   Kurt L. Shell: Bedrohung und Bewährung. Führung und Bevölkerung in der
     Berlin-Krise. Köln/Opladen 1965, S. 28

36   Vgl. Rolf Steininger: Von der Teilung zur Einheit Deutschlands. Deutschland
     1945–1990. Ein Lesebuch. Innsbruck/Wien 2019

37   Bundesministerium für innerdeutsche Beziehungen (Hrsg.): Dokumente zur
     Deutschlandpolitik. IV. Reihe, Band 6. Frankfurt am Main 1961, S. 494

38   Willy Brandt: Erinnerungen. Die Autobiographie. Hamburg 1976

39   Markus Wolf: Spionagechef im geheimen Krieg. Erinnerungen. München 2002

40   Franz Josef Strauß an Aschermittwoch im Februar 1961 in Vilshofen. Siehe auch
     Süddeutsche Zeitung: »Die deftigsten Sprüche«, 21. Februar 2007

41   Henning Köhler: Adenauer. Frankfurt am Main/Berlin 1994, S. 1093

42   Willy Brandt: Erinnerungen, a. a. O., S. 37

43   Quelle: Grass-Brief an Willy Brandt: handschriftlich vom 19. Januar 1967 im
     Nachlass von Günter Grass, Akademie der Künste in Berlin

44 Egon Bahr: Zu meiner Zeit. Rheda-Wiedenbrück 1996, S. 192

45 Karl Jaspers: Freiheit und Wiedervereinigung. München 1960, S. 17

46 Hans-Peter Schwarz: Adenauer. Der Staatsmann 1952–1967. Stuttgart 1991, S. 426

47 Vgl. Volker Hentschel: Ludwig Ehrhard. München/Landsberg am Lech 1996, S. 573

48 Zitat vom Regierenden Bürgermeister Klaus Schütz in: *Der Tagesspiegel*, 17. Februar 1968, und *Der Spiegel*, 8/1968

49 Das Statement von Hans Filbinger vor der Presse findet sich im Kalenderblatt von Deutschlandradio Berlin, 4. Dezember 2004

50 Zit. nach: »Sie benehmen sich wie die Tiere«. *Der Spiegel*, 31/1969

51 Ebenda

52 Aus einem Interview mit Alice Schwarzer in Anja Reschke: Die Unbequemen. München 2011, S. 41

53 Vgl. Brigitte Seebacher: Willy Brandt. München 2006, S. 299

54 Das Wehner-Zitat stammt aus einem Fernsehinterview 1979, das Jürgen Kellermeier vom NDR mit Herbert Wehner geführt hat, in der Reihe *Zeugen der Zeit*. Siehe dazu auch Manfred Görtemaker: Geschichte der Bundesrepublik Deutschland. Von der Gründung bis zur Gegenwart. München 1999, S. 553 f.

55 Jimmy Carter: Keeping Faith. Memoirs of a President. New York 1982, S. 537 f.

56 Heiner Müller: Rotwelsch. Berlin 1982

57 Stefan Heym: Wege und Umwege. Einmischung. München 1998. Erstmals veröffentlicht im *Stern*, 10. Februar 1977

58 Heiner Müller: Krieg ohne Schlacht. Leben in zwei Diktaturen. Köln 1992, S. 160

59 Das Zitat von Wilhelm Girnus ist nachzulesen in Christa Wolf: Aus den »Frankfurter Vorlesungen«. Ein Brief über Eindeutigkeit und Mehrdeutigkeit, Bestimmtheit und Unbestimmtheit; Über sehr alte Zustände und neue Seh-Raster; Über Objektivität. In: *Sinn und Form*, Heft 1, 1983

LITERATUR

Abendroth, Wolfgang: Sozialgeschichte der europäischen Arbeiterbewegung. Frankfurt am Main 1965

Adorno, Theodor W., und Max Horkheimer: Dialektik der Aufklärung. Philosophische Fragmente. Amsterdam 1947

Bahr, Egon: Zu meiner Zeit. Rheda-Wiedenbrück 1996

Berns, Jörg Jochen (Hrsg.): Marburg-Bilder. Eine Ansichtssache. Zeugnisse aus fünf Jahrhunderten. Band II. Marburg 1996; darin: Herbert Claas: Anfänge der Soziologie in Marburg bis 1960

Böll, Heinrich: Und sagte kein einziges Wort. München 1998

Bracher, Karl Dietrich: Die Auflösung der Weimarer Republik. Eine Studie zum Problem des Machtverfalls in der Demokratie. Stuttgart 1971

Brandt, Willy: Mein Weg nach Berlin. Aufgezeichnet von Léo Lania. München 1960

Brandt, Willy: Erinnerungen. Hamburg 1976

Braun, Volker: Die Kipper. In: Stücke. Berlin 1983

Braun, Volker: Hinze-Kunze-Roman. Frankfurt am Main 1988

Brecht, Bertolt: Buckower Elegien und andere Gedichte. Berlin 2017

Benn, Gottfried: Weinhaus Wolf. Die Stimme hinter dem Vorhang. Stuttgart 1964

Benn, Gottfried: Statische Gedichte. Zürich 2006

Carter, Jimmy: Keeping Faith. Memoirs of a President. New York 1982

Darnton, Robert: Die Zensoren. Wie staatliche Kontrolle die Literatur beeinflusst hat. Vom vorrevolutionären Frankreich bis zur DDR. München 2016

Dehio, Ludwig: Deutschland und die Weltpolitik im 20. Jahrhundert. München 1955

Eppler, Erhard: Links leben. Erinnerungen eines Wertkonservativen. Berlin 2015

Fischer, Fritz: Griff nach der Weltmacht. Die Kriegszielpolitik des kaiserlichen Deutschland 1914/18. Düsseldorf 2009

Frei, Norbert: 1945 und wir. Das Dritte Reich im Bewußtsein der Deutschen. München 2005

Gaus, Günter: Wo Deutschland liegt. Eine Ortsbestimmung. Hamburg 1987

Grebing, Helga: Die Worringers. Bildungsbürgerlichkeit als Lebenssinn. Wilhelm und Marta Worringer (1881–1965). Berlin 2004

Görtemaker, Manfred: Geschichte der Bundesrepublik Deutschland. Von der Gründung bis zur Gegenwart. München 1999

Grass, Günter: Die Blechtrommel. München 1993

Habermas, Jürgen: Strukturwandel der Öffentlichkeit. Frankfurt am Main 1990

Haffner, Sebastian: Anmerkungen zu Hitler. München 1978

Hochhuth, Rolf: Der Stellvertreter. Ein christliches Trauerspiel. Reinbek 1976

Jaspers, Karl: Die Schuldfrage. Heidelberg 1946

Jaspers, Karl: Die Atombombe und die Zukunft des Menschen. München/Zürich 1957

Jaspers, Karl: Freiheit und Wiedervereinigung. Über Aufgaben deutscher Politik. München 1960

Jaspers, Karl: Wohin treibt die Bundesrepublik? München 1966

Jaspers, Karl: Antwort zur Kritik meiner Schrift Wohin treibt die Bundesrepublik? München 1967

Kertész, Imre: Roman eines Schicksallosen. Berlin 1996

Köhler, Kai, Dedner, Burghard, und Waltraut Strickhausen (Hrsg.): Germanistik und Kunstwissenschaften im »Dritten Reich«. Marburger Entwicklungen 1920–1950. München 2005

Koeppen, Wolfgang: Das Treibhaus. Frankfurt am Main 2010

Kogon, Eugen: Der SS-Staat. Das System der deutschen Konzentrationslager. München 1988

Kopp, Horst: Der Desinformant. Erinnerungen eines DDR-Geheimdienstlers. Berlin 2016

Kotzebue, August von: Die deutschen Kleinstädter. Ein Lustspiel in vier Akten. Osnabrück 2015

Lütjen, Torben: Karl Schiller (1911–1994). »Superminister« Willy Brandts. Bonn 2007

Marcuse, Herbert: Der eindimensionale Mensch. Neuwied/Berlin 1967

Mayer, Hans: Ein Deutscher auf Widerruf. Erinnerungen. 2 Bände. Frankfurt am Main 1984

Merseburger, Peter: Der schwierige Deutsche. Kurt Schumacher. Eine Biographie. Stuttgart 1995

Merseburger, Peter: Rudolf Augstein. Biographie. München 2007

Merseburger, Peter: Willy Brandt 1913–1992. Visionär und Realist. München 2013

Milch, Werner: Sophie von La Roche. Die Großmutter der Brentanos. Frankfurt am Main 1935

Milch, Werner: Ströme, Formeln, Manifeste. Drei Vorträge zur Geschichte der deutschen Literatur im 20. Jahrhundert. Marburg 1949

Möller, Jürgen: Der Kampf um Zeitz April 1945. Bad Langensalza 2010

Müller, Heiner: Krieg ohne Schlacht. Leben in zwei Diktaturen. Köln 1998

Neumann, Franz: Behemoth. Struktur und Praxis des Nationalsozialismus 1933–1944. Berlin 2018

Paczensky, Gert von: Journalist mit Appetit. Panorama, essen & trinken und andere Erinnerungen. Köln 2003

Rathenow, Lutz: Im Land des Kohls. Regensburg 2008

Reschke, Anja: Die Unbequemen. München 2011

Rosenbaum, Thea: No Place for a Lady. Mein ganz normales Leben. München 2015

Rosenberg, Arthur: Entstehung und Geschichte der Weimarer Republik. Frankfurt am Main 1991

Sartre, Jean-Paul: Die schmutzigen Hände. Reinbek 1989

Sering, Paul: Jenseits des Kapitalismus. Nürnberg 1946

Schildt, Axel, und Detlef Siegfried: Deutsche Kulturgeschichte. Die Bundesrepublik von 1945 bis zur Gegenwart. München 2009

Simon, Jana: Sei dennoch unverzagt. Gespräche mit meinen Großeltern Christa und Gerhard Wolf. München 2013

Strauß, Franz Josef: Entwurf für Europa. Stuttgart 1966

Tucholsky, Kurt: Panther, Tiger & Co. Reinbek 1960

Weber, Hermann: Kleine Geschichte der DDR. Köln 1980

Winkler, Heinrich August: Geschichte des Westens. 4 Bände. München 2016

Wohlfarth, Horst: Schüler im Krieg. Zeitzer Mittel- und Oberschüler als Luftwaffenhelfer im Einsatz 1943–1945. Unveröffentlichtes Manuskript, zum Teil in der *Mitteldeutschen Zeitung* abgedruckt

Wolf, Christa: Nachdenken über Christa T. Frankfurt am Main 1979

Wolf, Christa: Kassandra. Frankfurt am Main 2008

Wolf, Markus: Spionagechef im geheimen Krieg. Erinnerungen. München 2002

Wolfrum, Edgar: Geschichtspolitik in der Bundesrepublik Deutschland. Der Weg zur bundesrepublikanischen Erinnerung 1948–1990. Darmstadt 1999

Worringer, Wilhelm: Abstraktion und Einfühlung. Ein Beitrag zur Stilpsychologie. Manchester 2016

Zweig Stefan: Die Welt von Gestern. Erinnerungen eines Europäers. Frankfurt am Main 1985

PERSONENREGISTER

BILDNACHWEIS

RECHTENACHWEIS

Penguin Random House Verlagsgruppe FSC® N001967

1. Auflage
Copyright © 2021 by Deutsche Verlags-Anstalt, München
in der Penguin Random House Verlagsgruppe GmbH,
Neumarkter Str. 28, 81673 München

Lektorat: Regina Carstensen, München
Umschlaggestaltung: Büro Jorge Schmidt
Umschlagabbildung: picture alliance/dpa/Arno Burgi
Satz: Leingärtner, Nabburg
Bildbearbeitung: Reproline Mediateam GmbH, Unterföhring
Druck und Bindung: GGP Media GmbH
Printed in Deutschland
ISBN 978-3-421-04815-8
www.dva.de

 Dieses Buch ist auch als E-Book erhältlich.